新工科·普通高等教育机电类系列教材

模拟电子技术基础

第 2 版

主　编　李　娜　艾延宝
副主编　房俊杰　宋婀娜
参　编　季厌浮　王国新

机械工业出版社

本书由多年从事模拟电子技术教学和研究工作的教师编写完成。本书精心组织、精选内容、注重知识的基础性和结构的系统性、强调内容的实用性。

全书共 8 章，包括半导体二极管、晶体管及其基本放大电路、场效应晶体管放大电路、多级放大电路、模拟集成电路、反馈放大电路、信号处理和信号产生电路、直流稳压电源。每章附有本章小结、自我检测题和习题。

本书可以作为高等院校自动化、电子信息工程、电气工程、通信工程、测控技术与仪器、计算机等专业的理论课教材，也可供其他从事电子技术工作的工程技术人员参考。

本书配有免费的电子课件，欢迎选用本书作为教材的教师登录 www.cmpedu.com 注册后下载。

图书在版编目（CIP）数据

模拟电子技术基础／李娜，艾延宝主编． -- 2 版. -- 北京：机械工业出版社，2025.8. -- （新工科·普通高等教育机电类系列教材）. -- ISBN 978-7-111-78963-5

Ⅰ. TN710.4

中国国家版本馆 CIP 数据核字第 2025N6U642 号

机械工业出版社（北京市百万庄大街 22 号　邮政编码 100037）
策划编辑：王玉鑫　　　　　　责任编辑：王玉鑫　张振霞
责任校对：张爱妮　陈　越　　封面设计：张　静
责任印制：单爱军
保定市中画美凯印刷有限公司印刷
2025 年 9 月第 2 版第 1 次印刷
184mm×260mm · 16 印张 · 405 千字
标准书号：ISBN 978-7-111-78963-5
定价：49.80 元

电话服务　　　　　　　　　网络服务
客服电话：010-88361066　　机　工　官　网：www.cmpbook.com
　　　　　010-88379833　　机　工　官　博：weibo.com/cmp1952
　　　　　010-68326294　　金　书　网：www.golden-book.com
封底无防伪标均为盗版　机工教育服务网：www.cmpedu.com

前　言

本书在第 1 版的基础上，结合了高等院校的教学实际，总结了多年的教学经验，综合了部分参考资料编写而成。本书编写过程中，吸收了很多新版教材中的新思想、新理论和新技术，较好地协调了实用性和先进性之间的关系，能较好地满足"应用型本科学生"的培养目标。本书具有以下特点：

（1）在保证基本概念、基本原理和基本分析方法的前提下精选内容，减少分立元件内容，注重集成电路的应用，对于集成电路内部的分析没有过多介绍。

（2）实用性强。在编写过程中注重理论联系实际，淡化公式推导，注重电子电路在实际中的应用。

（3）基础与系统并重。强调对基本知识点的覆盖，降低了知识点的难度与深度，有利于学生的学习和掌握；同时也强调"模拟电子技术"知识的系统性，还介绍了模拟电路设计的先进方法和手段。

（4）例题、自我检测题、习题丰富，重视分析和应用，提高学生分析电路和设计电路的能力，以培养学生的工程适应能力。

书中节前加"*"号的为选学内容。

本书第 1、2、4 章由房俊杰编写；第 3 章由艾延宝编写；第 5 章的 5.1 ~ 5.3 节由王国新编写；第 6 ~ 8 章由李娜编写；第 5 章的 5.4、5.5 节由季厌浮编写；各章中 Multisim 仿真举例由宋婀娜编写；李娜负责全书的整体规划与统稿工作。

本书的编写得到了许多老师的帮助和指导，他们都提出了宝贵的意见，在此向他们表示衷心的感谢。

由于编者水平有限，书中难免会有疏漏和不足之处，希望广大读者予以批评指正。

编　者

目　录

前言

第1章　半导体二极管 ………………… 1

1.1　半导体物理知识 …………………… 1
1.1.1　本征半导体 ……………………… 1
1.1.2　杂质半导体 ……………………… 2
1.2　PN结 ……………………………… 4
1.2.1　热平衡状态下的PN结 ………… 4
1.2.2　PN结的伏安特性 ……………… 5
1.3　实际二极管 ………………………… 8
1.3.1　二极管的几种常见结构 ………… 8
1.3.2　实际二极管的伏安特性 ………… 9
1.4　二极管的模型、参数、分析方法和基本应用 …………………………… 9
1.4.1　二极管的开关模型及应用 ……… 9
1.4.2　二极管的恒压模型及应用 ……… 10
1.4.3　二极管的小信号模型 …………… 11
1.5　二极管电路的分析方法 …………… 12
1.5.1　图解法 …………………………… 12
1.5.2　解析法 …………………………… 13
1.6　二极管的主要参数 ………………… 14
1.7　其他类型的二极管 ………………… 15
1.7.1　齐纳二极管 ……………………… 15
1.7.2　光电二极管 ……………………… 17
1.7.3　发光二极管 ……………………… 18
1.7.4　光隔离器件 ……………………… 18
1.7.5　变容二极管 ……………………… 19
1.7.6　肖特基二极管 …………………… 19
1.7.7　太阳能电池 ……………………… 20
1.8　Multisim应用举例 ………………… 20
1.8.1　二极管伏安特性的测试 ………… 20
1.8.2　二极管正向参数与反向参数仿真 … 21
1.8.3　稳压二极管稳压电路 …………… 22
1.8.4　二极管温度特性的仿真 ………… 22
本章小结 …………………………………… 24
自我检测题 ………………………………… 24
习题 ………………………………………… 26

第2章　晶体管及其基本放大电路 ……… 29

2.1　晶体管 ……………………………… 29
2.1.1　晶体管的结构 …………………… 29
2.1.2　晶体管的放大原理 ……………… 30
2.1.3　晶体管的共发射极特性曲线 …… 32
2.1.4　晶体管的主要参数 ……………… 33
2.1.5　光电晶体管 ……………………… 35
2.2　共发射极晶体管放大电路 ………… 35
2.2.1　电路结构 ………………………… 35
2.2.2　工作原理 ………………………… 36
2.2.3　主要技术指标 …………………… 36
2.3　晶体管放大电路的基本分析方法 … 36
2.3.1　图解法 …………………………… 37
2.3.2　解析法 …………………………… 41
2.4　晶体管放大电路的静态工作点稳定问题 …………………………………… 45
2.4.1　温度对静态工作点的影响 ……… 45
2.4.2　基极分压式发射极偏置晶体管放大电路 ……………………………… 45
2.5　共集电极和共基极晶体管放大电路 … 48
2.5.1　共集电极晶体管放大电路 ……… 48
2.5.2　共基极晶体管放大电路 ………… 50
2.5.3　晶体管放大电路三种组态的比较 … 52
2.6　Multisim应用举例 ………………… 52
2.6.1　晶体管伏安特性仿真 …………… 52
2.6.2　共发射极晶体管放大电路的仿真 … 52

本章小结 ·· 56
自我检测题 ·· 57
习题 ·· 58

第3章 场效应晶体管放大电路 ········· 62

3.1 结型场效应晶体管 ······················ 62
    3.1.1 结型场效应晶体管的结构和工作原理 ··· 62
    3.1.2 结型场效应晶体管的特性曲线及参数 ··· 65
3.2 MOS 场效应晶体管 ······················ 67
    3.2.1 N 沟道增强型 MOS 场效应晶体管 ··· 67
    3.2.2 N 沟道耗尽型 MOS 场效应晶体管 ··· 69
3.3 场效应晶体管放大电路 ··············· 71
    3.3.1 场效应晶体管放大电路的三种组态 ·· 71
    3.3.2 场效应晶体管放大电路静态工作点的设置方法及分析估算 ············ 71
    3.3.3 场效应晶体管放大电路的动态分析 ·· 73
3.4 Multisim 应用举例 ······················· 77
    3.4.1 场效应晶体管仿真 ··············· 77
    3.4.2 单管共源放大电路的仿真 ··· 77
本章小结 ·· 80
自我检测题 ·· 80
习题 ·· 82

第4章 多级放大电路 ································ 85

4.1 多级放大电路的耦合方式 ··········· 85
    4.1.1 直接耦合 ······························· 85
    4.1.2 阻容耦合 ······························· 87
    4.1.3 变压器耦合 ··························· 87
    4.1.4 光电耦合 ······························· 88
4.2 多级放大电路的动态分析 ··········· 89
4.3 组合放大电路 ······························· 90
    4.3.1 共射-共基放大电路 ············· 90
    4.3.2 共集-共集放大电路 ············· 91
    4.3.3 其他组合放大电路 ··············· 94
4.4 放大电路的频率响应 ··················· 96
    4.4.1 频率响应的基本概念 ··········· 96
    4.4.2 晶体管的高频等效模型 ······· 99
    4.4.3 常见电路的频率响应 ········· 103
4.5 Multisim 应用举例 ····················· 112
    4.5.1 复合管共发射极放大电路 ··· 112
    4.5.2 多级放大电路共集-共射电路 ··································· 112
    4.5.3 放大电路的频率特性 ········· 113
本章小结 ·· 115
自我检测题 ······································ 115
习题 ·· 117

第5章 模拟集成电路 ······························ 120

5.1 集成运算放大器概述 ················· 120
5.2 集成运算放大器中的电流源电路 ·· 121
5.3 差分放大电路 ····························· 122
    5.3.1 差分放大电路的组成 ········· 122
    5.3.2 差分放大电路的输入和输出方式 ·· 123
    5.3.3 差模信号和共模信号 ········· 123
    5.3.4 差分放大电路的分析 ········· 123
    5.3.5 恒流源差分放大电路 ········· 129
5.4 互补功率放大电路 ····················· 130
    5.4.1 功率放大电路的特点 ········· 130
    5.4.2 乙类互补功率放大电路 ····· 131
    5.4.3 单电源互补功率放大电路 ··· 135
5.5 Multisim 应用举例 ····················· 135
    5.5.1 镜像电流源仿真电路 ········· 135
    5.5.2 差分放大电路的仿真 ········· 136
    5.5.3 功率放大电路的仿真 ········· 139
本章小结 ·· 140
自我检测题 ······································ 141
习题 ·· 142

第6章 反馈放大电路 ································ 145

6.1 反馈的基本概念和基本方程式 ·············· 145
6.1.1 反馈的基本概念 ····················· 145
6.1.2 反馈的基本方程式 ··················· 145
6.2 反馈的组态及判断方法 ····················· 146
6.2.1 负反馈和正反馈 ····················· 147
6.2.2 电压反馈和电流反馈 ················· 147
6.2.3 串联反馈和并联反馈 ················· 147
6.2.4 交流反馈和直流反馈 ················· 147
6.3 四种类型的负反馈放大电路 ················· 149
6.3.1 电压串联负反馈 ····················· 149
6.3.2 电流并联负反馈 ····················· 150
6.3.3 电压并联负反馈 ····················· 150
6.3.4 电流串联负反馈 ····················· 151
6.4 负反馈对放大电路性能的影响 ··············· 152
6.4.1 负反馈对增益的影响 ················· 152
6.4.2 负反馈对输入电阻和输出电阻的影响 ··· 153
6.4.3 负反馈对非线性失真、频带等的影响 ··· 156
6.5 深度负反馈条件下的近似计算 ··············· 158
6.6 负反馈放大电路的稳定问题 ················· 159
6.7 Multisim 应用举例 ························ 162
本章小结 ······································· 165
自我检测题 ····································· 166
习题 ··· 167

第7章 信号处理和信号产生电路 ··············· 171

7.1 基本运算电路 ······························ 171
7.1.1 加法电路 ··························· 171
7.1.2 减法电路 ··························· 172
7.1.3 积分电路 ··························· 174
7.1.4 微分电路 ··························· 175
7.2 滤波电路的基本概念和分类 ················· 176
7.3 有源滤波电路 ······························ 177
7.3.1 一阶有源滤波电路 ··················· 177
7.3.2 二阶有源滤波电路 ··················· 178
7.4 正弦波振荡电路 ···························· 185
7.5 RC 正弦波振荡电路 ························ 186
7.6 LC 正弦波振荡电路 ························ 188
7.6.1 LC 并联谐振回路的频率响应 ········· 189
7.6.2 变压器反馈式 LC 正弦波振荡电路 ···· 190
7.6.3 电感三点式正弦波振荡电路 ·········· 191
7.6.4 电容三点式正弦波振荡电路 ·········· 192
7.6.5 石英晶体正弦波振荡电路 ············ 194
7.7 非正弦信号产生电路 ······················· 196
7.7.1 电压比较器 ························ 196
7.7.2 方波发生器 ························ 199
7.7.3 三角波发生器 ······················ 200
7.7.4 锯齿波发生器 ······················ 201
7.8 Multisim 应用举例 ························ 203
7.8.1 积分电路的仿真 ···················· 203
7.8.2 一阶有源低通滤波电路的仿真 ······· 203
7.8.3 电压比较器的仿真 ·················· 204
7.8.4 RC 正弦波振荡电路的仿真 ·········· 205
7.8.5 矩形波发生器的仿真 ················ 207
7.8.6 三角波发生器的仿真 ················ 208
本章小结 ······································ 209
自我检测题 ···································· 210
习题 ·· 212

第8章 直流稳压电源 ························· 215

8.1 单相整流电路 ······························ 215
8.1.1 单相半波整流电路 ·················· 215
8.1.2 单相桥式整流电路 ·················· 217
*8.1.3 倍压整流电路 ····················· 219
8.2 滤波电路 ·································· 219
8.2.1 电容滤波电路 ······················ 220
8.2.2 电感滤波电路 ······················ 222
8.2.3 复式滤波电路 ······················ 222
8.3 稳压电路 ·································· 223
8.3.1 并联型稳压电路的组成 ·············· 224

8.3.2 并联型稳压电路的稳压原理 ……… 224
8.3.3 稳压电路的性能指标 …………… 224
8.4 串联反馈型稳压电路 …………………… 225
　8.4.1 串联反馈型稳压电路的设计思想 …………………………… 226
　8.4.2 串联反馈型稳压电路的组成 …… 226
　8.4.3 串联反馈型稳压电路的稳压原理 …………………………… 226
8.5 集成稳压器 ……………………………… 229
　8.5.1 W7800 系列三端稳压器 ………… 230
　8.5.2 W117 系列三端稳压器 ………… 232
　8.5.3 三端稳压器的应用 ……………… 233
8.6 开关型稳压电路 ………………………… 236
　8.6.1 串联开关型稳压电路 …………… 237
　*8.6.2 并联开关型稳压电路 …………… 238
8.7 Multisim 应用举例 ……………………… 239
　8.7.1 单相半波整流电路的仿真 ……… 239
　8.7.2 桥式整流电容滤波电路的仿真 … 241
　8.7.3 串联型直流稳压电源电路的仿真 ……………………………… 241
本章小结 ……………………………………… 243
自我检测题 …………………………………… 243
习题 …………………………………………… 244

参考文献 …………………………………… 248

第1章 半导体二极管

半导体二极管（简称二极管）是用半导体材料制成的，是广泛应用于电子设备中的最简单的半导体器件。

二极管的核心部分是PN结。PN结是P型半导体和N型半导体的接触面附近的区域。PN结由外壳保护起来并引出两个极，就构成了二极管。其中一个极和P型半导体相连接，称为正极或阳极，另一个极和N型半导体相连接，称为负极或阴极。那么什么是PN结？什么是N型半导体和P型半导体？二极管的工作原理是什么？流过二极管的电流和加在二极管两端的电压的关系如何？二极管有什么用途？这些都是本章将要回答的问题。

本章首先介绍半导体物理知识，讲解本征半导体、N型半导体、P型半导体；然后讲解PN结的形成和工作原理、伏安特性，实际二极管的常见结构、伏安特性和基本应用，以及二极管电路的分析方法等。

1.1 半导体物理知识

自然界中的物质，按其导电能力分类，可以分成三大类：导体、绝缘体和半导体。电阻率低于$10^{-3}\Omega\cdot cm$的物质称为导体，电阻率高于$10^{9}\Omega\cdot cm$的物质称为绝缘体，导电能力介于导体和绝缘体之间的物质称为半导体。最常见的半导体材料是硅，其次是锗，还有一些化合物如砷化镓等也是半导体。本书着重讨论硅和锗的特性。

硅在元素周期表中的序号是14，原子核外有14个电子，它的价电子是4个。锗在元素周期表中的序号是32，原子核外有32个电子，而它的最外层电子数也是4个，即也有4个价电子。因此可以用同一个模型来表示硅和锗原子。

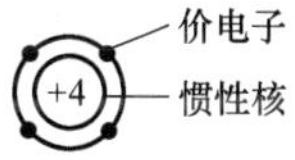

图1-1所示为硅和锗原子的简化模型，此模型分为两部分，一部分是价电子，另一部分是惯性核。惯性核是指硅和锗原子除了价电子以外的部分。很明显，惯性核应具有4个正电荷。

图1-1 简化模型

1.1.1 本征半导体

本征半导体是纯净的半导体单晶。在单晶中，半导体内原子按晶格排列得非常整齐。硅或锗的单晶在热力学温度为零度，即$T=0K$时的立体结构和平面示意图如图1-2所示。

从图1-2可以看出，当温度为0K时，硅和锗的每个原子都以共价键的形式和它周围的原子结合并相互作用。

当温度升高时，有些原子中的价电子获得足够的能量，可以克服共价键的束缚，跑到晶格中，成为可以在晶格中自由运动的自由电子，而在原共价键中出现一个空位，称为空穴。因此，只要产生一个自由电子，必然对应一个空穴，即自由电子和空穴成对出现，称为电子-空穴对。温度越高，产生的电子-空穴对就越多。这种产生电子-空穴对的过程，称为本征激发，如图1-3所示。

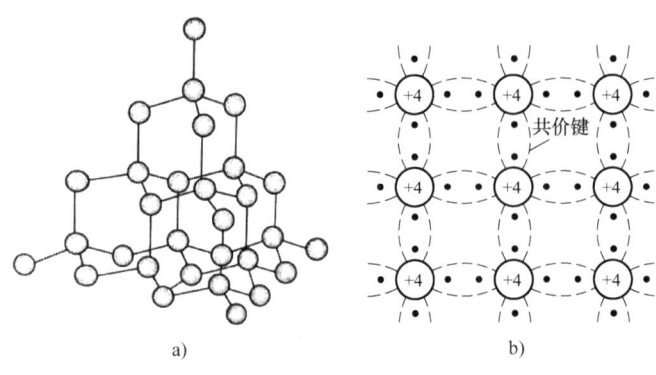
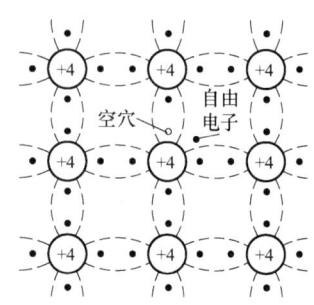

图1-2 本征半导体示意图
a）立体结构 b）平面示意图

图1-3 本征激发

自由电子可以在晶格中运动，它是带负电的粒子，它的运动可以产生电流；空穴也可以运动，如果其他共价键中的电子移动到某一空穴所在的共价键中，填补了空位，就相当于空穴移动了位置。如图1-4所示，共价键A中的电子填补了共价键B中的空位，共价键A中就会出现空位，也就是空穴从B移动到A，自由电子从A移动到B。空穴的运动方向和自由电子的运动方向相反，因此可以把空穴的运动看作一种带正电粒子的运动。空穴运动产生电流的方向和电流的方向相同。自由电子和空穴都称为载流子。

本征激发的实质是，当温度升高时，价电子获得足够的能量，挣脱共价键的束缚而成为自由电子。

在本征半导体中，与本征激发同时存在的一种现象称为复合。复合是指自由电子放出能量又回来填补空穴的过程。当自由电子和空穴发生复合时，一个电子-空穴对就消失了。显然，激发使电子-空穴对增加，而复合又使电子-空穴对减少。在一定温度下，本征半导体内的激发和复合达到动态平衡，即电子浓度和空穴浓度相等，而且是一个定值。通常，将本征半导体材料单位体积内的载流子的多少称为本征载流子浓度。本征载流子浓度和温度有关，当温度一定时，对

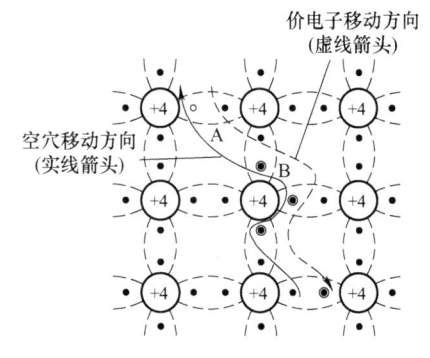

图1-4 空穴的移动

于固定的一块半导体材料，本征载流子浓度是一定的；温度升高，本征载流子浓度增加，也就是说，温度升高时，半导体材料的导电能力也增强。

由于在本征半导体中，空穴和自由电子是成对出现的，因此整块本征半导体还是呈电中性的。

1.1.2 杂质半导体

本征半导体的导电能力很弱，且导电能力也不能被人为控制，即温度一定，给定的本征半导体材料的载流子浓度是一个定值，它的导电能力也就不能改变。为了提高半导体材料的导电能力，并且实现人为控制半导体材料的导电性，可以采用掺杂技术。

所谓掺杂，就是在半导体材料中掺入一定量的杂质元素。一般，掺入的杂质元素的浓度既要远大于本征载流子的浓度，又要远小于材料的原子密度，以使杂质原子零星地分布于半

导体材料的晶格中。

掺杂的半导体材料称为杂质半导体。杂质半导体分为两种，一种是 N 型半导体，另一种是 P 型半导体。

1. N 型半导体

如果在半导体材料硅、锗中掺入五价元素，就能制成 N 型半导体。用于掺杂的常见的五价元素有磷和砷。图 1-5 所示为 N 型半导体结构示意。

图 1-5 中，因为杂质原子是五价的，所以杂质的原子有五个价电子，其中四个价电子和周围的半导体材料原子中的价电子组成共价键，而余下的一个价电子很容易挣脱杂质原子的束缚，成为自由电子。理论和实验表明，在室温下，晶格中所有的杂质原子都能释放出一个自由电子，这种杂质称为施主杂质。由于这个自由电子不是共价键中的电子，所以没有空穴产生。杂质原子由于释放出一个电子而变成正离子，而这个正离子被束缚在晶格中，不能像载流子那样运动。杂质原子带正电而自由电子带负电，所以整块半导体还是呈电中性的。

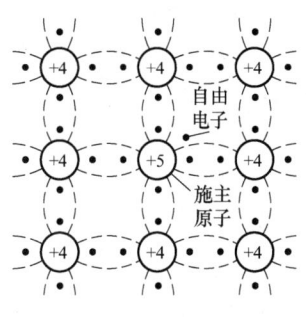

图 1-5　N 型半导体结构示意

由以上分析可知，施主杂质掺入半导体材料中，半导体中的自由电子浓度大大增加。此时空穴的浓度比相同温度下的本征半导体中的浓度还要小，这是因为自由电子浓度增加后，加大了空穴与自由电子复合的机会。也就是说，在这种半导体中，自由电子的浓度很大而空穴的浓度很小。因此，在这种半导体中，自由电子是多数载流子（多子），空穴是少数载流子（少子）。由于这种半导体中的多子是电子，而电子带负电，故称为 N 型半导体。

在室温情况下，N 型半导体中的每一个施主杂质原子都能提供一个自由电子。虽然此时 N 型半导体内仍然存在着由本征激发而产生的自由电子，但是，由于掺杂浓度远远大于由本征激发而产生的载流子的浓度，自由电子主要由掺入的施主杂质产生，因此，N 型半导体的自由电子的浓度可以认为近似等于掺杂浓度。

2. P 型半导体

如果在半导体材料硅、锗中掺入三价元素，就能制成 P 型半导体。用于掺杂的常见三价元素是硼。图 1-6 所示为 P 型半导体结构示意。

图 1-6 中，因为硼原子是三价的，所以它和周围半导体材料的原子中的价电子组成共价键时，缺少一个电子。理论和实验表明，在室温下，晶格中所有的硼原子都能获得半导体材料原子中的一个价电子而变成负离子，这个负离子被束缚在晶格中，它不能像载流子那样运动。而给硼原子提供电子的那个原子的共价键中就出现了一个空穴。因此，一个硼原子就对应一个空穴的出现。因为硼原子接收一个电子变为负离子，所以称这种杂质半导体为 P 型半导体。掺杂元素硼称为受主杂质。

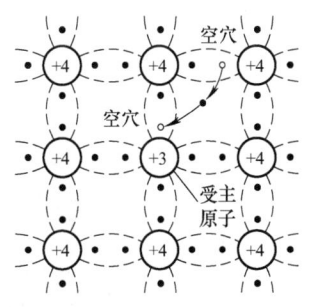

图 1-6　P 型半导体结构示意

无论是 N 型半导体还是 P 型半导体，多子的浓度都可以由掺杂浓度来控制，因此可以认为，杂质半导体的多子浓度只和掺杂浓度有关，而和温度无关；而少子浓度和温度有关，当温度升高时，少子浓度会增加。

1.2 PN结

所谓PN结就是P型半导体和N型半导体相互接触的区域,如图1-7所示。

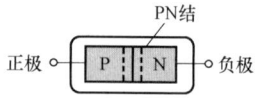

图1-7 二极管的内部结构示意

从1.1节讲述的P型半导体和N型半导体可知,在一块半导体单晶上利用杂质补偿技术就能够做出两种类型的半导体区域。例如,在一块半导体单晶的一定区域中掺入施主杂质,使这个区域成为N型区,然后再在这个N型区中选一个较小的区域掺入比原施主杂质浓度还要高的受主杂质,生成一个P型区(一般P型区的净掺杂浓度是N型区的掺杂浓度的10~100倍),这样一个PN结就形成了。P型区和N型区的净掺杂浓度不同时,称为不对称PN结。若P型区掺杂浓度高,写作P^+型区,可以用P^+N表示不对称PN结。一般半导体器件中的PN结都是不对称PN结。

1.2.1 热平衡状态下的PN结

如上所述,可以用杂质补偿技术在一块半导体单晶上同时生成两个相互连接的区域,即N型区和P型区。P型区中的多子是空穴,而空穴在N型区内是少子,因此在P型区和N型区的接触面附近,存在着载流子浓度差。载流子浓度差会引起载流子由浓度高的地方流向浓度低的地方,这种由于浓度差而引起的载流子的运动,称为扩散。由扩散运动而产生的电流称为扩散电流。由于P型区空穴的浓度大于N型区空穴的浓度,因此P型区的空穴就向N型区扩散;同样,N型区的电子是多子,P型区的电子是少子,因此电子从N型区向P型区扩散,扩散示意如图1-8所示。

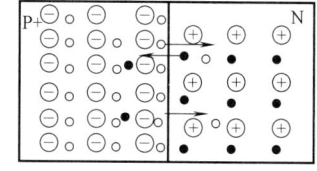

由图1-8可知,P型区的空穴向N型区扩散,当空穴到N型区后,就成为N型区的少子,很容易被N型区内的多子——电子复合。因此,在接触面附近,剩下了受主杂质的负离子,这些负离子被束缚在晶格中,不能自由移动。同理,N型区的多子——电子扩散到P型区,在接触面附近留下了施主杂质的正离子,这样形成了所谓的空间电荷区,如图1-9所示。在空间电荷区内,多数载流子已经扩散到对方并被复合掉了,或者说消耗尽了,因此空间电荷区又称为耗尽层。

图1-8 载流子扩散示意

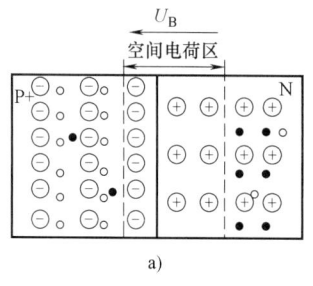 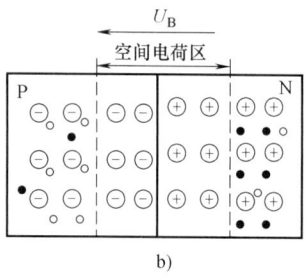

a) b)

图1-9 空间电荷区示意
a) 不对称PN结 b) 对称PN结

由于空间电荷区内有带正电的施主杂质离子和带负电的受主杂质离子，即一边是正电荷，另一边是负电荷，因此存在电场，称为内建电场。内建电场只在空间电荷区内存在，电力线从正电荷出发，终止于负电荷，而空间电荷区以外的 P 型区域和 N 型区域还是呈电中性的。由于空间电荷区存在的内建电场对多子的扩散起到了阻碍的作用，故空间电荷区又称为阻挡区或阻挡层。

内建电场对多子的扩散有阻挡作用，但少子在内建电场的作用下会产生运动。这种载流子在内建电场的作用下而产生的定向运动称为漂移。由载流子因漂移而产生的电流称为漂移电流。P 型区的少子——电子，在内建电场的作用下会向 N 型区漂移，同样，N 型区的少子——空穴，也向 P 型区漂移。由于在 PN 结中多子的扩散运动方向正好和少子的漂移运动方向相反，因此当温度一定时，扩散运动和漂移运动会达到动态平衡状态。

1.2.2 PN 结的伏安特性

以上讲解的是没有加任何电压时的热平衡状态下的 PN 结。但是 PN 结在使用过程中都是要加电压的，有可能加正向电压（P 型区接电源的正极，N 型区接电源的负极），也有可能加反向电压（N 型区接电源的正极，P 型区接电源的负极），或者加正、反向交替变化的交流电压。下面讨论 PN 结的电流和加在它两端的电压的关系，即 PN 结的伏安特性。

1. PN 结的正向特性

如图 1-10 所示，PN 结加上了正向电压，即 P 型区接电源的正极，N 型区接电源的负极，也称正向偏置。

空间电荷区的载流子极少，它的电阻很高，而中性区内有大量的载流子，中性区的电阻很小，所以电源电压 U 几乎都加到空间电荷区上了。在空间电荷区中，U 所形成的电场方向和原内建电场的方向相反，此时空间电荷区的宽度变窄。PN 结未加电压时处于热平衡状态，多子的扩散和少子的漂移处于动平衡状态。PN 结加正向电压之后，空间电荷区变窄，空间电荷区两端电位差变小，此时 P 型区的多子——空穴向 N 型区扩散，N 型区的少子——空穴在电场力

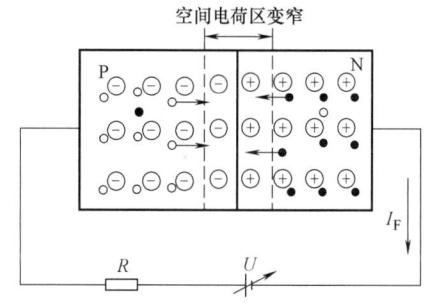

图 1-10 PN 结加正向电压示意

的作用下向 P 型区漂移，但是，从 P 型区扩散到 N 型区的空穴数量大于从 N 型区漂移到 P 型区的空穴数量，所以有一定数量的空穴由 P 型区净注入 N 型区。这些净注入的空穴到了 N 型区就成了 N 型区的少子。由于空穴不断注入 N 型区，使得在 N 型区的边缘处少子的浓度升高，因此少子要向浓度低的地方扩散。只要外加正向电压 U 是稳定的，空穴就会不断地注入 N 型区，并且使 N 型区的少子浓度有一个稳定的分布，最终形成正向电流 I_F。显然，外加的正向电压越高，PN 结的正向电流 I_F 就越大。外加的正向电压称为正向偏置电压。

2. PN 结的反向特性

当 PN 结加上反向电压时，P 型区与电源负极相连，N 型区与电源正极连接，也称反向偏置。此时电源电压在空间电荷区内产生的电场方向和内建电场的方向相同，使空间电荷区变宽。因为空间电荷区变宽，多子的扩散很难进行，但是有利于少子的漂移，如图 1-11 所示。因此，N 型区的少子——空穴只要到达空间电荷区的边缘，就很快被电场拉到 P 型区。

同样，P型区的少子——自由电子只要运动到空间电荷区边缘，就被空间电荷区的电场拉到N型区。因此只要U的值大于0.1V，空间电荷区基本上就没有多子的扩散电流，只有少子的漂移电流了。N型区少子——空穴向P型区漂移，P型区少子——自由电子向N型区漂移，两漂移电流方向相同，因此总的漂移电流等于空穴的漂移电流加上自由电子的漂移电流，这就是PN结的反向电流I_R。

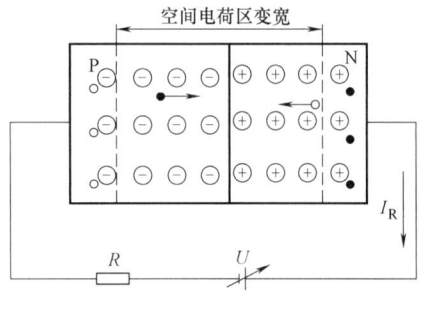

图1-11　PN结加反向偏置电压示意

反向电流I_R很小，因为它是由少子的运动形成的，而无论是P型区还是N型区少子浓度都很小，当外加反向电压U增加时，反向电流也增加。但是，当外加反向电压增加到0.1V以上时，反向电流基本上就不再增加了。因为此时几乎全部少子都参与了形成反向电流的定向移动，这时的反向电流称为反向饱和电流，用I_S表示。

一般硅PN结的反向饱和电流I_S的值在$10^{-15} \sim 10^{-9}$A之间，锗PN结的反向饱和电流I_S的值在$10^{-9} \sim 10^{-6}$A之间。反向饱和电流与少子的浓度有关，而少子的浓度和温度有关，因此，反向饱和电流也和温度有关，温度越高，反向饱和电流越大。

3. PN结的伏安特性表达式

如上所述，当PN结加正向电压时，就会产生正向电流I_F；当PN结加反向电压时，就会产生反向电流I_R。理论和实践都可以证明，PN结的电流和电压的关系式可以用下式表示：

$$I = I_S \left(e^{\frac{U}{nU_T}} - 1 \right) \tag{1-1}$$

式中，I_S为PN结的反向饱和电流；U_T为温度的电压当量，温室时$U_T = 0.026$V；n为理想因数，一般$1 \leq n \leq 2$，和PN结的尺寸、材料及通过PN结的电流有关。

式（1-1）中，n实际上是考虑了空间电荷区内部电子和空穴的复合而加上的一个修正系数，当电流非常小时，n取2，一般情况下，n取1。因此，今后如果没有特殊说明，都将n取为1，即

$$I = I_S \left(e^{\frac{U}{U_T}} - 1 \right) \tag{1-2}$$

例1-1　已知一个硅PN结在室温下$I_S = 10^{-10}$A，求$U = +0.6$V和$U = -0.6$V时的PN结电流。

解： 当$U = +0.6$V时，产生的是正向电流I_F。所以有

$$I_F = I_S \left(e^{\frac{U}{U_T}} - 1 \right) = 10^{-10} \left(e^{\frac{0.6}{0.026}} - 1 \right) \text{A} = 10^{-10} (1.05 \times 10^{10} - 1) \text{A} \approx 1.05 \text{A}$$

当$U = -0.6$V时，产生的是反向电流I_R。所以有

$$I_R = I_S \left(e^{\frac{U}{U_T}} - 1 \right) = 10^{-10} \left(e^{\frac{-0.6}{0.026}} - 1 \right) \text{A} = 10^{-10} (9.5 \times 10^{-11} - 1) \text{A} \approx -10^{-10} \text{A}$$

从上例的计算过程可以看出，当所加正向电压U远大于U_T时，式（1-2）中的1可以忽略不计，$I_F = I_S e^{\frac{U}{U_T}}$，即当正向电压增加时，正向电流按指数规律增加。因此，为避免PN结因电流过大而烧毁，PN结上所加的正向电压必须小于内建电压。而反向电压和PN结所加的反向电压的大小几乎无关，故称该电流为反向饱和电流。这里强调一下，反向饱和电流

随温度的增加而增加。

4. PN 结的击穿

反向电流和反向电压无关是有条件的，条件是 PN 结上所加的反向电压不能太大。如果反向电压加得太大，PN 结的反向电流会突然猛增，这种现象称为"击穿"。

如果在 PN 结发生击穿时不采取措施限制反向电流的增长，PN 结会因电流太大而烧毁，这种击穿称为热击穿。热击穿是不可逆击穿，故在 PN 结中应避免热击穿。

另一种击穿是可逆的，如果采取一定的措施使 PN 结在击穿区的电流不做无限制的增加，则 PN 结不会损坏，称为可逆击穿。可逆击穿有两种，一种称为雪崩击穿，一种称为齐纳击穿。

雪崩击穿一般发生在掺杂浓度比较低的 PN 结中。当反向电压加得比较大时，空间电荷区的宽度较大，载流子通过空间电荷区，能获得足够大的动能。这种具有足够动能的载流子在运动中会和空间电荷区的原子相碰撞，使原子中的价电子由于获得能量而脱离原子的束缚，从而成为自由电子，这就产生了电子-空穴对。这些电子和空穴又可以在电场中加速而获得足够大的动能，再去和空间电荷区的原子相碰撞，空间电荷区的载流子急剧增加，使 PN 结反向电流急剧增加而产生了击穿。由于这种载流子增加的过程和雪崩相似，因此称为雪崩击穿。

齐纳击穿发生在掺杂浓度比较高的 PN 结中。因为掺杂浓度比较高，空间电荷区很薄，PN 结上加较高的反向电压时，空间电荷区的电场强度就足够大。该电场能使空间电荷区内的原子中的价电子摆脱原子的束缚，从而产生电子-空穴对，空间电荷区内的载流子急剧增加，反向电流急剧增加，使 PN 结产生了击穿。一般的 PN 结掺杂浓度没有那么高，所以电击穿多数是雪崩击穿。

以上两种电击穿的过程是可逆的，在 PN 结两端的反向电压降低后，PN 结仍可恢复原来的状态。但它有一个前提条件，即反向电流和反向电压的乘积不超过 PN 结容许的耗散功率。若超过了，就会因热量散发不出去而使 PN 结温度上升，直到过热而烧毁，这时就成为热击穿了。

热击穿必须尽量避免，而电击穿则可为人们所利用（如稳压二极管）。

5. PN 结的温度特性

由 PN 结的伏安特性表达式可以看出，I_S 和 U_T 均与温度有关，因此 PN 结的伏安特性也和温度有关。如图 1-12 所示，当温度升高时，伏安特性如图 1-12 中虚线所示。

从图 1-12 中可以看出，当温度升高时，PN 结的伏安特性曲线向左移动。也就是说，当温度升高时，要使 PN 结中的正向电流为一个定值，所需要施加的正向电压就要减小。一般温度每升高 1℃，正向电压减小 2～2.5mV。

6. PN 结的电容特性

若 PN 结两端加上随时间变化的电压时，PN 结还会显示出电容特性。PN 结电容有两种类型：一种称为势垒电容，用 C_B 表示；另一种称为扩散电容，用 C_D 表示。

（1）势垒电容

由以上讨论可知，加在 PN 结两端的电压发生变化时，PN 结的空间电荷区宽度就会改变，空间电荷区内杂质离子的数量也会改变，这一效果很像电容的充电和放电。尤其当

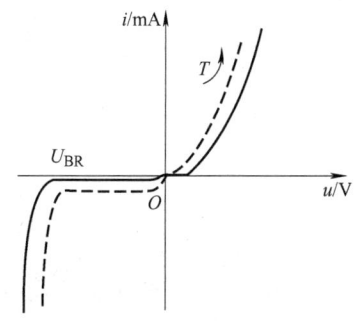

图 1-12　PN 结的温度特性

PN 结所加的反向电压发生变化时,这一效果更明显,因为此时空间电荷区的宽度的变化比较大。一般 PN 结的势垒电容是非线性的。空间电荷区的电荷与电压的关系如图 1-13 所示。

(2) 扩散电容

当 PN 结加正向电压时,会有多数载流子注入,因此在空间电荷区以外的中性区附近,就形成了一定的少子分布。当正向电压变化时,这种少子分布也随之改变,如图 1-14 所示。

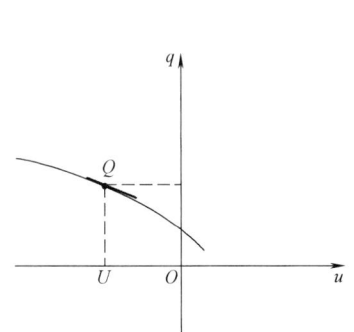
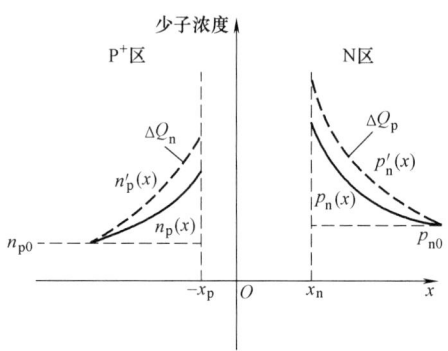

图 1-13 空间电荷区的电荷与电压的关系　　图 1-14 PN 结加正向电压变化时的少子分布

N 型区的 x_n 处的少子的浓度最高,由于扩散形成的少子分布曲线为 $p_n(x)$。如果 PN 结上的正向电压增加,少子分布曲线会变化,如图 1-14 中的 $p'_n(x)$,则少子的电荷量增加了 $\Delta Q_p = p'_n(x) - p_n(x)$,电荷量变化可等效为一个电容效应。

PN 结的结电容 $C_j = C_B + C_D$,当 PN 结加正向电压时,以扩散电容 C_D 为主,即 $C_j \approx C_D$;当 PN 结加反向电压时,$C_j \approx C_B$。

1.3　实际二极管

1.3.1　二极管的几种常见结构

二极管的常见结构主要有三种,即点接触型二极管、面接触型二极管和平面二极管,如图 1-15 所示(图中正极也称为阳极,负极也称为阴极)。点接触型二极管的 PN 结面积小,而面接触型二极管的 PN 结面积较大。

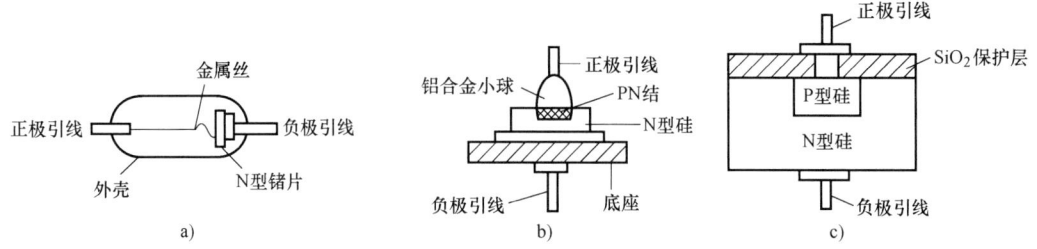

图 1-15　二极管的常见结构
a) 点接触型二极管　b) 面接触型二极管　c) 平面二极管

点接触型二极管是由一根金属丝经过特殊工艺与半导体表面相接形成 PN 结。其结面积小,不能通过较大电流,但其结电容较小,一般在 1pF 以下,工作频率可达 100MHz 以上,适用于高频电路和小功率整流。

面接触型二极管采用合金法工艺制成。其结面积大，能够流过较大的电流，但其结电容大，只能在较低频率下工作，一般仅作为整流管使用。

平面二极管采用扩散法制成。其结面积较大时可用于大功率整流，结面积小时可作为脉冲数字电路中的开关管使用。

1.3.2 实际二极管的伏安特性

以上讨论的 PN 结伏安特性，是针对理想化的 PN 结讨论的。在讨论过程中认为中性区的体电阻为零，中性区和引线之间的接触电阻也为零，因此认为电压 U 全部加到了空间电荷区上。但是，实际二极管的中性区存在体电阻，中性区和引线之间存在接触电阻，这些电阻的存在使实际二极管的正向伏安特性和理想的 PN 结伏安特性略有不同，当正向电压相同时，实际二极管的正向电流要小些，如图 1-16 所示。

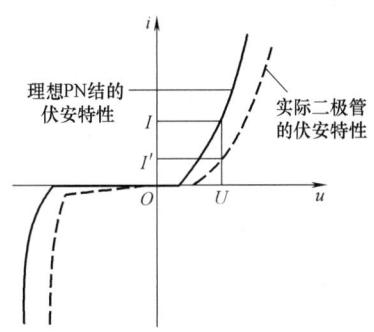

图 1-16 实际二极管和理想 PN 结的伏安特性比较

另外，实际二极管在制造过程中 PN 结不可避免地会产生表面污染，使反向电流有较大增加。由于表面污染的存在，反向电流也不再与反向电压无关了，实际二极管的反向电流随着反向电压的增加而略有增加。

1.4 二极管的模型、参数、分析方法和基本应用

二极管是一个非线性器件，即二极管的各项参数会随电流和电压的改变而变化。二极管的特点是，对应不同的工作点，它的直流电阻和交流电阻都不相同。

如图 1-17 所示，两个不同的工作点 Q_1、Q_2，它们的直流电阻等于从原点分别到 Q_1、Q_2 连线的直线斜率的倒数，很显然，这两点的直流电阻不同，即 $R_1 = U_1/I_1$，$R_2 = U_2/I_2$。Q_1、Q_2 两点的交流电阻为 $r_1 = \dfrac{\mathrm{d}u}{\mathrm{d}i}\bigg|_{Q_1}$，$r_2 = \dfrac{\mathrm{d}u}{\mathrm{d}i}\bigg|_{Q_2}$，它们分别等于 Q_1、Q_2 处切线斜率的倒数，同样，这两点的交流电阻（或称为小信号微变电阻）也不同。因此，如果非常精确地研究非线性器件组成的电路是很复杂的，而且实际上也没有必要，因为二极管的工作还受电路中其他元器件的影响。所以，在工程计算中，往往根据不同的分析要求，采用不同的简化模型。

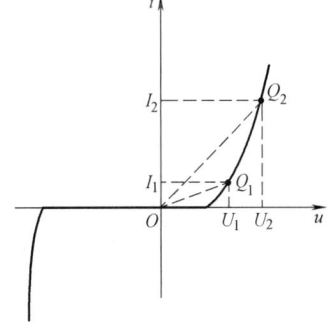

图 1-17 二极管的直流电阻和交流电阻

1.4.1 二极管的开关模型及应用

由于二极管加正向电压时，电流和电压呈指数关系，电压增加时电流很快增大，而反向电流很小，可忽略，即二极管加反向电压时可以看成关断，电流等于零，因此在工程上可以将二极管当作开关使用。当二极管有电流流过时，认为其压降为零；当二极管加反向电压

时，认为其电流为零，反向电压加于二极管两端。二极管的图形符号和开关模型如图 1-18 所示。

二极管开关模型常用在整流电路的分析中，如半波整流电路。需要注意的是，在整流电路中，一般输入电压的幅值比较大，因此二极管导通时的正向压降（只有零点几伏）完全可以忽略，故可以使用二极管的开关模型。

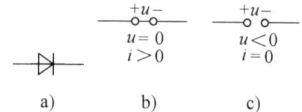

图 1-18 二极管的图形符号和开关模型
a) 图形符号 b) 正向偏置时的等效电路
c) 反向偏置时的等效电路

例 1-2 图 1-19 所示为正弦半波整流电路，输入电压为 $u_i = 50\sin\omega t \mathrm{V}$，试说明输出电压。

解：当输入电压为正半周时，二极管导通，而且二极管上的压降为零，因此输出电压 $u_o = u_i$；当输入电压是负半周时，二极管截止，电路中电流为零，因此 $u_o = 0$。

1.4.2 二极管的恒压模型及应用

有些情况下，二极管的正向导通电压不能忽略，可以将二极管的伏安特性简化为如图 1-20 所示折线。

在有些电路中，输入输出电压幅值不太大，因此二极管的导通压降不可忽略，那么就要使用二极管的恒压模型。比如分析限幅电路或削波电路时，就常用二极管的恒压模型。

例 1-3 图 1-21 所示为一个简单的二极管削波电路，试说明输出波形。

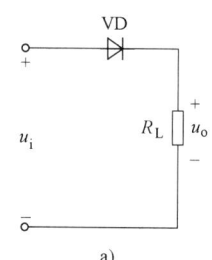

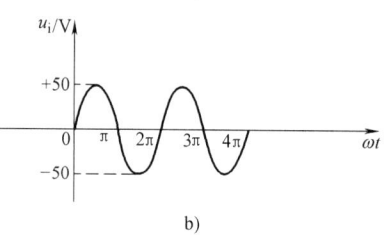

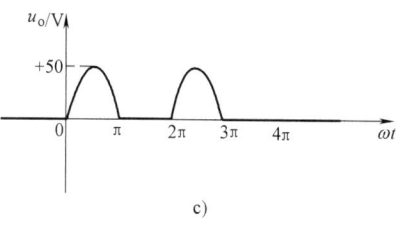

图 1-19 例 1-2 图
a) 电路 b) 输入波形 c) 输出波形

解：若电路中的电阻 R 很小，则电阻 R 上的压降可以忽略不计。输入电压为一个正弦波，$u_i = 5\sin\omega t \mathrm{V}$，电源 $U = 2\mathrm{V}$，二极管的导通压降为 $0.7\mathrm{V}$。当输入电压为正半周，并且幅值大于 2V 时，二极管导通。二极管导通后电路可等效为图 1-20b 中的 $i > 0$ 的电路，因此输出电压 $u_o = U_{on} + U = (0.7 + 2)\mathrm{V} = 2.7\mathrm{V}$。当输入电压幅值小于 2V 时，二极管截止，电路可等效为图 1-20c 的 $i = 0$ 的电路，$u_o = u_i$。因此，整个电路的输出波形如图 1-21c 所示。二极管的限幅电路的形式很多，常用于波形的整形和电平的移动。

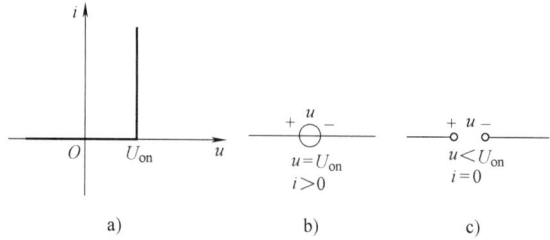

图 1-20 恒压模型
a) 简化的伏安特性 b) $u > U_{on}$ 时等效电路 c) $u < U_{on}$ 时的等效电路

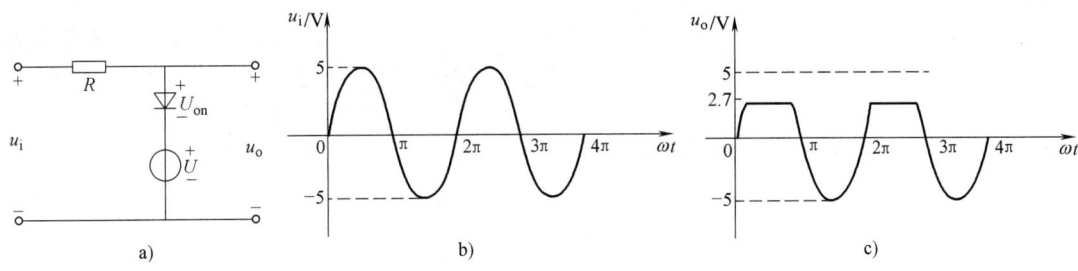

图 1-21 例 1-3 图
a) 削波电路 b) 输入电压波形 c) 输出电压波形

1.4.3 二极管的小信号模型

如果外加电源电压是变化的，二极管在等效的时候，前面介绍的模型就不合适了。二极管是非线性器件，如果在小信号（一般信号的峰-峰值小于 5.2mV 时，即称其为小信号）状态下，二极管的伏安特性在工作范围内变化很小，可以将二极管的伏安特性在工作点附近近似看成直线，因此二极管这一非线性器件就可以用线性器件来替代，这就是二极管的小信号模型，如图 1-22 所示。图中，工作点为 Q 点，二极管上加的交流信号电压的峰-峰值 ΔU 很小，不大于 5.2mV，因此二极管的伏安特性曲线可以近似用 Q 点的切线来代替，这样就把非线性器件看成了线性器件。

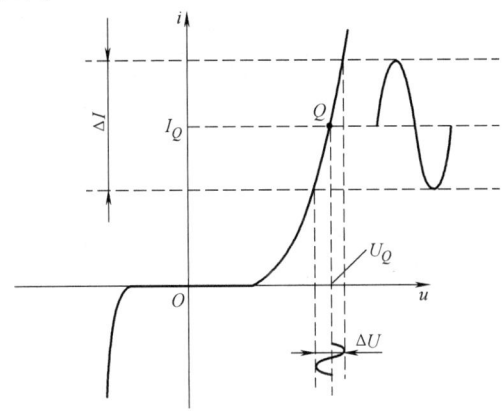

图 1-22 二极管的小信号模型

由二极管的伏安特性表达式可以推导出 Q 点的交流小信号电阻 r_j 的表达式为

$$\frac{1}{r_j} = \frac{\partial i}{\partial u}\bigg|_Q = \frac{\partial \left[I_S \left(e^{\frac{u}{U_T}} - 1 \right) \right]}{\partial u}\bigg|_{U=U_Q} = \frac{I_S e^{\frac{U_Q}{U_T}}}{U_T} = \frac{I_Q + I_S}{U_T} \approx \frac{I_Q}{U_T} \tag{1-3}$$

可见，r_j 和 I_Q 有关，也就是 Q 点不同，二极管的交流小信号电阻也不同。另外，若考虑 Q 点的结电容 C_j、二极管中性区体电阻及其导线与中性区的接触电阻 r_s，则二极管正向偏置时的小信号等效电路如图 1-23 所示。在实际使用中，r_s 很小，有时候可以忽略。当信号频率较低时（一般频率低于 200kHz 的信号都可以认为是低频信号），C_j 也可以看成开路，这样等

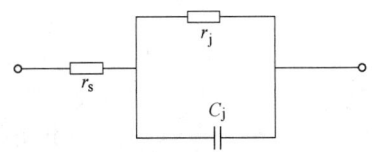

图 1-23 小信号等效电路

效电路就更简化了，只剩下体电阻 r_j。

如果工作点不同，二极管小信号等效电路中的参数就不同，因此在决定小信号等效电路元件参数之前，必须首先确定工作点，即静态工作点。求静态工作点处的参数就是求出 I_Q 和 U_Q。

1.5 二极管电路的分析方法

目前常用的电子电路的分析方法有三种：第一种是图解法，第二种是解析法或称为近似估算法，第三种是计算机辅助分析法。本书主要讲解前两种方法。

当对交、直流工作状态进行分析时，电路中既有直流量，又有交流量，本书采用字母和下标大小写的不同对一些物理量加以区别和表示。例如，直流量字母和下标大写，如 U_I、I_I；交流量字母和下标小写，如 u_i、i_i；混合量（交流量和直流量的叠加值或混合值）字母小写下标大写，如 u_I、i_B；有效值字母大写下标小写，如 U_i、I_i 等。

1.5.1 图解法

所谓图解法，就是利用器件的伏安特性曲线和电路组成的各种特性曲线，通过作图的方法求解电路问题。

二极管在小信号情况下工作时，在工作点附近可以将二极管看成线性器件。对线性电路可以使用叠加定理，即可以将电路的直流工作状态和交流工作状态分开讨论，然后进行线性叠加。

第一步，对直流工作状态进行分析。考虑直流工作状态时，假设交流信号为零，即将电路中的交流信号电压源短路、交流信号电流源开路。这样处理后所画出的电路称为原电路的直流通路。利用直流通路可以求出静态工作点。

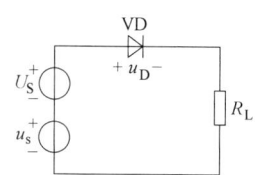

图 1-24　二极管电路

第二步，对交流工作状态进行分析，此时需要画出交流通路。将电路中的直流电压源短路、直流电流源开路，就可以画出原电路的交流通路。通过交流通路可以分析电路的交流工作指标。

在图 1-24 所示的二极管电路中，U_S 是直流电源，u_s 是交流信号源，下面分析电路交流信号的工作范围。

首先讨论直流工作状态，画出直流通路，如图 1-25a 所示。

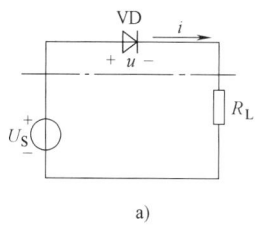
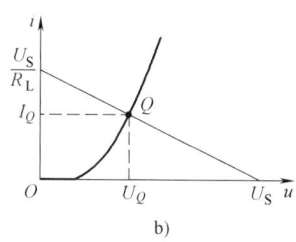

图 1-25　图 1-24 电路的直流通路和静态工作点
a）直流通路　b）静态工作点

在图 1-25a 中用点画线将直流通路分成了两个部分。一部分是二极管，它的正向伏安特性已经给出（实际应用中的二极管的伏安特性是可以测出的），因此二极管的伏安特性是已知的。另一部分电路由 R_L 和电源 U_S 组成，显然它是一个线性电路，它的伏安特性曲线是一条直线。由图 1-25a 可以看出，二极管中的电流和 R_L 中的电流应该相等，而线性电路部分的端电压就是二极管两端的电压，所以只要做出线性电路部分的伏安特性，找出它和二极管伏安特性的交点（这个交点就是静态工作点），通过这个点就可以确定电路的电压和电流，如图 1-25b 所示。

线性电路部分的伏安特性方程为

$$i = -\frac{u}{R_L} + \frac{U_S}{R_L} \tag{1-4}$$

它为一直线方程。两点确定一条直线，如果能找出两个特殊点，这条直线就可以定下来。将这条直线画在二极管伏安特性的同一坐标中，就可以找到直线和二极管伏安特性的交点，即静态工作点。

线性方程中，当 $i = 0$ 时，端电压 $u = U_S$，确定一个点；当 $u = 0$ 时，$i = U_S/R_L$，可以确定另一点。连接这两点，做出直线，该直线和二极管的伏安特性相交于 Q 点，Q 点就是工作点。这时可以读出对应的 U_Q 和 I_Q。这条直线的斜率是 $-1/R_L$，只和 R_L 有关，通常称 R_L 为负载电阻，因此这条直线称为直流负载线。

求出静态工作点后，再考虑交流工作情况。首先画出图 1-24 所示二极管电路的交流通路，如图 1-26 所示，考虑到交流信号叠加在静态工作点上，因此可以通过图解法，求解交流信号的工作范围。

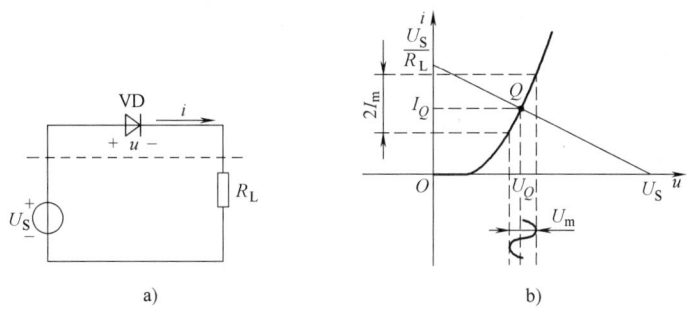

图 1-26 用图解法求交流工作范围
a）交流通路　b）交流工作范围

1.5.2 解析法

在工程计算中，经常使用解析法（或称近似估算法）。这种方法是利用电子器件的电路模型将电路化简（在直流通路中利用器件的直流参数化简电路；在交流通路中利用器件的交流参数化简电路），然后通过计算的方法求解电路的各项指标。

解析法求解电路指标时，一般分为两个步骤：一是直流分析；二是交流分析。直流分析时要做出电路的直流通路，分析出静态工作点；交流分析要做出电路的交流通路或交流等效电路，分析出电路的各项交流指标。

下面用解析法分析图 1-24 所示电路中二极管的静态工作点和负载电阻上的交流小信号峰值。

首先做出图 1-24 所示电路的直流通路，求二极管的静态工作点 U_Q 和 I_Q。

一般对硅二极管，导通电压 U_{on} 估算值为 0.7V；对锗二极管，导通电压 U_{on} 估算为 0.3V。在图 1-25a 所示的直流通路中，二极管的静态工作点为

$$U_Q = U_{on}$$

可以得出电路的静态电流为

$$I_Q = \frac{U_S - U_{on}}{R_L} \qquad (1\text{-}5)$$

二极管的静态工作点确定后，二极管在工作点附近的小信号交流电阻 r_j 可以根据式（1-3）求出，因此可以画出图 1-24 所示电路的交流小信号等效电路，如图 1-27 所示。

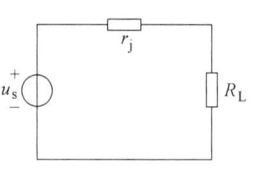

图 1-27 交流小信号等效电路

由图 1-27 很容易求出电路的各项交流指标和负载电阻上的交流小信号峰值。

图解法和解析法并不是孤立的，它们可以综合起来使用，这样，既利用了图解法的直观性，又利用了解析法的准确性。

例 1-4 二极管电路和二极管的伏安特性如图 1-28 所示，$U_S = 1.5\text{V}$，$u_s = 2\sin\omega t\text{mV}$，频率 $f = 1\text{kHz}$，$R_L = 0.5\text{k}\Omega$。用图解法求二极管的静态工作点电流 I_Q，画出对应的小信号等效电路，用解析法求出交流电流的峰值。

解： 1）静态分析。先把 u_s 短路，画出直流通路，如图 1-29 所示。

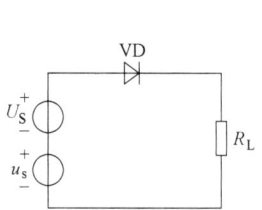 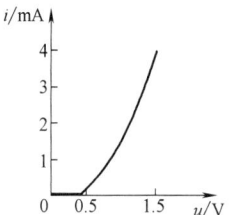 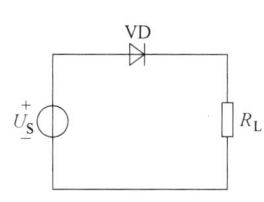 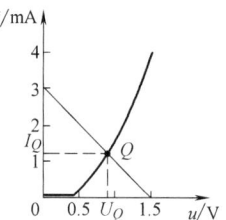

图 1-28 例 1-4 图　　　　　　　　图 1-29 图解法求静态工作点

可以求出负载线在横轴的交点是 1.5V，在纵轴的交点为

$$U_S / R_L = 1.5 / 0.5 \text{mA} = 3\text{mA}$$

负载线和二极管的伏安特性曲线的交点为静态工作点，从图 1-29 中读出：

$$I_Q = 1.4\text{mA}$$
$$U_Q = 0.75\text{V}$$

2）交流分析。下面用解析法进行交流分析。

为了画出交流通路来，首先要解出二极管工作点处的交流电阻，即

$$r_j = \frac{U_T}{I_Q} = \frac{26}{1.4}\Omega = 18.75\Omega$$

可画出图 1-28 所示电路的小信号等效电路，如图 1-27 所示。交流电流的峰值为

$$I_m = \frac{U_m}{r_j + R_L} = \frac{2}{18.75 + 500}\text{A} = 3.86\text{mA}$$

因此电路中的交流电流为

$$i = I_m \sin\omega t = 3.86 \sin\omega t \text{mA}$$

1.6 二极管的主要参数

在实际应用中选择适当的二极管对电路的设计很重要。不同用途的二极管有不同的结构，有不同的参数；不同用途的二极管对二极管参数的要求也不相同。二极管的主要参数如下：

1）最大整流电流：二极管的最大整流电流是指在规定的测试温度下，二极管允许通过的最大平均电流。二极管在正常工作时，平均工作电流不应超过此值，否则会损坏二极管。

2）最大反向峰值电压：最大反向峰值电压是指二极管在工作时允许承受的最大反向电压。

3）最大正向浪涌电流：最大正向浪涌电流是指二极管允许流过的过量的正向电流，表示二极管承受非正常工作电流（浪涌电流不是经常出现，只是偶然出现）的能力。一般测试时，规定一个50Hz的浪涌电流。

4）反向电流：反向电流是指二极管在未击穿时的电流，一般规定在室温25℃时进行测试。

5）反向恢复时间：当二极管两端电压从正向电压变为反向电压时，理想情况是电流能瞬时截止，但是实际是要延迟一段时间，这段延迟时间就称为反向恢复时间。

不同用途的二极管对各种参数的要求不同，表1-1和表1-2列出了二极管的参数，以供参考。

表1-1　2AP1、2AP7 检波二极管（点接触型锗管，在电子设备中作检波和小电流整流用）

型号	最大整流电流/mA	最高反向工作电压（峰值）/V	反向击穿电压（反向电流为400μA）/V	正向电流（正向电压为1V）/mA	反向电流（反向电压分别为10V、100V）/μA	最高工作频率/MHz	极间电容/pF
2AP1	16	2	≥40	≥2.5	≤250	150	≤1
2AP7	12	100	≥150	≥5.0	≤25	150	≤1

表1-2　2CZ52、2CZ54、2CZ57 系列整流二极管（用于电子设备的整流电路中）

型号	最大整流电流/mA	最高反向工作电压（峰值）/V	最高反向工作电压下的反向电流（25℃）/μA	正向压降（平均值，25℃）/V	最高工作频率/kHz
2CZ52A～2CZ52X	0.1	25,50,100,200,300,400,500,600,700,800,900,1000,1200,1400,1600,1800,2000,2200,2400,2600,2800,3000	5	≤1	3
2CZ54A～2CZ54X	0.5		10	≤1	3
2CZ57A～2CZ57X	5		20	≤0.8	3

1.7　其他类型的二极管

二极管的种类很多，除了前面介绍的普通二极管和整流二极管外，还有利用特殊工艺制造的具有各种不同用途的二极管，如齐纳二极管、光电二极管、发光二极管等。

1.7.1　齐纳二极管

前面已经提到了二极管加反向偏置电压时，如果反向电压达到U_{BR}，则二极管会产生击穿。击穿时反向电流迅速增加，但此时二极管两端的电压变化很小。齐纳二极管就是根据PN结的这一特性，经特殊工艺制造的。齐纳二极管又称为稳压二极管。使用稳压二极管可以提供一个较为固定的稳定电压。

稳压二极管的图形符号和伏安特性如图1-30所示。

由图1-30可知，稳压二极管在伏安特性的击穿区电流变化很大，而稳压二极管上的电压变化很小。稳压二极管的图形符号如图1-30b所示。

稳压二极管工作时，应加上反向击穿电压，流过稳压二极管的电流是反向电流，在击穿区的反向电流较大，因此稳压二极管在击穿区的交流电阻很小，大约为几欧姆到几十欧姆，有时可以近似为零。使用稳压二极管时，一定要有限流电阻，否则稳压二极管会因电流过大而发生热击穿。

图 1-31 所示为一个典型的由稳压二极管和电阻组成的稳压电路。

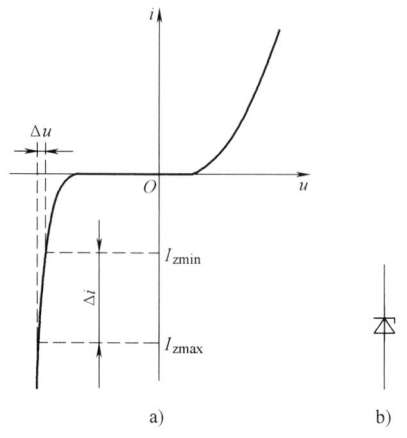

图 1-30　稳压二极管的伏安特性和图形符号

a）伏安特性　b）图形符号

在图 1-31 中，R 为限流电阻，VS 为稳压二极管，R_L 为负载电阻。当输入电压 U_i 变化时，电路可以经过一个自动调节的过程使负载电阻上的电压（输出电压 U_o）基本不变。若假定 U_i 升高，则有以下的调节过程：

U_i 上升使输出电压 U_o 有上升的趋势，使稳压二极管 VS 上的反向电压升高，稳压二极管的电流 I_z 迅速增加，这时 R 上的电流增加，使 R 上的压降增加，因 $U_o = U_i - U_R$，U_o 有下降趋势，故 U_o 基本不变。此电路工作的实质是将输入电压的变化转化为电阻 R 上电压的变化，从而使输出电压变化不大。

要使电路正常工作，稳压二极管的电流要限制在一定的范围之内，即在 I_{zmin} 和 I_{zmax} 之间（稳压二极管电流小于最小电流值时，不能起到稳压作用；稳压二极管电流大于最大值时，稳压二极管有可能烧毁）。稳压二极管工作时的管耗一定要确保小于额定值。

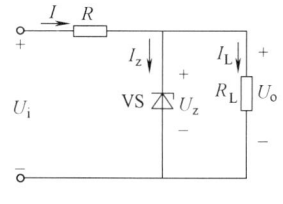

图 1-31　稳压电路

对图 1-31 可以写出两个特殊情况下的表达式：当负载电流最小（即 $I_L = I_{Lmin}$）且输入电压最大（即 $U_i = U_{imax}$）时，I_z 最大，即 $I_z = I_{zmax}$；当负载电流最大（即 $I_L = I_{Lmax}$）且输入电压最小（即 $U_i = U_{imin}$）时，I_z 最小，即 $I_z = I_{zmin}$。

已知输入电压变化范围为 U_{imax}、U_{imin}，负载电流变化范围为 I_{Lmax}、I_{Lmin}，稳压二极管的工作电压范围为 I_{zmax}、I_{zmin}，假设电阻 R 已经选择完成，则电阻 R 必须能保证稳压二极管的正常工作，即：

1) I_z 在电源电压最大 U_{imax}、负载电流 I_{Lmin} 最小时，将取得最大值，有

$$\frac{U_{imax} - U_z}{R} - I_{Lmin} \leq I_{zmax}$$

得出

$$R_{min} = \frac{U_{imax} - U_z}{I_{zmax} + I_{Lmin}} \tag{1-6}$$

2) I_z 在电源电压最小 U_{imin}、负载电流 I_{Lmax} 最大时，将取得最小值，有

$$\frac{U_{imin} - U_z}{R} - I_{Lmax} \geq I_{zmin}$$

得出

$$R_{max} = \frac{U_{imin} - U_z}{I_{zmin} + I_{Lmax}} \tag{1-7}$$

例 1-5　图 1-31 所示的稳压电路中，已知输入电压 U_i 为 10V，稳压二极管的稳定电压 U_z 是 6V，最小稳定电流 I_{zmin} 是 5mA，最大稳定电流 I_{zmax} 是 25mA，负载电阻 R_L 是 600Ω。

求解电阻 R 的取值范围。

解：从电路图 1-31 可知，稳压二极管工作在反向偏置状态，先判断稳压二极管能否反向击穿，若能击穿，再求解限流电阻 R 的范围。

1) 假设稳压二极管没有被击穿，电流 I_z 等于 0，电阻 R 与负载 R_L 上的电流相等，输出电压 U_o 等于 6V 是它的一个分界点，根据分压关系，$R = \dfrac{U_i - U_o}{\dfrac{U_i}{R + R_L}}$，此时 R 阻值等于 400Ω。

若电阻 R 的阻值大于 400Ω，则输出电压 U_o 会小于 U_z，稳压二极管保持截止；若电阻 R 的阻值小于 400Ω，则输出电压 U_o 会大于 U_z，稳压二极管将被反向击穿，输出电压 $U_o = U_z$。

2) 假设电阻 R 已经小于 400Ω，且电阻 R 已经选好，能保证稳压二极管反向击穿导通。

$$I_L = \frac{U_o}{R_L} = \frac{6}{600}A = 10mA，根据 R = \frac{U_i - U_z}{I_L + I_z}，得$$

$$R_{max} = \frac{U_i - U_z}{I_L + I_{zmin}} = \frac{4}{(10+5) \times 10^{-3}}Ω \approx 267Ω$$

$$R_{min} = \frac{U_i - U_z}{I_L + I_{zmax}} = \frac{4}{(10+25) \times 10^{-3}}Ω \approx 114Ω$$

综上所述，限流电阻 R 的取值范围为 114~267Ω。

稳压二极管的参数有稳定电压、稳定电流、最大管耗等。稳压二极管的参数举例见表 1-3。

表 1-3 稳压二极管的参数

型号	稳定电压/V	稳定电流/mA	最大管耗/W	温度系数/(%/℃)
2CW11	3.2~4.5	10~55	0.25	-0.05~+0.03
2DW7	5.8~6.6	10~30	0.20	+0.05

1.7.2 光电二极管

光电二极管是可以将光信号转换成电信号的一种二极管。光电二极管是在一块低掺杂的 P 型半导体表面生成一层很薄的 N 型半导体，形成一个面积较大的 PN 结，并在管壳上开一个透明窗口，能接收外部的光照。光电二极管工作时，PN 结加反向偏置电压。光照可以使空间电荷区内产生大量的电子-空穴对，在反向偏置电压的作用下，形成较大的反向电流。光电二极管的图形符号和伏安特性如图 1-32 所示。

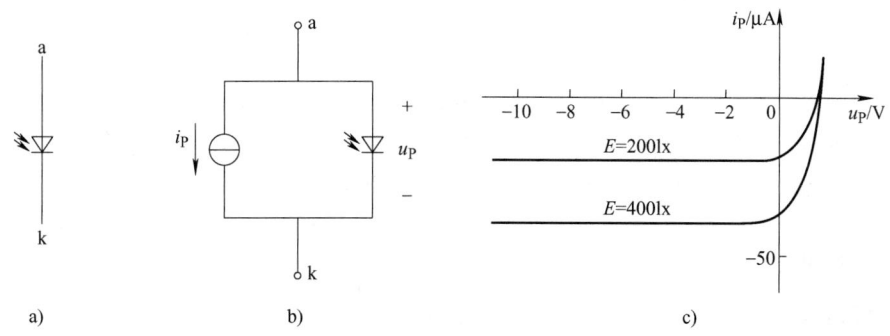

图 1-32 光电二极管
a) 图形符号 b) 电路模型 c) 伏安特性

从图 1-32 中可以看出，光电二极管的反向电流（当反向偏置电压足够大时）和光照度近似成正比关系。一般，光照度每增加 1lx，反向电流就增加约 0.1μA。

太阳电池和光电二极管的构造相同，只不过它的 PN 结面积要比光电二极管大得多。太阳电池工作时不加偏压，工作原理和光电二极管相同。

1.7.3 发光二极管

发光二极管（Light-Emitting Diode，LED）是将电信号转换为光信号的器件。发光二极管工作时应加正向偏置电压。当 PN 结加正向电压时，由于多子的注入，使 N 型区和 P 型区在空间电荷区附近出现非平衡少子，这些非平衡少子就要扩散，在扩散的过程中和中性区内的多子复合。复合的过程中有能量放出，即发射出光子，如图 1-33 所示。

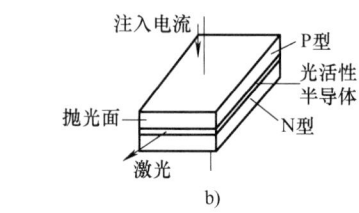

图 1-33 发光二极管
a) 图形符号 b) 物理结构

发光二极管是化合物半导体材料制成的，如砷化镓或磷砷化镓等材料。由于这些材料的结构不同，因而在电子和空穴复合时放出的光子的能量就不同，光波波长和发出光的颜色也不同，这可以制成不同颜色的发光二极管。

发光二极管所需要的正向偏置电压要比一般硅二极管的高。发光二极管的正向工作电压需要一点几伏到二点几伏。发光强度和发光二极管的工作电流有关，一般发光二极管的工作电流为 10～20mA。

发光二极管也可以制成数字显示器。七段 LED 显示器就是利用发光二极管制成的，如图 1-34 所示。

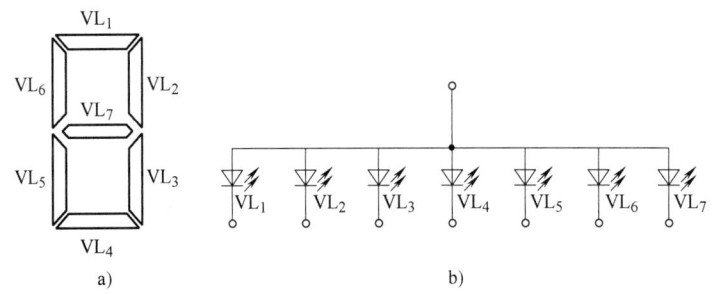

图 1-34 七段 LED 显示器
a) 七段 LED 显示器 b) 共阳极电路

所有的发光二极管的阳极连接在一起，称为共阳极显示器。其工作时所有发光二极管的阳极都接高电平，若需要哪个二极管发光，在电路中就要使对应的那个二极管的阴极接低电平。发光二极管的阴极连接在一起构成共阴极显示器。其工作时所有发光二极管的阴极接低电平，若需要哪个二极管发光，则对应的那个二极管的阳极接高电平。

1.7.4 光隔离器件

光隔离器件如图 1-35 所示。

光隔离器是由发光二极管 VL_1 和光电二极管 VL_2 组成的。器件的输入端和输出端都是电信号，但是这两个电信号被隔离，即没有任何电路连接线的连接。当输入端加电信号时，

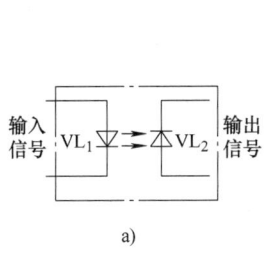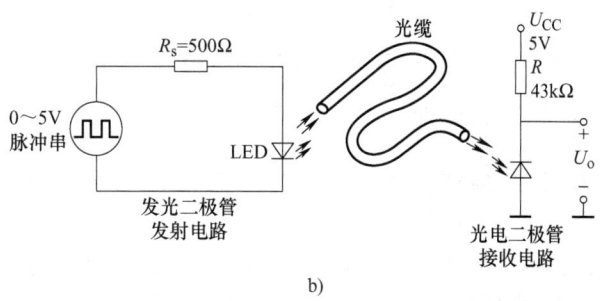

图 1-35 光隔离器件

a) 隔离原理 b) 光电传输系统

使发光二极管 VL_1 发光,即将电信号转换成光信号。VL_1 发出的光照到光电二极管 VL_2 上,VL_2 又把光信号变成了电信号输出。这样就实现了输入端和输出端的电隔离。

1.7.5 变容二极管

由前面的讨论可知,PN 结加反向电压时反向电流很小,反向电阻很大,二极管可以看成开路。上述结论只适用于低频信号,如果二极管工作在高频信号情况下,电阻可以看成开路,但必须考虑 PN 结电容。

当 PN 结加反向电压时,PN 结电容由势垒电容形成。图 1-36a 所示为势垒电容 C_B 和外加电压的关系曲线,从中可以看出,PN 结电压变化时,它的结电容就变化。用这一特性可以制成变容二极管。变容二极管的图形符号如图 1-36b 所示。

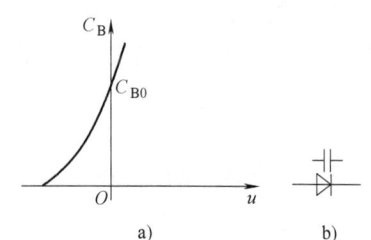

图 1-36 变容二极管势垒电容和外加电压的关系曲线及其图形符号

a) C_B 随外加电压变化的关系曲线

b) 图形符号

1.7.6 肖特基二极管

肖特基二极管是利用金属(如金属铝、金、钼和钛等)与 N 型半导体接触在交界面形成势垒的二极管。因此,肖特基二极管也称为金属-半导体结二极管或表面势垒二极管。图 1-37a 是肖特基二极管的图形符号,阳极连接金属,阴极连接 N 型半导体。特性曲线如图 1-37b 所示。

肖特基二极管的特性曲线和普通 PN 结非常相似,但与一般二极管相比,肖特基二极管有两个重要特点:

1)由于制作原理不同,肖特基二极管是一种多载流子导电器件,不存在少数载流子在 PN 结附近积累和消散的过程,所以电容效应非常小,工作速度非常快,特别适合在高频和开关状态下应用。

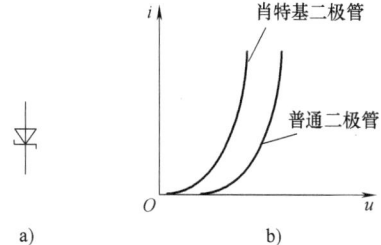

图 1-37 肖特基二极管的图形符号及特性曲线

a) 图形符号 b) 特性曲线

2)由于肖特基二极管的耗尽层只存在于 N 型半导体一侧(金属是良好的导体,阻挡层(势垒区)全部落在半导体一侧),相对较薄,故其正向导通门限电压和正向压降都比 PN 结二极管低(约低 0.2V)。

但是，也由于肖特基二极管的耗尽层较薄，所以反向击穿电压比较低，大多不高于60V，最高仅约100V，而且反向漏电流比PN结二极管大。

1.7.7 太阳能电池

太阳能电池是由一个特殊的PN结构成的，该PN结能将太阳能转换为电能。接负载时的太阳能电池示意图如图1-38所示。

当光照射在PN结的空间电荷区时，将激发出电子和空穴，它们在PN结的电场力作用下形成电流I_{ph}，该电流称为光电流（图中箭头方向为空穴流动方向）。I_{ph}流过负载R_L，并在负载两端产生一定的电压，意味着太阳能电池在向负载供电。

为了尽可能增大光照的有效面积，P、N两区域通常做得很薄，且采用透明电极。太阳能电池通常用硅、砷或元素周期表中Ⅲ、Ⅴ族元素的其他化合物制成。

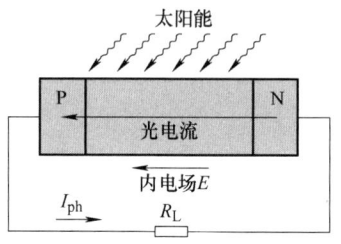

图1-38 接负载时的太阳能电池示意图

太阳能电池很早就用于人造卫星等航天器中，也作为一些计算器的供电电源。在当今节能减排的大趋势下，太阳能电池在各领域的应用也受到越来越多的关注。

1.8 Multisim 应用举例

1.8.1 二极管伏安特性的测试

二极管伏安特性的测试仿真电路如图1-39a所示，通过IV analyzer观察得到二极管伏安特性曲线如图1-39b所示。

移动光标改变二极管两端参数，可以看出，二极管的特性曲线在截止区时，反向电流饱和，反向电压击穿，而且在反向击穿时，电流对电压的变化极其敏感，电压变化不大，但电流值快速上升。实际实验中，应避免二极管过热损坏。为了更好地测量正向特性参数，改变参数，得到二极管伏安特性曲线如图1-39c所示。

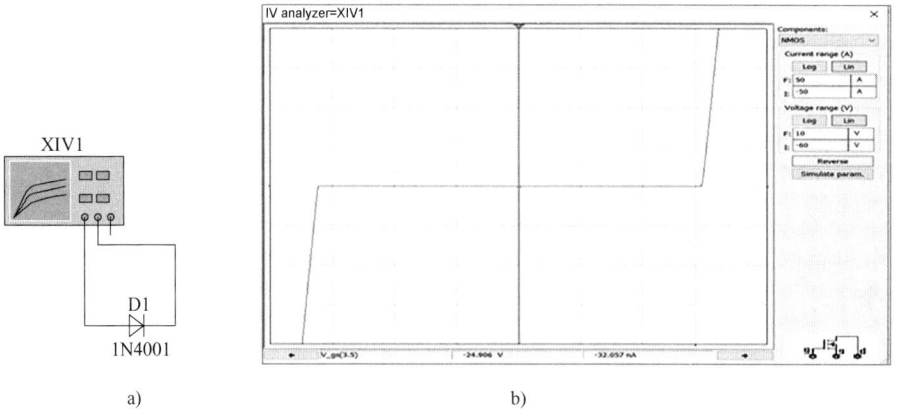

图1-39 二极管伏安特性的测试仿真电路及特性曲线

a）二极管伏安特性测试仿真电路　b）二极管伏安特性曲线

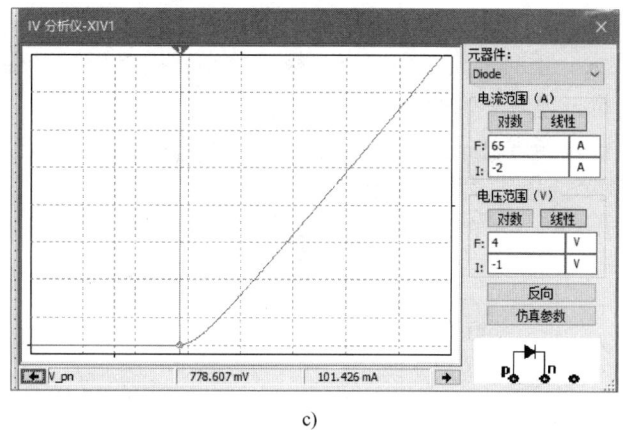

c)

图 1-39 二极管伏安特性的测试仿真电路及特性曲线（续）

c）改变参数的二极管伏安特性曲线

就图像而言，硅二极管的正向导通电压在 0.6~0.8V 之间，在这个范围内，二极管刚刚导通，电流尚处于微安级别，但是一旦电压超过 0.8V，电流的变化非常快。故在使用二极管时，应串联一个限流电阻以防止二极管过热烧坏或击穿。

1.8.2 二极管正向参数与反向参数仿真

二极管正向参数仿真测试电路如图 1-40 所示，调整滑动变阻器，记录参数见表 1-4。

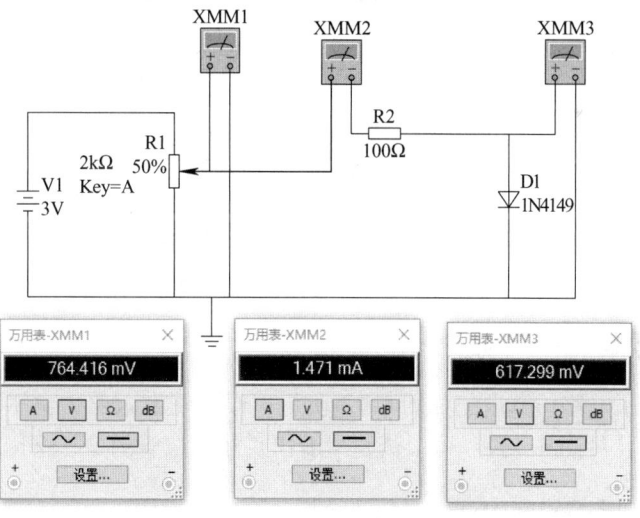

图 1-40 二极管正向参数仿真测试电路

表 1-4 正向参数数据记录表

R1	10%	20%	30%	50%	70%	90%
Vd/mV	299	543	583	617	627	658
Id/mA	0.01	0.1	0.6	1.5	2.8	7.2
rd/Ω	29900	5430	971	434	223	91

从仿真数据可以看出：二极管电阻值不是固定值，当二极管两端正向电压较小，处于"死区"，正向电阻很大、正向电流很小，当二极管两端正向电压超过死区电压，正向电流急剧增加，正向电阻也迅速减小，处于"正向导通区"。

二极管正向参数仿真测试电路如图 1-41 所示，调整滑动变阻器，记录参数见表 1-5。

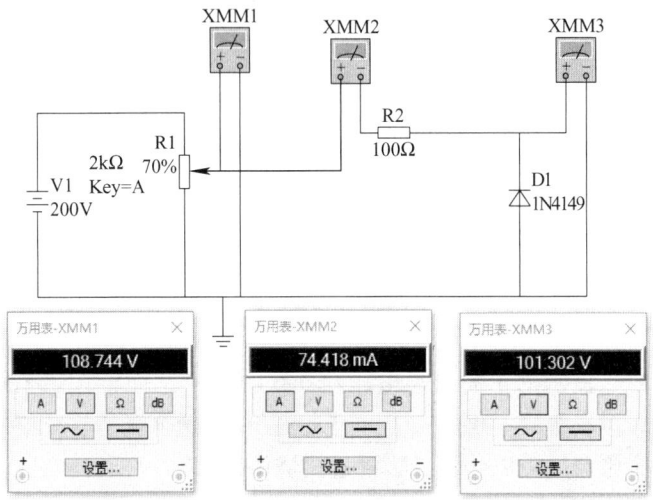

图 1-41　二极管正向参数仿真测试电路

表 1-5　反向参数数据记录表

R1	10%	20%	30%	50%	70%	90%
Vd/mV	19999	39997	59994	99989	101302	101192
Id/mA	0.002	0.004	0.007	0.01	75	281
rd/Ω	9.9×10^6	9.9×10^6	8.5×10^6	9.9×10^5	1344	360

从仿真数据可以看出：二极管反向电阻较大，而正向电阻小，故具有单向特性。反向电压超过一定数值，进入"反向击穿区"，反向电压的微小增大会导致反向电流急剧增加。

1.8.3　稳压二极管稳压电路

稳压二极管稳压电路仿真电路如图 1-42 所示，根据测试电路中电压表的示数及稳压二极管两侧输出波形（见图 1-43），可以清楚地看出稳压二极管的稳压作用。

1.8.4　二极管温度特性的仿真

创建电路如图 1-44a 所示，二极管承受正向电压，利用 Multisim 对二极管两端的正向电压的温度扫描分析，扫描特性如图 1-44b 所示，可以看出二极管的正向压降随着温度升高而减小。

创建电路如图 1-45a 所示，二极管承受反向电压，利用 Multisim 对二极管两端的反向电流的温度扫描分析，扫描特性如图 1-45b 所示，可以看出二极管的反向饱和电流随着温度升高而增大。

第1章 半导体二极管

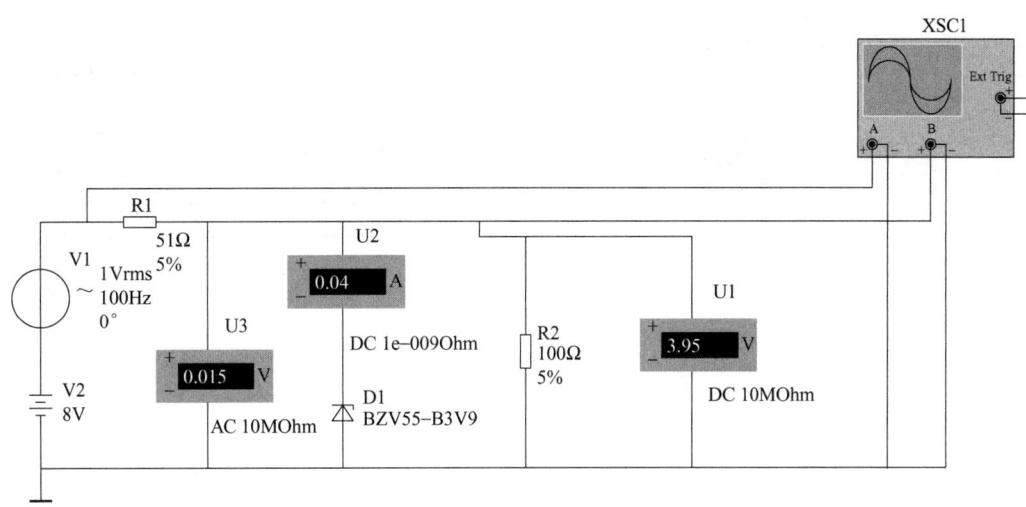

图1-42 稳压二极管稳压电路仿真电路

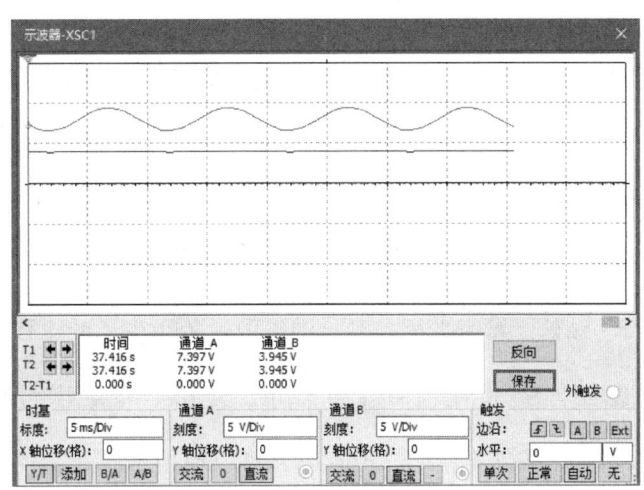

图1-43 稳压二极管稳压电路仿真波形

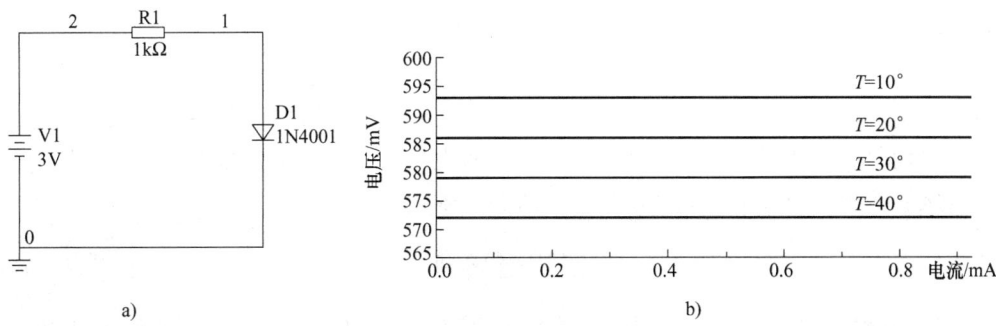

图1-44 二极管正向偏置电路及其二极管温度特性

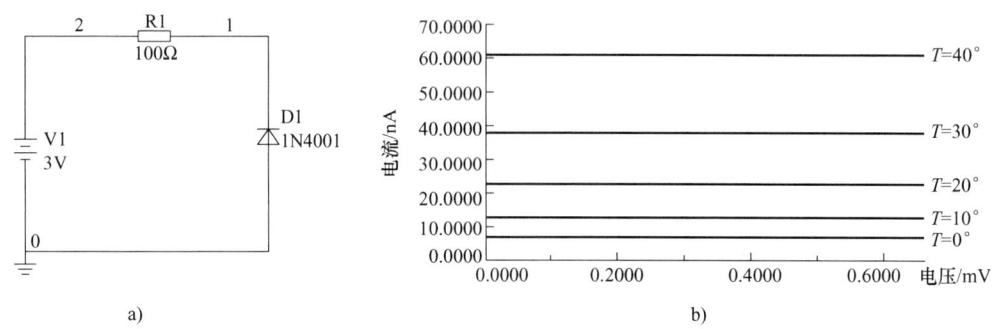

图 1-45　二极管反向偏置电路及其二极管温度特性

本章小结

1. 杂质半导体有两类，一类是 N 型半导体，另一类是 P 型半导体。杂质半导体掺杂浓度既要远大于对应的本征载流子浓度，又要远远小于半导体的原子密度。本征半导体中掺入五价元素就形成 N 型半导体，N 型半导体的多数载流子是电子，少数载流子是空穴；本征半导体中掺入三价元素就形成 P 型半导体，P 型半导体的多子是空穴，少子是电子。由于本征载流子浓度和温度有关，因此少子浓度随温度升高而增加，当温度高到一定程度时，少子浓度可能比掺杂浓度还要高，这时，杂质半导体的特点就不存在了，又可以将这种半导体看成本征半导体了。

2. 载流子的运动分为两种：一种是漂移运动；另一种是扩散运动。在电场的作用下，载流子的运动为漂移运动，载流子的漂移运动产生漂移电流。在浓度差的作用下，载流子的运动称为扩散运动，载流子的扩散运动产生扩散电流。

当温度一定时，PN 结处于动态平衡，多子的扩散量等于少子的漂移量，因此，空间电荷区宽度一定，内建电位差为一个定值，$U_B = \dfrac{kT}{q}\ln\left(\dfrac{N_a N_d}{n_i^2}\right)$。当温度升高时，$U_B$ 下降。

3. 根据分析要求、工作条件不同，二极管电路可以使用不同的二极管模型。二极管模型有三种：开关模型、恒压模型和小信号等效模型。电子电路的分析方法主要有图解法和解析法。作直流分析时要用直流通路，直流分析的目的主要是求解直流工作点（静态工作点）。作交流分析时要用交流通路或交流等效电路，交流分析的目的是求解电路的各项交流指标。不同的电路交流指标的类型不同，要具体分析。

4. 其他类型的二极管有：稳压二极管、光电二极管、发光二极管、光隔离器件和变容二极管。光电二极管可以将光信号转换为电信号，工作时 PN 结加反向偏置电压。发光二极管可以将电信号转换成光信号，工作时加正向偏置电压。光隔离器件由一个发光二极管和一个光电二极管组成。可以对输入和输出信号进行电隔离。

自我检测题

1. 在本征半导体中加入（　　）元素可形成 N 型半导体，加入（　　）元素可形成 P 型半导体。
A. 三价　　　　　　B. 四价　　　　　　C. 五价　　　　　　D. 六价

2. PN 结加正向电压时，空间电荷区将（　　）。

A. 变窄　　　　　　　B. 基本不变　　　　　C. 变宽

3. 下列关于 PN 结的伏安特性方程中，正确的是（　　）。

A. $i = I_F(e^{\frac{u}{U_T}} - 1)$　　　　　　B. $i = I_s(e^{\frac{u}{U_T}} - 1)$

C. $i = I_F(e^{\frac{U_T}{u}} - 1)$　　　　　　D. $i = I_s(e^{\frac{U_T}{u}} - 1)$

4. 在图 1-46 所示电路中，当电源 $U_{CC} = 5V$ 时，测得 $I = 1mA$。若把电源电压调整到 $U_{CC} = 10V$，则电流的大小将（　　）2mA。若保持 $U = 5V$ 不变，当温度为 20℃ 时，测得二极管电压 $U_D = 0.7V$。当温度升到 40℃ 时，U_D 的大小将（　　）0.7V

A. 大于，大于　　　　　　　　　B. 小于，小于
C. 大于，小于　　　　　　　　　D. 小于，大于

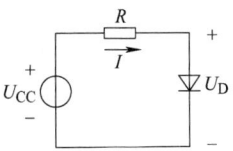

图 1-46　题 4 图

5. 反向饱和电流 I_s 主要与（　　）有关。

A. 外加电压　　B. 掺杂性质　　C. 反向击穿电压　　D. 温度

6. 稳压二极管正常工作时工作在（　　）区。

A. 正向导通　　B. 反向击穿　　C. 反向截止

7. 电路如图 1-47 所示，设硅稳压二极管 VS_1 和 VS_2 的稳定电压分别为 5V 和 10V，正向压降均为 0.7V，则输出电压 U_o 分别为（　　）。

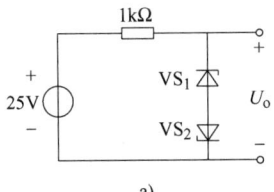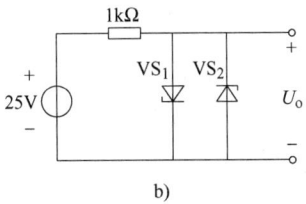

图 1-47　题 7 图

A. 图 a 5.7V，图 b 0.7V
B. 图 a 5V，图 b 10V
C. 图 a 5.7V，图 b 10V
D. 图 a 5.0V，图 b 3.3V

8. 电路如图 1-48 所示，设 $u_s = 15\sin\omega t V$，稳压二极管 VS 的稳定电压为 8V，R 为限流电阻，u_o 的波形为（　　）。

A. 正半周在 8V 处出现切峰的正弦波
B. 正负半周最大幅度均为 15V 的正弦波
C. 正负半周均在 8V 处出现切峰的正弦波
D. 在 +8V 处出现切峰，负半周均为 -0.7V

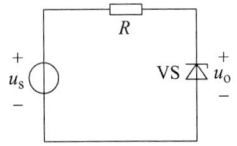

图 1-48　题 8 图

9. 二极管正向导通时 $U_D = 0.7V$。估算图 1-49 所示电路中，流过二极管的电流 I_D 和 A 点的电位 U_A 分别为（　　）。

A. $U_A = 3.3V$，$I_D = 9.3mA$
B. $U_A = 3.3V$，$I_D = 0.033mA$
C. $U_A = -5.3V$，$I_D = 0.53mA$
D. $U_A = -5.3V$，$I_D = 1.3mA$

10. 电路如图 1-50 所示，假如锗管 VD_1 的导通压降为 $U_1 = 0.2V$，硅管 VD_2 的导通压降为 $U_2 = 0.6V$。流过 VD_1、VD_2 的电流 I_1 和 I_2 分别为（　　）。

A. $I_1 = 10mA$，$I_2 = 0mA$

B. $I_1 = 0\text{mA}$,$I_2 = 10\text{mA}$
C. $I_1 = 5\text{mA}$,$I_2 = 5\text{mA}$
D. 以上都不是

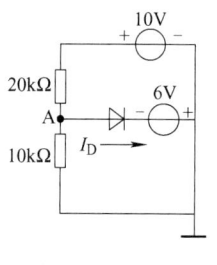

图 1-49 题 9 图

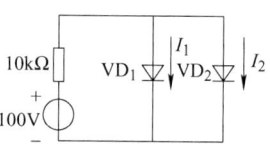

图 1-50 题 10 图

习　　题

1-1　图 1-51 中，设二极管为理想二极管，即导通时压降为零，截止时电阻为无穷大。电路中的 U_{i1}、U_{i2}、U_{i3} 均可能为 0V 或 3V，试求 U_{i1}、U_{i2}、U_{i3} 在不同电压组合情况下的输出电压 U_o。

1-2　图 1-52 中，二极管导通电压为 0.6V，反向饱和电流为 0mA，计算流过二极管的电流和输出电压。

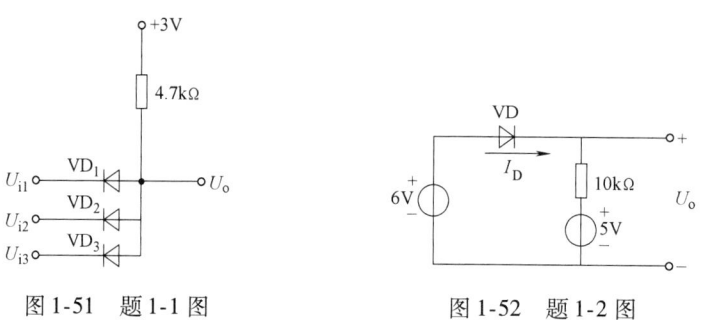

图 1-51　题 1-1 图　　　　　　　　图 1-52　题 1-2 图

1-3　如图 1-53 所示，设二极管是理想二极管，求输出电压 U_o。

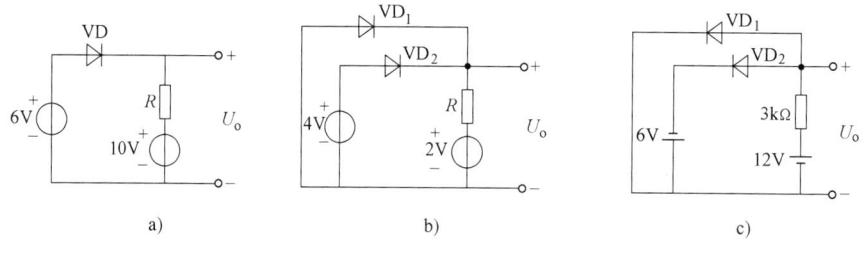

a)　　　　　　　　　b)　　　　　　　　　c)

图 1-53　题 1-3 图

1-4　如图 1-54 所示，设二极管是理想二极管，判断二极管是导通还是截止。

1-5　如图 1-55 所示，二极管具有理想特性（正向导通电压等于零，反向电流等于零），电阻 R 为 10Ω，电源电压 U 为 3V。电源上电流与电压为非关联参考方向。求：电流 I 等于多少？若电源 U 反接，电流 I 又等于多少？

1-6　在图 1-56 所示电路中，二极管的导通压降为 0.7V，$u_i = 6\sin\omega t\text{V}$，试画出输出电压 u_o 的波形。

1-7　电路如图 1-57 所示，电源 u_s 是正弦电压，二极管为理想二极管，试绘出负载 R_L 两端的电压波形。

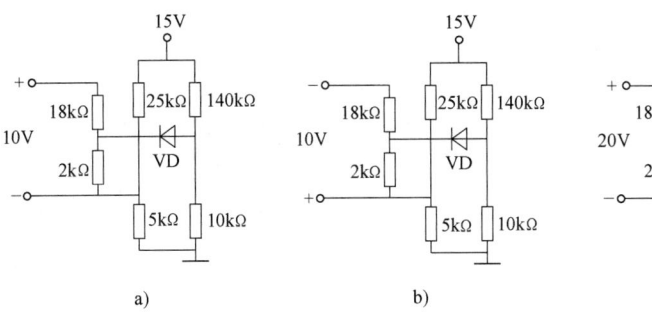

图 1-54 题 1-4 图

1-8 电路如图 1-58a 所示，u_i 的波形如图 1-58b 所示，试画出输出电压 u_o 的波形。假设二极管为理想二极管，即导通时压降为零，截止时电阻为无穷大。

1-9 电路如图 1-59 所示，已知 $u_i = 5\sin\omega t\,\text{V}$，$U = 5\text{V}$，画出 u_o 的波形。

1-10 电路如图 1-60a、b 所示，设二极管为理想二极管，已知 u_i 的波形如图 1-60c 所示，分别画出图 1-60a、b 中 u_o 的波形。

1-11 电路如图 1-61 所示，VD 为二极管，二极管导通压降为 0.7V，$U_{DD} = 2U$，$R = 1\text{k}\Omega$，正弦信号 $u_s = 50\sin(2\pi \times 50)\,\text{mV}$。

（1）静态（即 $u_s = 0$）时，求二极管中静态电流和 u_o 的静态电压；

（2）动态时，求二极管中的交流电流振幅和 u_o 的交流电压振幅；

（3）求输出电压 u_o 的总量。

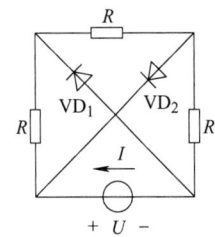

图 1-55 题 1-5 图

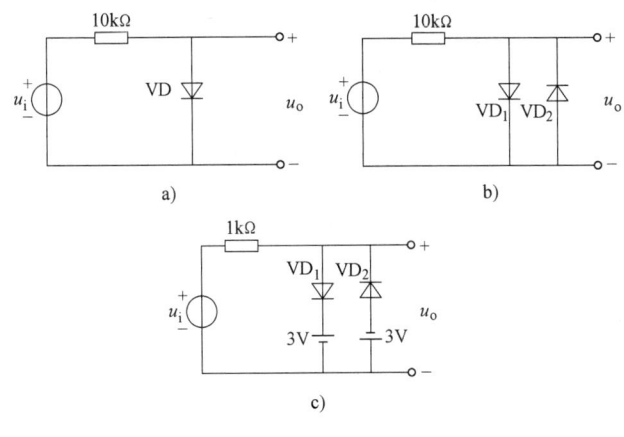

图 1-56 题 1-6 图

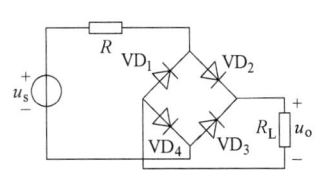

图 1-57 题 1-7 图

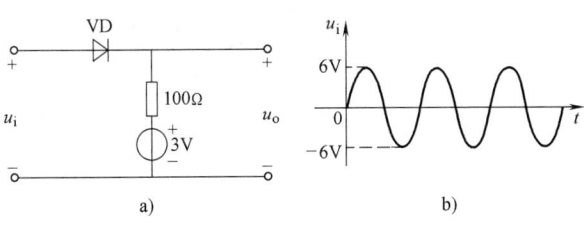

图 1-58 题 1-8 图

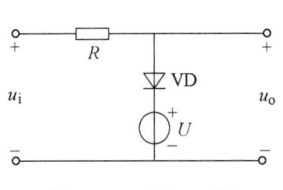

图 1-59 题 1-9 图

1-12 已知图 1-62 所示电路中，稳压二极管的稳定电压 $U_z = 6\text{V}$，$R = 1\text{k}\Omega$，最小稳定电流 $I_{z\min} = 5\text{mA}$，

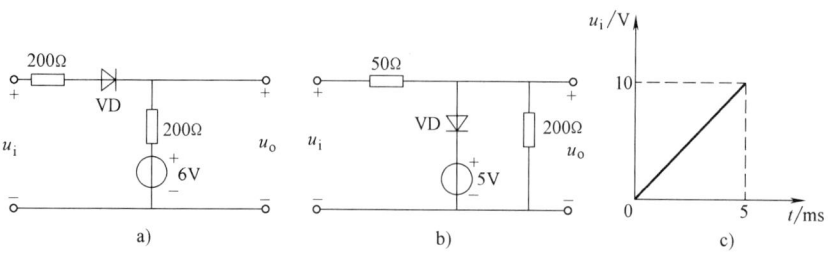

图 1-60 题 1-10 图

最大稳定电流 $I_{zmax} = 25\text{mA}$，$R_L = 500\Omega$。

(1) 分别计算 U_i 为 10V、15V、35V 三种情况下输出电压 U_o 的值；
(2) 若 $U_i = 35\text{V}$ 时负载开路，则会出现什么现象？为什么？

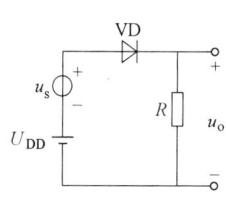 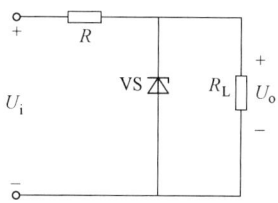

图 1-61 题 1-11 图   图 1-62 题 1-12 图

1-13 电路如图 1-63 所示，所有稳压管均为硅管，且稳定电压 $U_z = 8\text{V}$，正向导通电压降为 0.7V，设 $u_i = 15\sin\omega t\text{V}$，试绘出 u_o 的波形。

1-14 在图 1-64 中，$U_i = 20\text{V}$，$R_1 = 900\Omega$，$R_2 = 1100\Omega$。稳压管 VS 的稳压值 $U_z = 10\text{V}$，最大稳定电流 $I_{zmax} = 8\text{mA}$。试求稳压管中通过的电流 I_z，是否超过 I_{zmax}，如果超过，怎么办？

1-15 图 1-65 所示电路中二极管为硅管，输入信号 $u_i = 10\sin\omega t\text{mV}$，$U_C = 10\text{V}$，电容器对交流信号的容抗可以忽略不计，计算输出电压 u_o 的交流分量。

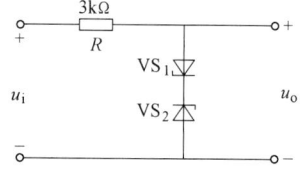

图 1-63 题 1-13 图

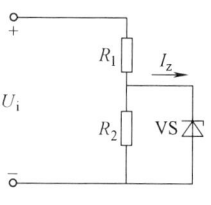 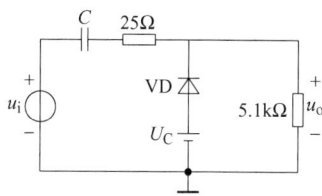

图 1-64 题 1-14 图   图 1-65 题 1-15 图

第 2 章　晶体管及其基本放大电路

1947 年，美国的贝尔实验室成功研制出了世界上的第一只晶体管，这是半导体器件发展的重大飞跃，具有划时代的意义。自问世以来，晶体管作为构成电子线路的最重要的核心器件之一，得到了广泛的应用和发展。本章着重研究的晶体管（BJT）是半导体三极管的一种类型，这种管子工作时，由于它有空穴和电子两种载流子参与导电，故称为双极型，又被称为双极型晶体管、晶体三极管等。

晶体管是一种电流控制型器件，在满足外部电压条件下，能实现电流和电压的控制与放大作用。

晶体管有三种基本放大电路，即共发射极放大电路、共集电极放大电路和共基极放大电路。放大电路的分析包括静态工作点的估算和动态性能分析两个方面。

2.1　晶体管

晶体管的种类很多，按照材料分，有硅管和锗管；按照工作频率分，有高频管和低频管；按照功率分，有小、中、大功率晶体管等。从外形上看，晶体管都有三个电极，常见的几种晶体管的外形如图 2-1 所示。图 2-1a 和图 2-1b 所示为小功率晶体管，图 2-1c 所示为中功率晶体管，图 2-1d 所示为大功率晶体管。

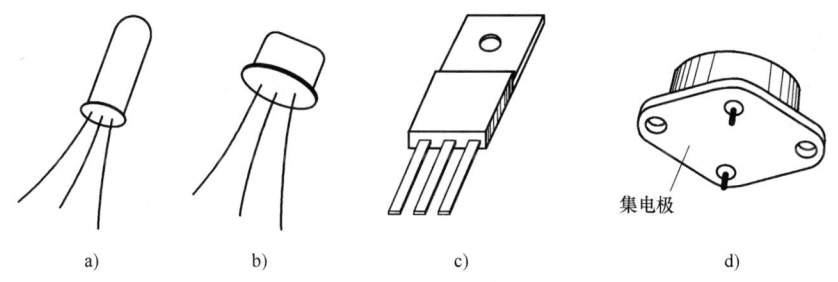

图 2-1　几种晶体管的外形
a）、b）小功率晶体管　c）中功率晶体管　d）大功率晶体管

2.1.1　晶体管的结构

晶体管按照结构不同，可分为两种类型：NPN 型和 PNP 型。

图 2-2a 所示为 NPN 型晶体管的结构。它是在同一个硅片上制造出三个掺杂区域，形成了两个 PN 结，称之为 NPN 型晶体管。

由图 2-2a 可见，这三个杂质区，由上至下分别称为集电区、基区和发射区。虽然发射区和集电区都是 N 型材料，但晶体管的制造工艺的特点是：发射区的掺杂浓度比集电区的掺杂浓度高；基区很薄且掺杂浓度低；在几何尺寸上，集电区的面积比发射区大。这些特点是保证晶体管具有电流放大作用的内部条件。

发射区和基区之间的 PN 结称为发射结（J_e），集电区和基区之间的 PN 结称为集电结（J_c）。从三个区各引出一个电极，分别叫作集电极 c、基极 b 和发射极 e。

图 2-2b 所示为 NPN 型晶体管的图形符号，箭头方向表示发射结正偏时发射极电流的实际方向。

同样，PNP 型晶体管也是由两个 PN 结、三层杂质区构成的，其中间是 N 型半导体，两边是 P 型半导体，结构和图形符号如图 2-2c、d 所示。

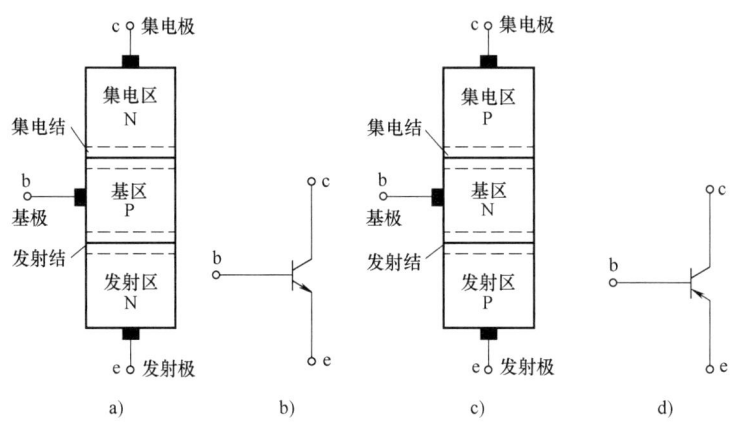

图 2-2 晶体管的结构和图形符号
a) NPN 型晶体管的结构 b) NPN 型晶体管的图形符号 c) PNP 型晶体管的结构
d) PNP 型晶体管的图形符号

本节以硅材料 NPN 型晶体管为例讲述晶体管的放大作用、特性曲线和主要参数。

2.1.2 晶体管的放大原理

放大是对模拟信号最基本的处理。晶体管作为放大电路的核心器件，它能够控制能量的转换，将输入的任何微小变化不失真地放大输出。

1. 晶体管处于放大的外部条件

要想使晶体管具有放大作用，除了具备上述的内部条件外，还需要具备适当的外部条件：要求晶体管的三个电极之间的偏置电压应保证发射结正向偏置，集电结反向偏置。因此，对于 NPN 型晶体管来说，要求 $U_B > U_E$，$U_C \gg U_B$；而对于 PNP 型晶体管来说，则要求 $U_E > U_B$，$U_B \gg U_C$。

2. 晶体管内部载流子的传输过程

（1）发射区向基区注入电子（又称扩散）

晶体管中的载流子的运动如图 2-3 所示，由于发射结外加正向电压，发射区就会有大量的自由电子（多子）向基区注入（扩散），形成发射极电子电流 I_{EN}；基区的空穴（多子）向发射区注入，形成空穴注入电流 I_{EP}。两电流之和就构成了发射极电流，即 $I_E = I_{EN} + I_{EP}$。因为发射区相对基区是重掺杂，基区空穴浓度远低于发射区的电子浓度，所以满足 $I_{EN} \gg I_{EP}$，I_{EP} 可忽略不计。因此，发射极电流 $I_E \approx I_{EN}$，其

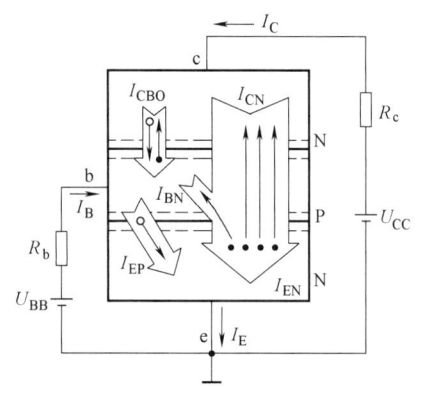

图 2-3 晶体管中的载流子的运动

方向与电子注入方向相反。

(2) 电子在基区的扩散和复合

发射区注入基区的电子即成为基区中的非平衡电子,这些非平衡电子会在基区靠近发射结的边界累积,在发射结处浓度最大,而在集电结处浓度最小(因集电结反偏,电子浓度近似为零)。因此,在基区中形成了非平衡电子的浓度差。在该浓度差作用下,注入基区的电子将继续向集电结扩散。在扩散过程中,非平衡电子会与基区中的空穴相遇,使部分电子因复合而失去,形成基区复合电流 I_{BN}。为了补充因复合而消失的空穴,基极电源 U_{BB} 不断从基区拉走价电子,即向基区提供新的空穴,形成基极电流 I_B。因此,I_{BN} 是基极电流 I_B 的主要部分。但由于基区很薄且空穴浓度又低,所以被复合的电子数极少,故 I_{BN} 很小,而绝大部分电子都能扩散到发射结边缘。

(3) 集电区收集扩散过来的电子

由于集电结反偏,在结内形成了较强的电场,有利于结外边界处少子的漂移。因此,使扩散到集电结边沿的电子在该电场作用下漂移到集电区,形成集电区的收集电流 I_{CN}。该电流是构成集电极电流 I_C 的主要部分。此外,集电区的少子(空穴)和基区本身的少子(电子)在结电场的作用下,向对方漂移形成集电结反向饱和电流 I_{CBO},并流过集电极和基极支路,它是构成 I_C、I_B 的另一部分电流。该电流是由热激发的少子形成的,数值很小。这个电流对放大没有贡献,而且受温度的影响很大,容易使管子工作不稳定,所以在制造过程中要尽量减小 I_{CBO}。

由以上分析可知,晶体管内有两种载流子参与导电,故称为双极型晶体管。

3. 电流分配关系

集电极电流 I_C 由两部分组成:I_{CN} 和 I_{CBO}。前者是由发射区发射的电子被集电极收集后形成的,后者是由集电区和基区的少数载流子漂移运动形成的,称为反向饱和电流。于是有

$$I_C = I_{CN} + I_{CBO} \approx I_{CN} \tag{2-1}$$

发射极电流 I_E 也由两部分组成:I_{EN} 和 I_{EP}。I_{EN} 是由发射区发射的电子所形成的电流,I_{EP} 是由基区向发射区扩散的空穴所形成的电流。因为发射区是重掺杂,所以 I_{EP} 可忽略不计,即 $I_E \approx I_{EN}$。I_{EN} 又分成两部分,主要部分是 I_{CN},极少部分是 I_{BN}。I_{BN} 是电子在基区与空穴复合时所形成的电流,基区空穴是由电源 U_{BB} 提供的,故它是基极电流的一部分。即

$$I_E \approx I_{EN} = I_{BN} + I_{CN} \tag{2-2}$$

基极电流 I_B 是 I_{BO} 与 I_{CBO} 之差,即

$$I_B = I_{BN} - I_{CBO} \approx I_{BN} \tag{2-3}$$

发射结发射的电子大部分被集电结收集,形成集电极电流,即 $I_{CN} \gg I_{BN}$。常用 $\bar{\alpha}$ 来表示共基极电流放大倍数,即

$$I_C = \bar{\alpha} I_E \tag{2-4}$$

根据基尔霍夫电流定律(KCL),$I_E = I_B + I_C$。因此,基极电流可表示为发射极电流的其余部分,即

$$I_B = (1 - \bar{\alpha}) I_E \tag{2-5}$$

由此可导出集电极与基极之间的电流关系为

$$\frac{I_C}{I_B} = \frac{\bar{\alpha} I_E}{(1-\bar{\alpha}) I_E} = \frac{\bar{\alpha}}{1-\bar{\alpha}} = \bar{\beta} \tag{2-6}$$

式中，$\bar{\beta}$ 为晶体管共发射极直流电流放大倍数。式（2-6）也反映了放大偏置时晶体管的基极对发射极电流的控制作用，利用这一性质可以实现晶体管的放大作用。

2.1.3 晶体管的共发射极特性曲线

晶体管的输入特性和输出特性曲线描述了各电极之间电压、电流的关系，用于对晶体管的性能、参数和晶体管电路的分析估算。

1. 输入特性曲线

输入特性曲线描述管压降 U_{CE} 一定的情况下，基极电流 i_B 与发射结压降 u_{BE} 之间的函数关系，即

$$i_B = f(u_{BE}) \big|_{U_{CE}=常数} \tag{2-7}$$

当 $U_{CE}=0$ 时，相当于集电极与发射极短路，即发射结与集电结并联。因此，输入特性曲线与 PN 结的伏安特性相似，呈指数关系，如图 2-4 所示 $U_{CE}=0$ 的那条曲线。

当 U_{CE} 增大时，曲线将右移，如图 2-4 中标注 $U_{CE}=0.5V$ 和 $U_{CE} \geqslant 1V$ 的曲线。这是因为，由发射区注入基区的非平衡少子有一部分越过基区和集电结形成集电极电流 i_C，使得在基区参与复合运动的非平衡少子随 U_{CE} 的增大（即集电结反向电压的增大）而减小；因此，要获得同样的 i_B，就必须加大 u_{BE}，使发射区向基区注入更多的电子。

实际上，对于确定的 U_{BE}，当 U_{CE} 增大到一定值以后，集电结的电场已足够强，可以将发射区注入基区的绝大部分非平衡少子都收集到集电区，因而再增大 U_{CE}，i_C 也不可能明显增大了，也就是说，i_B 已基本不变，即 U_{CE} 超过一定数值后，曲线不再明显右移而基本重合。因此，对于小功率晶体管，可以用 $U_{CE}>1V$ 的任何一条曲线来近似 $U_{CE}>1V$ 的所有曲线。

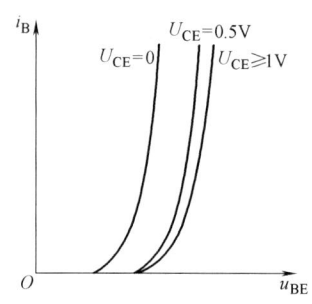

图 2-4 晶体管的输入特性曲线

2. 输出特性曲线

输出特性曲线描述基极电流 I_B 为一常数时 i_C 与 u_{CE} 之间的函数关系，即

$$i_C = f(u_{CE}) \big|_{I_B=常数} \tag{2-8}$$

对于每一个确定的 i_B，都有一条对应的曲线，所以输出特性是一簇曲线，如图 2-5 所示。对于某一条曲线，当 u_{CE} 从 0V 逐渐增大时，集电结电场随之增强，收集基区非平衡电子的能力逐渐增强，因而 i_C 也逐渐增大。而当 u_{CE} 增大到一定数值时，集电结电场足以将基区非平衡电子的绝大部分收集到集电区来，u_{CE} 再增大，i_C 也不能随之明显增大，曲线基本平行于横轴，即 i_C 几乎仅仅决定于 i_B。

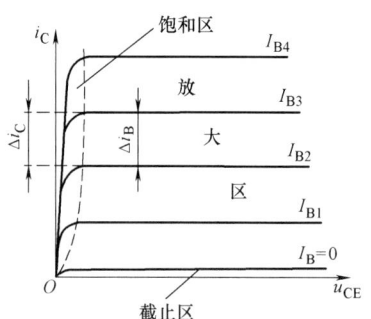

图 2-5 晶体管的输出特性曲线

从输出特性曲线看，晶体管有三个工作区域：

1）截止区。其特征是发射结电压小于开启电压且集电结反向偏置。此时管子的外部电压为 $u_{BE}<U_{on}$ 且 $u_{CE} \geqslant u_{BE}$。此时 $I_B=0$，而 $i_C \leqslant i_{CEO}$。由于小功率硅晶体管的 $i_{CEO} \leqslant 1\mu A$，锗管的 i_{CEO} 小于几十微安，因此在近似分析中可以认为晶体管截止时的 $i_C \approx 0$。

2) 放大区。其特征是发射结正向偏置（$u_{BE} > U_{on}$）且集电结反向偏置。此时管子的外部电压为 $u_{BE} > U_{on}$ 且 $u_{CE} \geqslant u_{BE}$。此时 i_C 几乎仅仅取决于 i_B，而与 u_{CE} 无关，表现出 i_B 对 i_C 的控制作用，即所谓的放大作用。在理想情况下，当 i_B 按等差变化时，输出特性是一簇横轴的等距离平行线。

3) 饱和区。其特征是发射结与集电结均处于正向偏置。此时管子的外部电压为 $u_{BE} > U_{on}$ 且 $u_{CE} < u_{BE}$。此时，i_C 不仅与 i_B 有关，而且明显随 u_{CE} 增大而增大，$i_C < \bar{\beta} i_B$。在实际电路中，若管子的 u_{BE} 增大，i_B 随之增大，但 i_C 增大不多或基本不变，这说明管子进入了饱和区。对于小功率晶体管，可以认为当 $u_{CE} = u_{BE}$，也就是 $u_{CB} = 0$ 时，管子进入临界状态，即管子进入临界饱和状态或临界放大状态。

在模拟电路中，绝大多数情况下保证管子工作在放大状态；而在数字电路中，往往让管子工作在截止或饱和状态下，把管子作为开关来使用。

2.1.4 晶体管的主要参数

晶体管的参数是用来表征管子性能优劣和适应范围的，它是选用晶体管的依据。了解这些参数，对合理使用和充分利用晶体管达到设计电路的经济性和可靠性是十分必要的。这里只介绍在近似分析中最主要的参数，它们均可在半导体器件手册中查到。

晶体管的参数可分为性能参数和极限参数两大类。值得注意的是，由于制造工艺的离散性，即使同一型号规格的晶体管，参数也不完全相同。

1. 电流放大倍数

1) 共发射极电流放大倍数：前已讨论，根据工作状态的不同，在直流和交流两种情况下，共发射极电流放大倍数分别用符号 $\bar{\beta}$ 和 β 表示。$\bar{\beta}$ 有时用 h_{FE} 来代表，β 有时用 h_{fe} 来代表。

2) 共基极电流放大倍数：共基极直流电流放大倍数为

$$\bar{\alpha} = I_C / I_E \tag{2-9}$$

则共基极交流电流放大倍数为

$$\alpha = \Delta i_C / \Delta i_E \tag{2-10}$$

由式（2-6）可推导出 α 与 β 的关系式为

$$\beta = \frac{\alpha}{1-\alpha} \text{ 或 } \alpha = \frac{\beta}{1+\beta} \tag{2-11}$$

近似分析中可认为 $\beta = \bar{\beta}$，$\alpha = \bar{\alpha}$。

2. 极间反向电流

1) 发射极开路时集电结的反向饱和电流 I_{CBO}：一般情况下，温度每升高 10℃，I_{CBO} 增加约一倍。反之，当温度降低时，I_{CBO} 减小。

2) 基极开路时集电极与发射极间的穿透电流 I_{CEO}：$I_{CEO} = (1+\bar{\beta})I_{CBO}$。

同一型号的管子反向电流越小，性能越稳定。选用管子时，I_{CBO} 与 I_{CEO} 应尽量小。硅管比锗管的极间反向电流小 2~3 个数量级，因此温度稳定性也比锗管好。

3. 特征频率 f_T

由于晶体管中 PN 结结电容的存在，晶体管的交流电流放大倍数是所加信号频率的函数。信号频率高到一定程度时，集电极电流与基极电流之比不但数值下降，且产生相移。使电流放大系数的数值下降到1的信号频率称为特征频率f_T。

4. 极限参数

极限参数是指为使晶体管安全工作，对它的电压、电流和功率损耗的限制。

1) 集电极最大允许电流I_{CM}：I_{CM}是指晶体管的参数变化不超过允许值时集电极允许的最大电流。当电流超过I_{CM}时，管子性能将显著下降，甚至有烧坏管子的可能。

2) 反向击穿电压：晶体管的某一电极开路时，另外两个电极间所允许加的最高反向电压称为极间反向击穿电压，超过此值时管子会发生击穿现象。下面是各种击穿电压的定义：

发射极开路时集电极-基极间的反向击穿电压$U_{(BR)CBO}$：这是集电结所允许加的最高反向电压。

基极开路时集电极-发射极间的反向击穿电压$U_{(BR)CEO}$：此时集电结承受反向电压。

集电极开路时发射极-基极间的反向击穿电压$U_{(BR)EBO}$：这是发射结所允许加的最高反向电压。

对于不同型号的管子，$U_{(BR)CBO}$为几十伏到上千伏，$U_{(BR)CEO}$小于$U_{(BR)CBO}$，而$U_{(BR)EBO}$只有1V以下到几伏。

3) 最大集电极耗散功率P_{CM}：P_{CM}表示集电结上允许损耗功率的最大值，超过此值就会使管子性能变坏或烧毁。集电极损耗的功率为

$$P_{CM} = i_C u_{CE} \quad (2\text{-}12)$$

由式（2-12）可在输出特性上画出管子的允许功率损耗线，如图2-6所示。P_{CM}值与环境温度有关，温度越高，则P_{CM}值越小。因此，晶体管在使用时受到环境温度的限制，硅管的上限温度达150℃，而锗管则低得多，约70℃。

例2-1 现已测得某电路中几只NPN型晶体管三个极的直流电压，见表2-1，各晶体管基极-发射极间开启电压U_{on}均为0.5V。请分析各管子的工作状态。

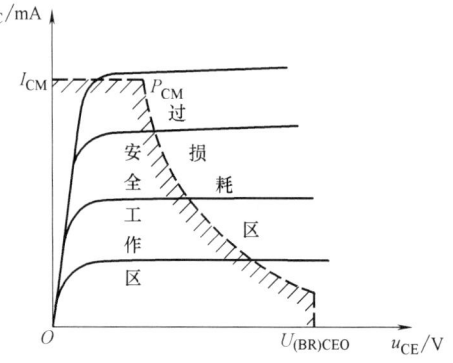

图2-6 晶体管的允许功率损耗线

表2-1 例2-1中各晶体管电极直流电压

晶体管	VT_1	VT_2	VT_3	VT_4
基极直流电压U_B/V	0.7	1	−1	0
发射极直流电压U_E/V	0	0.3	−1.7	0
集电极直流电压U_C/V	5	0.7	0	15
工作状态				

解：在电子电路中，可以通过测试晶体管各极的直流电压来判断晶体管的工作状态。对于NPN型晶体管，当基极-发射极间电压$u_{BE} < U_{on}$时，管子截止；当$u_{BE} > U_{on}$且管压降$u_{CE} \geq u_{BE}$时，管子处于放大状态；当$u_{BE} > U_{on}$且管压降$u_{CE} \leq u_{BE}$时，管子处于饱和状态。硅管的U_{on}约为0.5V，锗管的U_{on}约为0.1V。对于PNP型晶体管，可类比NPN型晶体管总结规律。

根据上述规律可知，VT_1 处于放大状态，因为 $U_{BE}=0.7V$ 且 $U_{CE}=5V$，$U_{CE}>U_{BE}$；VT_2 处于饱和状态，因为 $U_{BE}=0.7V$，且 $U_{CE}=U_C-U_E=0.4V$，$U_{CE}\leq U_{BE}$；VT_3 处于放大状态，分析过程同 VT_1；VT_4 处于截止状态，因为 $U_{BE}=0V<U_{on}$。

将分析结果填入表 2-2。

表 2-2 例 2-1 中各晶体管的工作状态

晶体管	VT_1	VT_2	VT_3	VT_4
工作状态	放大	饱和	放大	截止

例 2-2 在一个单管放大电路中，参数见表 2-3，请选用一只管子，并简述理由。已知三只管子的参数，且电源电压为 30V。

表 2-3 例 2-2 中各晶体管的参数

晶体管参数	VT_1	VT_2	VT_3
$I_{CBO}/\mu A$	0.01	0.1	0.05
U_{CEO}/V	50	50	20
β	15	100	100

解： VT_1 管虽然 I_{CBO} 很小，即温度稳定性好，但 β 很小，放大能力差，故不宜选用。VT_3 管虽然 I_{CBO} 较小且 β 较大，但因 U_{CEO} 仅为 20V，小于工作电源电压 30V，在工作过程中容易被击穿，故不能选用。综合考虑只有选用 VT_2 最合适。

2.1.5 光电晶体管

光电晶体管依据光照的强度来控制集电极电流的大小，其功能可等效为一只光电二极管与一只晶体管相连，并仅引出集电极与发射极，如图 2-7a 所示。其图形符号如图 2-7b 所示，常见外形如图 2-7c 所示。

使用光电晶体管时，也应特别注意其反向击穿电压、最高工作电压、最大集电极功耗等极限参数。

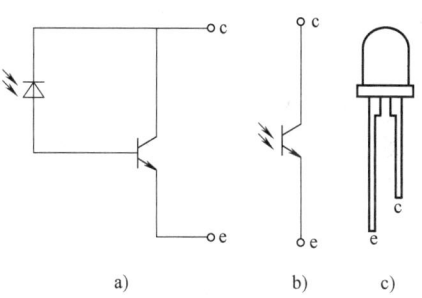

图 2-7 光电晶体管的等效电路、图形符号和外形
a) 等效电路 b) 图形符号 c) 外形

2.2 共发射极晶体管放大电路

在实践中，晶体管放大电路的用途是非常广泛的，它能够利用晶体管的基极电流来控制集电极电流的作用，来达到放大的目的。晶体管放大电路就是利用晶体管的这种特性来组成的，下面以共发射极接法为例来说明。

2.2.1 电路结构

基本共发射极晶体管放大电路如图 2-8 所示，它是阻容耦合的单管共发射极晶体管放大电路（图中为习惯画法）。外加信号从基极和发射极输入，经放大后由集电极和发射极输出。电路中各元器件的作用如下：

1）VT 为放大管，起电流放大作用，是放大电路的核心部件。

2）U_{CC} 为晶体管基极和集电极提供偏置电压，使晶体管工作在放大状态。

3）R_b 为基极的偏置电阻，它和 U_{CC} 为基极提供一个合适的偏置电流。R_b 的取值一般在几十千欧至几百千欧。

4）R_c 为集电极负载电阻，它的作用是将集电极电流变化转化为集射极间的电压变化，这个变化的电压就是放大器的输出电压。即通过 R_c 把晶体管的电流放大作用转换成电压放大作用。R_c 的取值一般在几十千欧至几百千欧。

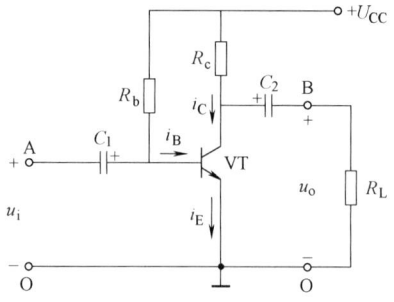

图 2-8 基本共发射极晶体管放大电路

5）C_1、C_2 分别为输入和输出耦合电容。它们能使交流信号顺利通过，同时隔断信号源和输入端、晶体管的集电极和负载之间的直流通路，避免相互影响而改变各自的工作状态。C_1、C_2 的容量比较大，一般是几微法至几十微法的电解电容，连接时应该注意它们的极性。

2.2.2 工作原理

如图 2-8 所示，待放大的输入信号 u_i 从电路的 A、O 两点（称为放大电路的输入端）输入，放大电路的输出信号 u_o 由 B、O 两点（称为放大电路的输出端）输出。输入的交流信号 u_i 通过电容 C_1 加到晶体管的发射结，变化的 u_i 产生变化的基极电流 i_b，使基极的总电流 i_B 发生变化；集电极电流 i_C 也随之产生变化，并在集电极电阻 R_c 上产生压降 $i_C R_c$，集电极电压 $u_{CE} = U_{CC} - i_C R_c$，通过 C_2 耦合，输出电压 u_o。如果电路参数选择适当，则 u_o 的变化幅度将比 u_i 的变化幅度大很多倍，由此说明晶体管对 u_i 进行了放大。

从 $u_{CE} = U_{CC} - i_C R_c$ 中可以看出，i_C 增大时，u_{CE} 反而减小。电路中，u_{BE}、i_B、i_C 和 u_{CE} 都是随 u_i 的变化而变化，它们变化的作用顺序如下：

$$u_i \rightarrow u_{BE} \rightarrow i_B \rightarrow i_C \rightarrow u_{CE}$$

从上面的分析可知，放大作用实际是利用晶体管的基极对集电极的控制作用来实现的。即在输入端加上一个能量较小的信号，通过晶体管的基极电流去控制流过集电极电路的电流，从而将直流电源 U_{CC} 的能量转换为所需要的形式供给负载。因此，放大器是一种能量控制器件。

2.2.3 主要技术指标

为了衡量晶体管放大电路的性能，可以用若干技术指标来表示。常用的技术指标主要有增益、输入阻抗、输出阻抗、频率响应和带宽以及非线性失真等。今后将结合具体电路逐步加以讨论。

2.3 晶体管放大电路的基本分析方法

晶体管放大电路的分析主要包含两个部分：

1）静态分析，又称直流分析，用于求出电路的直流工作状态，即基极直流电流 I_B、集电极直流电流 I_C、集电极与发射极之间的直流电压 u_{CE}。静态工作点，又称直流工作点，简

称 Q 点。可用图解法，也可用近似估算法（又称解析法）求解。

2) 动态分析，又称交流分析，用于求出电压放大倍数 $\dot{A}_u$、输入电阻 R_i、输出电阻 R_o 三项性能指标。它同样可以用图解法求解，也可以用近似估算法求解（又称解析法）。

2.3.1 图解法

1. 静态分析

由于晶体管是非线性器件，可以用图解法求静态工作点。晶体管的电流、电压关系可用其输入特性曲线和输出特性曲线表示，因此可以在其特性曲线上，直接用作图的方法来确定静态工作点。利用图解法确定静态工作点的步骤如下：

（1）作直流负载线

图 2-8 的输出回路如图 2-9a 所示。它由两部分组成：非线性部分——晶体管，线性部分——电源 U_{CC} 和 R_c 组成的外部电路。因为电路的线性部分和非线性部分实际上是串联在一起构成一个电路整体，所以 i_C 和 u_{CE} 既要满足晶体管的伏安关系，即 $i_C = f(u_{CE})|_{I_B = 常数}$，又要满足外部电路的关系，即

$$u_{CE} = U_{CC} - i_C R_c \tag{2-13}$$

式（2-13）表示一条直线。这条直线与横轴的交点为 $M(U_{CC}, 0)$，与纵轴的交点为 $N(0, U_{CC}/R_c)$，如图 2-9b 所示，其斜率是 $-1/R_c$，是由集电极负载电阻 R_c 决定的。由于讨论的都是静态工作情况，电路中的电压、电流都是直流量，所以直线 MN 称为直流负载线。

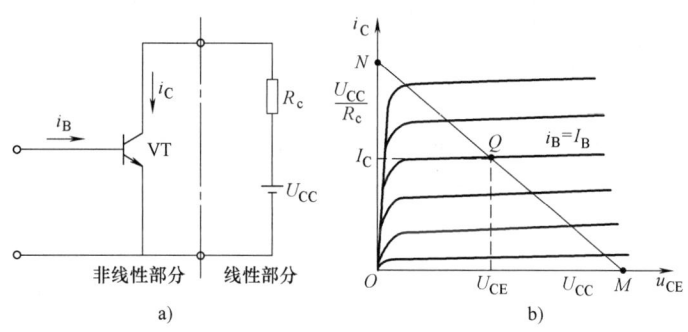

图 2-9 静态工作情况图解
a) 输出回路 b) 静态工作点

（2）求静态工作点

直流负载线与 $i_B = I_B$ 对应的那条输出特性曲线的交点 Q，就是静态工作点，如图 2-9b 所示。

例 2-3 图 2-8 中晶体管的输出特性曲线如图 2-10 所示。试用图解法求放大电路的静态工作点。

解： 首先写出直流负载方程

$$u_{CE} = U_{CC} - i_C R_c$$

令 $i_C = 0$，则 $u_{CE} = U_{CC} = 12\text{V}$，得 M 点（12, 0）；又令 $u_{CE} = 0$，则 $i_C = U_{CC}/R_c = 12\text{V}/4\text{k}\Omega = 3\text{mA}$，得 N 点（0, 3）。然后连接 MN 两点得直流负载线，与 $i_B = I_B = 40\mu\text{A}$ 的一条曲线相交，其交点就是静态工作点。从曲线处查 $I_B = 40\mu\text{A}$，$I_C = 1.5\text{mA}$，$U_{CE} = 6\text{V}$。

(3) 电路参数对静态工作点的影响

由上面的分析可知,静态工作点 Q 是输出回路的直流负载线与 $i_B = I_B$ 所对应的一条输出特性曲线的交点。直流负载方程为

$$u_{CE} = U_{CC} - i_C R_c$$

又 i_B 的计算式为

$$i_B = I_B = \frac{U_{CC} - U_{BE}}{R_b}$$

因此,只要改变 R_b、R_c 或 U_{CC} 就可以改变晶体管的静态工作点 Q。在实际调试中,主要通过

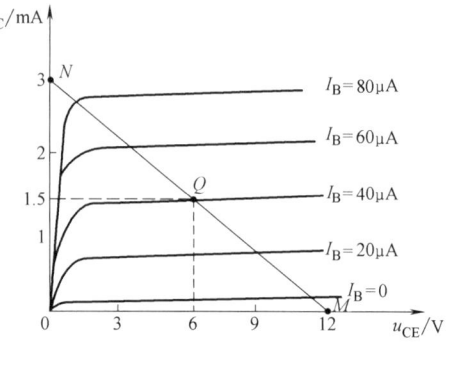

图 2-10 例 2-3 图

改变电阻 R_b 来改变静态工作点,而很少通过改变 R_c 或 U_{CC} 来改变静态工作点。

2. 动态分析

当输入端接入输入信号 u_i 时输入电流 i_B 不会静止不动,而是变化的,晶体管的工作状态也将来回移动,故将加入交流信号时的状态称为动态。在动态时,放大电路在输入电压信号 u_i 和直流电源 U_{CC} 的共同作用下工作,既有直流分量,又有交流分量,形成了交、直流共存于同一电路中的情况。晶体管各极的电流和各极间的电压都在静态的基础上叠加了一个随输入信号 u_i 作相应变化的交流分量。

应用图解法分析动态特性,一般应画出对应于输入波形的输出电流和输出电压波形以及放大电路的交流通路,用放大电路的交流通路(交流电流流过的路径)来分析放大电路中的各个交流变化的规律及动态性能。由放大电路画出其交流通路的原则是:①由于在交流通路中只考虑交流电压的作用,直流电源的内阻很小,将它作短路处理;②耦合电容和旁路电容等容量足够大,对交流量可视为短路。

下面通过举例来说明用图解法分析晶体管放大电路的动态特性步骤。

1) 根据输入 u_i,在输入特性曲线上求 i_B 的波形。

在例 2-3 中,设 $R_L = 4\text{k}\Omega$,放大电路的输入电压 $u_i = 20\sin\omega t \text{mV}$。当它加到放大电路的输入端后,晶体管的基极和发射极之间的电压 u_{BE} 就是在原有的直流电压 U_{BE} 的基础上叠加一个交流 $u_i(u_{be})$,即 $u_{BE} = U_{BE} + u_i$,如图 2-11 所示的曲线①。根据 u_i 的变化规律画出 i_B 的波形,如图 2-11 所示的曲线②。基极电流 i_B 在 60μA 与 20μA 之间变化,i_b 在 I_B 的基础上按正弦规律变化,即

$$i_B = I_B + i_{bm}\sin\omega t \tag{2-14}$$

2) 作交流负载线。类似前面所讲静态时的图解分析过程,在动态时,放大电路的输出回路 i_C 和 u_{CE} 既要满足晶体管的伏安关系——输出特性 $i_C = f(u_{CE})|_{I_B=\text{常数}}$,又要满足外部电路的伏安关系。

由两条伏安曲线的交点,便可以确定动态时的 i_C 和 u_{CE}。在图 2-8 所示的电路中,由于放大电路都在动态时,晶体管各极电流和各极间的电压都在静态值的基础上叠加一个交流分量,因此有

$$i_C = I_C + i_c \tag{2-15}$$

$$u_{CE} = U_{CE} + u_{ce} \tag{2-16}$$

由图 2-8 的交流通路得

$$u_{ce} = -i_c R'_L = -(i_C - I_C)R'_L \qquad (2\text{-}17)$$

式中，R'_L 为放大电路的交流负载电阻，$R'_L = R_C // R_L$。

将式（2-17）代入式（2-16），则有

$$u_{CE} = U_{CE} - (i_C - I_C)R'_L = U_{CE} + I_C R'_L - i_C R'_L \qquad (2\text{-}18)$$

式（2-18）便是共发射极晶体管放大电路在动态时，在输出端接有负载的情况下，输出回路外部电路的电压 u_{CE} 与电流 i_C 的关系式。在直流工作点已经确定的情况下，$U_{CE} + I_C R'_L$ 就是一个常量，可见式（2-18）与直流负载线方程式（2-13）相似，也是直线方程。其直线斜率为 $-1/R'_L$，由交流负载电阻 R'_L 决定，故该直线称为交流负载线，式（2-18）也称为交流负载线方程式。显见，当 i_B 变动时，i_C 和 u_{CE} 的变化轨迹在交流负载线上。由于交流负载线必然通过静态工作点 Q，因此作交流负载线时，不必像做直流负载线那样确定两个点，而只要再确定一个点即可。

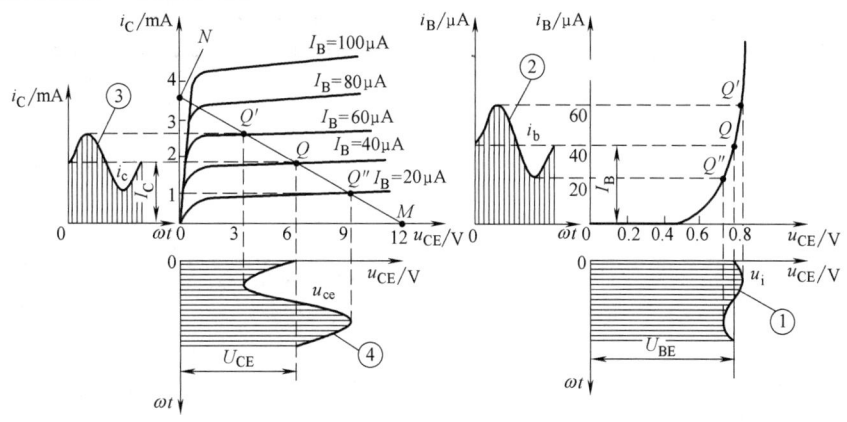

图 2-11 图解法分析动态工作状况

交流负载线的做法是，令 $i_C = 0$，根据式（2-18）有 $u_{CE} = U_{CE} + I_C R'_L$，于是在坐标横轴 ($u_{CE}$) 取点 C，C 点的坐标为 ($u_{CE} = U_{CE} + I_C R'_L$, $i_C = 0$)，将 C 点与静态工作点 Q 相连并延长至纵轴（i_C 轴）交于 D 点，则 CD 即为交流负载线，如图 2-12 所示。直线 CD 的斜率为 $-1/R'_L$，故交流负载线比直流负载线陡一些。

3）根据输出特性曲线和交流负载线作 i_C 和 u_{CE} 的波形。

i_B 在 I_B 的基础上按照正弦规律变化，故交流负载线与输出特性曲线的交点，即动态工作点，也随之改变。如图 2-11 所示，由 Q 点→Q' 点→Q 点→Q'' 点→Q 点。根据动态工作点的轨迹可画出 i_C 和 u_{CE} 的波形，如图 2-11 所示的曲线③、④。由于晶体管的工作段（$Q' \sim Q''$ 段）位于输出特性曲线的水平部分（线性区），因此 i_C 和 u_{CE} 在 I_C 和 U_{CE} 的基础上也按正弦规律变化，即

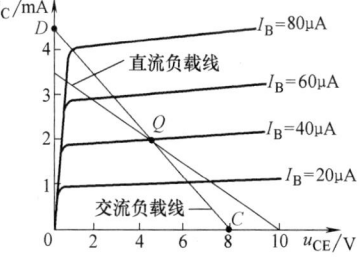

图 2-12 交流负载线和直流负载线

$$i_C = I_C + i_c = I_C + I_{cm}\sin\omega t \qquad (2\text{-}19)$$

$$u_{CE} = U_{CE} + u_{ce} = U_{CE} + U_{cem}\sin(\omega t - 180°) \qquad (2\text{-}20)$$

则放大电路的输出电压为

$$u_o = u_{ce} = U_{cem}\sin(\omega t - 180°) \qquad (2\text{-}21)$$

4）放大电路的非线性失真。当输入交流信号非常小时，输出交流信号被放大后正常输

出，但如果输入交流信号增大到一定值或者静态工作点 Q 选择的不合适，就会出现输出波形同输入波形不一致的情况，这种情况称为失真。静态工作点 Q 值接近饱和区的失真称为饱和失真，静态工作点 Q 值接近截止区的失真称为截止失真。

以 NPN 管构成的共发射极放大电路为例，如图 2-13 所示，如果静态工作点过低（Q_1）或过高（Q_2），输出 u_{ce} 的波形就会出现底部被削平（饱和失真）或顶部被削平（截止失真）。

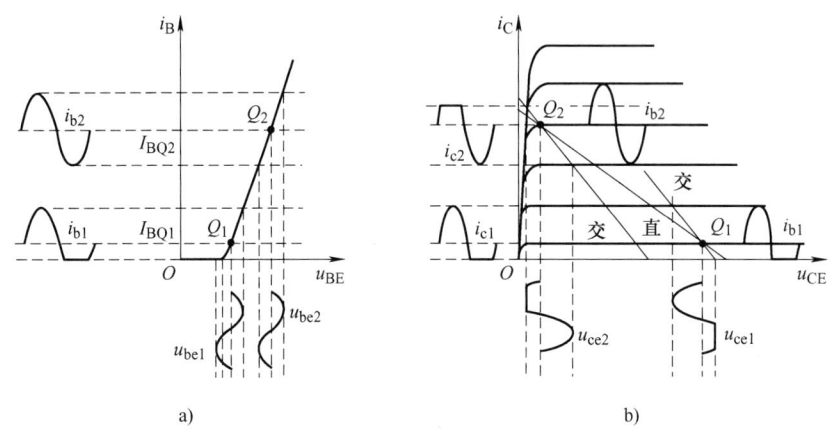

图 2-13　Q 点选择不当引起的失真
a）输入特性图解法　b）输出特性图解法

注意：不同组态的不同管型，饱和失真和截止失真被削平的部位不同，对于以 PNP 管构成的共发射极放大电路，它的输出 u_{ce} 的波形底部被削平就是截止失真。

5）放大电路的动态范围。放大电路的动态范围是指放大电路最大不失真输出电压的峰峰值——U_{opp}。

从图 2-14 中不难看出，若忽略 I_{CEQ} 的影响，则认为 $I_{CQ}R'_L$ 是 U_{CEQ} 到交流负载线与横轴交点的长度。求解最大不失真电压幅值就是取 U_{CEQ} 左侧的饱和极限值（$U_{CEQ} - U_{CES}$）与右侧的截止极限值 $I_{CQ}R'_L$ 的较小者。

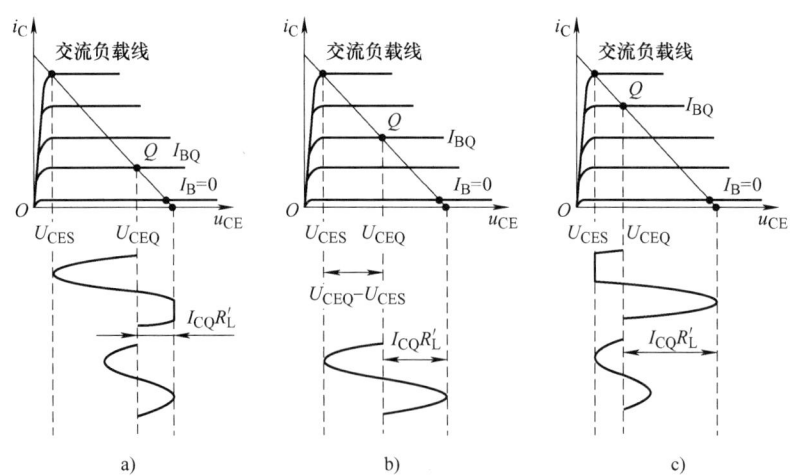

图 2-14　放大电路最大不失真输出电压的三种情况
a）受截止失真的限制　b）输出电压最大　c）受饱和失真的限制

2.3.2 解析法

1. 近似估算法

首先画出放大电路的直流通路。由于电容对直流相当于开路,所以在计算图2-8的Q点时,只需考虑U_{CC}、R_b、R_c及晶体管组成的直流通路。图2-1的直流通路如图2-15a所示。

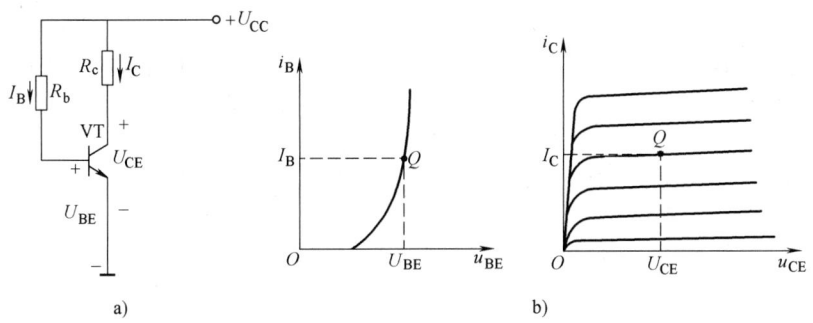

图 2-15 基本共发射极晶体管放大电路的直流通路和静态工作点
a) 直流通路 b) 静态工作点

由图 2-15a 得

$$I_B = \frac{U_{CC} - U_{BE}}{R_b} \quad (2-22)$$

式中,U_{BE}为晶体管导通时基极-发射极之间的压降。晶体管导通时U_{BE}变化很小,可视为常数。

一般,硅管的U_{BE}为 0.6~0.8V,常取 0.7V;锗管的U_{BE}为 0.1~0.3V,常取 0.2V。式 (2-22) 可近似为

$$I_B \approx \frac{U_{CC}}{R_b} \quad (2-23)$$

根据晶体管工作在放大区的各极电流关系,可求出静态工作点的集电极电流为

$$I_C = \beta I_B \quad (2-24)$$

再根据集电极输出回路,可求出U_{CE},即

$$U_{CE} = U_{CC} - I_C R_c \quad (2-25)$$

至此,静态工作点的电流、电压都已经估算出来了,在输入、输出特性曲线上表示如图 2-15b 所示。

例 2-4 在图 2-8 所示的放大电路中,已知$U_{CC} = 12V$,$R_b = 300k\Omega$,$R_c = 4k\Omega$,晶体管的放大系数$\beta = 37.5$。求放大电路的静态工作点。

解:由式 (2-22) 得

$$I_B = \frac{U_{CC} - U_{BE}}{R_b} = \frac{12V - 0.7V}{300k\Omega} \approx 0.04mA = 40\mu A$$

由式 (2-24) 得

$$I_C = \beta I_B = 37.5 \times 0.04mA = 1.5mA$$

由式 (2-25) 得

$$U_{CE} = U_{CC} - I_C R_c = 12V - 1.5mA \times 4k\Omega = 6V$$

2. 晶体管的小信号等效电路分析法

晶体管放大电路是非线性电路,一般不能采用分析线性电路的分析方法来进行分析。但

是，在一定条件下，将晶体管用一个线性模型代替后，非线性电路就转化为线性电路。

根据前面对晶体管放大电路的图解法分析可知，当输入信号很小时，晶体管的动态工作点可以认为是在线性范围内活动，这时晶体管的各极交流电压、电流关系就可以近似认为是线性关系，从而把晶体管线性化，用一个小信号模型来代替。

(1) 输入回路的模型

如图2-16a所示，晶体管输入特性曲线中，当输入交流信号很小时，可将静态工作点Q附近的一段曲线当作直线。因此，u_{CE}为常量时，输入电压的变化量Δu_{BE}（即交流量u_{be}）与输入电流的变化量Δi_B（即交流量i_b）之比是一个常数，可用r_{be}表示，即

$$r_{be} = \frac{\Delta u_{BE}}{\Delta i_B}\bigg|_{u_{CE}=常数} = \frac{u_{be}}{i_b}\bigg|_{u_{CE}=常数}$$

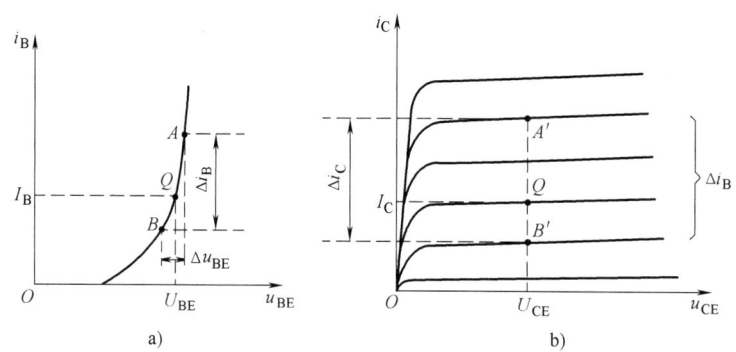

图2-16 晶体管的小信号模型参数的求法
a) 输入特性 b) 输出特性

r_{be}称为晶体管输出端交流短路时的输入电阻（也常用h_{ie}表示），其值与晶体管的静态工作点Q有关。工程上r_{be}可用下面的公式估算：

$$r_{be} = r_{bb'} + (1+\beta)r_e \tag{2-26}$$

式中，$r_{bb'}$为晶体管的基区体电阻，对于低频小功率管，$r_{bb'}$为200Ω左右；r_e为发射结电阻，根据PN结的伏安特性，可导出$r_e = U_T(\mathrm{mV})/I_E(\mathrm{mA})$；$U_T$为温度的电压当量，前已述及在室温（300K）时，其值约为26mV。这样式（2-26）可写成

$$r_{be} = 200\Omega + (1+\beta)\frac{26\mathrm{mV}}{I_E(\mathrm{mA})} \tag{2-27}$$

应当注意，实验表明，I_E过小或过大时，用式（2-27）计算r_{be}将会产生较大的误差。

这样，对于交流信号来说，图2-17a所示晶体管b、e之间可用一个线性电阻r_{be}来等效，如图2-17b所示。注意：r_{be}是动态电阻，只能用于计算交流量；$U_{BE}=0.7\mathrm{V}$是静态参数，只能用于计算直流量，两者不要混淆。

(2) 输出回路的模型

由图2-16b可见，在放大区，晶体管的输出特性可近似看成一组与横轴平行的直线，当u_{CE}为常数时，集电极输出电流i_C的变化量Δi_C（即交流量i_c）与输入基极电流的变化量Δi_B（即交流量i_b）之比为常数，即

$$\beta = \frac{\Delta i_C}{\Delta i_B}\bigg|_{u_{CE}=常数} = \frac{i_c}{i_b}\bigg|_{u_{CE}=常数} \tag{2-28}$$

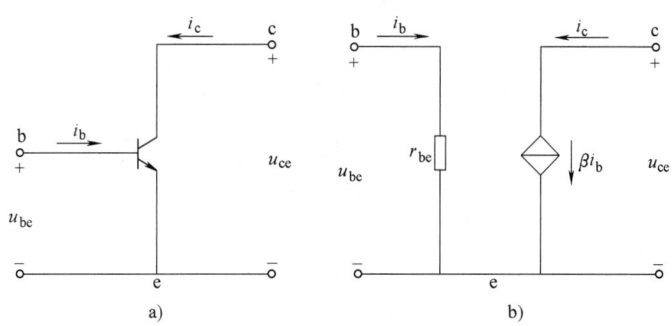

图 2-17 晶体管的小信号模型
a）晶体管电路　b）小信号模型

β 是晶体管输出端交流短路时的电流放大倍数。这说明晶体管处于放大状态时，集电极-发射极之间可用一个受控电流源 βi_b 表示，如图 2-17b 所示。该受控电流源是一个大小受 i_b 控制的电流源，其大小和方向都是由 i_b 来决定的。

这样晶体管处于小信号放大状态时，它的小信号模型（也称 H 参数简化电路模型）如图 2-17b 所示。这是把晶体管特性线性化后的线性电路模型，可用来分析计算晶体管电路的小信号交流特性，从而使得复杂的电路计算大为简化。

关于小信号模型还有几点需要指出：①在小信号模型中未考虑晶体管的结电容影响，故它适用于较低频率信号；②小信号模型是晶体管的 Q 点设置在晶体管特性曲线的线性区、且输入信号足够小的条件下引出的，若信号比较大，但非线性失真不严重，或要求计算精度不高，仍可使用小信号模型；③小信号模型只能用来进行晶体管放大电路的动态分析，不能用来计算静态工作点；④上述的小信号模型不仅适用于 NPN 管，也适用于 PNP 管，而不必改变电压、电流的参考方向。

（3）用小信号模型法分析共发射极晶体管放大电路

分析的步骤如下：首先必须对电路进行直流分析，求出 Q 点的各极直流电压和电流，然后画出简化小信号模型电路，最后计算电压放大倍数 $\dot{A}_u$、输入电阻 R_i 和输出电阻 R_o。图 2-18 所示为想象中的晶体管及其等效电路。

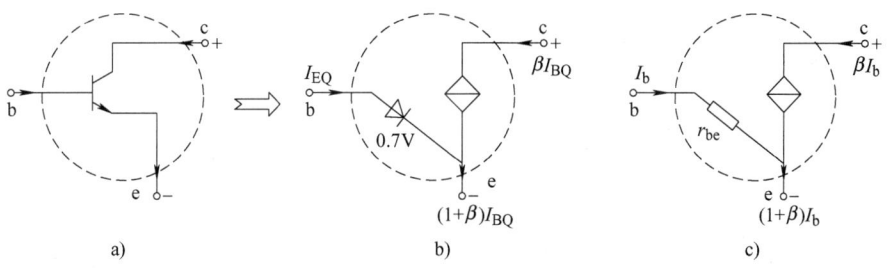

图 2-18 想象中的晶体管及其等效电路
a）晶体管　b）直流等效　c）交流等效

例 2-5 试用小信号模型法计算图 2-19 所示放大电路的电压放大倍数 $\dot{A}_u$、输入电阻 R_i、输出电阻 R_o 和源电压放大倍数 $\dot{A}_{us}$。已知 $U_{CC}=12V$，晶体管为硅管，$\beta=40$，电容 C_1 和 C_2 足够大，其他参数已在电路图中标出。

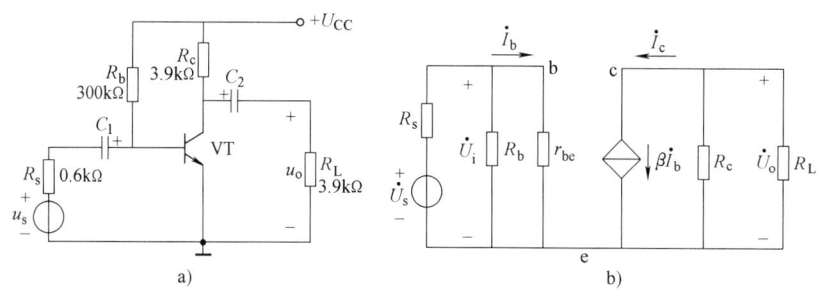

图 2-19 例 2-5 图
a) 电路 b) 小信号模型

解：为了计算 r_{be}，需先求 I_E。据图 2-19 可知：

$$I_B = \frac{U_{CC} - U_{BE}}{R_b} = \frac{12V - 0.7V}{300k\Omega} = 38\mu A$$

$$I_E \approx I_C = \beta I_B = 40 \times 0.38 mA = 1.52 mA$$

$$r_{be} = 200\Omega + (1+\beta)\frac{26mV}{1.52} = 1k\Omega$$

画出小信号模型，如图 2-19b 所示。得电压放大倍数为

$$\dot{A}_u = \frac{\dot{U}_o}{\dot{U}_i} = \frac{-\beta \dot{I}_b R'_L}{\dot{I}_b r_{be}} = \frac{-\beta R'_L}{r_{be}} \tag{2-29}$$

式中，负号表示输入和输出电压相位相反。

将 $R'_L = R_L /\!/ R_c$ 代入式（2-29），得

$$\dot{A}_u = \frac{-\beta R'_L}{r_{be}} = \frac{-\beta(R_c /\!/ R_L)}{r_{be}} = -40 \times \frac{3.9 \times 3.9}{3.9+3.9} = -78$$

输入电阻为

$$R_i = R_b /\!/ r_{be} \tag{2-30}$$

代入参数得

$$R_i = R_b /\!/ r_{be} = \frac{300 \times 1}{300+1}k\Omega \approx 1k\Omega$$

输出电阻为

$$R_o = R_c \tag{2-31}$$

代入参数得

$$R_o = R_c = 3.9k\Omega$$

电源电压放大倍数为

$$\dot{A}_{us} = \dot{A}_u \frac{R_i}{R_i + R_s} \tag{2-32}$$

代入参数得源电压放大倍数为

$$\dot{A}_{us} = \dot{A}_u \frac{R_i}{R_i + R_s} = -78 \times \frac{1k\Omega}{1k\Omega + 0.6k\Omega} = -48.8$$

2.4 晶体管放大电路的静态工作点稳定问题

前面已经指出,合适的静态工作点是晶体管处于正常放大工作状态的前提和保证,而且放大电路的电压放大倍数、输入电阻、输出电阻和输出动态范围等性能指标,与静态工作点的位置密切相关。因此,保持静态工作点的稳定,是保证放大电路稳定工作的关键。但是,在实际工作中,由于温度的变化、晶体管的更换、电路元器件的老化和电源电压的波动等原因,都可能导致静态工作点不稳定,其中最主要的是温度变化的影响。下面着重研究温度变化对静态工作点的影响,并介绍能稳定静态工作点的放大电路。

2.4.1 温度对静态工作点的影响

1. 温度对反向饱和电流 I_{CEO} 的影响

集电结反向饱和电流 I_{CBO} 是集电区和基区的少子在集电结反向电压的作用下形成的漂移电流,对温度十分敏感。温度每升高10℃时,I_{CBO} 增大一倍左右。而穿透电流 $I_{CEO} = (1 + \beta)I_{CBO}$,故 I_{CEO} 向上平移,使晶体管的输出特性曲线整体上移,如图2-20所示。

2. 温度对电流放大倍数 β 的影响

由于温度的升高,加快了注入基区的载流子的运动速度,使基区中电子与空穴复合的机会减少,故 β 增大。实验证明,

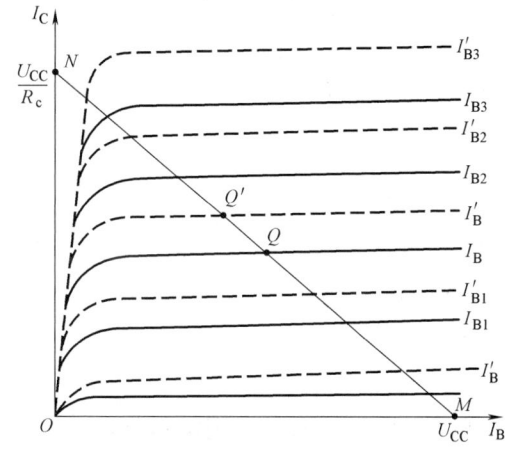

图 2-20 温度对 Q 点的影响

注:实线为20℃时的特性曲线;虚线为50℃时的特性曲线。

温度每升高1℃,β 增大 0.5%~1.0%。β 的增大表现为输出特性各条曲线间隔的增大。

3. 温度对发射结电压 U_{BE} 的影响

当温度升高时,载流子运动加剧,发射结导通电压将减小。所以,对应于同样大小的 I_B,U_{BE} 将减小,晶体管的输入特性曲线平行地向左移动。U_{BE} 随温度变化的规律与二极管正向压降随温度变化的规律一样,即温度每升高1℃,U_{BE} 约减少 2.5mV。在固定偏流式的共发射极晶体管放大电路(见图2-15a)中,已知 $I_B = \dfrac{U_{CC} - U_{BE}}{R_b}$,由该式可以看出,当温度升高使 U_{BE} 减小时,意味着 I_B 增大,I_C 也将增大。

综上所述,温度升高对 I_{CEO}、β、U_{BE} 的影响都将使 I_C 增加,静态工作点上升;温度下降时则相反。因此,固定偏流式放大电路虽然结构简单,调试方便,但本身没有自动调节 Q 点的能力,温度稳定性较差,故这种结构的电路应用不多。下面介绍的基极分压式发射极偏置晶体管放大电路是应用最广的工作点稳定电路。

2.4.2 基极分压式发射极偏置晶体管放大电路

基极分压式发射极偏置晶体管放大电路如图2-21所示。

1. 电路的基本特点

1)利用 R_{b1} 和 R_{b2} 分压来固定基极电位 U_B。由图2-21可得

$$I_1 = I_2 + I_B$$

当电路满足条件 $I_2 \gg I_B$ 时，则有

$$I_1 \approx I_2 = \frac{U_{CC}}{R_{b1} + R_{b2}}$$

$$U_B = I_2 R_{b2} = \frac{U_{CC}}{R_{b1} + R_{b2}} R_{b2}$$

由以上推导可知，只要电阻 R_{b1}、R_{b2} 适当小，就可使 $I_2 \gg I_B$，从而使 U_B 的电位不变。U_B 的电位由电源 U_{CC} 和分压电阻 R_{b1}、R_{b2} 决定，而与晶体管的参数无关，使得 U_B 不随温度的变化而变化。

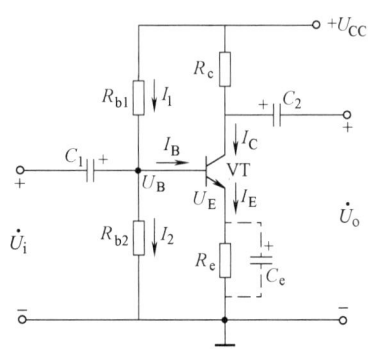

图 2-21 基极分压式发射极偏置晶体管放大电路

2) 利用发射极电阻 R_e 产生发射极电位 U_E，以反馈控制输入回路，自动调整工作点，使 I_B 基本不变。

因为

$$U_{BE} = U_B - U_E = U_B - I_E R_e$$

$$I_C \approx I_E = \frac{U_B - U_{BE}}{R_e}$$

当 $U_B \gg U_{BE}$ 时，可得

$$I_C \approx I_E \approx \frac{U_B}{R_e}$$

已知 U_B 不变，所以 R_e 固定不变时，I_C、I_E 也不变。

由以上可知，只要满足 $I_2 \gg I_B$，$U_B \gg U_{BE}$ 这两个条件，则 U_B、I_C、I_E 均与晶体管参数无关，不受温度变化的影响，静态工作点得以保持不变。在估算时，一般选取如下：

硅管：$I_2 = (5 \sim 10) I_B$；$U_B = 3 \sim 5V$；

锗管：$I_2 = (10 \sim 20) I_B$；$U_B = 1 \sim 3V$。

电路稳定静态工作点的物理过程如下：

$$t(\text{℃}) \uparrow \to I_C \uparrow \to I_E \uparrow \to U_E \uparrow \to U_{BE} \downarrow \to I_B \downarrow$$
$$I_C \downarrow \leftarrow$$

R_e 越大，稳定性能越好。但是 R_e 越大，必须使 U_E 增大。当 U_{CC} 为某一定值时，管压降 U_{CE} 就会减小，影响放大电路的正常工作，故应兼顾几个方面的要求。在小电流情况下，R_e 为几百欧到几千欧；在大电流情况下，R_e 为几欧到几十欧。实际使用时，常在 R_e 上并联一个大容量的电解电容 C_e，如图 2-21 中虚线所示。电容 C_e 对直流可看成开路，不影响静态工作点；对交流信号起短路作用，可避免因交流信号在 R_e 上产生压降而降低其电压放大倍数的缺点。C_e 称为发射极旁路电容。

2. 静态工作点

因 $I_2 \gg I_B$，故先算 I_B 比较困难，一般是从计算 U_B 入手。将图 2-21 中的电容 C_1、C_2 开路，即可得到对应的直流通路，如图 2-22 所示。

由直流通路可作如下计算：

$$U_B = I_2 R_{b2} = \frac{U_{CC}}{R_{b1} + R_{b2}} R_{b2}$$

$$I_C \approx I_E = \frac{U_B - U_{BE}}{R_e}$$

即可得

$$I_B = \frac{I_C}{\beta}$$

$$U_{CE} = U_{CC} - I_C R_c - I_E R_e \approx U_{CC} - I_C(R_c + R_e)$$

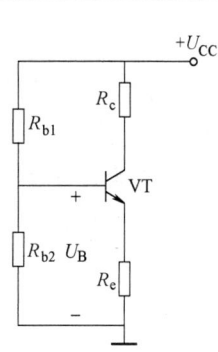

图 2-22 基极分压式发射极偏置晶体管放大电路的直流通路

3. 放大电路的动态分析

若接入旁路电容 C_e，则图 2-21 放大电路的小信号模型等效电路如图 2-23a 所示。由图可知

$$\dot{A}_u = \frac{\dot{U}_o}{\dot{U}_i} = \frac{-\beta \dot{I}_b R'_L}{\dot{I}_b r_{be}} = \frac{-\beta R'_L}{r_{be}} \qquad R'_L = R_L /\!/ R_c, \ R_i = R_{b1} /\!/ R_{b2} /\!/ r_{be}$$

由于 $R_{b1} \gg r_{be}$、$R_{b2} \gg r_{be}$，所以有

$$R_i = r_{be}$$
$$R_o \approx R_c$$

若不接旁路电容，则不接 C_e 的小信号模型等效电路如图 2-23b 所示。由图可知

$$\dot{A}_u = \frac{\dot{U}_o}{\dot{U}_i} = \frac{-\beta \dot{I}_b R'_L}{\dot{I}_b [r_{be} + (1+\beta)R_e]} = \frac{-\beta R'_L}{r_{be} + (1+\beta)R_e}$$

在图 2-23b 中，先计算出

$$R'_i = r_{be} + (1+\beta)R_e$$

故输入电阻为

$$R_i = R'_i /\!/ R_{b1} /\!/ R_{b2}$$

输出电阻为

$$R_o \approx R_c$$

由以上计算公式很容易看出，旁路电容 C_e 是否接入电路，不会影响输出电阻的大小，但会影响电压放大倍数和输入电阻的数值。即不接旁路电容 C_e 时，电压放大倍数下降了，但提高了放大电路的输入电阻；接入旁路电容 C_e 时，其电压放大倍数、输入电阻与基本共发射极晶体管放大电路相同。

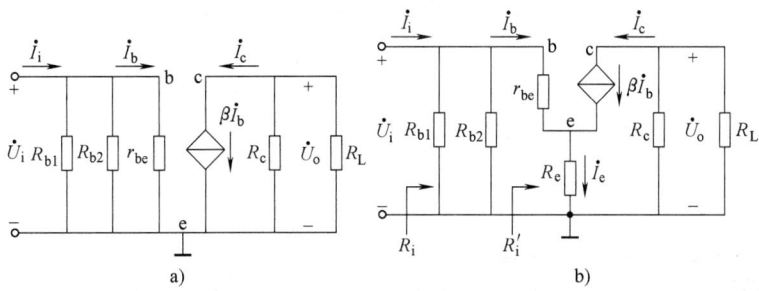

图 2-23 小信号模型等效电路
a) 图 2-21 的小信号模型等效电路 b) 不接 C_e 小信号模型等效电路

例 2-6 在图 2-21 所示的基极分压式发射极偏置晶体管放大电路中，已知晶体管的 $\beta = 50$，$R_{b2} = 20\text{k}\Omega$，$R_{b1} = 50\text{k}\Omega$，$R_c = 5\text{k}\Omega$，$R_e = 2.7\text{k}\Omega$，$R_L = 5\text{k}\Omega$，要求：

(1) 估算电路静态工作点 Q;
(2) 计算放大电路的 $\dot{A}_u$、R_i;
(3) 如果将放大电路的旁路电路 C_e 去掉,则放大电路的 $\dot{A}_u$、R_i 和 R_o 如何变化?

解:(1)估算 Q 点

$$U_B = \frac{U_{CC}}{R_{b1}+R_{b2}}R_{b2} = \frac{12\text{V}\times 20\text{k}\Omega}{20\text{k}\Omega+50\text{k}\Omega} \approx 3.4\text{V}$$

$$U_E = U_B - U_{BE} = 3.4\text{V} - 0.7\text{V} = 2.7\text{V}$$

$$I_C \approx I_E \approx \frac{U_E}{R_e} = \frac{2.7\text{V}}{2.7\text{k}\Omega} = 1\text{mA}$$

$$I_B = \frac{I_C}{\beta} = \frac{1\text{mA}}{50} = 0.02\text{mA} = 20\mu\text{A}$$

$$U_{CE} \approx U_{CC} - I_C(R_c+R_e) = 12\text{V} - 1\text{mA}(5\text{k}\Omega+2.7\text{k}\Omega) = 4.3\text{V}$$

(2) 计算 $\dot{A}_u$、R_i

$$r_{be} = 200\Omega + (1+\beta)\frac{26\text{mV}}{I_E(\text{mA})} = 200\Omega + (1+50)\frac{26\text{mV}}{1\text{mA}} = 1.5\text{k}\Omega$$

$$\dot{A}_u = \frac{-\beta R_L'}{r_{be}} = \frac{-50\times\dfrac{5\text{k}\Omega\times 5\text{k}\Omega}{5\text{k}\Omega+5\text{k}\Omega}}{1.5\text{k}\Omega} = -83.3$$

$$R_i = r_{be} // R_{b1} // R_{b2} = 1.36\text{k}\Omega$$

(3) 去掉旁路电容 C_e 后

$$\dot{A}_u = \frac{-\beta R_L'}{r_{be}+(1+\beta)R_e} = \frac{-50\times\dfrac{5\text{k}\Omega\times 5\text{k}\Omega}{5\text{k}\Omega+5\text{k}\Omega}}{1.5\text{k}\Omega+(1+50)\times 2.7\text{k}\Omega} = -0.9$$

$$R_i = [r_{be}+(1+\beta)R_e] // R_{b1} // R_{b2} \approx 13\text{k}\Omega$$

$$R_o = R_c = 5\text{k}\Omega$$

2.5 共集电极和共基极晶体管放大电路

根据输入和输出回路共同端的不同,放大电路有三种基本组态,除了上面讨论的共发射极晶体管放大电路外,还有共集电极和共基极两种晶体管放大电路。下面分别予以讨论。

2.5.1 共集电极晶体管放大电路

图 2-24a 所示为共集电极晶体管放大电路,图 2-24b、c 分别是它的直流通路和交流通路。由交流通路可见,负载电阻 R_L 接在晶体管发射极上,输入电压 u_i 加在基极和地即集电极之间,而输出电压 u_o 从发射极和集电极之间取出,所以集电极是输入、输出回路的共同端。因为 u_o 从发射极输出,所以共集电极晶体管放大电路又称为射极输出器。

1. 静态分析

由图 2-24b 可知,由于电阻 R_e 对静态工作点的自动调节作用,该电路的 Q 点基本稳定。

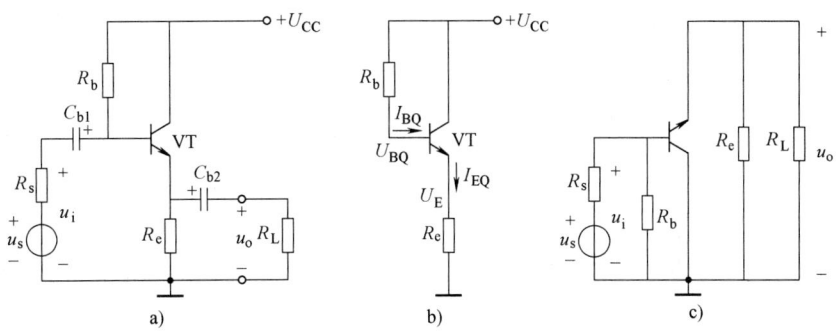

图 2-24 共集电极晶体管放大电路
a) 电路 b) 直流通路 c) 交流通路

由直流通路可得

$$\begin{cases} I_B = \dfrac{U_{CC} - U_{BE}}{R_b + (1+\beta)R_e} \\ I_E \approx I_C = \beta I_B \\ U_{CE} = U_{CC} - I_E R_e \end{cases} \qquad (2\text{-}33)$$

2. 动态分析

用晶体管的 H 参数小信号模型取代图 2-24c 中的晶体管,即可得到共集电极晶体管放大电路的小信号等效电路,如图 2-25 所示。

根据电压放大倍数 $\dot{A}_u$、输入电阻 R_i 的定义,可分别得到 $\dot{A}_u$、R_i 的表达式。

(1) 电压放大倍数 $\dot{A}_u$

$$\dot{A}_u = \dfrac{u_o}{u_i} = \dfrac{(1+\beta)i_b R'_L}{i_b[r_{be} + (1+\beta)R'_L]} = \dfrac{(1+\beta)R'_L}{r_{be} + (1+\beta)R'_L} \qquad R'_L = R_e /\!/ R_L \qquad (2\text{-}34)$$

式 (2-34) 表明,电压放大倍数接近 1,但恒小于 1。输出电压 u_o 和输入电压 u_i 相位相同,具有跟随作用。

(2) 输入电阻 R_i

$$R_i = \dfrac{u_i}{i_i} = \dfrac{u_i}{\dfrac{u_i}{R_b} + \dfrac{u_i}{r_{be} + (1+\beta)R'_L}} = R_b /\!/ [r_{be} + (1+\beta)R'_L] \qquad (2\text{-}35)$$

通常 R_b 的阻值很大,同时 $[r_{be} + (1+\beta)R'_L]$ 也比共发射极晶体管放大电路的输入电阻大得多。因此,共集电极晶体管放大电路的输入电阻较高。

(3) 输出电阻 R_o

计算输出电阻 R_o 的等效电路如图 2-26 所示。输出电阻按定义表示为

$$R_i = \dfrac{u_t}{i_t} \bigg|_{u_s = 0,\ R_L = \infty}$$

在测试电压 u_t 的作用下,相应的测试电流为

$$i_t = i_b + \beta i_b + i_{R_e} = u_t \left(\dfrac{1}{R'_s + r_{be}} + \beta \dfrac{1}{R'_s + r_{be}} + \dfrac{1}{R_e} \right) \qquad R'_s = R_s /\!/ R_b$$

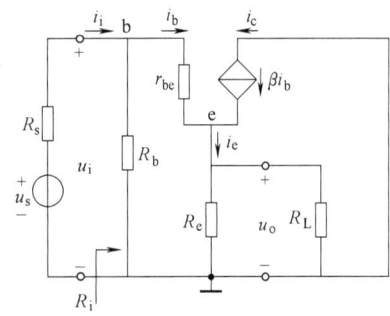
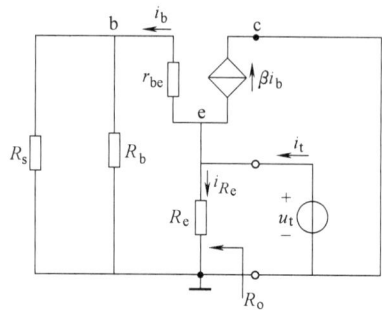

图 2-25　共集电极晶体管放大电路的小信号等效电路　　　图 2-26　计算输出电阻 R_o 的等效电路

由此可得输出电阻

$$R_o = R_e // \frac{R'_s + r_{be}}{1+\beta} \tag{2-36}$$

通常

$$R_e \gg \frac{R'_s + r_{be}}{1+\beta}$$

所以

$$R_o \approx \frac{R'_s + r_{be}}{1+\beta}$$

可见共集电极晶体管放大电路的输出电阻是很低的,由此也说明它具有恒压输出特性。

综上所述,共集电极晶体管放大电路的特点是,电压放大倍数接近1,输出电压和输入电压相位相同;输入电阻高,输出电阻低。

由于具有高输入电阻和低输出电阻的特点,因此共集电极晶体管放大电路的应用极为广泛。因为输入电阻高,它常被用作多级放大电路的输入级,这对高内阻的信号源更有意义。另外,如果放大电路的输出电阻较低,则在负载接入后或当负载增大时,输出电阻的下降就较小,或者说它带负载能力较强,所以又可将它用作多级放大电路的输出级。同时,利用共集电极晶体管放大电路的输入电阻高、输出电阻低的特点,将它用作多级放大电路的中间级,以隔离前后级之间的相互影响,在电路中起阻抗变换的作用,这时可称其为缓冲级。

放大器的输入信号一般都很微弱,因此常采用多级放大,才可在输出端获得必要的电压幅度或足够的功率,以推动负载工作。此外,多级放大电路的输入级或输出级也常采用共集电极晶体管放大电路以获得高输入电阻或低输出电阻,从而改善工作性能。

2.5.2　共基极晶体管放大电路

图 2-27a 所示为共基极晶体管放大电路,图 2-27b 是它的交流通路。由交流通路可见,负载电阻 R_L 接在晶体管集电极上,输入电压 u_i 加在发射极和基极之间,而输出电压 u_o 从集电极和基极之间取出,基极是输入、输出回路的共同端,所以称为共基极晶体管放大电路。图中,R_e 是发射极电阻,它的作用有两个:一是构成晶体管发射极的直流电流回路;二是将基极和发射极的交流电路隔开。因为晶体管的基极是交流接地的,如若晶体管的发射极也直接接地,发射极和基极就等电位,输入信号就无法加到晶体管的发射结上。

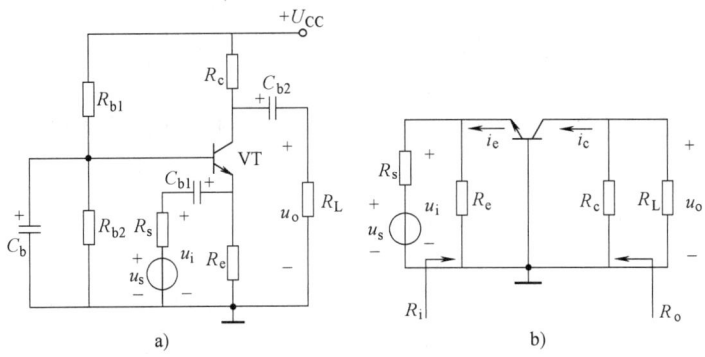

图 2-27 共基极晶体管放大电路
a) 电路 b) 交流通路

1. 静态分析

图 2-28 所示为共基极晶体管放大电路的直流通路。它与基极分压式发射极偏置晶体管放大电路的直流通路是一样的，因而 Q 点的求法相同。

2. 动态分析

用晶体管的 H 参数小信号模型取代图 2-27b 中的晶体管，即可得到共基极晶体管放大电路的小信号等效电路，如图 2-29 所示。

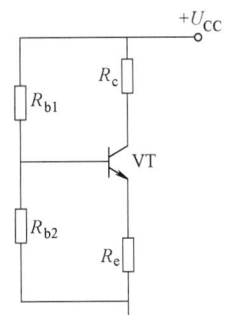

图 2-28 共基极晶体管放大电路的直流通路

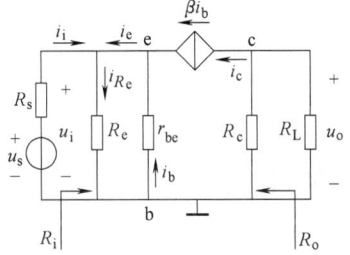

图 2-29 共基极晶体管放大电路的小信号等效电路

（1）电压放大倍数 $\dot{A}_u$

$$\dot{A}_u = \frac{u_o}{u_i} = \frac{-\beta i_b R'_L}{-i_b r_{be}} = \frac{\beta R'_L}{r_{be}} \qquad R'_L = R_c \mathbin{/\mkern-5mu/} R_L \qquad (2\text{-}37)$$

式（2-37）表明，只要电路参数选择适当，共基极放大电路也具有电压放大作用，而且输出电压和输入电压相位相同。

（2）输入电阻 R_i

$$R_i = \frac{u_i}{i_i} = \frac{u_i}{\left[\dfrac{u_i}{R_e} - (1+\beta)\dfrac{-u_i}{r_{be}}\right]} = R_e \left\| \dfrac{r_{be}}{1+\beta} \right. \qquad (2\text{-}38)$$

共基极晶体管放大电路的输入电阻远小于共发射极晶体管放大电路的输入电阻。

(3) 输出电阻 R_o。

由图 2-29 可以得出，共基极晶体管放大电路的输出电阻为

$$R_o \approx R_c \tag{2-39}$$

式（2-39）表明，共基极晶体管放大电路的输出电阻与共发射极晶体管放大电路的输出电阻相同。

2.5.3 晶体管放大电路三种组态的比较

1. 三种组态的判别

一般看输入信号加在晶体管的哪个电极，输出信号从哪个电极取出。共发射极晶体管放大电路中，信号由基极输入，集电极输出；共集电极晶体管放大电路中，信号由基极输入，发射极输出；共基极晶体管放大电路中，信号由发射极输入，集电极输出。

2. 三种组态的特点及用途

1）共发射极晶体管放大电路既能放大电流，又能放大电压，输入电阻在三种组态中居中，输出电阻较大，频带较窄，适于在低频情况下，用作多级放大电路的中间级。

2）共集电极晶体管放大电路只能放大电流，不能放大电压，是三种组态中输入电阻最大、输出电阻最小的电路，并具有电压跟随的特点，频率特性好，常用于电压放大电路的输入级和输出级，在功率放大电路中也常被采用。

3）共基极晶体管放大电路只能放大电压，不能放大电流，输入电阻小，电压放大倍数和输出电阻与共发射极晶体管放大电路相当，是三种组态中高频特性最好的电路，常作为宽频带放大电路，在模拟集成电路中也兼有电位移动的功能。

2.6 Multisim 应用举例

2.6.1 晶体管伏安特性仿真

选用 NPN 型晶体管 2N3904，利用 IV analyzer 仿真，测试电路如图 2-30a 所示，设定仿真参数如图 2-30b 所示，可得出所选用晶体管的输出特性曲线，如图 2-30c 所示。

PNP 型晶体管伏安特性曲线的仿真可按照 NPN 型晶体管进行。

2.6.2 共发射极晶体管放大电路的仿真

1. 仿真电路

选择 2SC1815 晶体管作为核心器件，创建分压偏置共发射极晶体管放大电路仿真电路图如图 2-31 所示。

2. 仿真分析

（1）静态分析

将输入信号置零，电容开路，得到放大电路的直流通路如图 2-32a 所示。用万用表测量电路中的直流电压和直流电流，如图 2-32b 所示。万用表的结果显示如图 2-32c 所示，即可得测量值为 $I_{BQ} = 8.904 \mu A$，$I_{CQ} = 1.073 mA$，$U_{CEQ} = 4.364 V$。

根据测量值可确定晶体管电流放大倍数 $\beta \approx 120$。

利用 Multisim 仿真软件中的温度扫描功能，设置温度变化为 0~40℃ 之间，对静态工作

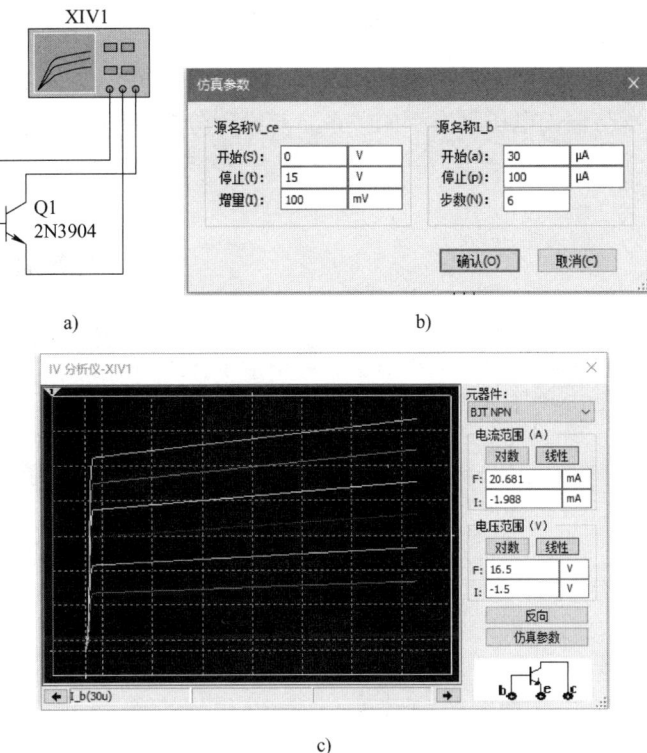

图 2-30　NPN 型晶体管 2N3904 及其特性曲线
a）测试电路　b）仿真参数　c）输出特性曲线

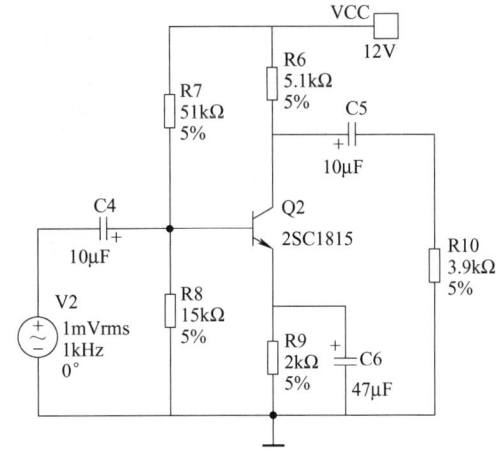

图 2-31　分压偏置共发射极晶体管放大电路仿真电路图

点进行温度扫描，如图 2-33 所示。V(5) 为晶体管基极电位，V(3) 为发射极电位。通过温度扫描，可看出分压式偏置电路可使电路静态工作点基本稳定。

（2）动态分析

1）电压放大倍数。用两只万用表测量输入、输出电压的有效值，如图 2-34 所示，可确定电路的电压放大倍数为

$$\dot{A}_u = \frac{\dot{U}_o}{\dot{U}_i} \approx 80$$

用示波器测量输入与输出波形，也可计算出电压放大倍数，如图 2-35 所示。从波形中可以看出，输出电压与输入电压具有倒向关系，与理论分析相同。

a)　　b)　　c)

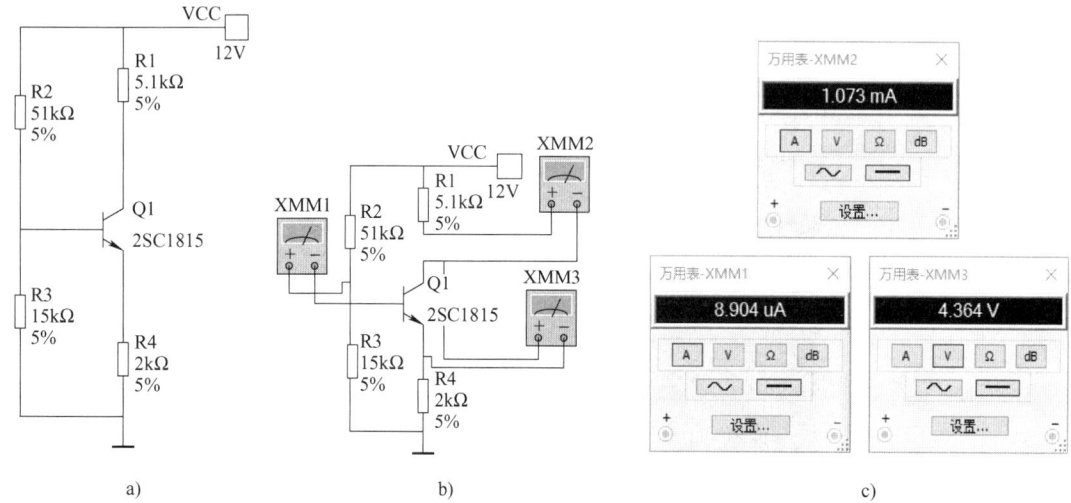

图 2-32　直流通路和静态工作点的测量

	Variable, Temperature setting	Operating point value
1	V(3), 温度=0	6.68268
2	V(5), 温度=0	2.62716
3	I(Q2[IB]), 温度=0	8.63696 u
4	V(3), 温度=10	6.62541
5	V(5), 温度=10	2.62602
6	I(Q2[IB]), 温度=10	8.73562 u
7	V(3), 温度=20	6.56796
8	V(5), 温度=20	2.62487
9	I(Q2[IB]), 温度=20	8.83471 u
10	V(3), 温度=30	6.51035
11	V(5), 温度=30	2.62372
12	I(Q2[IB]), 温度=30	8.93420 u
13	V(3), 温度=40	6.45257
14	V(5), 温度=40	2.62256
15	I(Q2[IB]), 温度=40	9.03403 u

图 2-33　静态工作点的温度扫描

2）输入电阻。用两个万用表（设置为交流电压和电流状态）测量输入电阻，如图 2-36 所示，则输入电阻为

$$R_i = \frac{\dot{U}_i}{\dot{I}_i} \approx 2.4\text{k}\Omega$$

3）输出电阻。输出电阻的测量电路如图 2-37 所示，两个万用表（设置为交流电压和电流状态）测量输入电阻，分别测量放大电路空载输出电压 U'_o、负载电压 U_o 和负载电流 I_o，则输出电阻为

$$R_o = \frac{U'_o - U_o}{I_o} = \frac{174.003\text{mV} - 81.747\text{mV}}{20.961\mu\text{A}} = 4.4\text{k}\Omega$$

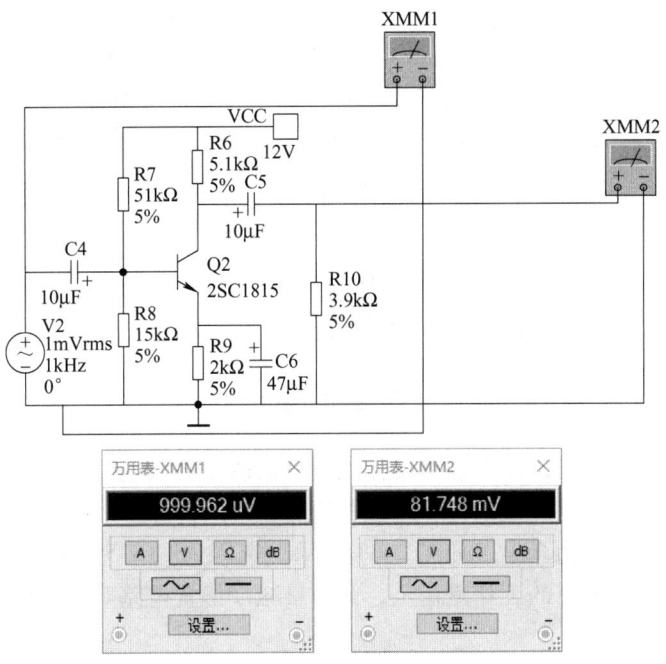

图 2-34　电压放大倍数测量值

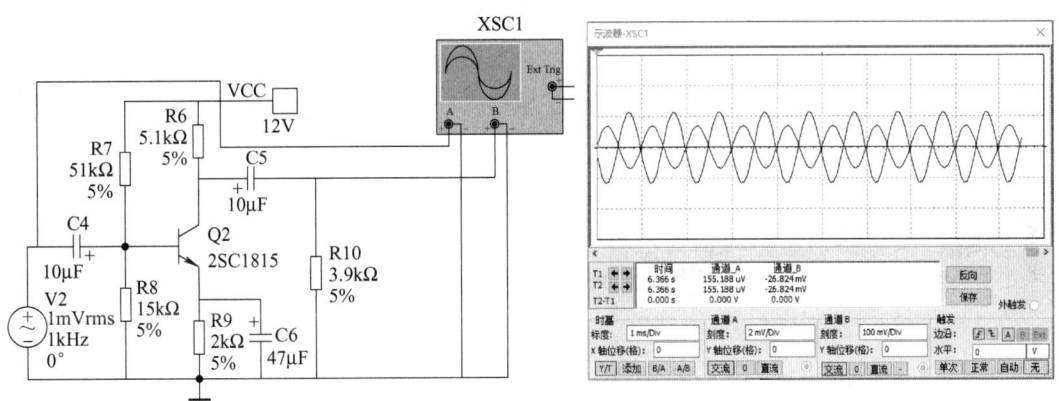

图 2-35　电压放大倍数示波器测量值

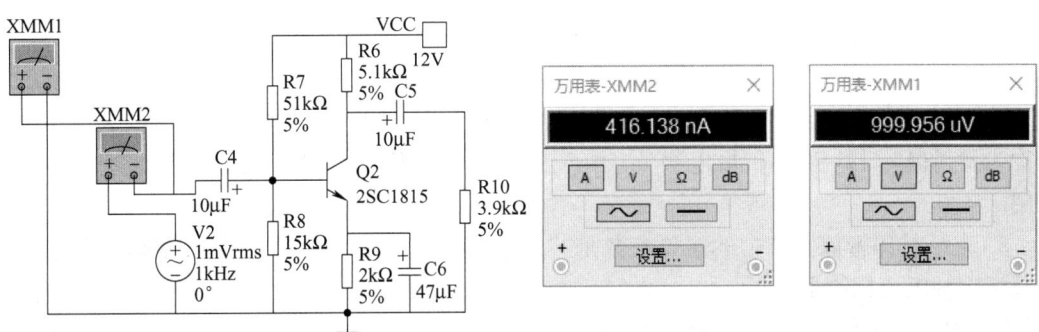

图 2-36　输入电阻的测量

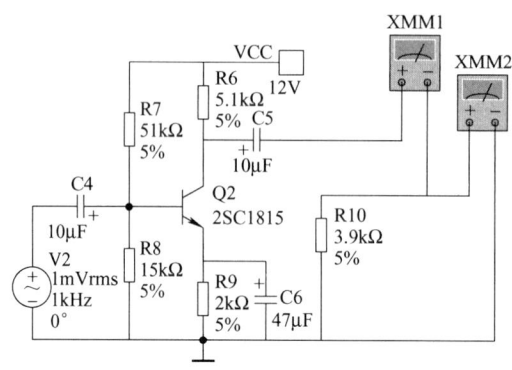

图 2-37 输出电阻的测量

改变放大电路参数,可以改变静态工作点,从而改变放大电路的动态参数。仿真过程与之前的过程相同。仿真结果与理论计算结果相符。

共集电极晶体管放大仿真电路如图 2-38 所示。选用 2SC1815 晶体管作为核心器件。实际使用中,为使发射极输出的工作点稳定,又尽量减少偏置电路对输入电阻的影响,常采用此电路。

共基极晶体管放大仿真电路如图 2-39 所示。选用 2SC1815 晶体管作为核心器件。

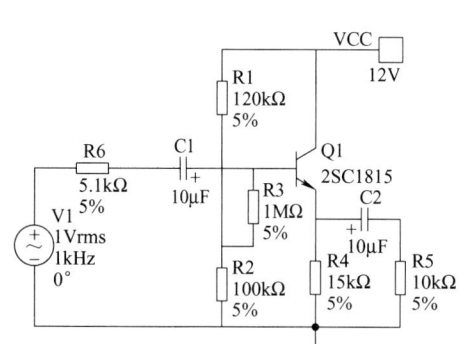

图 2-38 共集电极晶体管放大仿真电路

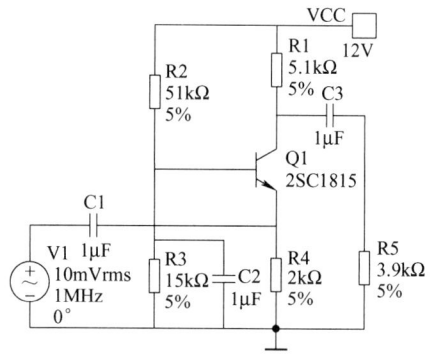

图 2-39 共基极晶体管放大仿真电路

电路仿真分析过程与前述相同,读者可自行进行仿真。

本章小结

1. 晶体管是由两个 PN 结组成的有源器件,分 NPN 和 PNP 两种类型,它的三个引脚分别称为发射极 e、基极 b 和集电极 c。由于硅材料的热稳定性好,因而硅晶体管得到广泛应用。

2. 表征晶体管放大能力的主要参数是共发射极电流放大倍数 β。从输出特性上看,晶体管属于一种电流控制器件。

3. 通常分析放大电路的方法有两种:图解法和小信号模型分析法。前者主要用来确定静态工作点 Q 和分析放大电路的动态工作范围;后者主要用来计算动态指标,如 $\dot{A}_u$,R_i 和 R_o。

4. 晶体管组成的实际放大电路有共射、共集和共基三种基本组态，根据相应的电路输出量与输入量之间的大小和相位关系，分别将它们称为反相放大器、电压跟随器和电流跟随器。三种组态的晶体管都必须工作在发射结正偏、集电结反偏的状态。

5. 放大电路的静态工作点不稳定的原因主要受温度的影响。常用的稳定静态工作点的电路有发射极偏置电路等，它是利用反馈原理来实现的。

自我检测题

1. 对于双极型晶体管，下列叙述正确的是（　　）。
   A. 基区厚、掺杂浓度低　　　　　　B. 基区厚、掺杂浓度高
   C. 基区薄、掺杂浓度高　　　　　　D. 基区薄、掺杂浓度低

2. 测得放大区的某晶体管，如果测得晶体管 $I_B = 30\mu A$ 时，$I_C = 2.4mA$，而 $I_B = 40\mu A$ 时，$I_C = 3mA$，则该管子的交流电流放大系数为（　　）。
   A. 80　　　　　　B. 60　　　　　　C. 75　　　　　　D. 100

3. 在双极型晶体管共发射极晶体管基本放大电路中，适当增大 R_C，电压放大倍数、输出电阻分别将（　　）。
   A. 变大，变大　　　　　　　　　　B. 变大，不变
   C. 变小，变大　　　　　　　　　　D. 变小，变小

4. 双极型晶体管含有两个 PN 结，有人认为可以用两只二极管背靠背焊接在一起构成一只晶体管，如图 2-40 所示，则 β 为（　　）。
   A. $\beta > 1$　　　　B. $\beta < 1$　　　　C. $\beta = 1$　　　　D. $\beta = 0$

5. 在放大电路中，测得双极型晶体管的 3 个电极的电位如图 2-41 所示。管子的类型为（　　）；3 个电极：①为（　　），②为（　　），③为（　　）。
   A. NPN；c, e, b　　B. PNP；c, e, b　　C. NPN；b, e, c　　D. PNP；b, e, c

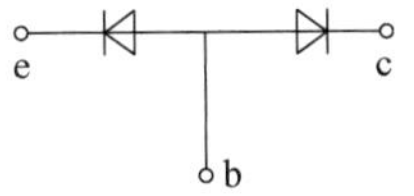

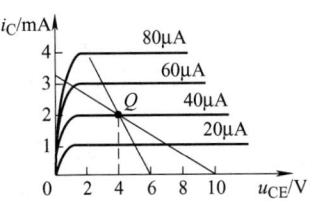

图 2-40　题 4 图

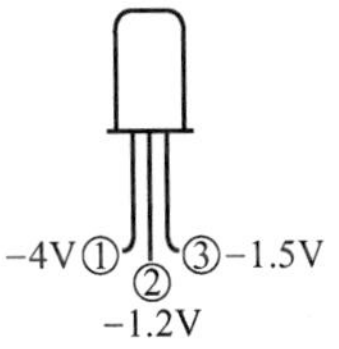

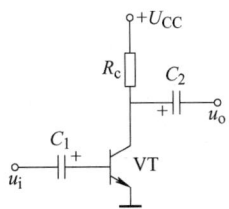

图 2-41　题 5 图

6. 基本放大电路输出特性曲线及放大电路的交流、直流负载线如图 2-42 所示，该电路的最大不失真输出电压的幅值是（　　）V。
   A. 10　　　　　　B. 6　　　　　　C. 4　　　　　　D. 2

7. 在图 2-43 所示的电路中，VT 为硅管，当 $u_i = 0.2\sin\omega t$ V 时，输出电压 u_o 为（　　）。
   A. 为正弦波　　　　　　　　　　　B. 为半个正弦波
   C. 为矩形波　　　　　　　　　　　D. 无任何波形

图 2-42　题 6 图

图 2-43　题 7 图

8. 图 2-44 所示电路出现故障，测量得 $U_E=0$、$U_C=U_{CC}$。则故障的原因是（　　）。

A. R_c 开路　　　　　　　　B. R_c 短路

C. R_e 短路　　　　　　　　D. R_{b1} 开路

9. 共发射极晶体管放大电路如图 2-45a 所示，其输出波形产生了图 2-45b 所示的失真，请问属于（　　）失真。如晶体管改为 PNP 管，电源改为负电源，若出现的失真仍为底部失真，请问属于（　　）失真。

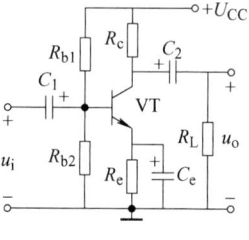

图 2-44　题 8 图

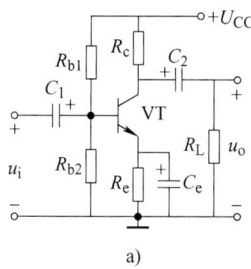

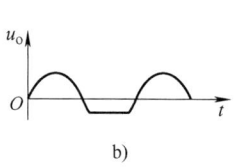

a)　　　　　　　　　b)

图 2-45　题 9 图

a) 电路图　b) 输出波形

A. 饱和失真；截止失真　　　　　B. 截止失真；饱和失真

C. 饱和失真；饱和失真　　　　　D. 截止失真；截止失真

10. 若将图 2-46 所示的电路中的电容 C_3 断开，则会引起（　　）。

A. A_u 和 R_o 同时增大

B. A_u 和 R_o 同时减小

C. A_u 增大，R_o 减小

D. A_u 减小，R_o 增大

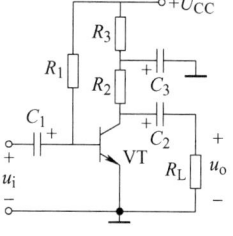

图 2-46　题 10 图

习　题

2-1　分析图 2-47 所示电路对正弦交流信号有无放大作用，图中电容对交流可视为短路。

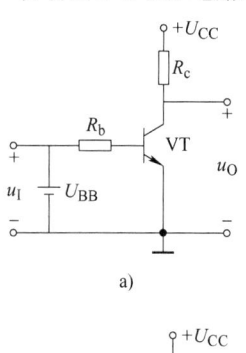

a)

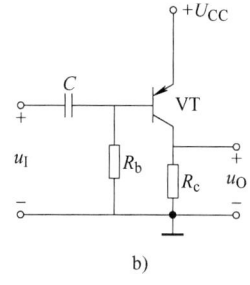

b)

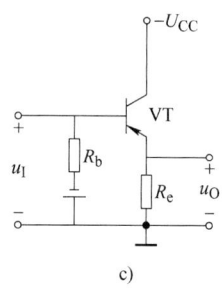

c)

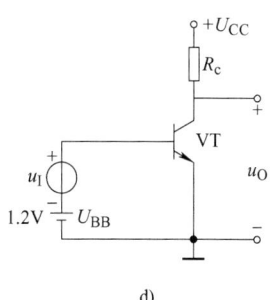

d)

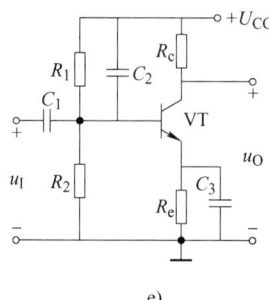

e)

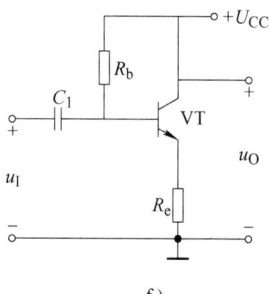

f)

图 2-47　题 2-1 图

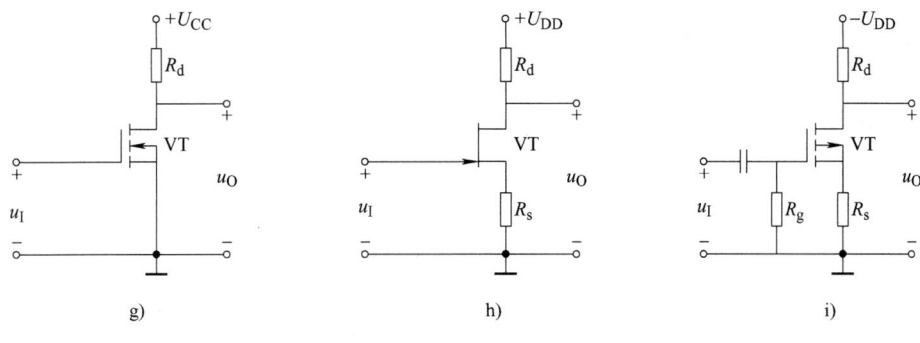

图 2-47 题 2-1 图（续）

2-2 画出图 2-48 所示各电路的直流通路和交流通路，设所有电容对交流信号均可视为短路。

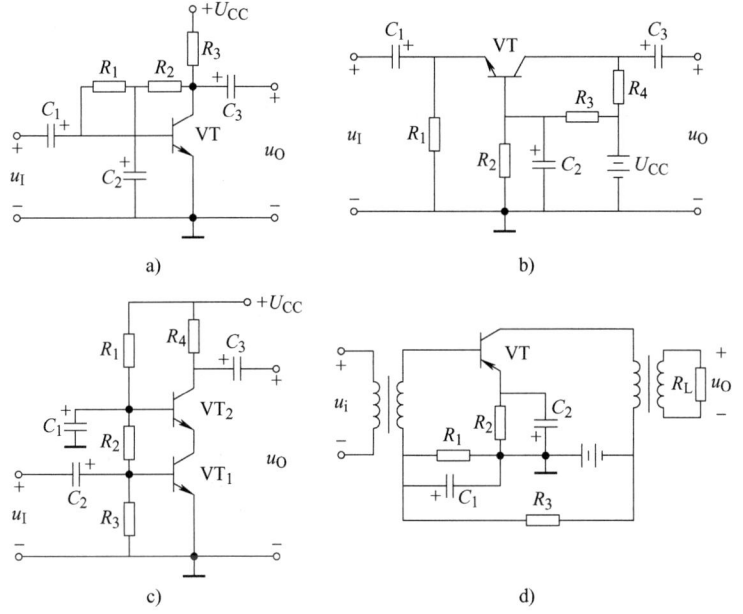

图 2-48 题 2-2 图

2-3 电路如图 2-49 所示，若输出电压波形出现底部削平的失真，问晶体管产生了截止失真还是饱和失真？为了减小失真应采取什么措施（增大或减小某元件参数）？

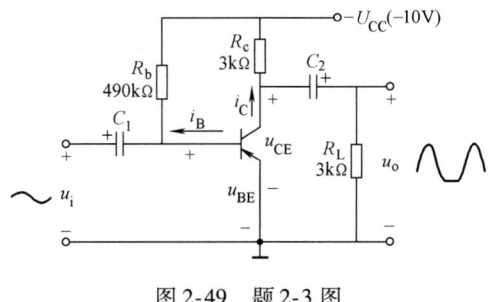

图 2-49 题 2-3 图

2-4 放大电路如图 2-50a 所示，其晶体管的输出特性以及放大电路的交、直流负载线如图 2-50b 所示。

试问:

(1) R_b、R_c、R_L 各为多少?

(2) 将 R_L 电阻调大,对交、直流负载线会产生什么影响?

(3) 若电路中其他参数不变,只将晶体管换一个 β 值小一半的管子,这时 I_B、I_C、U_{CE} 以及 $|\dot{A}_u|$ 将如何变化?

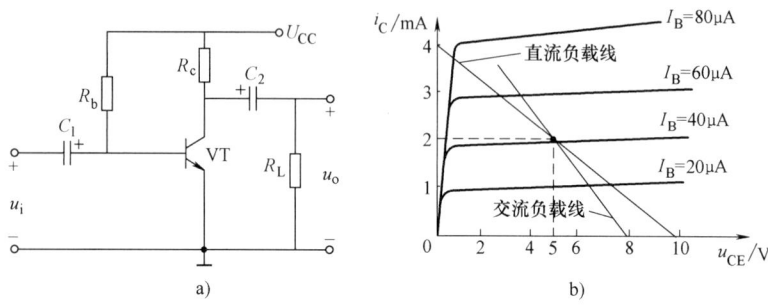

图 2-50 题 2-4 图

2-5 放大电路如图 2-51 所示,设 $U_{BE}=0.6V$,$\beta=40$。试求:

(1) 画出直流通路并求静态值;

(2) 画出交流通路和 H 参数等效电路;

(3) 电压放大倍数;

(4) 输入电阻和输出电阻。

2-6 图 2-52 所示的偏置电路中,热敏电阻 R_t 具有负温度系数,问能否起到稳定工作点的作用?

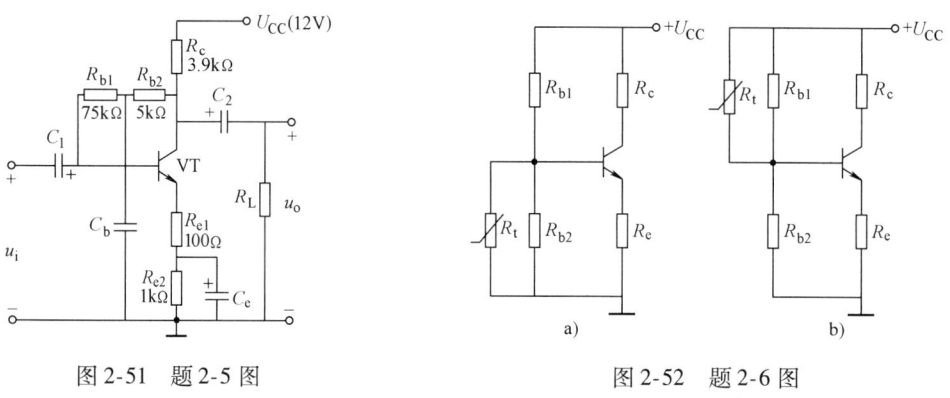

图 2-51 题 2-5 图　　　　　图 2-52 题 2-6 图

2-7 单管放大电路及参数如图 2-53 所示,电容足够大,对交流信号可视为短路。

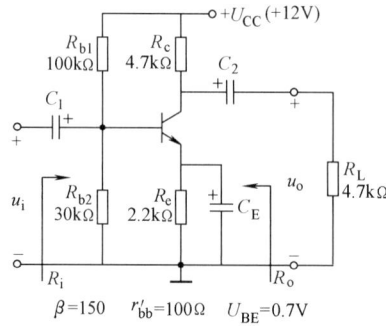

图 2-53 题 2-7 图

(1) 估算电路的静态工作点（I_{BQ}、I_{CQ}、U_{CEQ}）；
(2) 画出简化 H 参数交流等效模型；
(3) 求电路的电压放大倍数、输入电阻和输出电阻；
(4) 若更换了晶体管，其 $\beta = 100$，该电路的静态工作点、电压放大倍数、输入电阻和输出电阻会发生什么变化（增大，减小，基本不变）？

2-8 电路如图 2-54 所示，R_s、R_e、R_{b1}、R_{b2}、R_c、R_L、U_{CC} 均已知，求静态工作点 I_C、I_B、U_{CB}，以及动态电压放大倍数、输入电阻和输出电阻。

2-9 电路如图 2-55 所示，晶体管的 $\beta = 80$，$r_{be} = 1\text{k}\Omega$。
(1) 求出 Q 点；
(2) 分别求出 $R_L = \infty$ 和 $R_L = 3\text{k}\Omega$ 时电路的 $\dot{A}_u$ 和 R_i；
(3) 求出 R_o。

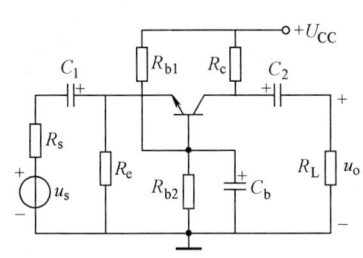

图 2-54　题 2-8 图

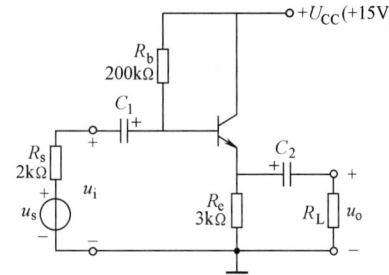

图 2-55　题 2-9 图

2-10 发射极偏置电路如图 2-56 所示，已知 $\beta = 80$，$r_{bb} = 300\Omega$。试估算：(1) 静态工作点；(2) 电路的输入电阻和输出电阻；(3) 用小信号模型分析法求电压增益。

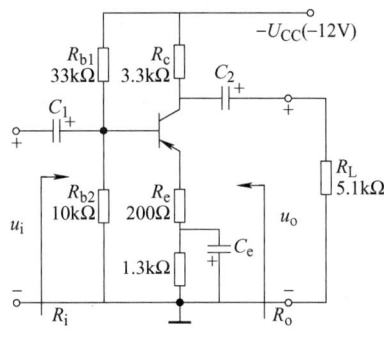

图 2-56　题 2-10 图

第3章 场效应晶体管放大电路

场效应晶体管（FET）是利用输入回路的电场效应来控制输出回路电流的一种半导体器件，并以此命名。由于它仅靠半导体中的多数载流子导电，又称单极型晶体管。场效应晶体管不但具备双极型晶体管体积小、重量轻、寿命长等优点，而且有输入回路内阻高（$10^7 \sim 10^{12}\Omega$）、噪声低、热稳定性好、抗辐射能力强和制造工艺简单等优点，因而大大地扩展了它的应用范围，特别是在大规模和超大规模集成电路中得到了广泛的应用。

根据结构的不同，场效应晶体管可分为两大类：结型场效应晶体管（JFET）和金属-氧化物-半导体场效应晶体管（MOSFET）。

本章首先介绍各类场效应晶体管的结构、工作原理、特性曲线及参数，然后介绍场效应晶体管放大电路和各种放大器件电路性能的比较。

3.1 结型场效应晶体管

结型场效应晶体管是利用半导体内的电场效应进行工作的，也称为体内场效应器件。

3.1.1 结型场效应晶体管的结构和工作原理

1. 结构

结型场效应晶体管的结构示意和剖面图如图 3-1a、c 所示。在一块 N 型半导体的两侧用扩散工艺形成两个高浓度的 P 型区（用 P^+ 表示），在 P^+ 型区和 N 型半导体的交界处形成两个 PN 结。把两个 P^+ 型区连接在一起引出一个电极，称为栅极 g，再在 N 型半导体的两端各引出一个电极，分别称为源极 s 和漏极 d。两个 PN 结中间的 N 型区是导电沟道，N 型区中的多子（电子）是参与导电的载流子，因此称为 N 沟道结型场效应晶体管。图 3-1b 是这种场效应晶体管的图形符号，其中箭头方向表示 PN 结正向偏置时栅极电流的方向。

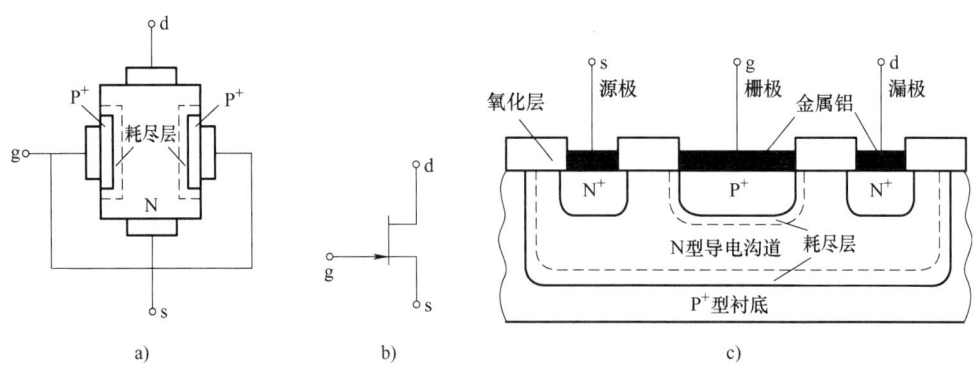

图 3-1 N 沟道结型场效应晶体管
a）结构示意 b）代表符号 c）实际的 N 沟道结型场效应晶体管结构剖面图

按照类似的方法,在一块P型半导体的两侧分别制作两个高浓度掺杂N型区(用N⁺表示),再引出相应的电极,则形成P沟道结型场效应晶体管,其结构示意和图形符号如图3-2所示。

2. 工作原理

下面以N沟道结型场效应晶体管为例,分析结型场效应晶体管的工作原理。

N沟道结型场效应晶体管工作时,在栅极与源极间需加一负电压($u_{GS}<0$),使栅极、沟道间的PN结反偏,栅极电流$i_G \approx 0$,场效应晶体管呈现高达$10^7 \Omega$以上的输入电阻;在漏源极间加一正电压($u_{DS}>0$),使N沟道中的多数载流子(电子)在电场作用下由源极向漏极运动,形成电流i_D。i_D的大小受u_{GS}控制。因此,讨论结型场效应晶体管的工作原理就是讨论u_{GS}对i_D的控制作用和u_{DS}对i_D的影响。

(1) u_{GS}对i_D的控制作用

为了讨论方便,先假设$u_{DS}=0$。当u_{GS}由零向负值增大时,在反偏电压u_{GS}作用下,两个PN结的耗尽层(即空间电荷区)将加宽,使导电沟道变窄,沟道电阻增大,如图3-3a、b所示(由于N区掺杂浓度小于P⁺区,P⁺区的耗尽层宽度较小,图中只画出了N区的耗尽层)。当$|u_{GS}|$进一步增大到某一定值$|U_P|$时,两侧耗尽层将在中间合拢,沟道全部被夹断,如图3-3c所示。此时漏源极间的电阻将趋于无穷大,相应的栅源电压称为夹断电压U_P。

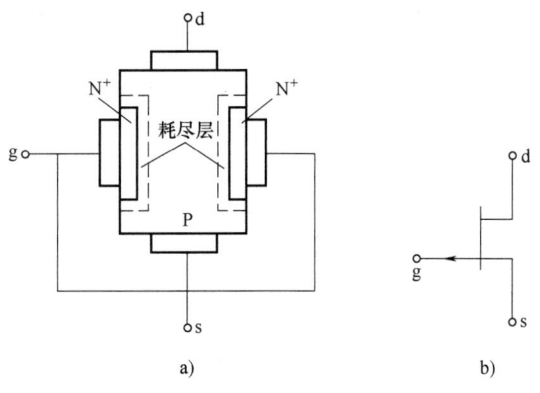

图3-2 P沟道结型场效应晶体管
a) 结构示意 b) 图形符号

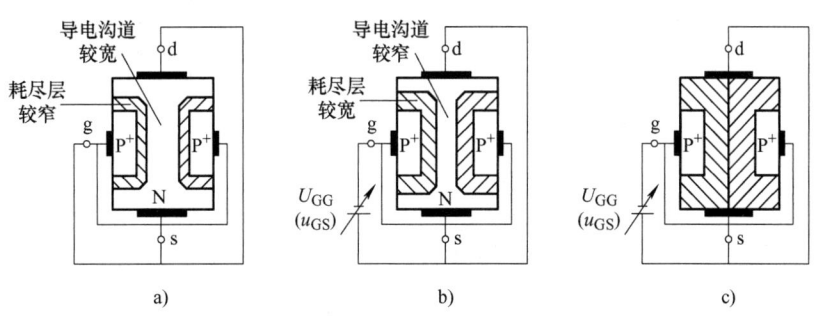

图3-3 $u_{DS}=0$时栅源电压u_{GS}改变对导电沟道的影响
a) $u_{GS}=0$ b) $U_P<u_{GS}<0$ c) $u_{GS} \leq U_P$

上述分析表明,改变u_{GS}的大小,可以有效控制沟道电阻的大小。若在漏源极间加上固定的正向电压u_{DS},则由漏极流向源极的电流i_D将受u_{GS}的控制,$|u_{GS}|$增大时,沟道电阻增大,i_D减小。

(2) u_{DS}对i_D的影响

当$U_P<u_{GS}<0$时,导电沟道存在,现在假设u_{GS}是这个区间的一个固定值U_{GG}。下面来讨论u_{GS}为常值时,i_D随着u_{DS}的变化情况。因为栅源电压和栅漏端夹断电压U_P相同,以u_{GD}

电压为突破口，由 KVL 得

$$u_{GD} = u_{GS} - u_{DS} \tag{3-1}$$

1）当 u_{DS} 非常小时，$U_P < u_{GD} = u_{GS} - u_{DS} < 0$，即 $u_{DS} < u_{GS} - U_P$ 时，导电沟道存在。但随着 u_{DS} 逐渐增加，一方面沟道电场强度的增大，有利于漏极电流 i_D 增加；另一方面，有了 u_{DS}，就在由源极经沟道到漏极组成的 N 型半导体区域中，产生了一个沿沟道的电位梯度。若源极为零电位，漏极电位为 $+u_{DS}$，则沟道区的电位差从靠近源端的零电位逐渐升高到靠近漏端的 u_{DS}。由于 N 沟道的电位从源端到漏端是逐渐升高的，所以在从源端到漏端的不同位置上，栅极与沟道之间的电位差是不相等的，离源极越远，电位差越大，加到该处 PN 结的反向电压也越大，耗尽层也越向 N 型半导体中心扩展，使靠近漏极处的导电沟道比靠近源极的要窄，导电沟道呈楔形，导电沟道靠近漏端区域仍较宽，这时阻碍的因素是次要的，因此 i_D 随 u_{DS} 的升高几乎成正比的增大，如图 3-4a 所示。

2）当 u_{DS} 继续增加到 $u_{GD} = u_{GS} - u_{DS} = U_P$，即 $u_{DS} = u_{GS} - U_P$ 时，两耗尽层在漏极附近相遇，称为预夹断，此时的漏极电流几乎达到最大值，如图 3-4b 所示。

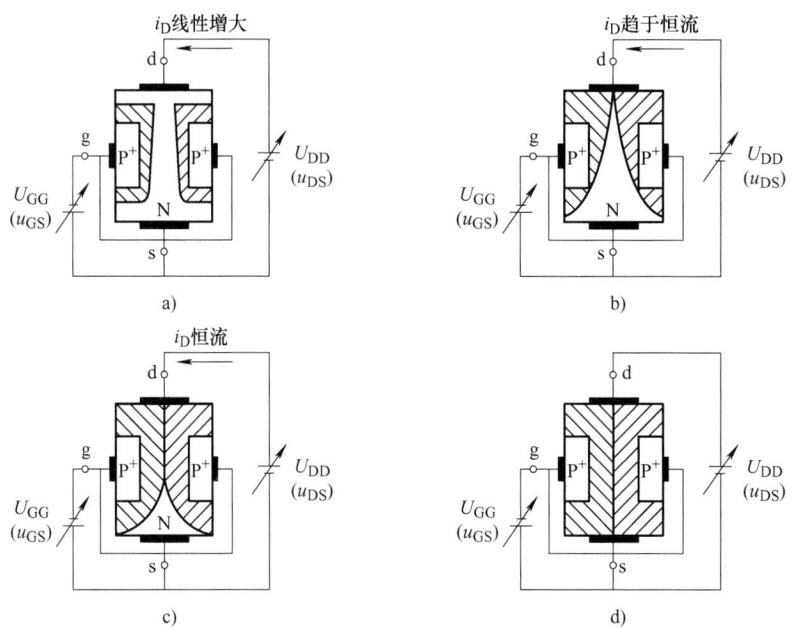

图 3-4 改变 u_{DS} 时结型场效应晶体管导电沟道的变化

a）预夹断前的情况 b）预夹断时的情况 c）预夹断后的情况 d）完全夹断时的情况

3）随着 u_{DS} 继续增加，使漏栅间的电位差加大，靠近漏端电位差加大，耗尽层也加宽，如图 3-4c 所示。当导电沟道完全封闭，如图 3-4d 所示，此时 $u_{GD} = u_{GS} - u_{DS} < U_P$，即 $u_{DS} > u_{GS} - U_P$，但由于夹断处场强也增大，仍能将电子拉过夹断区（即耗尽层），形成漏极电流，这和 NPN 型晶体管在集电结反偏时仍能把电子拉过耗尽区基本上是相似的。在从源极到夹断处的沟道上，沟道内电场基本上不随 u_{DS} 的改变而变化。可以看成增加的漏源电压 u_{DS} 刚好抵消了沟道增加的电阻值，漏极电流 i_D 几乎不变，趋于饱和。

如果结型场效应晶体管栅极与源极间接一个可调负电源，由于栅源电压越负，耗尽层越宽，沟道电阻就越大，相应的 i_D 就越小。因此，改变栅源电压 u_{GS} 可得一簇曲线，如图 3-5 所示。由于每个管子的 U_P 为一定值，因此，由式（3-1）可得，预夹断轨迹为图 3-5 中虚线所示。

综上分析，可得下述结论：

1）结型场效应晶体管栅极、沟道之间的 PN 结是反向偏置的，因此，其 $i_G \approx 0$，输入电阻很高。

2）结型场效应晶体管是电压控制电流器件，i_D 受 u_{GS} 控制。

3）预夹断前，i_D 与 u_{DS} 呈近似线性关系；预夹断后，i_D 趋于饱和。

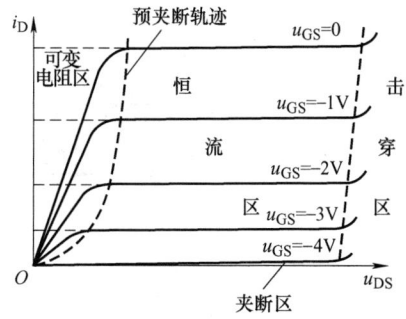

图 3-5 N 沟道结型场效应晶体管的输出特性

3.1.2 结型场效应晶体管的特性曲线及参数

1. 输出特性

结型场效应晶体管的输出特性是指在栅源电压 u_{GS} 一定的情况下，漏极电流 i_D 与漏极电压 u_{DS} 之间的关系，即

$$i_D = f(u_{DS}) \mid_{u_{GS}=常数}$$

图 3-5 所示为一 N 沟道结型场效应晶体管的输出特性。图中，管子的工作情况可分为三个区域，现分别加以讨论。

在可变电阻区内，栅源电压越负，输出特性曲线斜率越小，漏源间的等效电阻越大。因此，在可变电阻区中，结型场效应晶体管可看作一个受栅源电压 u_{GS} 控制的可变电阻。

在恒流区内，场效应晶体管常用作信号放大，所以这个区也称为线性放大区。

击穿区的特点是，当 u_{DS} 增至一定的数值，由于加到沟道中耗尽层的电压太高，电场很强，致使栅漏极间的 PN 结发生雪崩击穿，i_D 迅速上升。进入雪崩击穿后，管子不能正常工作，甚至很快烧毁。所以，结型场效应晶体管不允许工作在这个区域。

此外，当 $u_{GS} < U_P$ 时，$i_D = 0$ 称为截止区（或夹断区）。因此，也可认为输出特性有四个区。

2. 转移特性

电流控制器件晶体管的工作性能，是通过它的输入特性和输出特性及一些参数来反映的。结型场效应晶体管是电压控制器件，它除了用输出特性及一些参数来描述其性能外，由于栅极输入端基本上没有电流，故讨论它的输入特性是没有意义的，引入转移特性来描述。所谓转移特性是在一定漏源电压 u_{DS} 下，栅源电压 u_{GS} 对漏极电流 i_D 的控制特性，即

$$i_D = f(u_{GS}) \mid_{u_{DS}=常数}$$

由于输出特性与转移特性都是反映结型场效应晶体管工作的同一物理过程，所以转移特性可以直接从输出特性上用作图法求出。例如，在图 3-6a 所示的输出特性中，作 $u_{DS} = u_{DS1}$ 的一条垂直线，此垂直线与各条输出特性曲线的交点和相应的 i_D 及 u_{GS} 值画在 i_D-u_{GS} 的直角坐标系中，就可得到转移特性 $i_D = f(u_{GS}) \mid_{u_{DS}=u_{DS1}}$，如图 3-6b 所示。

改变 u_{DS}，可得一簇转移特性曲线。图 3-6b 所示为一典型的转移特性曲线。当 u_{DS} 大于一定的数值后，不同 u_{DS} 的转移特性是很接近的，这是因为在饱和区 i_D 几乎不随 u_{DS} 而变。在放大电路中，结型场效应晶体管一般工作在恒流区，而且 u_{DS} 总有一定数值，这时可认为转移特性重合为一条曲线，使分析得到简化。

实验表明，在 $U_P \leq u_{GS} \leq 0$ 范围内，即在饱和区内，i_D 随 u_{GS} 的增加（负数减少）近似

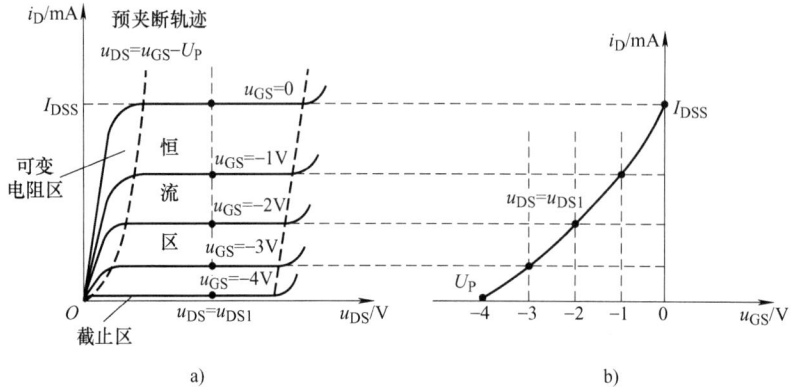

图 3-6　N 沟道结型场效应晶体管转移特性
a）输出特性　b）转移特性

按平方律上升，因而有

$$i_D = I_{DSS}\left(1 - \frac{u_{GS}}{U_P}\right)^2 \tag{3-2}$$

因此，只要给出 I_{DSS} 和 U_P 就可以把转移特性中的其他点近似计算出来。

3. 主要参数

1）夹断电压 U_P：由式（3-1）和图 3-4b 可知，当 $u_{GS}=0$ 时，$-u_{DS}=U_P$。但实际测试时，通常令 u_{DS} 为某一固定值（如 10V），使 i_D 等于一个微小的电流（如 50μA），栅源极间所加的电压称为夹断电压。从物理意义上来说，这时相当于图 3-4d 中的夹断点延伸到靠近源极，达到全夹断状态。考虑到靠近源端的纵向电位差接近于零，源端耗尽层两边的电位差可认为是 u_{GS}，所以此时有 $u_{GS}=U_P$。

2）饱和漏极电流 I_{DSS}：在 $u_{GS}=0$ 的情况下，当 $u_{DS}>|U_P|$ 时的漏极电流称为饱和漏极电流 I_{DSS}。通常令 $u_{DS}=10V$、$u_{GS}=0$ 时测出的 i_D 就是 I_{DSS}。如图 3-6b 所示的转移特性上，$u_{GS}=0$ 时对应的电流就是漏极电流。

对于结型场效应晶体管来说，I_{DSS} 也是管子所能输出的最大电流。

3）直流输入电阻 R_{GS}：当漏源极间短路（$u_{DS}=0$）时，栅源电压 u_{GS} 与栅极电流 i_G 之比就是直流输入电阻 R_{GS}。

4）低频互导 g_m：当 u_{DS} 等于常数时，漏极电流的微变量和引起这个变化的栅源电压的微变量之比称为互导（也称跨导），即

$$g_m = \left.\frac{\partial i_D}{\partial u_{GS}}\right|_{u_{DS}} \tag{3-3}$$

互导反映了栅源电压对漏极电流的控制能力，它相当于转移特性上工作点的斜率。互导 g_m 是表征结型场效应晶体管放大能力的一个重要参数，单位为 mS 或 μS。g_m 一般在十分之几至几毫西的范围内，特殊的可达 100mS，甚至更高。值得注意的是，互导随管子的工作点不同而变，工作点越高，互导越大。它是结型场效应晶体管小信号建模的重要参数之一。

5）输出电阻 r_{ds}：输出电阻 r_{ds} 为

$$r_{ds} = \left.\frac{\partial u_{DS}}{\partial i_D}\right|_{u_{GS}} \tag{3-4}$$

输出电阻 r_{ds} 说明了 u_{DS} 对 i_D 的影响，是输出特性某一点上切线斜率的倒数。在饱和区（即线性放大区），i_D 随 u_{DS} 改变很小，因此 r_{ds} 的数值很大，一般在几十千欧到几百千欧之间。

6) 最大耗散功率 P_{DM}：结型场效应晶体管的耗散功率等于 u_{DS} 和 i_D 的乘积，即 $P_{DM} = u_{DS}i_D$，这些耗散在管子中的功率将变为热能，使管子的温度升高。为了限制它的温度不要升得太高，就要限制它的耗散功率不能超过最大数值 P_{DM}。显然，P_{DM} 受管子最高工作温度的限制。

3.2 MOS 场效应晶体管

结型场效应晶体管的直流输入电阻虽然可以达到 $10^7\Omega$ 以上，但由于这个电阻从本质上来说是 PN 结的反向电阻，PN 结反向偏置，仍有反向饱和电流，这就限制了输入电阻的进一步提高。而且反向电流随温度变化，输入电阻会随温度升高而明显下降。与结型场效应晶体管不同，MOS 场效应晶体管可以进一步提高输入电阻，免除温度对输入电阻的影响。同时从制造工艺方面看更便于高密度集成，更适于制造大规模和超大规模集成电路。

MOS 场效应晶体管和结型场效应晶体管的不同之处在于它们的导电机构和电流控制原理不同。结型场效应晶体管是利用耗尽层的宽度改变导电沟道的宽窄来控制漏极电流；MOS 场效应晶体管则是利用半导体表面的电场效应，由感应电荷的多少改变导电沟道来控制电流。

MOS 场效应晶体管，简称 MOS 管，它也有 N 沟道和 P 沟道两类，其中每一类又可分为增强型和耗尽型两种。所谓耗尽型就是当 $u_{GS}=0$ 时，存在导电沟道，$i_D \neq 0$；所谓增强型就是当 $u_{GS}=0$ 时，没有导电沟道，即 $i_D=0$。例如，N 沟道增强型，只有当 $u_{GS}>0$ 时才有可能开始有 i_D。

3.2.1 N 沟道增强型 MOS 场效应晶体管

1. 结构

N 沟道增强型 MOS 场效应晶体管的结构和图形符号如图 3-7a、b 所示。它以一块掺杂浓度较低、电阻率较高的 P 型硅半导体薄片作为衬底，利用扩散的方法在 P 型硅中形成两个高掺杂的 N^+ 区。然后在 P 型硅表面生长一层很薄的二氧化硅绝缘层，并在二氧化硅的表面及 N^+ 区的表面上分别安置三个铝电极作为栅极 g、源极 s 和漏极 d，就形成了 N 沟道增强型 MOS 场效应晶体管。

由于栅极与源极、漏极均无电接触，故称绝缘栅极。图 3-7b 是 N 沟道增强型 MOS 场效应晶体管的图形符号。箭头方向表示由 P（衬底）指向 N（沟道）。对于 P 沟道 MOS 场效应晶体管，

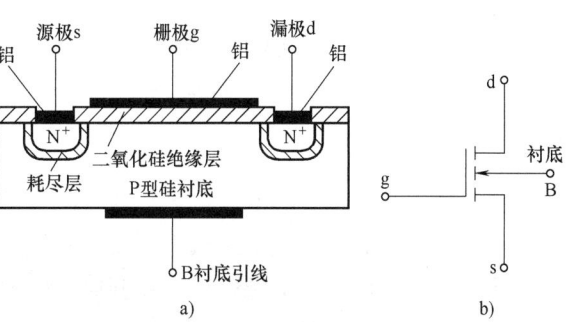

图 3-7 N 沟道增强型 MOS 场效应晶体管
a) 结构 b) 图形符号

其箭头方向与上述相反。

2. 工作原理

N 沟道增强型 MOS 场效应晶体管的工作原理如图 3-8 所示。MOS 场效应晶体管工作时通常将衬底和源极接在一起。当栅源极间短接（即栅源电压 $u_{GS}=0$）时，由于从源极到漏极之间有两个反向连接的 PN 结，因此不管 u_{DS} 的极性如何，其中总有一个 PN 结是反向偏置的。如果源极 s 与衬底相连且接电源 U_{DD} 负极，漏极接电源正极，则漏极和衬底间的 PN 结是反偏的，此时漏源之间的电阻很大，没有形成导电沟道，基本上没有电流流过，$i_D=0$。

如图 3-8a 所示，若在栅源极间加上正向电压（即 $u_{GS}=U_{GG}$，$u_{DS}=0$），则栅极（铝层）和 P 型硅片相当于以二氧化硅为介质的平板电容器，在正的栅源电压作用下，介质中便产生了一个垂直于半导体表面的由栅极指向 P 型衬底的电场，这个电场是排斥空穴而吸引电子的，该电场使 P 型衬底中的空穴向下移动，电子向上移动。在 u_{GS} 较小时，首先在 P 型衬底的上表面形成由负离子构成的空间电荷区（耗尽层），它和 PN 结中的空间电荷区一样，也是高阻区，只不过它不是由载流子扩散形成的，而是在外加电场的作用下形成的。当栅源电压 u_{GS} 进一步增大时，电场也随着增强，会有更多的电子被吸引到栅极下的半导体表面，这些电子在 P 型衬底的表面形成了一个 N 型薄层，通常称为反型层，这个反型层实际上就组成了源漏极极间的 N 型导电沟道。由于它是由栅源正电压感应产生的，所以也称感生沟道。显然，栅源电压 u_{GS} 正得越多，感生沟道（反型层）将越厚，沟道电阻将越小。这种在 $u_{GS}=0$ 时没有导电沟道，而必须依靠栅源电压的作用才形成感生沟道的场效应晶体管称为增强型场效应晶体管。

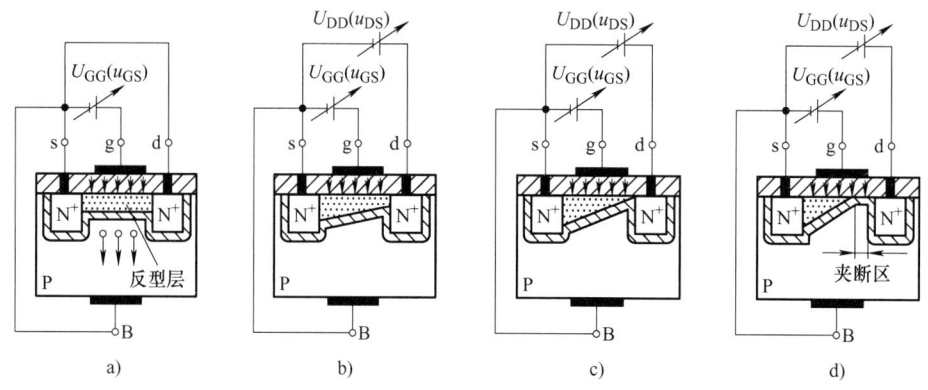

图 3-8 N 沟道增强型 MOS 场效应晶体管的工作原理
a) $u_{GS} \geqslant U_T$ 时，出现导电沟道 b) $0 < u_{DS} < u_{GS} - U_T$ 时，沟道出现楔形
c) $u_{DS} = u_{GS} - U_T$ 时，预夹断 i_D 趋于饱和 d) $u_{DS} > u_{GS} - U_T$ 时，预夹断后 i_D 几乎不变

一旦出现了感生沟道，原来被 P 型衬底隔开的两个 N^+ 型区（源区和漏区）就被感生沟道连在一起了。因此，在正的漏极电源 U_{DD} 作用下，将有漏极电流 i_D 产生。一般把在漏源电压作用下开始导电时的栅源电压叫作开启电压 U_T。

对于增强型场效应晶体管，u_{GS} 和 u_{GD} 对沟道产生需要的开启电压是相同的，都是 U_T，由 KVL 知，$u_{GD}=u_{GS}-u_{DS}$，以 u_{GD} 为突破口，研究漏极电流的变化情况。

当 $u_{GS} \geqslant U_T$，外加较小的 u_{DS} 时，$u_{GD}=u_{GS}-u_{DS} \geqslant U_T$（即 $0 < u_{DS} < u_{GS}-U_T$），漏极电流 i_D 将随 u_{DS} 上升而迅速增大。但由于沟道存在电位梯度，因此沟道厚度是不均匀的：靠近源

端厚，靠近漏端薄，即沟道呈楔形，如图 3-8b 所示。当 u_{DS} 增大到一定数值，$u_{GD} = u_{GS} - u_{DS} = U_T$（即 $u_{DS} = u_{GS} - U_T$）时，这时靠近漏端被夹断，如图 3-8c 所示。u_{DS} 继续增加，$u_{GD} = u_{GS} - u_{DS} < U_T$，将形成一夹断区，如图 3-8d 所示，夹断点向源极方向移动，u_{DS} 增加的电压值刚好抵消掉沟道增加的电阻值，使得漏极电流 i_D 几乎不变，趋于饱和。

3. 特性曲线

N 沟道增强型 MOS 场效应晶体管的输出特性如图 3-9a 所示，图 3-9b 是它的转移特性。

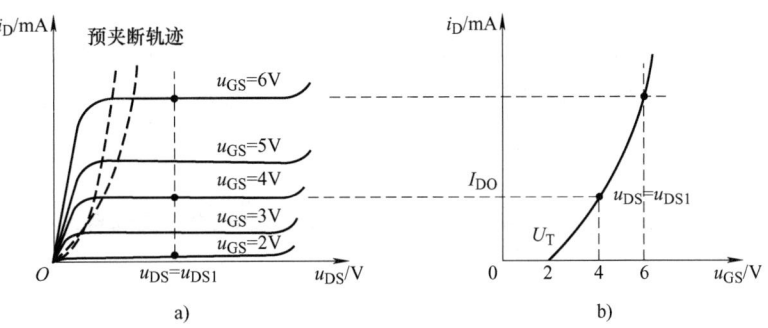

图 3-9　N 沟道增强型 MOS 场效应晶体管特性曲线
a）输出特性　b）转移特性

与结型场效应晶体管一样，图 3-9a 所示输出特性同样可分为三个不同的区域：可变电阻区、恒流区和击穿区。

在恒流区内，N 沟道增强型 MOS 场效应晶体管的 i_D 可近似地表示为

$$i_D = I_{DO}\left(\frac{u_{GS}}{U_T} - 1\right)^2 \quad (u_{GS} > U_T) \tag{3-5}$$

式中，I_{DO} 是 $u_{GS} = 2U_T$ 时的 i_D 值。

3.2.2　N 沟道耗尽型 MOS 场效应晶体管

N 沟道耗尽型 MOS 场效应晶体管的结构和图形符号如图 3-10 所示。它与增强型 NMOS 场效应晶体管相比，不同之处是制造管子时在二氧化硅绝缘层中掺入了大量的正离子。这些正离子所形成的电场同样会在 P 型衬底表面感应出自由电子，形成反型层（即感生沟道）。即在没有栅源电压时，已经有了导电沟道，这时如果在漏源极间加上正向电压，就会有漏极电流。

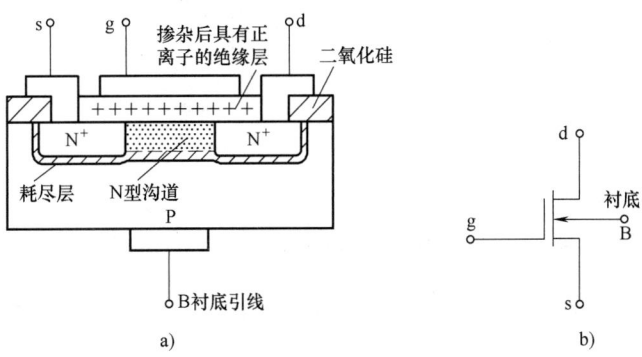

图 3-10　N 沟道耗尽型 MOS 场效应晶体管
a）结构　b）图形符号

如果在栅源极间加上正向电压,即 $u_{GS}>0$,这时栅源电压所产生的电场与正离子产生的电场方向一致,使衬底中的电场强度增大,反型层变厚,沟道电阻减小,因而 i_D 增大。反之,如果加上负的栅源电压,即 $u_{GS}<0$,这时栅源电压削弱了正离子所产生的电场,使反型层变薄、沟道电阻增大,i_D 将减小。当负的栅源电压达到一定数值时,它所产生的电场完全抵消了正离子产生的电场,使反型层消失,沟道被夹断,漏极电流变为零。把使 $i_D=0$ 时的栅源电压称为夹断电压,用 U_P 表示。所不同的是,对于 N 沟道结型场效应晶体管,当 $u_{GS}>0$ 时,将使 PN 结处于正向偏置而产生较大的栅流,破坏了它对漏极电流 i_D 的控制作用。但是 N 沟道耗尽型 MOS 场效应晶体管在 $u_{GS}>0$ 时,由于绝缘层的存在,并不会产生 PN 结的正向电流,而是在沟道中感应出更多的负电荷。在 u_{DS} 作用下,i_D 将具有更大的数值。这种 N 沟道耗尽型 MOS 场效应晶体管可以在正或负的栅源电压下工作,而且基本上无栅流,这是耗尽型 MOS 场效应晶体管的一个重要特点。

图 3-11 所示是 N 沟道耗尽型 MOS 场效应晶体管的输出特性和转移特性曲线。

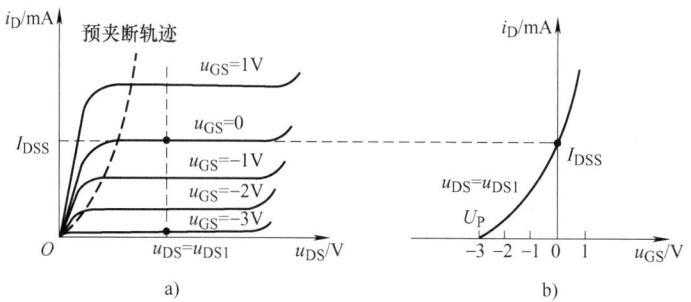

图 3-11 N 沟道耗尽型 MOS 场效应晶体管特性曲线
a) 输出特性 b) 转移特性

图 3-12a、c 分别给出了 N 沟道增强型 (Enhancement-mode) 和耗尽型 (Depletion-mode) 绝缘栅型场效应晶体管结构,可分别表示为 N-EMOS 和 N-DMOS。其电路符号分别如图 3-12b、d 所示。

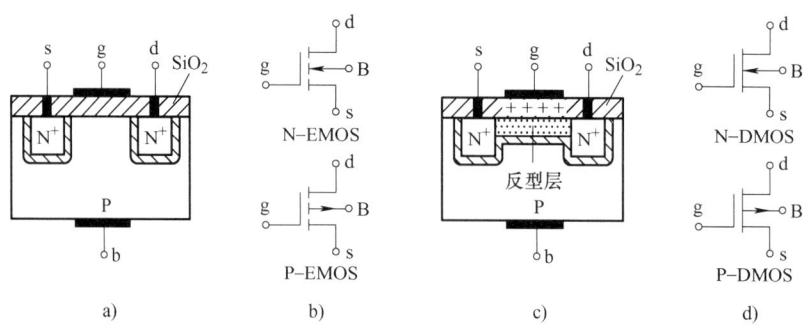

图 3-12 绝缘栅型场效应晶体管结构及其电路符号

表 3-1 给出了场效应晶体管特性曲线的比较。

表 3-1 场效应晶体管特性曲线的比较（备注中假设的是漏极电流的正方向）

	结型场效应晶体管	耗尽型绝缘栅场效应晶体管	增强型绝缘栅场效应晶体管	备注
N 沟道				i_D 流入漏极
P 沟道的三种形式				i_D 流出漏极
				i_D 流入漏极

3.3 场效应晶体管放大电路

场效应晶体管通过栅源极间电压 u_{GS} 来控制漏极电流 i_D，因此，它和晶体管一样可以实现能量的控制，构成放大电路。由于栅源极间电阻可达 $10^7 \sim 10^{12} \Omega$，所以常作为高输入阻抗放大器的输入级。

3.3.1 场效应晶体管放大电路的三种组态

场效应晶体管的源极、栅极和漏极与晶体管的发射极、基极和集电极相对应，因此在组成放大电路时也有三种组态，即共源放大电路、共漏放大电路和共栅放大电路。不过，场效应晶体管放大电路的静态偏置电路结构跟晶体管放大电路的静态偏置电路还是有区别的，区别在于结型场效应晶体管和耗尽型 MOS 场效应晶体管本身有导电通道，它可以自己提供偏压，不需要外加电源提供偏压来实现导电沟道。

3.3.2 场效应晶体管放大电路静态工作点的设置方法及分析估算

与晶体管放大电路一样，为了使电路正常放大，必须设置合适的静态工作点，以保证在信号的整个周期内场效应晶体管均工作在恒流区。下面说明设置 Q 点的几种方法。为了使信号源与放大电路"共地"，也为了采用单电源供电，在实用电路中多采用下面介绍的自给偏压电路和分压式偏置电路。

1. 自给偏压电路

结型和耗尽型场效应晶体管都可以采用这种电路，这种电路本身自带导电沟道，需要加入电压控制沟道变窄,进而使得恒流区电流变小。图 3-13a 所示为 N 沟道结型场效应晶体管共源放大电路,也是典型的自给偏压电路。N 沟道结型场效应晶体管只有在栅源电压 $U_{GS}<0$ 时电路才能正常工作,那么图示电路中 U_{GS} 为什么会小于零呢?

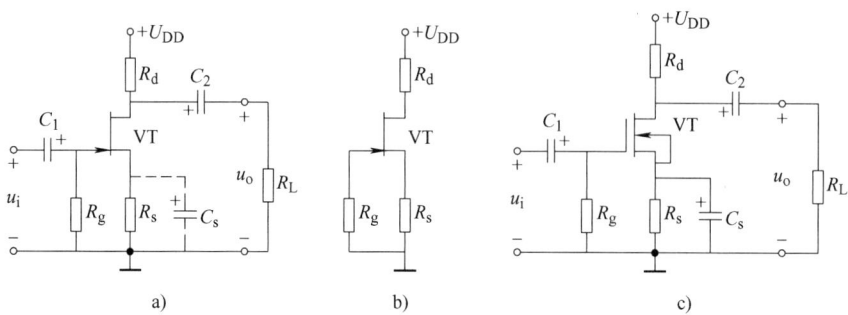

图 3-13 自给偏压共源放大电路

a) N 沟道结型场效应晶体管共源放大电路　b) 图 a 的静态电路　c) 由 N 沟道耗尽型 MOS 场效应晶体管组成的电路

图 3-13a 中,在静态时,由于场效应晶体管栅极电流为零,因而电阻 R_g 的电流为零,栅极电位 U_{GQ} 也为零;而漏极电流 I_{DQ} 流过源极电阻 R_s 必然产生电压,使源极电位 $U_{SQ}=I_{DQ}R_s$,因此,栅源极间静态电压为

$$U_{GSQ}=U_{GQ}-U_{SQ}=-I_{DQ}R_s \tag{3-6}$$

可见,电路是靠源极电阻上的电压为栅源极提供一个负偏压的,故称为自给偏压。将式(3-6)与结型场效应晶体管的电流方程式(3-2)联立,即可解出 I_{DQ} 和 U_{DSQ} 如下:

$$I_{DQ}=I_{DSS}\left(1-\frac{u_{GS}}{U_P}\right)^2 \tag{3-7}$$

$$U_{DSQ}=U_{DD}-I_{DQ}(R_d+R_s) \tag{3-8}$$

也可用图解法求解 Q 点。

图 3-13c 所示电路是自给偏压的另一种特例。图中采用 N 沟道耗尽型 MOS 场效应晶体管,因此其栅源极间电压在小于零、等于零和大于零的一定范围内均能正常工作。

2. 分压式偏置电路

图 3-14 所示为 N 沟道增强型 MOS 场效应晶体管构成的共源放大电路,它通过 R_{g1} 与 R_{g2} 对电源 U_{DD} 分压来设置偏压,故称分压式偏置电路。

静态时,由于栅极电流为零,所以电阻 R_{g3} 上的电流为零,栅极电位和源极电位分别为

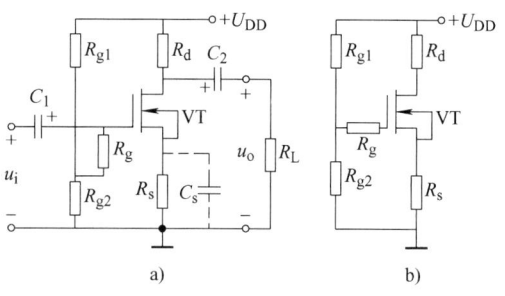

图 3-14 分压式偏置电路

a) 电路图　b) 静态电路

$$U_{GQ}=U_A=\frac{R_{g1}}{R_{g1}+R_{g2}}U_{DD}$$

$$U_{SQ}=I_{DQ}R_s$$

因此，栅源电压为

$$U_{GSQ} = U_{GQ} - U_{SQ} = \frac{R_{g1}}{R_{g1} + R_{g2}} U_{DD} - I_{DQ} R_s \tag{3-9}$$

从上式可见，当适当选取 R_{g1}、R_{g2} 和 R_s 的值及 U_{DD} 的极性时，就可得到各类场效应晶体管工作在放大状态时所需的栅源电压 U_{GSQ}，其值可正也可为负，因此分压式偏置电路适用于各种类型的场效应晶体管放大电路。

$$I_{DQ} = I_{DSS}\left(1 - \frac{U_{GSQ}}{U_P}\right)^2 \text{ 或 } I_{DQ} = I_{DO}\left(\frac{U_{GSQ}}{U_T} - 1\right)^2 \tag{3-10}$$

场效应晶体管压降为

$$U_{DSQ} = U_{DD} - I_{DQ}(R_s + R_d) \tag{3-11}$$

联立式（3-9）~式（3-11），可以解出静态工作点 I_{DQ}、U_{GSQ} 以及 U_{DSQ} 的值。

3.3.3 场效应晶体管放大电路的动态分析

1. 场效应晶体管的低频小信号等效模型

利用 H 参数等效模型，将场效应晶体管看成一个二端口网络，栅极与源极之间看成输入端口，漏极与源极之间看成输出端口。以 N 沟道增强型 MOS 场效应晶体管为例，可以认为栅极电流为零，栅源极间只有电压存在。而漏极电流 i_D 是 u_{GS}、u_{DS} 的函数，即

$$i_D = f(u_{GS}, u_{DS})$$

研究动态信号作用时用全微分来表示

$$di_D = \frac{\partial i_D}{\partial u_{GS}}\bigg|_{U_{DS}} du_{GS} + \frac{\partial i_D}{\partial u_{DS}}\bigg|_{U_{GS}} \cdot du_{DS} \tag{3-12}$$

令式(3-12)中

$$\frac{\partial i_D}{\partial u_{GS}}\bigg|_{U_{DS}} = g_m \tag{3-13}$$

$$\frac{\partial i_D}{\partial u_{DS}}\bigg|_{U_{GS}} = \frac{1}{r_{ds}} \tag{3-14}$$

当信号幅值较小时，管子的电流、电压只在 Q 点附近变化，因此可以认为在 Q 点附近的特性是线性的，g_m 与 r_{ds} 近似为常数。用交流信号 $\dot{I}_d$、$\dot{U}_{gs}$ 和 $\dot{U}_{ds}$ 取代变化量 di_D、du_{GS} 和 du_{DS}，式（3-12）可写成

$$\dot{I}_d = g_m \dot{U}_{gs} + \frac{1}{r_{ds}} \dot{U}_{ds} \tag{3-15}$$

根据式（3-15）可构造出 MOS 场效应晶体管的低频小信号作用下的等效模型，如图 3-15 所示。输入回路栅源极间相当于开路；输出回路与晶体管的 H 参数等效模型相似，是一个电压 $\dot{U}_{gs}$ 控制的电流源和一个电阻 r_{ds} 并联。

从场效应晶体管的转移特性和输出特性曲线上可求出 g_m 和 r_{ds}，如图 3-16 所示。从转移特性可知，g_m 是 $U_{DS} = U_{DSQ}$ 那条转移特性曲线上 Q 点处的导数，即以 Q 点为切点的切线斜率。在小信号作用时可用切线来等效 Q 点附近的曲线。由于 g_m 是输出回路电流与输入回路电压之比，故称为跨导，其量纲是电导的量纲。

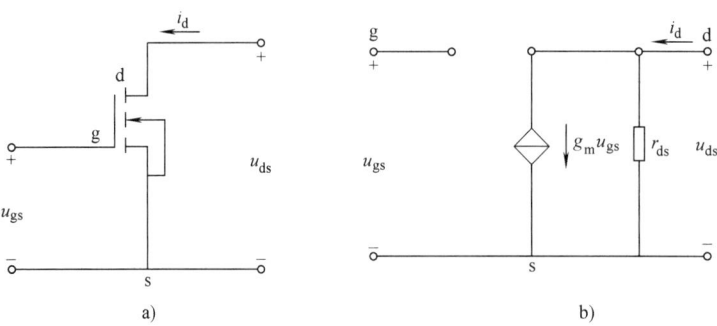

图 3-15 MOS 场效应晶体管的低频小信号作用下的等效模型
a) N 沟道增强型 MOS 场效应晶体管　b) 交流等效模型

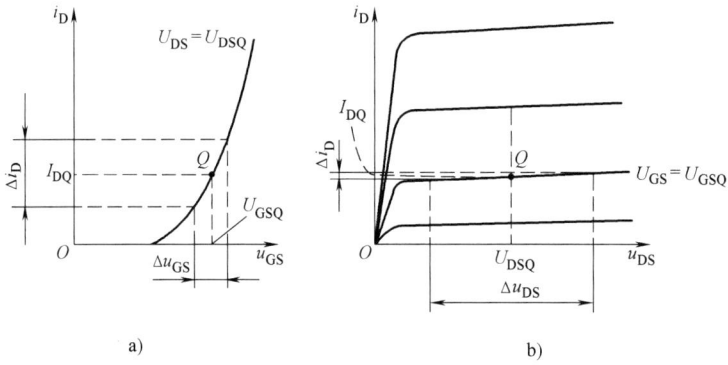

图 3-16 从特性曲线求解 g_m 和 r_{ds}
a) 从转移特性曲线求解 g_m　b) 从输出特性曲线求解 r_{ds}

从输出特性可知，r_{ds} 是 $U_{GS}=U_{GSQ}$ 这条输出特性曲线上 Q 点处斜率的倒数，它描述曲线上翘的程度，r_{ds} 越大，曲线越平。通常 r_{ds} 在几十千欧到几百千欧之间，如果外电路的电阻较小，也可忽略 r_{ds} 中的电流，将输出回路只等效成一个受控电流源。

1) 对 N 沟道增强型 MOS 场效应晶体管的电流方程式（3-5）求导可得出 g_m 的表达式为

$$g_m = \frac{\partial i_D}{\partial u_{GS}}\bigg|_{U_{DS}} = \frac{2I_{D0}}{U_T}\left(\frac{u_{GS}}{U_T}-1\right)\bigg|_{U_{DS}} = \frac{2}{U_T}\sqrt{I_{D0}i_D}$$

在小信号作用时，可用 I_{DQ} 来近似 i_D，得出

$$g_m \approx \frac{2}{U_T}\sqrt{I_{D0}I_{DQ}}$$

2) 对耗尽型 MOS 场效应晶体管和结型场效应晶体管的电流方程式，求导可得出 g_m 的表达式为

$$g_m = \frac{\partial i_D}{\partial u_{GS}}\bigg|_{U_{DS}} = \frac{d\left[I_{DSS}\left(1-\frac{u_{gs}}{U_P}\right)^2\right]}{du_{gs}} = -\frac{2I_{DSS}}{U_P}\left(1-\frac{u_{gs}}{U_P}\right)g_m \approx -\frac{2}{U_P}\sqrt{I_{DSS}I_{DQ}} \quad (3\text{-}16)$$

式（3-16）表明，g_m 与 Q 点紧密相关，Q 点越高，g_m 越大。因此，场效应晶体管放大电路与晶体管放大电路相同，Q 点不仅影响电路是否会产生失真，而且影响着电路的动态参数。

2. 共源放大电路的动态分析

图 3-17a 共源放大电路的交流微变等效电路如图 3-17b 所示,忽略场效应晶体管本身输出电阻 r_{ds} 的影响,已知 $g_m = 5\text{mA/V}$,$R_s = 1\text{k}\Omega$,计算该电路的交流指标,并指出 R_{G3} 的作用。

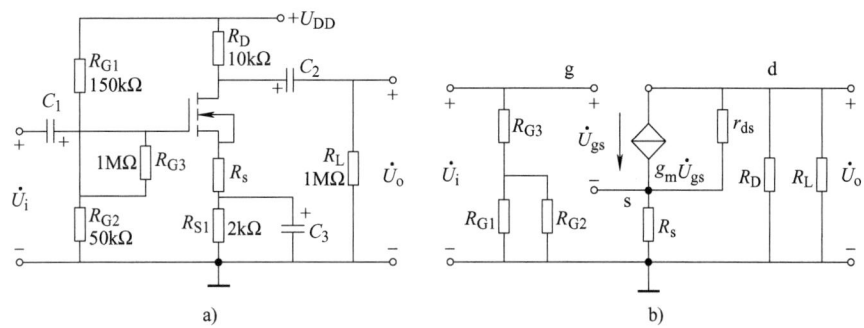

图 3-17 共源放大电路及其交流微变等效电路
a) 共源放大电路 b) 交流微变等效电路

电压放大倍数为

$$\dot{A}_u = \frac{\dot{U}_o}{\dot{U}_i} = -\frac{g_m \dot{U}_{gs}(R_D /\!/ R_L)}{\dot{U}_{gs} + g_m \dot{U}_{gs} R_s} = -\frac{g_m(R_D /\!/ R_L)}{1 + g_m R_s} \approx -8.3 \tag{3-17}$$

输入电阻为

$$R_i = R_{G3} + (R_{G1} /\!/ R_{G2}) = [10^6 + (150 /\!/ 50) \times 10^3]\Omega \approx 1\text{M}\Omega \tag{3-18}$$

输出电阻为

$$R_o = R_D \tag{3-19}$$

由式(3-18)可以看出,R_{G3} 的作用是增加交流输入电阻,对直流静态工作点不会有太大影响。

与共发射极晶体管放大电路类似,共源放大电路具有一定的电压放大能力,且输出电压与输入电压反相,只是共源放大电路比共发射极晶体管放大电路的输入电阻大得多。

3. 共漏放大电路的动态分析

共漏放大电路如图 3-18a 所示,图 3-18b 是它的交流微变等效电路,分析该电路的交流指标。

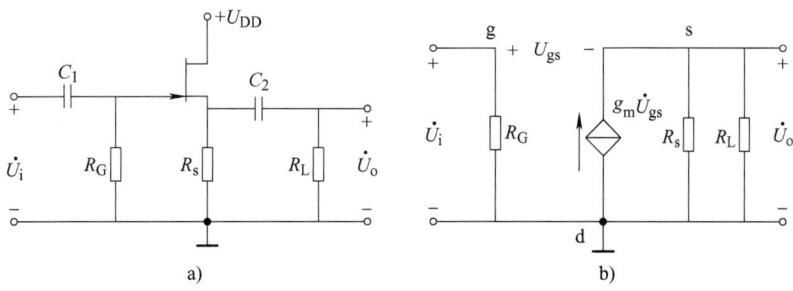

图 3-18 共漏放大电路及其交流微变等效电路
a) 共漏放大电路 b) 交流微变等效电路

电压放大倍数为

$$\dot{A}_u = \frac{\dot{U}_o}{\dot{U}_i} = \frac{g_m \dot{U}_{gs}(R_s // R_L)}{\dot{U}_{gs} + g_m \dot{U}_{gs}(R_s // R_L)} = \frac{g_m(R_s // R_L)}{1 + g_m(R_s // R_L)} \tag{3-20}$$

因为场效应晶体管跨导 g_m 值比晶体管 β 小很多，所以共漏极场效应晶体管的放大倍数将不能接近于1，一般在 0.6~0.8 左右，但输出和输入与共集电集晶体管放大电路一样，都是同相的。

输入电阻为

$$R_i = R_G \tag{3-21}$$

分析输出电阻时，将输入端短路，在输出端加交流电压 $\dot{U}_o$，如图3-19所示。然后求出 I_o'，则 $R_o = \dot{U}_o / I_o$。

由图可知

$$\dot{U}_{gs} = -\dot{U}_o$$

$$I_o' = -g_m \dot{U}_{gs} = -g_m(-\dot{U}_o) = g_m \dot{U}_o \tag{3-22}$$

故源极看进去的输出电阻为

$$R_o' = \frac{\dot{U}_o}{I_o'} = \frac{1}{g_m} \tag{3-23}$$

总的放大器输出电阻为

$$R_o = R_o' // R_s = \frac{1}{g_m} // R_s \approx \frac{1}{g_m} \tag{3-24}$$

若 $g_m = 5\text{mA/V}$，则 $R_o = 200\Omega$。一般来说，场效应晶体管的共漏极放大电路的输出电阻比共集电集晶体管放大电路的输出电阻要大一些。

4. 共栅放大电路的动态分析（选学）

由于共栅极放大电路性能不是很好，在实际电路中很少使用，本部分只做了解共栅极放大电路如图3-20所示，分析该电路的交流参数。

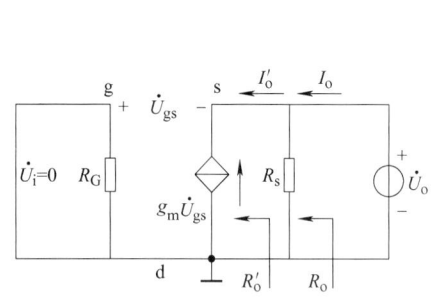

图 3-19 求解共漏放大电路的输出电阻

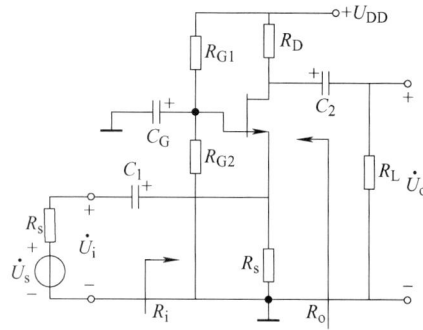

图 3-20 共栅极放大电路

电压放大倍数为

$$\dot{U}_i = -\dot{U}_{gs}$$

$$\dot{A}_u = \frac{\dot{U}_o}{\dot{U}_i} = \frac{-g_m \dot{U}_{gs}(R_D // R_L)}{-\dot{U}_{gs}} = g_m(R_D // R_L) \tag{3-25}$$

输入电阻为

$$R_i = R'_i \mathbin{/\mkern-5mu/} R_s = \frac{1}{g_m} \mathbin{/\mkern-5mu/} R_s \approx \frac{1}{g_m} \tag{3-26}$$

输出电阻为

$$R_o \approx R_D \tag{3-27}$$

场效应晶体管（单极型管）与晶体管（双极型管）相比，最突出的优点是可以组成高输入电阻的放大电路。此外，由于它还有噪声低、温度稳定性好、抗辐射能力强等优于晶体管的特点，而且便于集成化，构成低功耗电路，所以被广泛地应用于各种电子电路中。

3.4 Multisim 应用举例

3.4.1 场效应晶体管仿真

选用 N 沟道场效应晶体管 2N6661，利用 IV analyzer 仿真电路，查手册设定仿真参数，可得出所选用场效应晶体管的输出特性曲线，如图 3-21 所示。

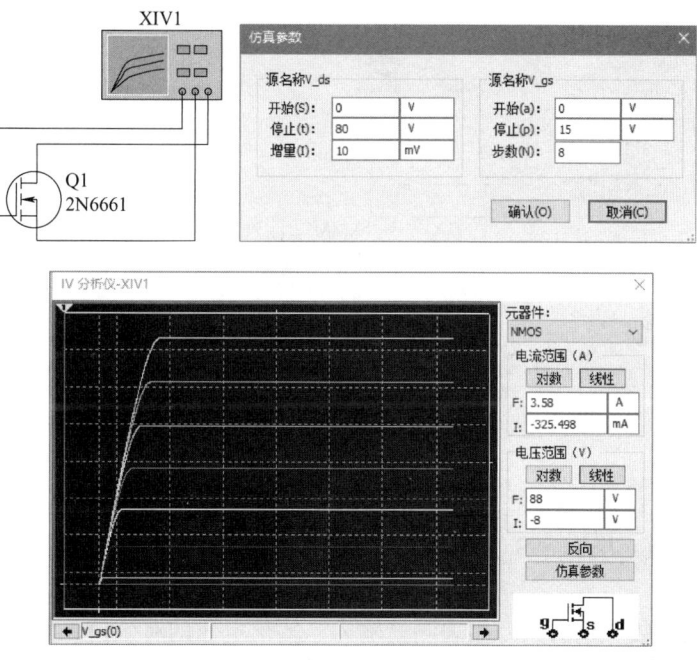

图 3-21 N 沟道场效应晶体管 2N6661 仿真电路及其输出特性曲线

由图 3-21 可知，仿真结果与理论分析相同。

3.4.2 单管共源放大电路的仿真

1. 仿真电路

在 Multisim 中创建单管共源极仿真放大电路如图 3-22 所示，选用 N 沟道场效应晶体管 2N6659 作为核心器件。

2. 仿真分析

（1）静态分析

将输入信号置零，电容开路，得到放大电路的直流通路如图 3-23 所示。用万用表测量电路中的直流电压和直流电流，测量电路与数值如图 3-24 所示。

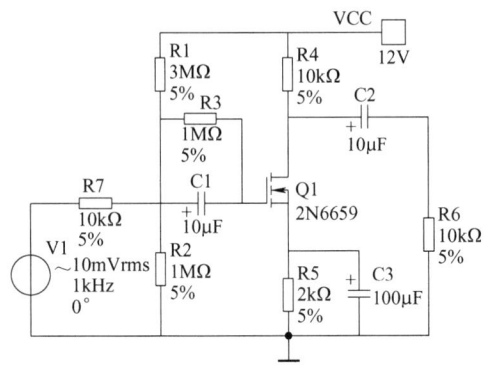

图 3-22　单管共源极仿真放大电路

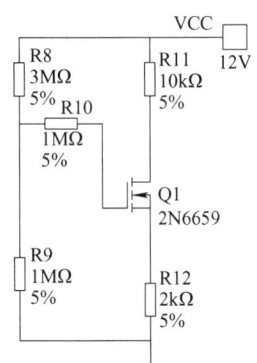

图 3-23　直流通路

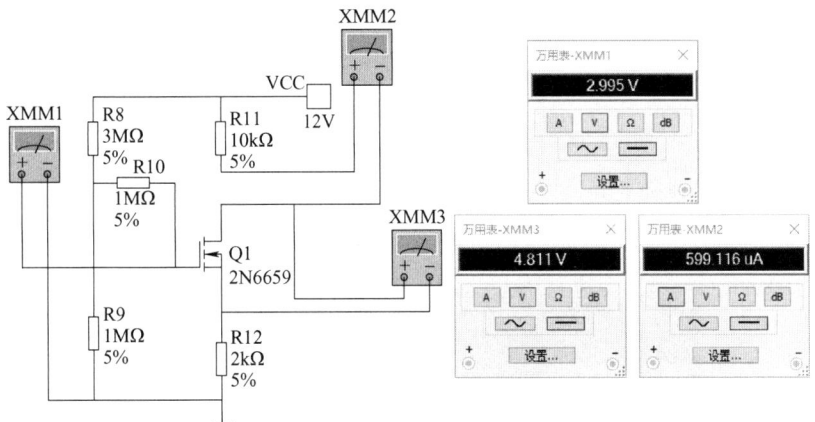

图 3-24　仿真电路及其测量数值

静态工作点数值：$I_{DQ}=599.116\mu A$，$U_{GSQ}=2.995V$，$U_{DSQ}=4.811V$。

（2）动态分析

1) 电压放大倍数。用两只万用表测量输入、输出电压的有效值，如图 3-25 所示，可确定电路的电压放大倍数为

$$\dot{A}_u = \frac{\dot{U}_o}{\dot{U}_i} = \frac{820.568\text{mV}}{9.868\text{mV}} \approx 83.2$$

用示波器观察输入与输出电压波形，如图 3-26 所示。发现波形无明显非线性失真且输入与输出反相。

2) 输入电阻。用两个万用表（设置为交流电压和电流状态）测量输入电阻，如图 3-27 所示，则输入电阻为

$$R_i = \frac{\dot{U}_i}{\dot{I}_i} \approx 67\text{k}\Omega$$

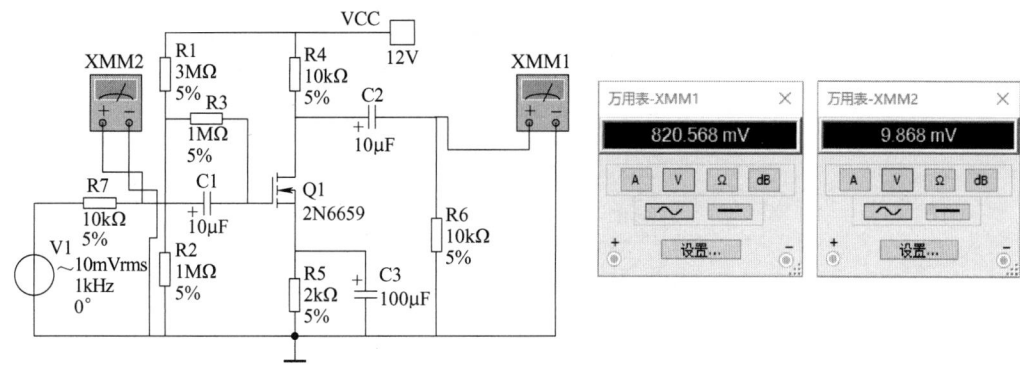

图 3-25 万用表测量输入、输出电压

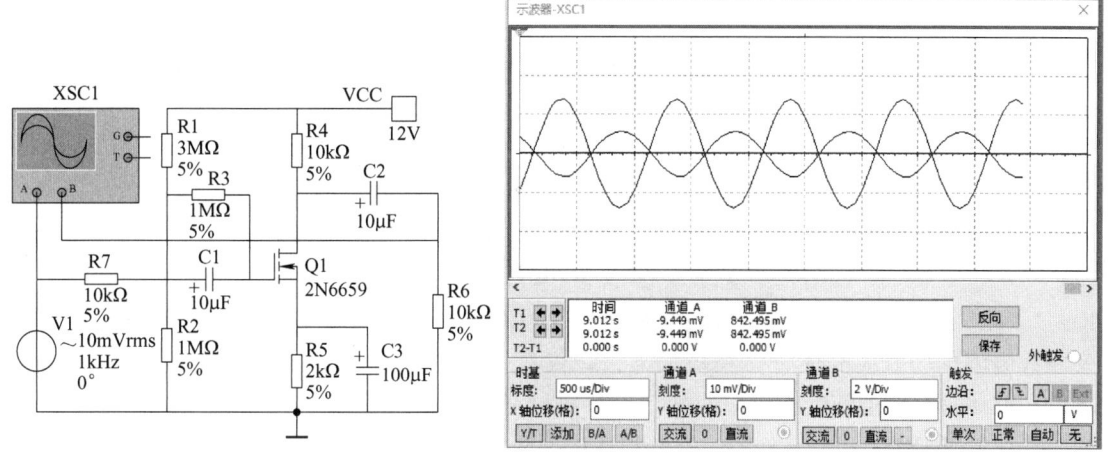

图 3-26 用示波器观察输入与输出电压波形

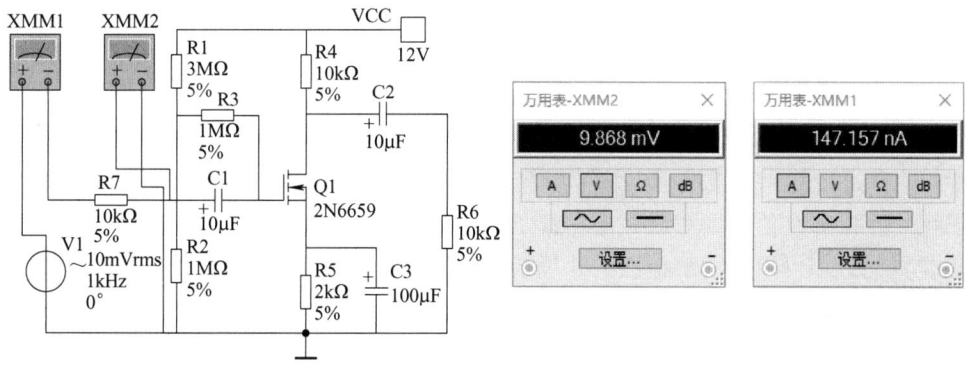

图 3-27 输入电阻的测量

3)输出电阻。输出电阻的测量电路如图 3-28 所示,两个万用表(设置为交流电压和电流状态)测量输入电阻,分别测量放大电路空载输出电压 $\dot{U}_o'$、负载电压 $\dot{U}_o$ 和负载电流 $\dot{i}_o$,则输出电阻为

$$R_o = \frac{\dot{U}'_o - \dot{U}_o}{\dot{I}_o} = \frac{1583\text{mV} - 820.6\text{mV}}{82.095\mu\text{A}} = 9.3\text{k}\Omega$$

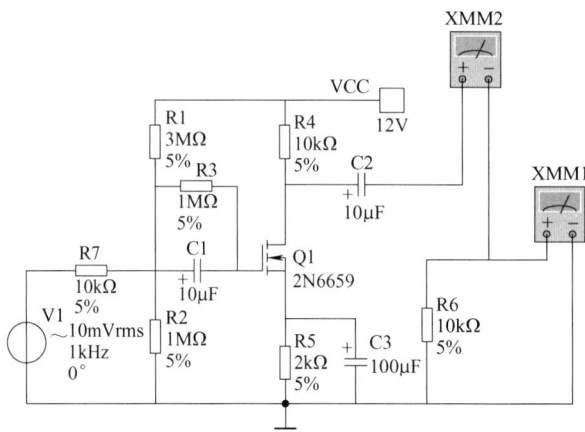

图 3-28　输出电阻的测量电路

共源放大电路与共发射极晶体管放大电路相似，可以实现对输入信号的放大，且输入与输出反相。仿真得到的静态与动态参数与理论计算结果相符。

本章小结

1. 场效应晶体管为电压控制电流源器件（VCCS），即用栅源电压来控制沟道宽度，改变漏极电流。场效应晶体管为单极型器件，仅有一种载流子（多子）导电，热稳定性好。场效应晶体管有结型和绝缘栅型两种结构，每种又分为 N 沟道和 P 沟道两种。绝缘栅型场效应晶体管（MOSFET）又分为增强型和耗尽型两种。场效应晶体管的漏极特性曲线可分为可变电阻区、截止区、恒流区和击穿区，在放大电路中，应使其工作在恒流区。

2. 在场效应晶体管放大电路中，u_{DS} 的极性取决于沟道性质，N（沟道）为正，P（沟道）为负；为了建立合适的偏置电压 U_{GSQ}，不同类型的场效应晶体管，对偏置电压的极性有不同要求：结型场效应晶体管的 u_{GS} 与 u_{DS} 极性相反，增强型 MOS 场效应晶体管的 u_{GS} 与 u_{DS} 同极性，耗尽型 MOS 场效应晶体管的 u_{GS} 可正、可负，也可为零。

3. 对于场效应晶体管组成的"非线性电路"，常采用解析法、图解法和微变等效电路法。解析法是通过耗尽型或增强型场效应晶体管的电流方程与电路线性部分的直线方程联立进行求解，计算出 Q 值。图解法是指在管子的特性曲线上用作图的方法确定 Q 点位置（当然 Q 点位置的近似可以借助解析法的计算结果加以弥补）。当输入信号电压幅值较大时，可用来分析放大电路的波形失真和输出电压的最大不失真幅值。微变等效电路是在输入信号幅值较小时采用的方法。按定义计算跨导 g_m，用微变等效电路法计算动态指标，主要包括放大倍数、输入电阻和输出电阻。

自我检测题

1. 关于场效应晶体管，下列叙述正确的是（　　）。

A. 它属于电流控制型器件

B. 其热稳定性不如双极型晶体管

C. 漏极电流只由多子运动产生，所以称之为单极型晶体管

2. 场效应晶体管属（　　）控制型器件，描述这一控制作用的参数为（　　）。

A. 电流，低频跨导

B. 电压，低频跨导

C. 电压，电流放大系数

3. 电路如图 3-29 所示，为各场效应晶体管填上正确的名称。

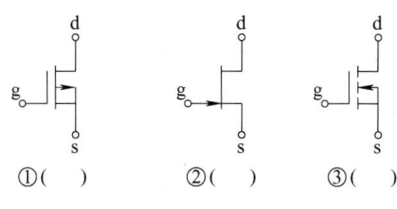

图 3-29　题 3 图

A. P 沟道耗尽型 MOS 场效应晶体管；N 沟道结型场效应晶体管；N 沟道增强型 MOS 场效应晶体管

B. P 沟道增强型 MOS 场效应晶体管；N 沟道结型场效应晶体管；N 沟道增强型 MOS 场效应晶体管

C. N 沟道耗尽型 MOS 场效应晶体管；P 沟道结型场效应晶体管；N 沟道增强型 MOS 场效应晶体管

D. N 沟道增强型 MOS 场效应晶体管；P 沟道结型场效应晶体管；N 沟道增强型 MOS 场效应晶体管

4. 图 3-30 中各特性曲线属于哪种场效应晶体管的特性曲线？

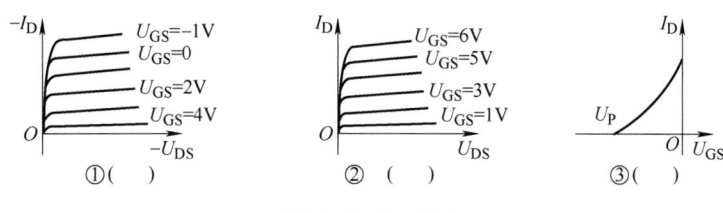

图 3-30　题 4 图

A. P 沟道耗尽型 MOS 场效应晶体管；N 沟道结型场效应晶体管；N 沟道增强型 MOS 场效应晶体管

B. P 沟道耗尽型 MOS 场效应晶体管；N 沟道增强型 MOS 场效应晶体管；N 沟道结型场效应晶体管

C. N 沟道耗尽型 MOS 场效应晶体管；N 沟道结型场效应晶体管；N 沟道增强型 MOS 场效应晶体管

D. N 沟道耗尽型 MOS 场效应晶体管；N 沟道增强型 MOS 场效应晶体管；N 沟道结型场效应晶体管

5. 当 $U_{GS}=0$ 时，不可能工作在恒流区的场效应晶体管是（　　）。

A. 结型场效应晶体管　　　　　　　　B. 增强型 MOS 场效应晶体管

C. 耗尽型 MOS 场效应晶体管　　　　D. A 和 C

6. 工作在恒流状态下的场效应晶体管，关于其跨导 g_m，下列说法正确的是（　　）。

A. g_m 与 I_{DQ} 成正比　　　　　　　B. g_m 与 U_{GS}^2 成正比

C. g_m 与 U_{DS} 成正比　　　　　　　D. g_m 与 $\sqrt{I_{DQ}}$ 成正比

7. 双极型晶体管（BJT）和 MOS 场效应晶体管（MOSFET）比较，表述正确的是（　　）。

A. BJT 有两种载流子参与导电，MOSFET 只有一种

B. BJT 属电压控制型器件，MOSFET 属电流控制型

C. BJT 的热稳定性好于 MOSFET 的热稳定性

D. 两者在开关过程中都需要时间，同样的工作电流，MOSFET 的开关速度快于 BJT

8. 图 3-31 所示放大电路不能放大的原因是（　　）。

A. 没有源极电阻 R_s　　　　　　　　B. 没有上偏置电阻

C. 电源U_{GG}极性不对　　　　　　　　D. 电源U_{DD}极性不对

9. 在图3-32中，已知$U_{GG}=2V$，$U_{DD}=10V$，$U_T=3V$，由此可判断出电路中的场效应晶体管工作在（　　）区。

A. 可变电阻区　　　B. 恒流区　　　C. 截止区　　　D. 击穿区

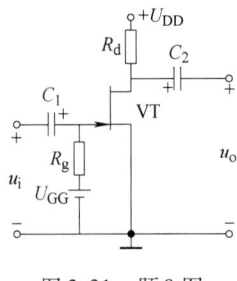

图3-31　题8图

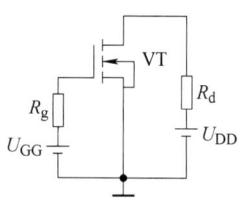

图3-32　题9图

习　题

3-1　已知图3-33a中场效应晶体管的转移特性如图3-33b所示。求解电路的Q点和A_u。

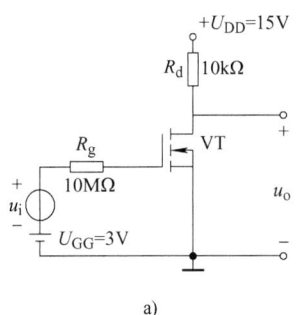
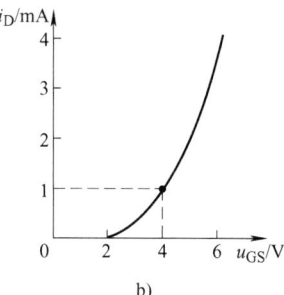

　　　　a)　　　　　　　　　　　　　　　　b)

图3-33　题3-1图

3-2　两个场效应晶体管的转移特性曲线分别如图3-34a、b所示，分别确定这两个场效应晶体管的类型，并求其主要参数（开启电压或夹断电压，低频跨导）。测试时电流i_D的参考方向为从漏极d到源极s。

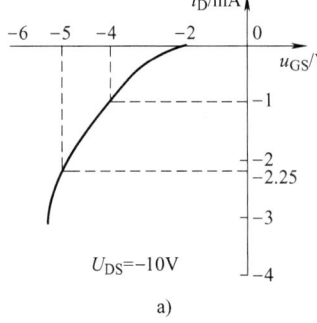
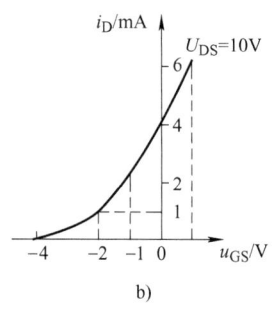

　　　　a)　　　　　　　　　　　　　　　　b)

图3-34　题3-2图

3-3 如图 3-35 所示的电路中，已知 $u_{GS} = -2V$，管子参数 $I_{DSS} = 4mA$，$U_P = -4V$，设电容在交流通路中可视为短路。

（1）求电流 I_D 和电阻 R_{s1}；

（2）求正常放大条件下，R_{s2} 可能的最大值。

3-4 电路如图 3-36 所示，设 MOS 场效应晶体管的参数为 $U_{GS(th)} = 1V$，$I_{DO} = 500\mu A$。电路参数为 $U_{DD} = 5V$，$-U_{SS} = -5V$，$R_d = 10k\Omega$，$R = 0.5k\Omega$，$I_{DQ} = 0.5mA$。若流过 R_{g1}、R_{g2} 的电流是 I_{DQ} 的 1/10，试确定 R_{g1} 和 R_{g2} 的值。

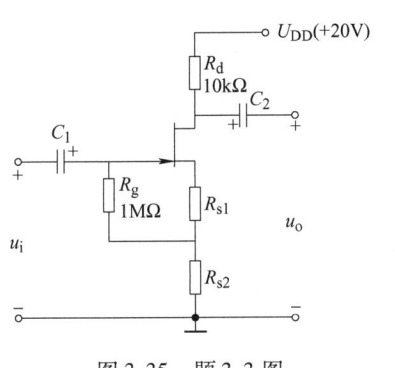

图 3-35　题 3-3 图

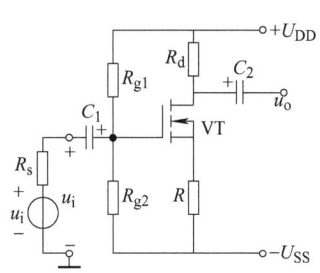

图 3-36　题 3-4 图

3-5 电路如图 3-37 所示，电流源电流 $I = 0.5mA$，$U_{DD} = U_{SS} = 5V$，$R_d = 9k\Omega$，C_s 很大，对交流信号可以看成短路，场效应晶体管 $U_{GS(th)} = 0.8V$，$I_{DO} = 0.64mA$，输出电阻 r_{ds} 为无穷大，试求电路的小信号电压增益 A_u。

3-6 在图 3-38 电路中，已知 $U_{GS} = -2V$，管子参数 $I_{DSS} = -4mA$，$U_p = U_{GS(off)} = -4V$。设电容在交流通路中可视为短路。

（1）求电流 I_{DQ} 和电阻 R_s；

（2）画出中频微变等效电路，用已求得的有关数值计算 A_u、R_i 和 R_o（设 r_{DS} 的影响可以忽略不计）；

（3）为显著提高 $|A_u|$，最简单的措施是什么？

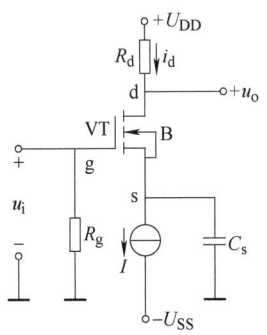

图 3-37　题 3-5 图

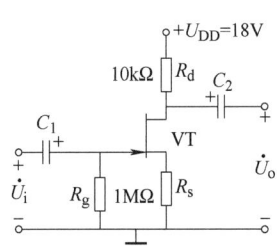

图 3-38　题 3-6 图

3-7 场效应晶体管放大电路如图 3-39 所示，其中 $R_{g1} = 300k\Omega$，$R_{g2} = 120k\Omega$，$R_{g3} = 10M\Omega$，$R_s = R_d = 10k\Omega$，C_s 的容量足够大，$U_{DD} = 16V$，设场效应晶体管的饱和电流 $I_{DSS} = 1mA$，夹断电压 $U_p = U_{GS(off)} = -2V$，求静态工作点，然后用中频微变等效电路法求电路的电压放大倍数。若 C_s 开路，再求电压放大倍数。

3-8 电路如图 3-40 所示，场效应晶体管的 $r_{DS} \gg R_D$，求：

（1）画出该放大电路的微变等效电路；

（2）写出 A_u、R_i 和 R_o 的表达式；

（3）定性说明当 R_s 增大时，A_u、R_i 和 R_o 是否变化，如何变化？

（4）若 C_s 开路，A_u、R_i 和 R_o 是否变化，如何变化？写出变换后的表达式。

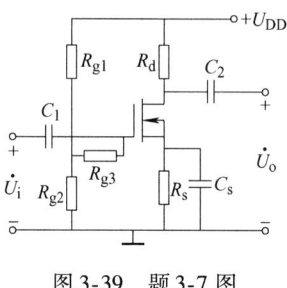

图 3-39　题 3-7 图

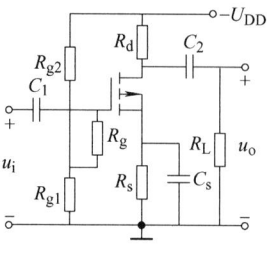

图 3-40　题 3-8 图

第4章 多级放大电路

在实际应用中，常对放大电路的性能提出多方面的要求，如要求一个电路的输入电阻大于2MΩ，电压放大倍数大于2000，要求输出电阻小于100Ω等。显然，仅靠前面讲解的任何一种放大电路都不可能同时满足上述要求，这时就应选择多个基本放大电路，将它们合理连接，构成多级放大电路（见图4-1）来实现上述要求。

单管放大电路为什么不能满足多方面性能的要求，如何将多个单级放大电路连接成多级放大电路，各种连接方式有什么特点，直接耦合放大电路的特殊问题是什么，如何解决，这都是本章需要回答的问题。

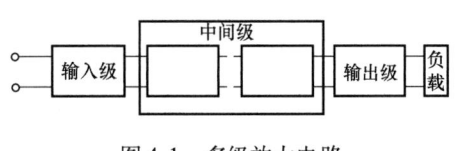

图4-1 多级放大电路

组成多级放大电路的每一个基本放大电路称为一级，级和级之间的连接称为级间耦合。多级放大电路有四种常见的耦合方式：直接耦合、阻容耦合、变压器耦合和光电耦合。

4.1 多级放大电路的耦合方式

4.1.1 直接耦合

将前一级的输出端直接连接到后一级的输入端，称为直接耦合，如图4-2所示。

图4-2所示电路省去了第二级的基极电阻，而使R_{c1}既作为第一级的集电极电阻，又作为第二级的基极电阻，只要R_{c1}取值合适，就可以为VT_2提供合适的基极电流。

1. 直接耦合放大电路静态工作点的设置

从图4-2不难看出，静态时，VT_1的管压降U_{CEQ_1}等于VT_2的b-e间电压U_{BEQ_2}。通常情况下，若VT_1为硅管，U_{BEQ_2}约为0.7V，则VT_1的静态工作点将靠近饱和区，在动态信号作用时容易引起饱和失真。因此，为使第一级有合适的静态工作点，就要抬高VT_2的基极电位。为此，可以在VT_2的发射极加电阻R_{e2}或二极管，如图4-3所示。

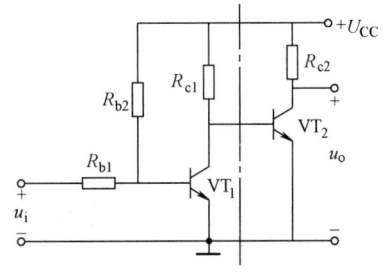

图4-2 直接耦合

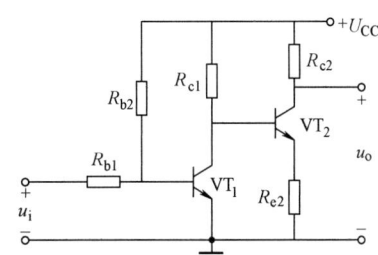

图4-3 后级加发射极电阻或二极管

然而，增加R_{e2}后，虽然在参数取值得当时，两级均可有合适的静态工作点，但是，毫无疑问，R_{e2}会使第二级的电压放大倍数大大下降，从而影响整个电路的放大能力。因此，需要选择一种器件取代R_{e2}，它应对直流量和交流量呈现出不同的特性：对直流量，它相当于一个电压源；而对交流量，它等效成一个小电阻。这样，既可以设置合适的静态工作点，又对放大电路的放大能力影响不大，而二极管和稳压管恰好都具有上述特性。

通过第1章对二极管正向特性的分析可知，当二极管流过直流电流时，在伏安特性上可以确定它的端电压U_D；而在这个直流信号上叠加一个交流信号时，二极管的动态电阻为$r = du_D/di_D$，对于小功率二极管，其值仅为几至几十欧。若要求VT_1的管压降U_{CEQ_1}的数值小于2V，则可以用一只或两只二极管取代R_{e2}。

通过第1章对稳压管反向特性的分析可知，当稳压管工作在击穿状态时，在一定的电流范围内，其端电压基本不变，并且动态电阻也仅为十几至几十欧，所以可用稳压管取代R_{e2}，如图4-4所示。

为了保证稳压管工作在稳压状态，图4-4中电阻R的电流i_R流经稳压管，使得稳压管中的电流大于稳定电流（多为5mA或10mA）。根据VT_1的管压降U_{CEQ_1}所需的数值，选取稳压管的稳定电压U_z。

在图4-2至图4-4中，为使各级晶体管都工作在放大区，必然要求VT_2的集电极电位高于其基极电位。可以设想，如果级数增多，且仍为NPN管子构成的共发射极电路，则由于集电极电位逐级升高，以至于接近电源电压，势必使后级的静态工作点不合适。因此，直接耦合多级放大电路常采用NPN型和PNP型管混合使用的方法来解决上述问题，如图4-5所示。

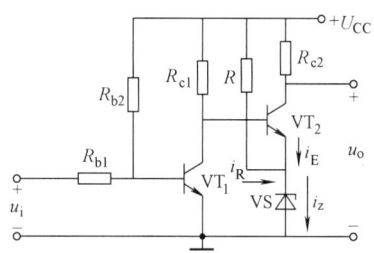

图4-4 用稳压管取代R_{e2}

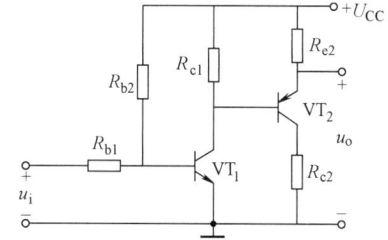

图4-5 NPN型和PNP型管组成直接耦合多级放大电路

在图4-5所示的电路中，虽然VT_1的集电极电位高于其基极电位，但是为使VT_2工作在放大区，VT_2的集电极电位应低于其基极电位（即VT_1的集电极电位）。静态工作点合适，放大电路就容易实现交流信号放大的最大化。

2. 直接耦合方式的优缺点

从以上分析中可知，采用直接耦合方式使各级之间的直流通路连接，因而静态工作点相互影响，这样就给电路的分析、设计和调试带来了一定的困难。在求解静态工作点时，应写出直流通路中各个回路的方程，然后求解多元一次方程。实际应用时，常采用各种计算机软件辅助分析。

直接耦合放大电路的突出优点是具有良好的低频特性，可以放大变化缓慢的信号，并且由于电路中没有大容量电容，所以易于将全部电路集成在一块硅片上，构成集成放大电路。由于电子工业的飞速发展，集成放大电路的性能越来越好，种类越来越多，价格也越来越便宜,所以凡是能利用集成放大电路的场合,均不再使用分立元器件放大电路。

4.1.2 阻容耦合

将放大电路的前级输出端通过电容接到后级输入端,称为阻容耦合方式。图4-6为两级阻容耦合放大电路,第一级为共发射极放大电路,第二级为共集电极放大电路。

由于电容对直流量的电抗为无穷大,因而阻容耦合放大电路各级之间的直流通路各不相通,各级的静态工作点相互独立,在求解或实际调试Q点时可按单级放大处理,所以电路的分析、设计和调试简单易行。而且,只要输入信号频率较高,耦合电容容量较大,前级的输出信号就可以几乎没有衰减地传递到后级的输入端,因此,在分立元器件电路中,阻容耦合方式得到了非常广泛的应用。

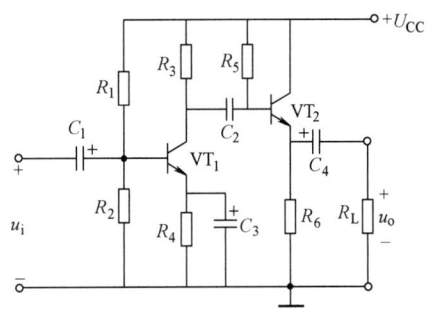

图 4-6 两级阻容耦合放大电路

阻容耦合放大电路的低频特性差,不能放大变化缓慢的信号。这是因为电容对这类信号呈现出很大的容抗,信号的一部分甚至全部都衰减在耦合电容上,而根本无法向后级传递。此外,在集成电路中很难制造大容量电容,甚至不可能,所以这种耦合方式不便于集成化。

应当指出,通常只有在信号频率很高、输出功率很大的特殊情况下,才采用阻容耦合方式的分立元器件放大电路。

4.1.3 变压器耦合

将放大电路前级的输出信号通过变压器接到后级的输入端或负载电阻上,称为变压器耦合。图4-7所示为变压器耦合共发射极放大电路及其交流等效电路,R_L既可以是实际的负载电阻,也可以代表后级放大电路。图4-8是变压器耦合电路。

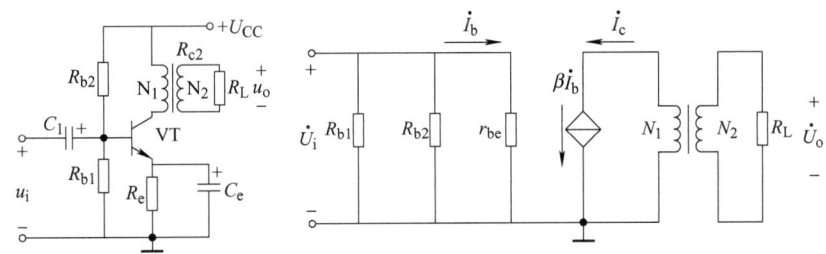

图 4-7 变压器耦合共发射极放大电路及其交流等效电路

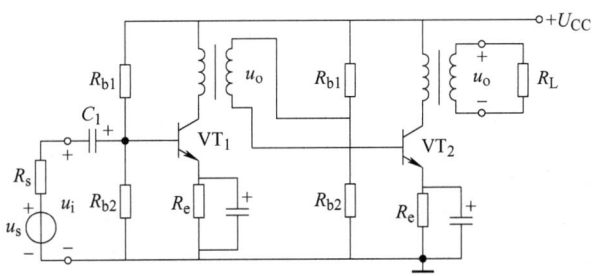

图 4-8 变压器耦合电路

由于变压器耦合电路的前后级靠磁路耦合,所以与阻容耦合电路一样,它的各级放大电路的静态工作点互相独立,便于分析、设计和调试。而它的低频特性差,不能放大变化缓慢的信号,且笨重,更不能集成化。与前两种耦合方式相比,其最大特点是可以实现阻抗变换,因而在分立元器件功率放大电路中得到广泛应用。

在实际系统中,负载电阻的数值往往很小。例如,扩音系统中的扬声器,其阻值一般为 3Ω、4Ω、8Ω、16Ω 等几种。把它们接到直流耦合或阻容耦合的任何一种放大电路的输出端,都将使其电压放大倍数的数值变得很小,从而使得负载上无法获得大功率。采用变压器耦合时,若忽略变压器自身的损耗,则一次侧损耗的功率等于二次侧负载电阻上所获得的功率,即 $P_1 = P_2$。设一次电流为 I_1,二次电流为 I_2,将负载折算到一次侧的等效电阻为 R'_L,如图4-9所示(R'_L 的值在8.4.1中有介绍)。

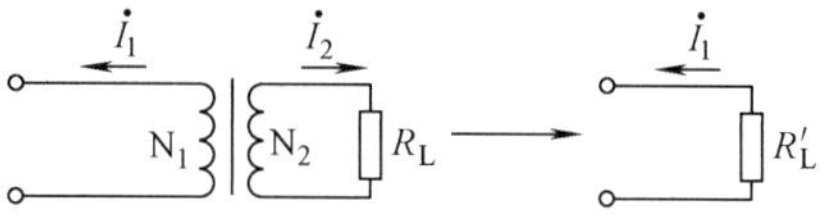

图4-9 变压器耦合的阻抗变换

由图4-9知,$I_1^2 R'_L = I_2^2 R_L$,即

$$R'_L = \left(\frac{I_2}{I_1}\right)^2 R_L$$

因为变压器二次电流与一次电流之比等于一次绕组匝数 N_1 和二次绕组匝数 N_2 之比,所以有

$$R'_L = \left(\frac{N_1}{N_2}\right)^2 R_L$$

对于图4-8和图4-9所示的电路,可得到电压放大倍数为

$$A_u = -\frac{\beta R'_L}{r_{be}}$$

$$R'_L = \left(\frac{N_1}{N_2}\right)^2 R_L$$

根据所需要的电压放大倍数,可以选择合适的匝数比,使负载电阻上获得足够大的电压。并且当匹配得当时,负载可以获得足够大的功率。在集成功率放大电路产生之前,几乎所有的功率放大电路都采用变压器耦合的形式。而目前,只有在集成功率放大电路无法满足需要的情况下,如需要输出特大功率,或实现高频功率放大时,才考虑用分立元器件构成变压器耦合放大电路。

4.1.4 光电耦合

光电耦合是以光信号为媒介来实现电信号的耦合和传递的,因其抗干扰能力强而得到越来越广泛的应用。

1. 光电耦合器

光电耦合器是实现光电耦合的基本器件,它将发光器件(发光二极管)与光敏器件(光电晶体管)相互绝缘地组合在一起,如图4-10a所示。

发光器件为输入回路,它将电能转换成光能;光敏器件为输出回路,它将光能再转换成电能,实现了两部分电路的电气隔离,从而可有效抑制电干扰。在输出回路常采用复合管(也称为达林顿结构)形式以增大放大倍数。

光电耦合器的传输特性如图 4-10b 所示，它描述了当发光二极管的电流为一个常量 I_D 时，集电极电流 i_c 与管压降 u_{ce} 之间的函数关系，即

$$i_c = f(u_{ce})\big|_{I_D}$$

因此，与晶体管的输出特性一样，传输特性也是一簇曲线。当管压降 u_{ce} 足够大时，i_c 几乎仅取决于 I_{D0}，与晶体管的 β 值类似，在 c-e 之间电压一定的情况下，i_c 的变化量与 i_D 的变化量之比称为传输比 CTR。有

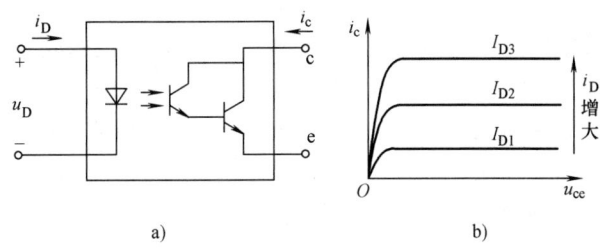

图 4-10 光电耦合器及其传输特性
a）光电耦合器　b）传输特性

$$\mathrm{CTR} = \frac{\Delta i_c}{\Delta i_D}\bigg|_{u_{ce}}$$

不过 CTR 数值比 β 值小得多，只有 0.1~1.5。

2. 光电耦合放大电路

图 4-11 所示为光电耦合放大电路，信号源部分可以是真实的信号源，也可以是前级放大电路。

当动态信号为零时，输入回路有静态电流 I_{DQ}，输出回路有静态电流 I_{CQ}，从而确定出静态管压降 U_{CEQ}。有动态信号时，随着 I_D 的变化，i_c 将产生线性变化。当然，u_{ce} 也将产生相应的变化。由于传输比的数值较小，所以一般情况下，输出电压还需要进一步放大。实际上，目前已有集成光电耦合放大电路，具有较强的放大能力。

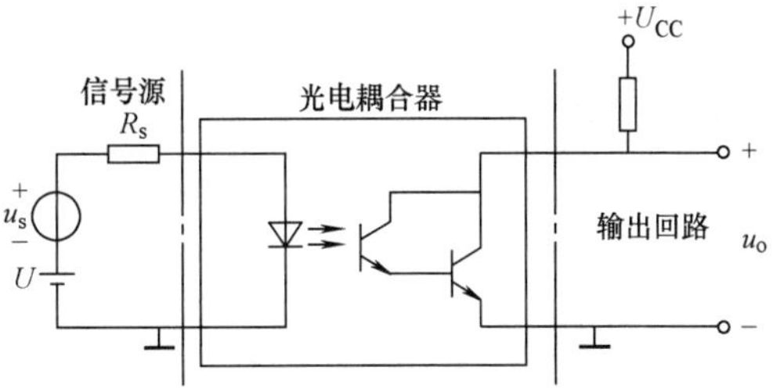

图 4-11 光电耦合放大电路

在图 4-11 所示电路中，若信号源部分与输出回路部分采用独立电源且分别接不同的"地"，则即使是远距离信号传输，也可以避免受到各种电信号干扰。

4.2 多级放大电路的动态分析

一个 N 级放大电路的交流等效电路可以用图 4-12 所示框图表示。

由图 4-12 可知，放大电路中前级的输出电压就是后级的输入电压，即 $\dot{U}_{o1} = \dot{U}_{i2}$、$\dot{U}_{o2} = \dot{U}_{i3}$、$\cdots$、$\dot{U}_{o(N-1)} = \dot{U}_{iN}$，所以，多级放大电路的电压放大倍数为

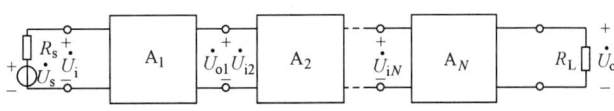

图 4-12 一个 N 级放大电路的框图

$$\dot{A}_u = \frac{\dot{U}_{o1}}{\dot{U}_i} \frac{\dot{U}_{o2}}{\dot{U}_{i2}} \cdots \frac{\dot{U}_o}{\dot{U}_{iN}} = \dot{A}_{u1} \dot{A}_{u2} \cdots \dot{A}_{uN} \tag{4-1}$$

式（4-1）表明，多级放大电路的电压放大倍数等于组成它的各级放大电路电压放大倍数之积。对于第一级到第 $N-1$ 级，每一级的放大倍数均应该是以后级输入电阻作为负载时的放大倍数。

根据放大电路输入电阻的定义，多级放大电路的输入电阻就是第一级的输入电阻，即
$$R_i = R_{i1} \tag{4-2}$$
根据放大电路输出电阻的定义，多级放大电路的输出电阻就是最后一级的输出电阻，即
$$R_o = R_{oN} \tag{4-3}$$
应当注意，当共集电极放大电路作为输入级时，它的输入电阻与其负载，即与第二级的输入电阻有关；而当共集电极放大电路作为输出级时，它的输出电阻与其信号源内阻，即与倒数第二级的输出电阻有关。

多级放大电路的输出波形产生失真时，应首先确定是在哪一级先出现的失真，然后再判断产生了饱和失真还是截止失真。

在直接耦合放大电路中，由于前后级直接相连，前一级的漂移电压会同有用信号一起被送到下一级，而且逐级放大，以至于有时在输出端很难区分什么是有用信号，什么是漂移电压，致使放大电路不能正常工作。

4.3 组合放大电路

在大多数的实际应用中，单管组成的放大电路往往不能满足特定的增益、输入电阻、输出电阻等要求，为此，常把三种组态中的两种进行适当的组合，以便发挥各自的优点，获得更好的性能，这种电路称为组合放大电路，如共集-共射放大电路、共射-共基放大电路、共集-共集放大电路等。

4.3.1 共射-共基放大电路

图 4-13 所示为共射-共基放大电路，其中 VT_1 是共射组态，VT_2 是共基组态。由于两管是串联的，故又称为串接放大电路。图 4-13b 是图 4-13a 的交流通路。

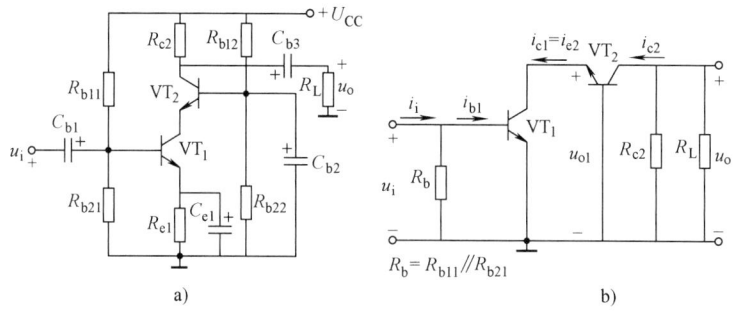

图 4-13 共射-共基放大电路
a) 电路 b) 交流通路

由交流通路可见，第一级的输出电压就是第二级的输入电压，即 $u_{o1} = u_{i2}$，由此可推导出电压增益的表达式为

$$A_u = \frac{u_o}{u_i} = \frac{u_{o1}}{u_i} \cdot \frac{u_o}{u_{o1}} = A_{u1} A_{u2} \tag{4-4}$$

其中

$$A_{u1} = -\frac{\beta_1 R_L'}{r_{be1}} = -\frac{\beta_1 r_{be2}}{r_{be1}(1+\beta_2)}$$

$$A_{u2} = \frac{\beta_2 R_{L2}'}{r_{be2}} = \frac{\beta_2 (R_{c2} /\!/ R_L)}{r_{be2}}$$

所以

$$A_u = -\frac{\beta_1 r_{be2}}{(1+\beta_2) r_{be1}} \cdot \frac{\beta_2 (R_{c2} /\!/ R_L)}{r_{be2}}$$

因为 $\beta_2 \gg 1$,所以

$$A_u = -\frac{\beta_1 (R_{c2} /\!/ R_L)}{r_{be1}} \tag{4-5}$$

式(4-5)说明,组合放大电路总的电压增益等于组成它的各级单管放大电路电压增益的乘积。这个结论可以推广至多级放大电路。特别要注意的是,在计算各级的电压增益时,必须考虑级间的相互影响,即前一级的输出电压是后一级的输入电压,后一级的输入电阻是前一级的负载电阻 R_L。

由式(4-5)可知,共射-共基放大电路的电压增益与单管共发射极放大电路的电压放大倍数接近。共射-共基放大电路的重要优点是高频特性好,具有较宽的频带。

根据输入电阻 R_i 的概念,共射-共基放大电路的输入电阻为

$$R_i = \frac{u_i}{\dot{i}_i} = R_b /\!/ r_{be1} = R_{b11} /\!/ R_{b21} /\!/ r_{be1} \tag{4-6}$$

式(4-6)说明,组合放大电路的输入电阻 R_i 等于第一级放大电路的输入电阻 R_{i1}。这个结论可推广至多级放大电路。

根据输出电阻 R_o 的概念,共射-共基放大电路的输出电阻为

$$R_o = R_{c2} \tag{4-7}$$

式(4-7)说明,组合放大电路的输出电阻 R_o 等于最后一级(输出级)的输出电阻。这个结论可以推广至多级放大电路。

4.3.2 共集-共集放大电路

图4-14a所示为共集-共集放大电路,其中 VT_1 和 VT_2 管一起构成复合管。图4-14b是它的交流通路。

对图4-14所示动态电路进行性能分析时,首先要了解由 VT_1 与 VT_2 组成的复合管的特性,求得它的相关参数,然后求解 A_u、R_i 和 R_o。

1. 复合管的组成及类型

复合管的组成原则如下:

1)同一种导电类型(NPN 或 PNP)的晶体管构成复合管时,应将前一只管子的发射极接到后一只管子的基极;不同导电类型的晶体管构成复合管时,应将前一只管子的集电极接至后一只管子的基极,以实现两次电流放大作用。

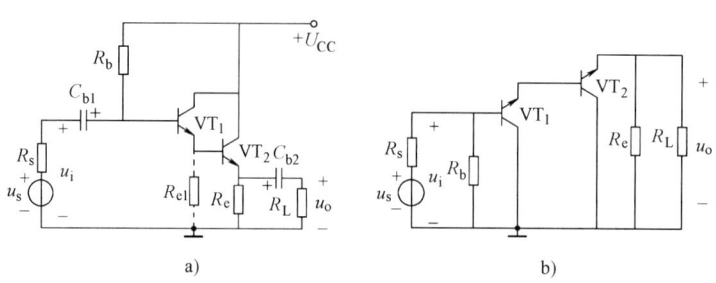

图 4-14 共集-共集放大电路
a) 电路 b) 交流通路

2) 必须保证两只晶体管均工作在放大状态。图 4-15 即是按上述原则构成的复合管。其中图 4-15a、b 为同类型的两只晶体管组成的复合管,而图 4-15c、d 是不同类型的两只晶体管组成的复合管。由各图中所标电流的实际方向可以确定,两管复合后可等效为一只晶体管,其导电类型与 VT_1 相同。

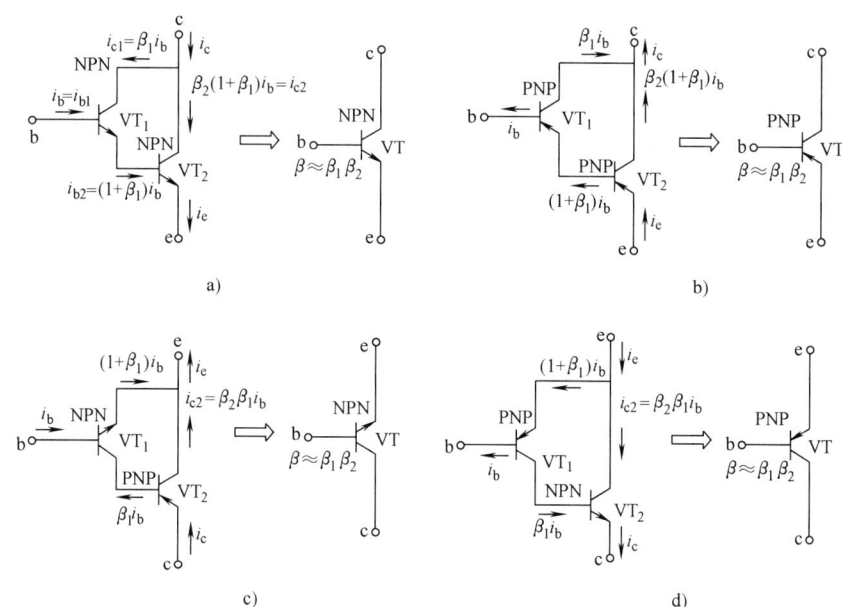

图 4-15 复合管
a) 同类型 NPN 管 b) 同类型 PNP 管 c) NPN 与 PNP 复合管 d) PNP 与 NPN 复合管

2. 复合管的主要参数

1) 电流放大倍数 β:以图 4-15a 为例,可知复合管的集电极电流为

$$i_c = i_{c1} + i_{c2} = \beta_1 i_{b1} + \beta_2 i_{b2} = \beta_1 i_b + \beta_2(1+\beta_1) i_b$$

对于复合管的电流放大倍数

$$\beta = \beta_1 + \beta_2 + \beta_1 \beta_2$$

一般有 $\beta_1 \gg 1$,$\beta_2 \gg 1$,$\beta_1 \beta_2 \gg \beta_1 + \beta_2$,所以有

$$\beta \approx \beta_1 \beta_2$$

即复合管的电流放大倍数近似接近于各组成管电流放大倍数的乘积。这个结论同样适合于其

他类型的复合管。

2) 输入电阻 r_{be}：由图 4-15a、b 可见，对于由同类型的两只晶体构成的复合管而言，其输入电阻为

$$r_{be} = r_{be1} + (1+\beta_1)r_{be2} \qquad (4-8)$$

由图 4-15c、d 可见，对于由不同类型的两只晶体构成的复合管而言，其输入电阻为

$$r_{be} = r_{be1} \qquad (4-9)$$

式 (4-8)、式 (4-9) 说明，复合管的输入电阻与 VT_1、VT_2 的接法有关。

综上所述，复合管具有很高的电流放大倍数，再者，若用同类型的晶体管构成复合管时，其输入电阻会增加，而且电路的动态性能会更好。

3. 共集-共集放大电路的 A_u、R_i、R_o

$$A_u = \frac{u_o}{u_i} = \frac{(1+\beta)R_L'}{r_{be} + (1+\beta)R_L'} \qquad (4-10)$$

$$R_i = R_b // [r_{be} + (1+\beta)R_L'] \qquad (4-11)$$

$$R_o = R_e // \frac{R_s // R_b + r_{be}}{1+\beta} \qquad (4-12)$$

式中，$\beta = \beta_1\beta_2$，$r_{be} = r_{be1} + (1+\beta_1)r_{be2}$，$R_L' = R_e // R_L$。

式 (4-10) 至式 (4-12) 表明，由于采用了复合管，使共集-共集放大电路比单管共集电极放大电路的电压跟随特性更好，即 A_u 更接近于 1，输入电阻 R_i 更高，而输出电阻 R_o 更小。

值得注意的是，在图 4-14 中，由于 VT_1、VT_2 两管的工作电流不同，即有 $I_{c2} >> I_{c1}$（$I_{c2} = \beta_2 I_{b2}$，$I_{b2} \approx \beta_1 I_{c1}$），$VT_1$ 的工作电流小，因而 β_1 的值比较低。为了克服这一缺点，可在 VT_1 的发射极与共同端之间加接一只数十千欧以上的电阻 R_{e1}，以调整 VT_1 的静态工作点 Q，改善其性能。在集成电路中常用电流源代替电阻 R_{e1}。

例 4-1 共射-共基电路如图 4-16 所示，已知两只晶体管的 $\beta = 100$，$U_{BEQ} = 0.7V$，$r_{ce} = \infty$，其他参数如图所示。(1) 当 $I_{CQ2} = 0.5mA$，$U_{CEQ1} = U_{CEQ2} = 4V$，$R_1 + R_2 + R_3 = 100k\Omega$ 时，求 R_c、R_1、R_2 和 R_3 的值；(2) 求该电路的总电压增益 A_u；(3) 求该电路的输入电阻 R_i 和输出电阻 R_o。

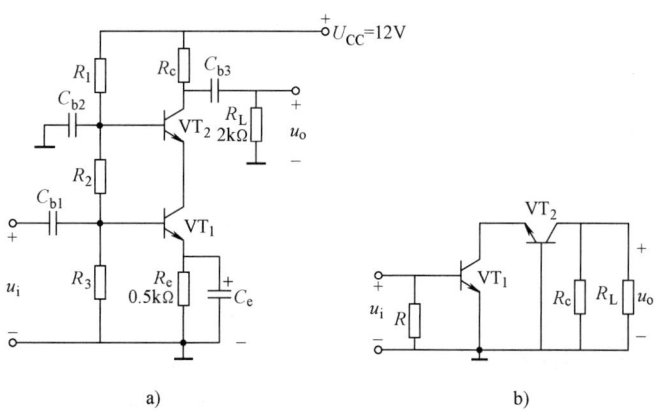

图 4-16 例 4-1 图
a) 电路 b) 交流通路

解：（1）由图 4-16 可知，$I_{EQ1} \approx I_{CQ1} = I_{EQ2} \approx I_{CQ2} = 0.5\text{mA}$。因晶体管的 $\beta = 100$，故两管基极的静态电流很小，计算时可忽略，有

$$U_{EQ1} = I_{EQ1}R_e \approx I_{CQ2}R_e = 0.5 \times 0.5\text{V} = 0.25\text{V}$$

$$U_{BQ1} = U_{BEQ} + U_{EQ1} = (0.7 + 0.25)\text{V} = 0.95\text{V}$$

$$U_{CQ2} = U_{EQ1} + 2U_{CEQ1} = (0.25 + 8)\text{V} = 8.25\text{V}$$

$$U_{BQ2} = U_{EQ1} + U_{CEQ1} + U_{BEQ} = (0.25 + 4 + 0.7)\text{V} = 4.95\text{V}$$

$$R_c = \frac{U_{CC} - U_{CQ2}}{I_{CQ2}} = \frac{(12 - 8.25)\text{V}}{0.5\text{mA}} = 7.5\text{k}\Omega$$

在忽略基极静态电流的情况下，可认为流过 R_1、R_2 和 R_3 的直流电流相等，为 $U_{CC}/(R_1 + R_2 + R_3)$，于是求得

$$R_3 = \frac{U_{BQ1}}{\dfrac{U_{CC}}{R_1 + R_2 + R_3}} = \frac{0.95 \times 100}{12}\text{k}\Omega \approx 7.9\text{k}\Omega$$

$$R_2 = \frac{U_{BQ2} - U_{BQ1}}{\dfrac{U_{CC}}{R_1 + R_2 + R_3}} = \frac{(4.95 - 0.95) \times 100}{12}\text{k}\Omega \approx 33.3\text{k}\Omega$$

$$R_1 = \frac{U_{CC} - U_{BQ2}}{\dfrac{U_{CC}}{R_1 + R_2 + R_3}} = \frac{(12 - 4.95) \times 100}{12}\text{k}\Omega \approx 58.8\text{k}\Omega$$

（2）求 A_u

图 4-16b 是图 4-16a 所示电路的交流通路，其中 $R = R_2 // R_3$。晶体管的输入电阻为

$$r_{be1} = r_{be2} = r_{bb'} + (1+\beta)\frac{26\text{mV}}{I_{CQ}(\text{mA})} = \left[200 + (1+100)\frac{26}{0.5}\right]\Omega \approx 5.45\text{k}\Omega$$

$$A_u = \frac{u_o}{u_i} = A_{u1}A_{u2} = -\frac{\beta\dfrac{r_{be2}}{1+\beta}}{r_{be1}}\frac{\beta(R_c // R_L)}{r_{be2}} \approx -\frac{\beta(R_c // R_L)}{r_{be1}} \approx -29$$

（3）该电路的输入电阻为第一级共发射极放大电路的输入电阻，即

$$R_i = R // r_{be1} \approx 3\text{k}\Omega$$

输出电阻为第二级共基极放大电路的输出电阻，即

$$R_o \approx R_c = 7.5\text{k}\Omega$$

4.3.3 其他组合放大电路

在直接耦合多级放大电路中，为了避免各级放大电路输出端静态电位逐级升高或逐级降低现象的产生，都会采用 NPN 和 PNP 型晶体管混合使用的方法。实际的直接耦合多级放大电路除了共射、共基等由晶体管构成的放大电路外，还有一部分是场效应晶体管和晶体管共

同构成的放大电路，利用各自的优点，取长补短。

例 4-2 放大电路如图 4-17 所示，VU 结型 CS146 场效应晶体管，其参数为：$g_{m1} = 18\text{mS}$，$C_{gs} = 2.5\text{pF}$，$C_{gd} = 0.9\text{pF}$；VT 为 3DG4 型晶体管，其工作点上的参数为：$\beta = 100$，$r_{be} = 50\Omega$，$r_{b'e} = 1\text{k}\Omega$，$C_{b'e} = 80\text{pF}$，$C_{b'c} = 5\text{pF}$。其他元件参数如图 4-17 所示。计算电压放大倍数 $\dot{A}_u$、R_i 和 R_o 的表达式。

解： 电路的小信号模型如图 4-18 所示，由图可得

$$\dot{U}_i = \dot{U}_{gs} + g_{m1}\dot{U}_{gs}R_2$$

$$g_{m1}\dot{U}_{gs} = \dot{I}_b + \beta\dot{I}_b \approx \beta\dot{I}_b$$

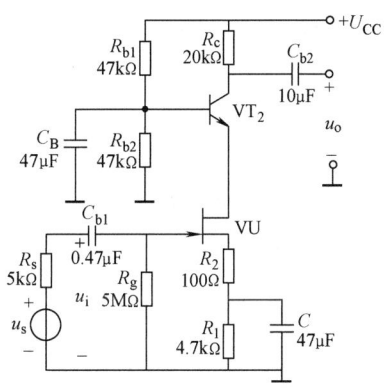

图 4-17 例 4-2 图

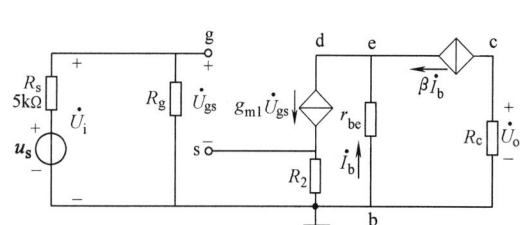

图 4-18 例 4-2 的小信号模型

这正好说明第二级为电流跟随器。因此有

$$\dot{U}_o = -\beta\dot{I}_bR_c \approx -g_{m1}\dot{U}_{gs}R_c$$

故

$$\dot{A}_u = \frac{\dot{U}_o}{\dot{U}_i} = -\frac{g_{m1}\dot{U}_{gs}R_c}{\dot{U}_{gs} + g_{m1}\dot{U}_{gs}R_2} = -\frac{g_{m1}R_c}{1 + g_{m1}R_2}$$

输入电阻 $R_i \approx R_g$，输出电阻 $R_o \approx R_c$。

例 4-3 在图 4-19 所示的两级直接耦合放大电路中，VT_1 的 $\beta_1 = 81$，VT_2 的 $\beta_2 = 66$，两管子的 U_{BEQ} 均为 0.67V。计算静态工作点 I_{BQ1}、I_{CQ1}、U_{CEQ1} 和 I_{BQ2}、I_{CQ2}、U_{CEQ2}。

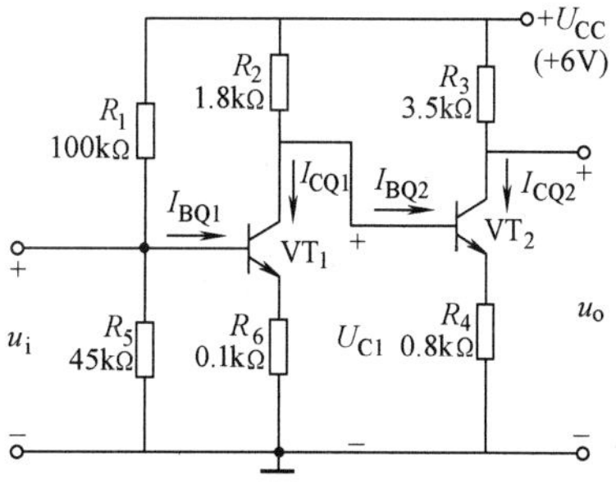

解：

$$R_{B1} = \frac{R_1 R_5}{R_1 + R_5} = \frac{45 \times 100}{45 + 100}\text{k}\Omega = 31.03\text{k}\Omega$$

$$I_{BQ1} = \frac{\dfrac{R_5}{R_1 + R_5}U_{CC} - U_{BEQ}}{R_{B1} + (1 + \beta_1)R_6} = \frac{\dfrac{45}{100 + 45} \times 6 - 0.67}{(81 + 1) \times 0.45}\text{mA}$$

$$= 0.03\text{mA}$$

$$I_{CQ1} = \beta_1 I_{BQ1} = 81 \times 0.03\text{mA} = 2.43\text{mA}$$

图 4-19 例 4-3 图

$$U_{C1} = U_{CC} - (I_{CQ1} + I_{BQ2})R_2 = 6 - 2.43 \times 1.8 - I_{BQ2} \times 1.8 = 1.63 - 1.8 I_{BQ2}$$

$$I_{BQ2} = \frac{U_{C1} - U_{BEQ}}{(1 + \beta_2)R_4} = \frac{1.63 - 1.8 I_{BQ2} - 0.67}{(1 + 66) \times 0.8}$$

整理后

$$I_{BQ2} = 0.017 \text{mA}$$

$$I_{CQ2} = \beta_2 I_{BQ2} = 66 \times 0.017 \text{mA} = 1.12 \text{mA}$$

$$U_{CEQ1} = U_{CC} - (I_{CQ1} + I_{BQ2})R_2 - I_{EQ1}R_6 = [6 - (2.43 + 0.017) \times 1.8 - 2.46 \times 0.1]\text{V} = 1.35\text{V}$$

$$U_{CEQ2} = U_{CC} - I_{CQ2}R_3 - I_{EQ2}R_4 = (6 - 1.12 \times 3.5 - 1.14 \times 0.8)\text{V} = 1.17\text{V}$$

4.4 放大电路的频率响应

本节将通过有关频率响应的基本概念、晶体管的高频等效模型、常见电路的频率响应，讲述研究频率响应的必要性、放大电路频率响应的分析方法以及伯德图的画法等问题。

4.4.1 频率响应的基本概念

在放大电路中，由于耦合电容的存在，对信号构成了高通电路，即对于频率足够高的信号，电容相当于短路，信号几乎毫无损失的通过；而当信号频率低到一定程度时，电容的容抗不可忽略，信号将在其上产生压降，从而导致放大倍数的数值减小且产生相移。与耦合电容相反，由于半导体管极间电容的存在，对信号构成了低通电路，即对于频率足够低的信号相当于开路，对电路不产生影响；而当信号频率高到一定程度时，极间电容将分流，从而导致放大倍数的数值减小且产生相移。为了便于理解有关频率响应的基本要领，这里将对无源单级 RC 电路的频率响应加以分析。

1. 高通电路

在图 4-20a 所示高通电路中，设输出电压 $\dot{U}_o$ 与输入电压 $\dot{U}_i$ 之比为 $\dot{A}_u$，则

$$\dot{A}_u = \frac{\dot{U}_o}{\dot{U}_i} = \frac{R}{\frac{1}{j\omega C} + R} = \frac{1}{1 + \frac{1}{j\omega RC}} \tag{4-13}$$

式中，ω 为输入信号的角频率；RC 为回路的时间常数 τ。

令 $\omega_L = \frac{1}{RC} = \frac{1}{\tau}$，则

$$f_L = \frac{\omega_L}{2\pi} = \frac{1}{2\pi\tau} = \frac{1}{2\pi RC} \tag{4-14}$$

因此

$$\dot{A}_u = \frac{1}{1 + \frac{\omega_L}{j\omega}} = \frac{1}{1 + \frac{f_L}{jf}} = \frac{j\frac{f}{f_L}}{1 + j\frac{f}{f_L}} \tag{4-15}$$

将 $\dot{A}_u$ 用其幅值和相角表示，得出

$$\begin{cases} |\dot{A}_u| = \dfrac{\dfrac{f}{f_L}}{\sqrt{1+\left(\dfrac{f}{f_L}\right)^2}} \\ \varphi = 90° - \arctan\dfrac{f}{f_L} \end{cases} \quad (4\text{-}16)$$

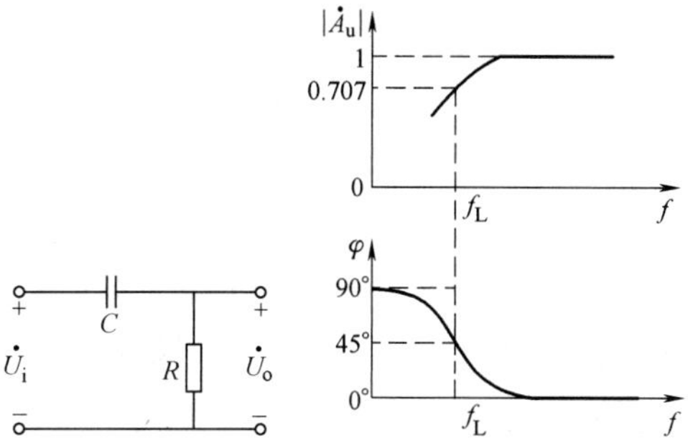

图 4-20 高通电路及其频率响应
a) 电路 b) 频率响应

式 (4-16) 中，表明 $\dot{A}_u$ 的幅值与频率的函数关系式，称之为 $\dot{A}_u$ 为幅频特性；表明 $\dot{A}_u$ 的相位与频率的函数关系式，称之为 $\dot{A}_u$ 的相频特性。

由式 (4-16) 可知，当 $f \gg f_L$ 时，$|\dot{A}_u| \approx 1$，$\varphi = 0°$；当 $f = f_L$ 时，$|\dot{A}_u| = 1/\sqrt{2} \approx 0.707$，$\varphi = 45°$；当 $f \ll f_L$ 时，$f/f_L \ll 1$，$|\dot{A}_u| \approx f/f_L$，表明 f 每下降 10 倍，$\dot{A}_u$ 下降 10 倍。当 f 趋于零时，$\dot{A}_u$ 也趋于零，φ 趋于 $+90°$。由此可见，对于高通电路，频率越低，衰减越大；只有当信号频率远高于 f_L 时，U_o 才约为 U_i。称 f_L 为下限截止频率，简称下限频率，在该频率下，$\dot{A}_u$ 的幅值下降到 70.7%，移相恰为 $+45°$。画出图 4-20a 所示电路的频率响应，如图 4-20b 所示。

2. 低通电路

图 4-21a 所示为低通电路。

图 4-21 中，输出电压 U_o 与输入电压 U_i 之比为

$$\dot{A}_u = \frac{\dot{U}_o}{\dot{U}_i} = \frac{\dfrac{1}{\mathrm{j}\omega C}}{R + \dfrac{1}{\mathrm{j}\omega C}} = \frac{1}{1+\mathrm{j}\omega RC} \quad (4\text{-}17)$$

回路时间常数 $\tau = RC$，令 $\omega_H = \dfrac{1}{\tau}$，则

$$f_H = \frac{\omega_H}{2\pi} = \frac{1}{2\pi\tau} = \frac{1}{2\pi RC} \quad (4\text{-}18)$$

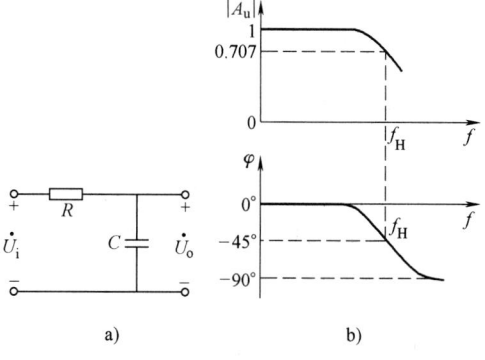

图 4-21 低通电路及其频率响应
a) 电路 b) 频率响应

因此

$$\dot{A}_u = \frac{1}{1+\mathrm{j}\dfrac{\omega}{\omega_H}} = \frac{1}{1+\mathrm{j}\dfrac{f}{f_H}} \qquad (4\text{-}19)$$

将 $\dot{A}_u$ 用其幅值和相角表示，得出

$$\begin{cases} |\dot{A}_u| = \dfrac{1}{\sqrt{1+\left(\dfrac{f}{f_H}\right)^2}} \\ \varphi = -\arctan\dfrac{f}{f_H} \end{cases} \qquad (4\text{-}20)$$

式 (4-20) 是 $\dot{A}_u$ 的幅频特性和相频特性。对其分析可得出，当 $f \ll f_H$ 时，$|\dot{A}_u| \approx 1$，$\varphi = 0°$；当 $f = f_H$ 时，$|\dot{A}_u| = 1/\sqrt{2} \approx 0.707$，$\varphi = -45°$；当 $f \gg f_H$ 时，$f/f_H \gg 1$，$|\dot{A}_u| \approx f_H/f$，表明 f 每升高 10 倍，$\dot{A}_u$ 下降 10 倍。当 f 趋于无穷大时，$\dot{A}_u$ 也趋于零，φ 趋于 $-90°$。

由此可见，对低通电路，频率越高，衰减越大，相移越大；只有当频率远低于 f_H 时，$\dot{U}_o \approx \dot{U}_i$。称 f_H 为上限截止频率，简称上限频率，在该频率下，$|\dot{A}_u|$ 降到 70.7%，相移为 $-45°$。

放大电路上限频率 f_H 与下限频率 f_L 之差就是其通带 f_{BW}，即

$$f_{BW} = f_H - f_L \qquad (4\text{-}21)$$

3. 伯德图

在研究放大电路的频率响应时，输入信号（即加在放大电路输入端的测试信号）的频率范围常常设置在几赫兹到上百赫兹，甚至更宽；为了在同一坐标系中表示如此宽的变化范围，在画频率特性曲线时常采用对数坐标，称为伯德图。

伯德图由对数幅频特性和相频特性两部分组成，它们的横坐标采用对数刻度 $\lg f$，幅频特性的纵轴采用 $20\lg|\dot{A}_u|$ 表示，单位是分贝（dB），相频特性的纵轴仍用 φ 来表示。这样不但开阔了视野，而且将放大倍数的乘除运算转换成加减运算。

根据式 (4-16)，高通电路的对数幅频特性为

$$20\lg|\dot{A}_u| = 20\lg\dfrac{f}{f_L} - 20\lg\sqrt{1+\left(\dfrac{f}{f_L}\right)^2} \qquad (4\text{-}22)$$

当 $f \gg f_L$ 时，$20\lg|\dot{A}_u| \approx 0$，$\varphi = 0°$；当 $f = f_L$ 时，$20\lg|\dot{A}_u| = 20\lg(1/\sqrt{2}) \approx -3\mathrm{dB}$，$\varphi = 45°$；当 $f \ll f_L$ 时，$f/f_L \ll 1$，$20\lg|\dot{A}_u| \approx 20\lg f/f_L$，表明 f 每下降 10 倍，增益下降 20dB，即对数幅频特性在此区间可等效成斜率为 20dB/十倍频的直线。

根据式 (4-20)，低通电路对数幅频特性为

$$20\lg|\dot{A}_u| = -20\lg\sqrt{1+\left(\dfrac{f}{f_H}\right)^2}$$

当 $f \ll f_H$ 时，$20\lg|\dot{A}_u| \approx 0$，$\varphi \approx 0°$；当 $f = f_H$ 时，$20\lg|\dot{A}_u| = 20\lg\dfrac{1}{\sqrt{2}} \approx -3\mathrm{dB}$，$\varphi = -45°$；当 $f \gg f_H$ 时，$f/f_H \gg 1$，$20\lg|\dot{A}_u| \approx -20\lg f/f_H$，表明 f 每上升 10 倍，增益下降 20dB，即对数幅频特性在此区间可等效成斜率为 $-20\mathrm{dB}$/十倍频的直线。

在电路的近似分析中，为简单起见，常将伯德图的曲线折线化，称为近似的伯德图。对于高通电路，在对数幅频特性中，以截止频率 f_L 为拐点，由两段直线近似曲线。当 $f>f_L$ 时，以 $20\lg|\dot A_u|=0\text{dB}$ 的直线近似；当 $f<f_L$ 时，以斜率为 $20\text{dB}/$十倍频的直线近似。在对数相频特性中，用三段直线取代曲线；以 $10f_L$ 和 $0.1f_L$ 为两个拐点，当 $f>10f_L$ 时，用 $\varphi=0°$ 的直线近似，即认为 $f=10f_L$ 时 $\dot A_u$ 开始产生相移（误差为 $-5.71°$）；当 $f<0.1f_L$ 时，用 $\varphi=+90°$ 的直线近似，即认为 $f=0.1f_L$ 时已经产生 $-90°$ 相移（误差为 $5.71°$）；当 $0.1f_L<f<10f_L$ 时，φ 随 f 线性下降，因此当 $f=f_L$ 时，$\varphi=+45°$。图 4-22a 所示为图 4-20 所示高通电路的伯德图。

用同样的方法，将低通电路的对数幅频特性以 f_H 为拐点用两段直线近似，对数相频特性以 $0.1f_H$ 和 $10f_H$ 为拐点用三段直线近似，图 4-22b 所示为图 4-21 所示低通电路的伯德图。

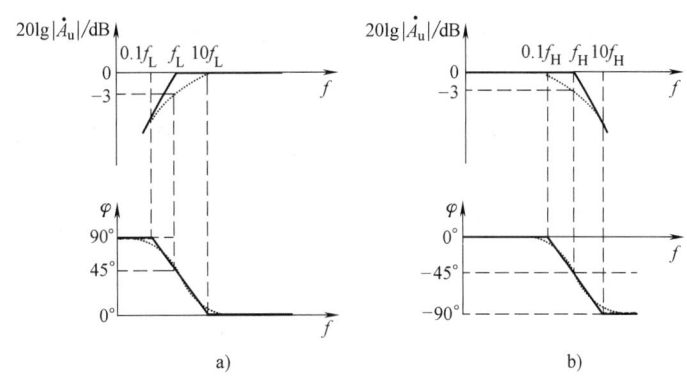

图 4-22 高通电路与低通电路的伯德图
a）高通电路伯德图 b）低通电路伯德图

在本节的分析中，电路的截止频率取决于电容所在回路的时间常数 τ，高通电路和低通电路的 f_L 和 f_H 的求解利用式（4-14）和式（4-18）。当信号频率等于下限截止频率 f_L 或上限截止频率 f_H 时，放大电路的增益下降 3dB，且产生 $+45°$ 或 $-45°$ 相移。在近似分析中，可用折线化的近似伯德图描述放大电路的频率特性。

4.4.2 晶体管的高频等效模型

从晶体管的物理结构出发，考虑发射结和集电结电容的影响，就可以得到在高频信号作用下的物理模型，称为混合 π 模型。由于晶体管的混合 π 模型与前面所介绍的 H 参数等效模型在低频信号作用下具有一致性，因此，可用 H 参数来计算混合派模型中的某些参数，并用于高频信号作用下的电路分析。

1. 晶体管的高频等效模型

（1）晶体管的混合 π 模型及主要参数

1）完整的混合 π 模型：图 4-23a 所示为晶体管结构示意，r_e 和 r_c 分别为集电区体电阻和发射区体电阻，它们的数值较小，常常忽略不计。C_μ 为集电结电容，$r_{b'c}$ 为集电结电阻，$r_{bb'}$ 为基区体电阻，C_π 为发射结电容，$r_{b'e}$ 为发射结电阻。

图 4-23 中，由于 C_π 和 C_μ 的存在，使 $\dot I_c$ 和 $\dot I_b$ 的大小、相角均与频率有关，即电流放大

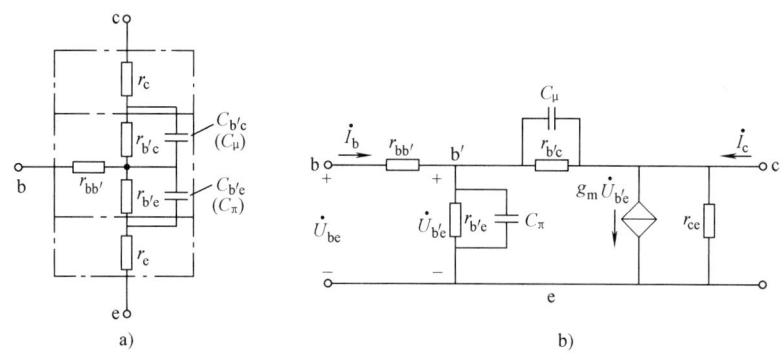

图 4-23 晶体管结构示意及混合 π 模型
a) 晶体管结构示意 b) 混合 π 模型

倍数是频率的函数，应记作 $\dot{\beta}$。根据半导体物理的分析，晶体管的受控电流 $\dot{I}_c$ 与发射结电压 $\dot{U}_{b'e}$ 呈线性关系，且与信号频率无关。因此，混合 π 模型中引入了一个新参数 g_m，g_m 为跨导，描述 $\dot{U}_{b'e}$ 对 $\dot{I}_c$ 的控制关系，即 $\dot{I}_c = g_m \dot{U}_{b'e}$。混合 π 模型如图 4-23b 所示。

2）简化的混合 π 模型：在图 4-23 所示电路中，通常情况下，r_{ce} 远大于 c-e 间所接的负载电阻，而 $r_{b'c}$ 也远大于 C_μ 的容抗，因而可认为 r_{ce} 和 $r_{b'c}$ 开路。简化的混合 π 模型如图 4-24a 所示。

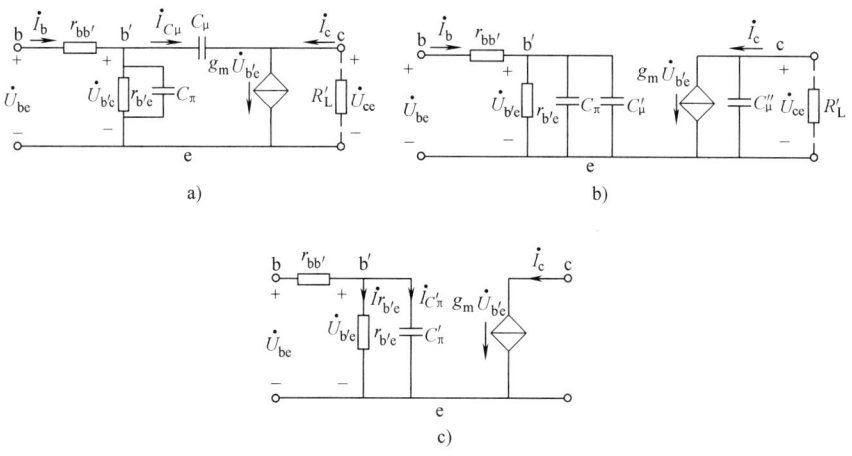

图 4-24 混合 π 模型的简化
a) 简化的混合 π 模型 b) 单向化后的混合 π 模型 c) 忽略 c''_μ 的混合 π 模型

由于 C_μ 跨接在输入与输出回路之间，使电路的分析变得十分复杂。因此，为简单起见，将 C_μ 等效到输入回路和输出回路中去，简称单向化。单向化是通过等效变换来实现的。设 C_μ 折合到 b'-e 间的电容为 C'_μ，折合到 c-e 间的电容为 C''_μ，则单向化后的混合 π 模型如图 4-24b 所示。

等效变换过程如下：在图 4-24a 所示电路中，从 b' 看进去 C_μ 中流过的电流为

$$\dot{I}_{C_\mu} = \frac{\dot{U}_{b'e} - \dot{U}_{ce}}{-jX_{C_\mu}} = \frac{(1-K)\dot{U}_{b'e}}{-jX_{C_\mu}} \qquad \left(K = \frac{\dot{U}_{ce}}{\dot{U}_{b'e}}\right)$$

为保证变换的等效性,要求流过 C'_μ 的电流仍为 $\dot{I}_{C_\mu}$,而它的端电压为 $\dot{U}_{b'e}$,因此 C'_μ 的电抗为

$$-jX_{C'_\mu} = \frac{\dot{U}_{b'e}}{\dot{I}_{C_\mu}} = \frac{\dot{U}_{b'e}}{(1-K)\dfrac{\dot{U}_{b'e}}{-jX_{C_\mu}}} = \frac{-jX_{C_\mu}}{1-K}$$

考虑在近似计算时,K 取中频时的值,所以 $|K| = -K$。$X_{C'_\mu}$ 约为 X_{C_μ} 的 $(1+|K|)$ 分之一,因此

$$C'_\mu = (1-K)C_\mu \approx (1+|K|)C_\mu$$

b'-e 间总电容为

$$C'_\pi = C_\pi + C'_\mu \approx C_\pi + (1+|K|)C_\mu$$

用同样的分析方法,可以得出

$$C''_\mu = \frac{K-1}{K}C_\mu$$

因为 $C'_\pi \gg C''_\mu$,且一般情况下,C''_μ 的容抗远大于 R'_L,C''_μ 中的电流可忽略不计,所以简化的混合 π 模型如图 4-24c 所示。

3)混合 π 模型的主要参数:将混合 π 模型与简化的 H 参数等效模型相比较,它们的电阻参数是完全相同的。从手册中可查得 $r_{bb'}$,而

$$r_{b'e} = (1+\beta_0)\frac{U_T}{I_{EQ}}$$

式中,β_0 为低频段晶体管的电流放大倍数。

虽然利用 β_0 和 g_m 表述的受控关系不同,但是它们所要表述的却是同一个物理量,即

$$\dot{I}_c = g_m\dot{U}_{b'e} = \beta_0\dot{I}_b$$

由于 $\dot{U}_{b'e} = \dot{I}_b r_{b'e}$,且通常 $\beta_0 \gg 1$,所以

$$g_m = \frac{\beta_0}{r_{b'e}} \approx \frac{I_{EQ}}{U_T}$$

C_μ 近似为 C_{ob},在半导体器件手册中可以查到参数 C_{ob},C_{ob} 是晶体管为共基极接法且发射极开路时 c-b 间的结电容。C_π 的数值可通过手册给出的特征频率 f_T 和放大电路的静态工作点求解。K 是电路的电压放大倍数,可通过计算得到。

(2)晶体管电流放大倍数的频率响应

从混合 π 模型可以看出,晶体管工作在高频段时,若基极注入的交流电流 $\dot{I}_b$ 的幅值不变,则随着信号频率的升高,b'-e 间的电压 $\dot{U}_{b'e}$ 的幅值将减小,相移将增大;从而使 $\dot{I}_c$ 的幅值随 $|\dot{U}_{b'e}|$ 线性下降,并产生与 $\dot{U}_{b'e}$ 相同的相移。可见,在高频段,当信号频率变化时 $\dot{I}_b$ 与 $\dot{I}_c$ 的关系也随之变化,电流放大倍数不是常数,$\dot{\beta}$ 是频率的函数。

根据电流放大倍数的定义,有

$$\dot{\beta} = \left.\frac{\dot{I}_c}{\dot{I}_b}\right|_{U_{CE}}$$

上述表明 $\dot{\beta}$ 是在 c-e 间无动态电压时,即令图 4-24c 所示电路中 c-e 间电压为零时动态电流 $\dot{I}_b$ 与 $\dot{I}_c$ 之比,因此 $K=0$。有

$$C'_\pi \approx C_\pi + (1 + |K|)C_\mu = C_\pi + C_\mu$$

由于 $\dot{I}_c = g_m \dot{U}_{b'e}$，$g_m = \beta_0/r_{b'e}$，所以

$$\dot{\beta} = \frac{\dot{I}_c}{\dot{I}_{r_{b'e}} + \dot{I}_{C'_\pi}} = \frac{g_m \dot{U}_{b'e}}{\dot{U}_{b'e}\left(\dfrac{1}{r_{b'e}} + j\omega C'_\pi\right)} = \frac{\beta_0}{1 + j\omega r_{b'e} C'_\pi}$$

上式说明 $\dot{\beta}$ 的频率响应与低通电路相似。f_β 为 $\dot{\beta}$ 的截止频率，称为共射极截止频率，为

$$f_\beta = \frac{1}{2\pi\tau} = \frac{1}{2\pi r_{b'e} C'_\pi}$$

将 f_β 代入 $\dot{\beta}$ 的计算式，得出

$$\dot{\beta} = \frac{\beta_0}{1 + j\dfrac{f}{f_\beta}}$$

写出 $\dot{\beta}$ 的对数幅频特性与相频特性为

$$\begin{cases} 20\lg|\dot{\beta}| = 20\lg\beta_0 - 20\lg\sqrt{1 + \left(\dfrac{f}{f_\beta}\right)^2} \\ \varphi = -\arctan\dfrac{f}{f_\beta} \end{cases}$$

折线化的伯德图如图 4-25 所示。

图 4-25 中，f_T 是使 $|\dot{\beta}|$ 下降到 1（即 0dB）时的频率称为特征频率。将 $|\dot{\beta}| = 1$ 代入，可求得 f_T。即

$$20\lg\beta_0 - 20\lg\sqrt{1 + \left(\dfrac{f_T}{f_\beta}\right)^2} = 0$$

因 $f_T \gg f_\beta$，所以

$$f_T = \beta_0 f_\beta$$

利用 $\dot{\beta}$ 的表达式，可以求出 α 的截止频率

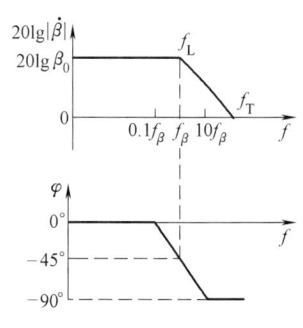

图 4-25 $\dot{\beta}$ 的伯德图

$$\dot{\alpha} = \frac{\dot{\beta}}{1+\dot{\beta}} = \frac{\dfrac{\beta_0}{1+j(f/f_\beta)}}{1 + \dfrac{\beta_0}{1+j(f/f_\beta)}} = \frac{\beta_0}{1 + \beta_0 + j(f/f_\beta)} = \frac{\dfrac{\beta_0}{1+\beta_0}}{1 + j\dfrac{f}{(1+\beta_0)f_\beta}}$$

$$\dot{\alpha} = \frac{\alpha_0}{1 + j\dfrac{f}{f_\alpha}}$$

式中，f_α 是使 $\dot{\alpha}$ 下降到 70.7% α_0 时的频率，称为共基极截止频率，$f_\alpha = (1+\beta_0)f_\beta \approx f_T$。

因此，共基极截止频率远高于共射极截止频率，因此共基极放大电路可以作为宽频带放大电路。在器件手册中可查出 f_β（或 f_T）和 C_{ob}（近似为 C_μ）。

2. MOS 场效应晶体管的高频等效模型

由于场效应晶体管各极之间存在极间电容，因而其高频响应与晶体管相似。根据场效应晶体管的结构，可以得出图 4-26a 所示的高频等效模型。大多数场效应晶体管的参数见表 4-1。

由于一般情况下，r_{gs} 和 r_{ds} 比外接电阻大得多，因而，在近似分析时，可认为它们是开路的。而对于跨接在 g-d 之间的电容 C_{gd}，可将其进行等效变换，即将其折合到输入回路和输出回路，使电路单向化。这样，g-s 间的等效电容为

$$C'_{gs} = C_{gs} + (1-K)C_{gd}$$

式中，$K \approx -g_m R'_L$。

d-s 间的等效电容为

$$C'_{ds} = C_{ds} + \frac{K-1}{K}C_{gd}$$

式中，$K \approx -g_m R'_L$。

由于输出回路的时间常数通常比输入回路小得多，故分析频率特性时可忽略 C'_{ds} 的影响。这样就得到场效应晶体管的简化的单向化的高频等效模型，如图 4-26b 所示。

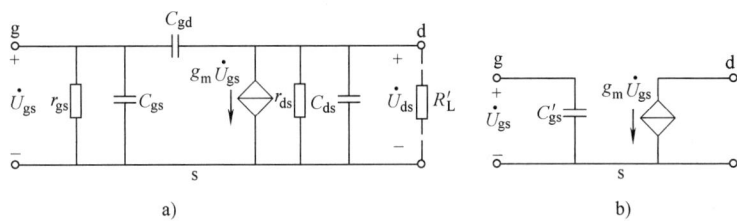

图 4-26 场效应晶体管的高频等效模型
a) 高频等效模型　b) 简化模型

表 4-1　场效应晶体管的主要参数

管子类型	g_m/mS	r_{ds}/Ω	r_{gs}/Ω	C_{gs}/pF	C_{gd}/pF	C_{ds}/pF
结型场效应晶体管	0.1~10	10^5	>10^7	1~10	1~10	0.1~1
MOS 场效应晶体管	0.1~20	10^4	>10^9	1~10	1~10	0.1~1

4.4.3　常见电路的频率响应

利用晶体管和场效应晶体管的高频等效模型，可以分析放大电路的频率响应。本节通过单管放大电路来讲述频率响应的一般分析方法。

1. 单管共发射极放大电路的频率响应

考虑到耦合电容和结电容的影响，单管共发射极放大电路及其等效电路如图 4-27a、b 所示。

在分析放大电路的频率响应时，为了方便起见，一般将输入信号的频率范围分为中频、低频和高频三个频段。在中频段，极间电容因容抗很大而视为开路，耦合电容（或旁路电容）因容抗很小而视为短路，故不考虑它们的影响；在低频段，主要考虑耦合电容（或旁路电容）的影响，此时极间电容仍视为开路；在高频段，主要考虑极间电容的影响，此时耦合电容（或旁路电容）仍视为短路。根据上述原则，便可得到放大电路在各频段的等效电路，从而得到各频段的放大倍数。

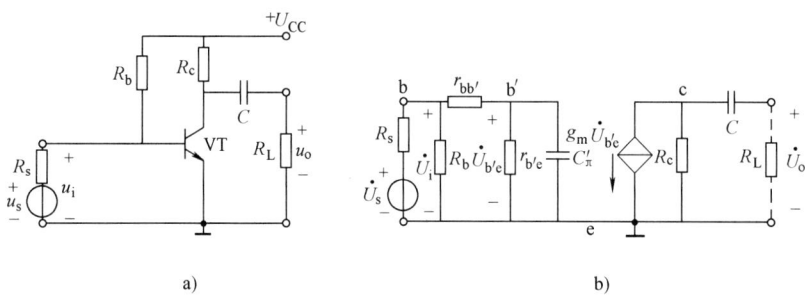

图 4-27 单管共发射极放大电路及其等效电路

a）共发射极放大电路 b）适应于频率从零到无穷大的交流等效电路

（1）中频源电压放大倍数

当中频电压信号 $\dot{U}_s$ 作用于电路时，由于 $\dfrac{1}{\omega C'_\pi} \gg r_{b'e}$，$C'_\pi$ 可视为开路；又由于 $\dfrac{1}{\omega C} \ll R_L$，$C$ 可视为短路；因此图 4-27a 所示电路的中频等效电路如图 4-28 所示。输入电阻 $R_i = R_b /\!/ (r_{bb'} + r_{b'e}) = R_b /\!/ r_{be}$，中频源电压放大倍数为

$$\dot{A}_{usm} = \dfrac{\dot{U}_o}{\dot{U}_s} = \dfrac{\dot{U}_i}{\dot{U}_s} \dfrac{\dot{U}_{b'e}}{\dot{U}_i} \dfrac{\dot{U}_o}{\dot{U}_{b'e}} = \dfrac{R_i}{R_s + R_i} \dfrac{r_{b'e}}{r_{be}} (-g_m R'_L)$$

式中，$R'_L = R_c /\!/ R_L$。

电路空载时的中频源电压放大倍数为

$$\dot{A}_{usm} = \dfrac{\dot{U}_o}{\dot{U}_s} = \dfrac{R_i}{R_s + R_i} \dfrac{r_{b'e}}{r_{be}} (-g_m R_c) \qquad (4\text{-}23)$$

（2）低频源电压放大倍数

考虑到低频电压信号作用于耦合电容 C 的影响，图 4-27a 所示电路的低频等效电路如图 4-29a 所示。将受控电流源 $g_m \dot{U}_{b'e}$ 与 R_c 进行等效变换，如图 4-29b 所示，$\dot{U}'_o$ 是空载时的输出电压，电容 C 与负载电阻 R_L 组成了高通电路。

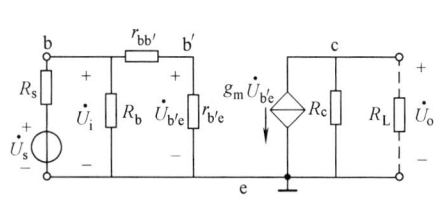

图 4-28 单管共发射极放大
电路的中频等效电路

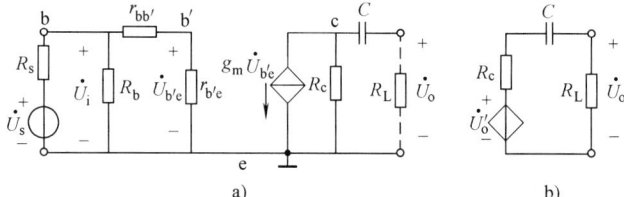

图 4-29 单管共发射极放大
电路的低频等效电路

a）低频等效电路 b）输出回路的等效电路

低频源电压放大倍数为

$$\dot{A}_{usl} = \dfrac{\dot{U}_o}{\dot{U}_s} = \dfrac{\dot{U}'_o}{\dot{U}_s} \dfrac{\dot{U}_o}{\dot{U}'_o}$$

将式（4-23）代入上式得

$$\dot{A}_{\text{usl}} = \frac{R_i}{R_s + R_i} \frac{r_{b'e}}{r_{be}} (-g_m R_c) \frac{R_L}{R_c + \dfrac{1}{j\omega C} + R_L}$$

将分子与分母同时除以 $(R_L + R_C)$ 便可得到

$$\dot{A}_{\text{usl}} = \frac{R_i}{R_s + R_i} \frac{r_{b'e}}{r_{be}} (-g_m R_L') \frac{j\omega (R_L + R_C) C}{1 + j\omega (R_L + R_C) C}$$

与中频源电压放大倍数比较,得出

$$\dot{A}_{\text{usl}} = \dot{A}_{\text{usm}} \frac{j \dfrac{f}{f_L}}{1 + j \dfrac{f}{f_L}} = \dot{A}_{\text{usm}} \frac{1}{1 + \dfrac{f_L}{jf}}$$

其中 f_L 为下限频率,其表达式为

$$f_L = \frac{1}{2\pi (R_L + R_C) C} \tag{4-24}$$

式(4-24)中的 $(R_L + R_C)C$ 正是 C 所在回路的时间常数,它等于从电容 C 两端向外看的等效电阻乘以 C。

$\dot{A}_{\text{usl}}$ 的对数幅频特性及相频特性的表达式为

$$\begin{cases} 20\lg|\dot{A}_{\text{usl}}| = 20\lg|\dot{A}_{\text{usm}}| + 20\lg \dfrac{\dfrac{f}{f_L}}{\sqrt{1 + \left(\dfrac{f}{f_L}\right)^2}} \\ \varphi = -180° + \left(90° - \arctan \dfrac{f}{f_L}\right) = -90 - \arctan \dfrac{f}{f_L} \end{cases} \tag{4-25}$$

式(4-25)中,$-180°$ 表示中频段时 $\dot{U}_o$ 与 $\dot{U}_s$ 反相。因电抗元件引起的相移称为附加相移,低频段最大附加相移为 $+90°$。

(3)高频源电压放大倍数

考虑到高频信号作用时 C_π' 的影响,图 4-27a 所示电路的高频等效电路如图 4-30a 所示。

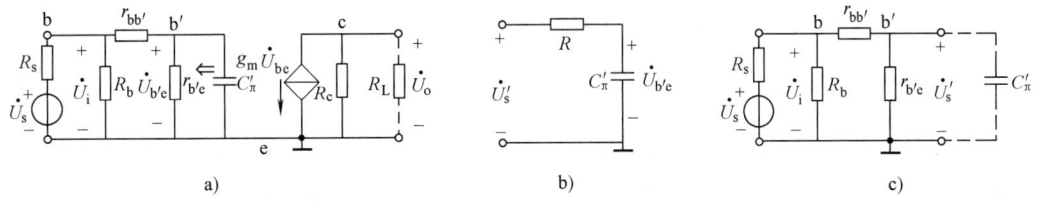

图 4-30 单管共发射极放大电路的高频等效电路

a)高频等效电路 b)输入回路的等效变换 c)输入回路

利用戴维南定理,从 C_π' 两端向左看,电路可等效变换为图 4-30b 所示电路,R 和 C_π' 构成低通电路。通过图 4-30c 所示电路可以求出 b'-e 间的开路电压及等效内阻 R 的表达式

$$\dot{U}'_s = \frac{r_{b'e}}{r_{be}}\dot{U}_i = \frac{r_{b'e}}{r_{be}}\frac{R_i}{R_s + R_i}\dot{U}_s$$

$$R = r_{b'e} // (r_{bb'} + R_s // R_b)$$

因为 b'-e 间的电压 $\dot{U}_{b'e}$ 与输出电压 $\dot{U}_o$ 的关系没变，所以高频源电压放大倍数为

$$\dot{A}_{ush} = \frac{\dot{U}_o}{\dot{U}_s} = \frac{\dot{U}'_s}{\dot{U}_s}\frac{\dot{U}_{b'e}}{\dot{U}'_s}\frac{\dot{U}_o}{\dot{U}_{b'e}} = \frac{R_i}{R_s+R_i}\frac{r_{b'e}}{r_{be}}(-g_m R'_L)\frac{\dfrac{1}{j\omega R C'_\pi}}{1+\dfrac{1}{j\omega R C'_\pi}} \quad (4\text{-}26)$$

式（4-26）与中频源电压放大倍数比较，可得

$$\dot{A}_{ush} = \dot{A}_{usm}\frac{1}{1+j\omega R C'_\pi}$$

令 $f_H = \dfrac{1}{2\pi R C'_\pi}$，$RC'_\pi$ 是 C'_π 所在回路的时间常数，f_H 为上限频率。因此

$$\dot{A}_{ush} = \dot{A}_{usm}\frac{1}{1+j\dfrac{f}{f_H}}$$

$\dot{A}_{ush}$ 的对数幅频特性与相频特性的表达式为

$$\begin{cases} 20\lg|A_{ush}| = 20\lg|A_{usm}| - 20\lg\sqrt{1+\left(\dfrac{f}{f_H}\right)^2} \\ \varphi = -180° - \arctan\dfrac{f}{f_H} \end{cases} \quad (4\text{-}27)$$

式（4-27）表明，在高频段，由 C'_π 引起的最大附加相移为 $-90°$。

（4）伯德图

综上所述，若考虑耦合电容及结电容的影响，对于频率从零到无穷大的输入电压，源电压放大倍数的表达式应为

$$\dot{A}_{us} = \dot{A}_{usm}\frac{j\dfrac{f}{f_L}}{\left(1+j\dfrac{f}{f_L}\right)\left(1+j\dfrac{f}{f_H}\right)} = \dot{A}_{usm}\frac{1}{\left(1+\dfrac{f_L}{jf}\right)\left(1+j\dfrac{f}{f_H}\right)} \quad (4\text{-}28)$$

当 $f_L \ll f \ll f_H$ 时，f_L/f 趋于零，f/f_H 也趋于零，因而式（4-28）近似为 $\dot{A}_{us} \approx \dot{A}_{usm}$，即 $\dot{A}_{us}$ 为中频源电压放大倍数。当 f 接近 f_L 时，必有 $f \ll f_H$，f/f_H 趋于零，因而式（4-28）近似为 $\dot{A}_{us} \approx \dot{A}_{usl}$，即 $\dot{A}_{us}$ 低频源电压放大倍数；当 f 接近 f_H 时，必有 $f \gg f_L$，f_L/f 趋于零，因而式（4-28）近似为 $\dot{A}_{us} \approx \dot{A}_{ush}$，即 $\dot{A}_{us}$ 为高频源电压放大倍数。单管共发射极放大电路的折线化伯德图，如图 4-31 所示。

从以上分析可知，$\dot{A}_{us}$ 可以全面表示任何频段的源电压放大倍数，而且上限频率和下限频率均可表示为 $1/2\pi\tau$，τ 分别是极间电容 C'_π 和耦合电容 C 所在回路的时间常数，τ 是从电容两端向外看的等效电阻与相应的电容之积。可见，求解上、下限截止频率的关键是正确求出回路的等效电阻。

例 4-4 在图 4-27a 所示电路中,已知 $U_{CC} = 15V$,$R_s = 1k\Omega$,$R_b = 950k\Omega$,$R_c = R_L = 5k\Omega$,$C = 5\mu F$;晶体管的 $U_{BEQ} = 0.7V$,$r_{bb'} = 100\Omega$,$\beta = 100$,$f_\beta = 0.5MHz$,$C_{ob} = 5pF$。试估算电路的截止频率 f_L 和 f_H,并画出 $\dot{A}_{us}$ 的伯德图。

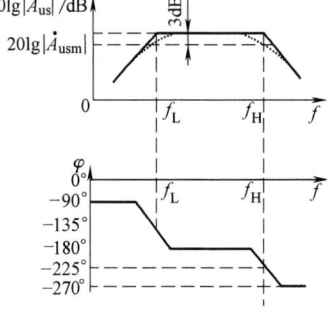

图 4-31 单管共发射极放大电路的伯德图

解:(1) 求解 Q 点

$$I_{BQ} = \frac{U_{CC} - U_{BEQ}}{R_b} = \left(\frac{15 - 0.7}{950}\right) mA = 0.015 mA$$

$$I_{CQ} = \beta I_{BQ} = 100 \times 0.015 mA = 1.5 mA$$

$$U_{CEQ} = U_{CC} - I_{CQ} R_c = (15 - 1.5 \times 5)V = 7.5V$$

(2) 求解混合 π 模型中的参数

$$r_{b'e} = (1+\beta)\frac{U_T}{I_{EQ}} = \frac{U_T}{I_{BQ}} = \frac{26}{0.015}\Omega \approx 1733\Omega$$

$$C_\pi = \frac{1}{2\pi r_{b'e} f_\beta} - C_\mu \approx \frac{1}{2\pi r_{b'e} f_\beta} - C_{ob} = \left(\frac{10^{12}}{2\pi \times 1733 \times 5 \times 10^5} - 5\right)pF \approx 178pF$$

$$g_m = \frac{I_{EQ}}{U_T} \approx \frac{1.5}{26}S \approx 0.0577S$$

$$K = \frac{\dot{U}_{ce}}{\dot{U}_{be}} = -g_m(R_c // R_L) \approx -0.0577 \times 2500 \approx -144$$

$$C'_\pi = C_\pi + (1-K)C_\mu \approx (178 + 144 \times 5)pF = 898pF$$

(3) 求解中频源电压放大倍数

$$r_{be} = r_{bb'} + r_{b'e} \approx (100 + 1733)\Omega \approx 1.83k\Omega$$

$$R_i = R_b // r_{be} \approx \frac{950 \times 1.83}{950 + 1.83}k\Omega \approx 1.83k\Omega$$

$$\dot{A}_{usm} = \frac{\dot{U}_o}{\dot{U}_s} = \frac{R_i}{R_s + R_i} \frac{r_{b'e}}{r_{be}}(-g_m R'_L) \approx \frac{1.83}{1+1.83} \times \frac{1.73}{1.83} \times (-144) \approx -88$$

(4) 求解 f_L 和 f_H

$$f_H = \frac{1}{2\pi[r_{b'e} // (r_{bb'} + R_s // R_b)]C'_\pi}$$

因为 $R_s \ll R_b$,所以

$$f_H = \frac{1}{2\pi[r_{b'e} // (r_{bb'} + R_s)]C'_\pi} \approx \frac{1}{2\pi \times \frac{1733 \times (100+1000)}{1733 + (100+1000)} \times 898 \times 10^{-12}} Hz \approx 263kHz$$

$$f_L = \frac{1}{2\pi(R_L + R_C)C} = \frac{1}{2\pi(5 \times 10^3 + 5 \times 10^3) \times 5 \times 10^{-6}} Hz \approx 3.2Hz$$

(5) 画 $\dot{A}_{us}$ 的伯德图

根据以上计算结果可得

$$\dot{A}_{us} = \dot{A}_{usm} \frac{j\dfrac{f}{f_L}}{\left(1+j\dfrac{f}{f_L}\right)\left(1+j\dfrac{f}{f_H}\right)} \approx \frac{-85\left(j\dfrac{f}{3.2}\right)}{\left(1+j\dfrac{f}{3.2}\right)\left(1+j\dfrac{f}{263\times10^3}\right)}$$

伯德图如图 4-32 所示。

2. 多级放大电路的频率响应

在多级放大电路中含有多个放大管，因而在高频等效电路中就含有多个 C'_π（或 C'_{gs}），即有多个低通电路。在阻容耦合放大电路中，如有多个耦合电容或旁路电容，则在低频等效电路中就含有多个高通电路。对于含有多个电容回路的电路，如何解决截止频率的问题呢？电路的截止频率与每个电容回路的时间常数有什么关系呢？

(1) 多级放大电路的频率特性的定性分析

设一个 N 级放大电路各级的电压放大倍数分别为 $\dot{A}_{u1}$、$\dot{A}_{u2}$、…、$\dot{A}_{uN}$，则该电路的电压放大倍数为

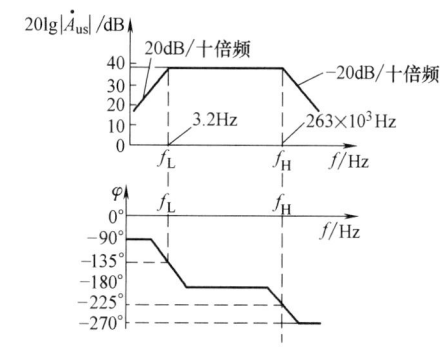

图 4-32 例 4-4 电路的伯德图

$$\dot{A}_u = \prod_{k=1}^{N} \dot{A}_{uk} \tag{4-29}$$

对数幅频特性和相频特性表达式为

$$\begin{cases} 20\lg|\dot{A}_u| = \sum_{k=1}^{N} 20\lg|\dot{A}_{uk}| \\ \varphi = \sum_{k=1}^{N} \varphi_k \end{cases}$$

即该电路的增益为各级放大电路增益之和，相移也为各级放大电路相移之和。

设组成两级放大电路的两个单管共发射极放大电路具有相同的频率响应，$\dot{A}_{u1} = \dot{A}_{u2}$；即它们的中频源电压放大倍数 $\dot{A}_{um1} = \dot{A}_{um2}$，下限频率 $f_{L1} = f_{L2}$，上限频率 $f_{H1} = f_{H2}$；故整个电路的中频源电压放大倍数为

$$20\lg|\dot{A}_u| = 20\lg|\dot{A}_{um1}\dot{A}_{um2}| = 40\lg|\dot{A}_{um1}| \tag{4-30}$$

当 $f = f_{L1}$ 时，$|\dot{A}_{u1}| = |\dot{A}_{u2}| = \dfrac{|\dot{A}_{um1}|}{\sqrt{2}}$，所以

$$20\lg|\dot{A}_u| = 40\lg|\dot{A}_{um1}| - 40\lg\sqrt{2}$$

上式说明，增益下降 6dB，并且由于 $\dot{A}_{u1}$ 和 $\dot{A}_{u2}$ 均产生 +45° 的附加相移，所以 $\dot{A}_u$ 产生 +90° 附加相移。根据同样的分析可得，当 $f = f_{H1}$ 时，增益也下降 6dB，但所产生的附加相移为 -90°。因此，两级放大电路和组成它的单级放大电路的伯德图如图 4-33 所示。根据截止频率的定义，在幅频特性中找到使增益下降 3dB 的频率就是两级放大电路的下限频率 f_L 和上限频率 f_H，如图 4-33 中所标注。显然，$f_L > f_{L1}(f_{L2})$，$f_H < f_{H1}(f_{H2})$，因此两级放大电路的通带比组成它的单级放大电路窄。

上述结论具有普遍意义。对于一个 N 级放大电路，设组成它的各级放大电路的下限频率分别为 f_{L1}、f_{L2}、$\cdots$、f_{LN}，上限频率分别为 f_{H1}、f_{H2}、$\cdots$、f_{HN}，通带分别为 f_{BW1}、f_{BW2}、$\cdots$、f_{BWN}，该多级放大电路的下限频率为 f_L，上限频率为 f_H，通带为 f_{BW}，则

$$\begin{cases} f_L > f_{Lk} & (k = 1 \sim N) \\ f_H < f_{Hk} & (k = 1 \sim N) \\ f_{BW} < f_{BWk} & (k = 1 \sim N) \end{cases}$$

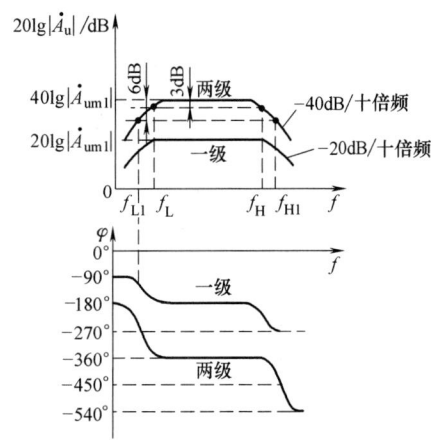

图 4-33 两级放大电路的伯德图

（2）截止频率的估算

1) 下限频率 f_L：将式（4-29）中的 $\dot{A}_{uk}$ 用低频源电压放大倍数 $\dot{A}_{ulk}$ 的表达式代入并取模，得出多级放大电路低频段的电压放大倍数为

$$|\dot{A}_{ul}| = \prod_{k=1}^{N} \frac{|\dot{A}_{umk}|}{\sqrt{1 + \left(\dfrac{f_{Lk}}{f}\right)^2}}$$

根据 f_L 的定义，当 $f = f_L$ 时，$|\dot{A}_{ul}| = \dfrac{\prod_{k=1}^{N} |\dot{A}_{umk}|}{\sqrt{2}}$，即

$$\prod_{k=1}^{N} \sqrt{1 + \left(\dfrac{f_{Lk}}{f_L}\right)^2} = \sqrt{2}$$

等式两边取二次方，得

$$\prod_{k=1}^{N} \left[1 + \left(\dfrac{f_{Lk}}{f_L}\right)^2\right] = 2$$

展开等式，得

$$1 + \sum \left(\dfrac{f_{Lk}}{f_L}\right)^2 + 高次项 = 2$$

由于 f_{Lk}/f_L 小于 1，可将高次项忽略，得出

$$f_L \approx \sqrt{\sum_{k=1}^{N} f_{Lk}^2}$$

如果加上修正系数，则得

$$f_L \approx 1.1 \sqrt{\sum_{k=1}^{N} f_{Lk}^2} \qquad (4\text{-}31)$$

2) 上限频率 f_H：将式（4-29）中的 $\dot{A}_{uk}$ 用高频源电压放大倍数 $\dot{A}_{uhk}$ 的表达式代入并取模，得

$$|\dot{A}_{\mathrm{uh}}| = \prod_{k=1}^{N} \frac{|\dot{A}_{\mathrm{um}k}|}{\sqrt{1+\left(\dfrac{f}{f_{\mathrm{H}k}}\right)^2}}$$

根据 f_H 的定义，当 $f=f_\mathrm{H}$ 时，$|\dot{A}_{\mathrm{uh}}| = \dfrac{\prod_{k=1}^{N}|\dot{A}_{\mathrm{um}k}|}{\sqrt{2}}$，即

$$\prod_{k=1}^{N} \sqrt{1+\left(\frac{f_\mathrm{H}}{f_{\mathrm{H}k}}\right)^2} = \sqrt{2}$$

等式两边取二次方，得

$$\prod_{k=1}^{N}\left[1+\left(\frac{f_\mathrm{H}}{f_{\mathrm{H}k}}\right)^2\right] = 2$$

展开等式，得

$$1 + \sum\left(\frac{f_\mathrm{H}}{f_{\mathrm{H}k}}\right)^2 + 高次项 = 2$$

由于 $f_\mathrm{H}/f_{\mathrm{H}k}$ 小于 1，可将高次项忽略，得出 f_H 的近似表达式为

$$\frac{1}{f_\mathrm{H}} \approx \sqrt{\sum_{k=1}^{N}\frac{1}{f_{\mathrm{H}k}^2}}$$

若加上修正系数，则得

$$\frac{1}{f_\mathrm{H}} \approx 1.1\sqrt{\sum_{k=1}^{N}\frac{1}{f_{\mathrm{H}k}^2}}$$

根据以上分析可知，若两级放大电路是由两个具有相同频率特性的单管放大电路组成，则其上、下限频率分别为

$$\begin{cases}\dfrac{1}{f_\mathrm{H}} \approx 1.1\sqrt{\dfrac{2}{f_{\mathrm{H}1}^2}} \quad f_\mathrm{H} \approx \dfrac{f_{\mathrm{H}1}}{1.1\sqrt{2}} \approx 0.643 f_{\mathrm{H}1} \\ f_\mathrm{L} \approx 1.1\sqrt{2} f_{\mathrm{L}1} \approx 1.56 f_{\mathrm{L}1}\end{cases}$$

对于各级具有相同频率特性的三级放大电路，其上、下限频率分别为

$$\begin{cases}\dfrac{1}{f_\mathrm{H}} \approx 1.1\sqrt{\dfrac{3}{f_{\mathrm{H}1}^2}} \quad f_\mathrm{H} \approx \dfrac{f_{\mathrm{H}1}}{1.1\sqrt{3}} \approx 0.52 f_{\mathrm{H}1} \\ f_\mathrm{L} \approx 1.1\sqrt{3} f_{\mathrm{L}1} \approx 1.91 f_{\mathrm{L}1}\end{cases} \quad (4\text{-}32)$$

可见，三级放大电路的通带几乎是单级电路的一半。放大电路的级数越多，通带越窄。

在多级放大电路中，若某级的下限频率远高于其他各级的下限频率，则可以认为整个电路的下限频率近似为该级的下限频率；同理，若某级的上限频率远低于其他各级的上限频率，则可认为整个电路的上限频率近似为该级的上限频率。此外，对于有多个耦合电容和旁路电容的单管放大电路，在分析下限频率时，应先求出每个电容所确定的截止频率，然后求出电路的下限频率。

例 4-5 已知某电路的各级均为共发射极放大电路，其对数幅频特性如图 4-34 所示。试求解出下限频率 f_L、上限频率 f_H 和源电压放大倍数 $\dot{A}_{\mathrm{us}}$。

解： 由图 4-34 可知：

（1）频率特性曲线的低频段只有一个拐点，且低频段曲线斜率为 20dB/十倍频，说明影响低频特性的只有一个电容，故电路的下限频率为 10Hz。

（2）频率特性曲线的高频段只有一个拐点，且高频段曲线斜率为 -60dB/十倍频，说明影响高频特性的有三个电容，即电路为三级放大电路，且每一级的上限频率均为 2×10^5 Hz，可得上限频率为

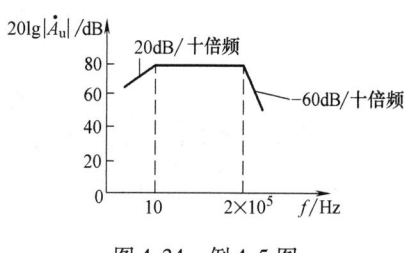

图 4-34 例 4-5 图

$$f_H \approx 0.52 f_{H1} = 0.52 \times 2 \times 10^5 \text{Hz} = 1.04 \times 10^5 \text{Hz} = 104 \text{kHz}$$

（3）因各级均为共发射极放大电路，所以在中频段输出电压与输入电压的相位相反。因此，源电压放大倍数为

$$\dot{A}_{us} = \frac{-10^4}{\left(1 + \dfrac{10}{jf}\right)\left(1 + j\dfrac{f}{2 \times 10^5}\right)^3}$$

或

$$\dot{A}_{us} = \frac{-10^3 jf}{\left(1 + j\dfrac{f}{10}\right)\left(1 + j\dfrac{f}{2 \times 10^5}\right)^3}$$

例 4-6 在图 4-35 所示 Q 点稳定电路中，已知 $C_1 = C_2 = C_e$，其余参数选择合适，电路在中频段工作正常。试问：电路的下限频率决定于哪个电容，为什么？

解： 考虑到 C_1、C_2、C_e 的作用，图 4-35 所示电路的低频等效电路如图 4-36 所示。

在考虑某一电容对频率响应的影响时，应将其他电容作理想化处理，即将其他耦合电容或旁路电容视为短路。比较三个电容所在回路的等效电阻，数值最小的说明该电容的时间常数最小，因而它所确定的下限频率最高，若能判断出这个下限频率远高于其他两个，则说明整个电路的下限频率就是该频率。

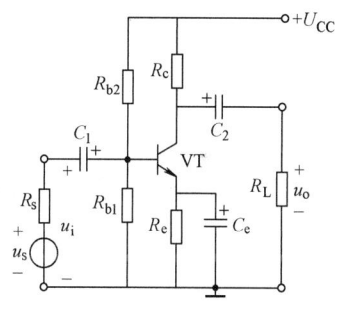

图 4-35 例 4-6 图

在考虑 C_1 对低频特性的影响时，应将 C_2、C_e 短路。图 4-36b 所示是 C_1 所在回路的等效电路，其时间常数为

$$\tau_1 = (R_s + R_{b1} /\!/ R_{b2} /\!/ r_{be}) C_1 = (R_s + R_i) C_1 \qquad (4\text{-}33)$$

在考虑 C_2 对低频特性的影响时，应将 C_1、C_e 短路。图 4-36c 所示是 C_2 所在回路的等效电路，其时间常数为

$$\tau_2 = (R_c + R_L) C_2 \qquad (4\text{-}34)$$

式（4-33）、式（4-34）在本质上是相同的，因为倘若电路的负载是下一级放大电路，则前级的负载即为后级的输入电阻 R_i，而前级的 R_o 正是后级电路的信号源内阻 R_s。

在考虑 C_e 对低频特性的影响时，应将 C_1、C_2 短路。图 4-36d 所示是 C_e 所在回路的等效电路。从 C_e 两端向左看的等效电阻是射极输出器的输出电阻，因此它的时间常数为

$$\tau_e = \left(R_e /\!/ \frac{r_{be} + R_{b1} /\!/ R_{b2} /\!/ R_s}{1+\beta} \right) C_e$$

设 C_1、C_2、C_e 所在回路确定的下限频率分别为 f_{L1}、f_{L2}、f_{Le}。比较时间常数 τ_1、τ_2、τ_e，不难看出，当取 $C_1 = C_2 = C_e$ 时，τ_e 将远小于 τ_1、τ_2，即 f_{Le} 远大于 f_{L1}、f_{L2}，因此可以认为 f_{Le} 就约为该电路的下限频率，即

$$f_L \approx f_{Le} = \frac{1}{2\pi\tau_e} = \frac{1}{2\pi\left(R_e /\!/ \dfrac{r_{be} + R_{b1} /\!/ R_{b2} /\!/ R_s}{1+\beta} \right) C_e}$$

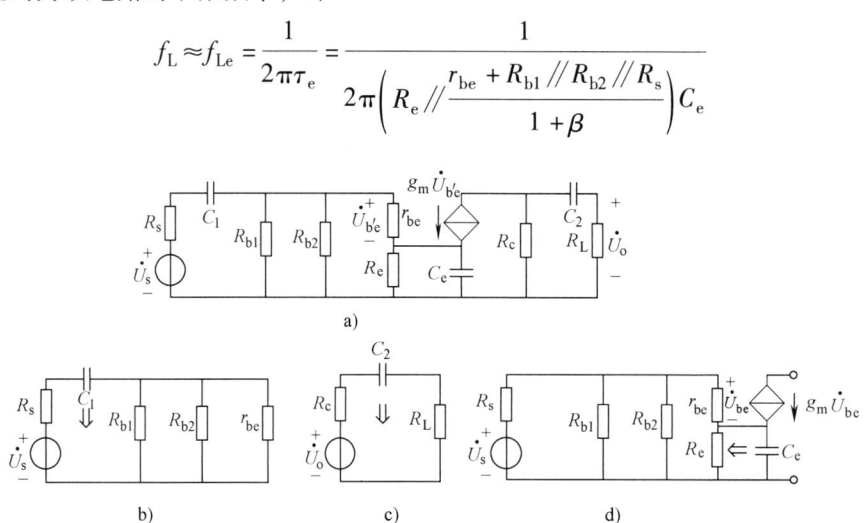

图 4-36　图 4-35 所示电路的低频等效电路
a) Q 点稳定电路的交流等效电路　b) C_1 所在回路的等效电路
c) C_2 所在回路的等效电路　d) C_e 所在回路的等效电路

4.5　Multisim 应用举例

4.5.1　复合管共发射极放大电路

创建仿真电路如图 4-37 所示，核心器件选择为两个 NPN 型晶体管 2N5551，两个管连接形式构成复合管。放大电路为共射形式，用示波器观察输入与输出电压波形，如图 4-38 所示。发现波形无明显非线性失真且输入与输出反相，可确定电路的电压放大倍数为

$$\dot{A}_u = \frac{\dot{U}_o}{\dot{U}_i} \approx 207$$

4.5.2　多级放大电路共集-共射电路

创建多级放大电路如图 4-39a 所示，其组态为共集-共射电路。

1. 静态分析

将输入信号置零，电容开路，得到放大电路的直流通路如图 4-39b 所示。设置相应的电压和电流指针，取直流值，测量电路的静态工作点，可得

$$I_{B1} = 1.02\,\mu A \quad U_{B1} = 1.32\,V \quad I_{C1} = 93.8\,\mu A$$
$$I_{B2} = 10.1\,\mu A \quad U_{B2} = 694\,mV \quad I_{C2} = 1.20\,mA \quad U_{C2} = 5.89\,V$$

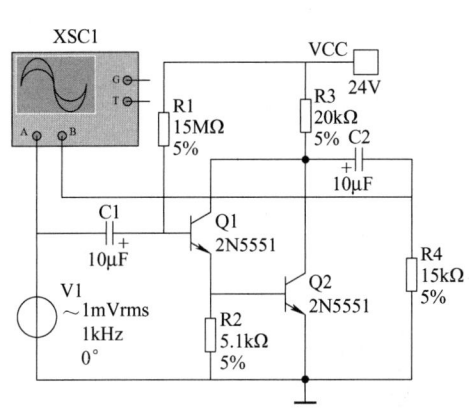

图 4-37 复合管共发射极放大仿真电路

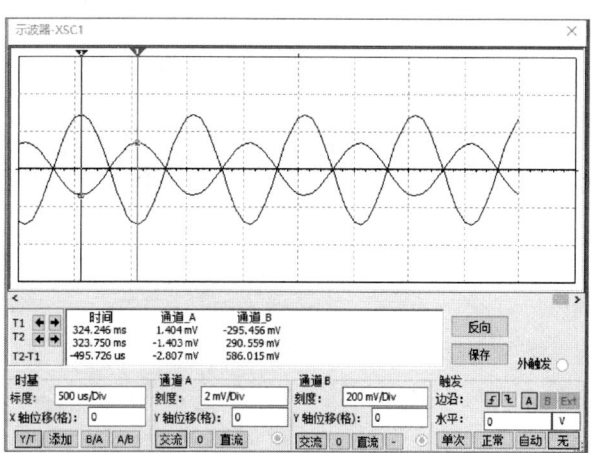

图 4-38 共射输入与输出电压波形

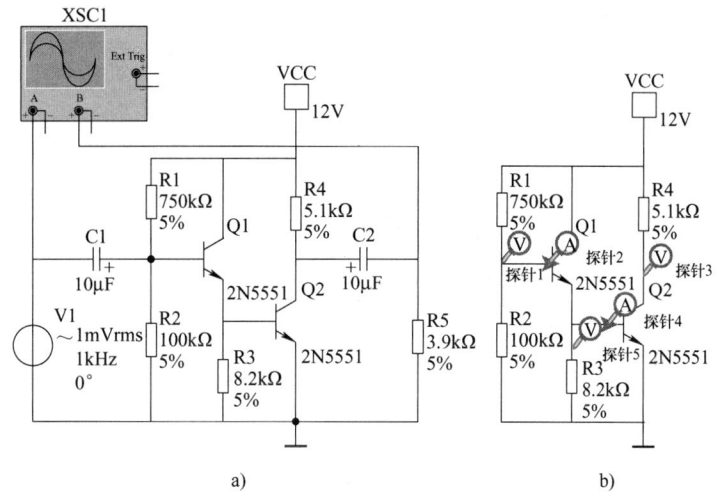

图 4-39 多级放大电路和它的直流通路

2. 动态分析

用示波器观察输入与输出电压波形，如图 4-40 所示。发现波形无明显非线性失真且输入与输出反相，可确定电路的电压放大倍数为

$$\dot{A}_u = \frac{\dot{U}_o}{\dot{U}_i} = \frac{87.8 \text{mV}}{1 \text{mV}} \approx 88$$

4.5.3 放大电路的频率特性

频率特性仿真电路如图 4-41 所示，在伯德图仪的控制面板上，设定相应的参数，可观测放大电路的幅频特性和相频特性，如图 4-42 所示。将游标移到中频段，测得电压放大倍数为 37.656dB，然后再左移、右移游标找出电压放大倍数下降 3dB 时对应的下限截止频率和上限截止频率，确定通带 $f_{BW} = f_H - f_L$。

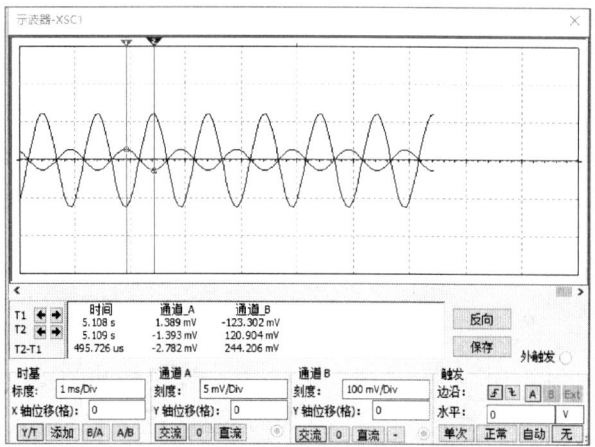

图 4-40 多级放大输入与输出电压波形

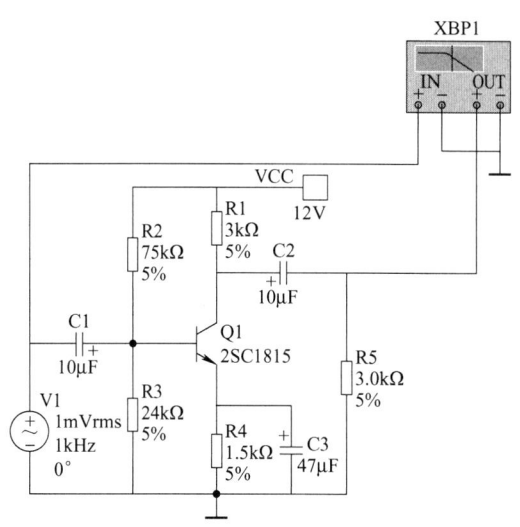

图 4-41 频率特性仿真电路

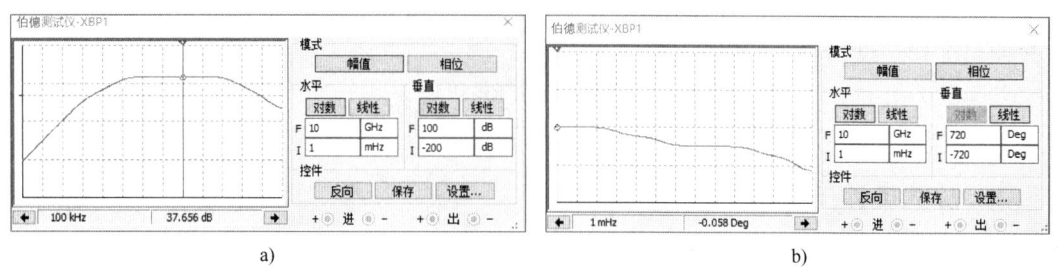

图 4-42 频率输出特性
a) 幅频特性 b) 相频特性

本章小结

1. 多级放大电路的信号耦合方式最常用的有阻容耦合、变压器耦合、光电耦合和直接耦合。直接耦合放大电路的静态工作点相互影响，而阻容耦合、变压器耦合和光电耦合放大电路的静态工作点各级之间是独立的。阻容耦合多级放大电路和直接耦合多级放大电路的电压增益为各级增益的乘积。在计算时要注意，后级放大电路的输入电阻是前级放大电路的负载。对变压器和光电耦合放大电路的增益还要考虑耦合器件的效率。多级放大电路第一级的输入电阻就是多级放大电路的输入电阻；多级放大电路最后一级的输出电阻就是多级放大电路的输出电阻。

2. 耦合电容和旁路电容影响放大电路的低频响应特性，晶体管的 PN 结电容影响放大电路的高频响应特性。晶体管的电流放大系数也是频率的函数，晶体管的 β 的截止频率、特征角频率、α 的截止角频率的表达式及其关系式见上面的分析。分析放大电路频率响应时的简化方法是分频段分析，用对应的低频区的等效电路分析低频响应，用高频区的等效电路来分析高频响应。共发射极放大电路的通频带比较窄，主要因为 $C_{b'e}$ 的密勒效应；共基极放大电路和共集电极放大电路的通频带都比较宽。共发射极放大电路下限角频率和上限角频率为

$$\omega_\mathrm{L}=\frac{1}{(r_{\mathrm{bb}'}+r_{\mathrm{b}'e})C_1'},\ \omega_\mathrm{H}=\frac{1}{\dfrac{r_{\mathrm{bb}'}r_{\mathrm{b}'e}}{r_{\mathrm{bb}'}+r_{\mathrm{b}'e}}C_1},\ 其中\ C_1'=\frac{C_1 C_\mathrm{E}}{(1+\beta)C_1+C_\mathrm{E}}。$$

3. 电路的截止频率取决于电容所在回路的时间常数 τ、高通电路和低通电路的 f_L 和 f_H。当信号频率等于下限频率 f_L 或上限截止频率 f_H 时，放大电路的增益下降 3dB，且产生 +45° 或 -45° 相移。在近似分析中，可用折线化的近似伯德图描述放大电路的频率特性。

自我检测题

1. 要求能放大变化非常缓慢的信号，应选用（　　）耦合方式。
  A. 阻容　　　　　　B. 变压器　　　　　　C. 直接　　　　　　D. A 和 B
2. 一个三级放大电路，测得第一级的电压放大倍数为 1，第二级的电压放大倍数为 100，第三级的电压放大倍数为 10，则总的电压放大倍数更接近（　　）。
  A. 110　　　　　　B. 111　　　　　　C. 1000　　　　　　D. 不能确定
3. 一个三级放大电路，测得第一级的电压增益为 0dB，第二级的电压增益为 40dB，第三级的电压增益为 20dB，则总的电压增益更接近（　　）。
  A. 0dB　　　　　　B. 60dB　　　　　　C. 80dB　　　　　　D. 800dB
4. 多级放大电路的电压放大倍数等于各级电压放大倍数的（　　）。一般有两种求解总电压放大倍数的方法：第一种方法是将后一级的输入电阻作为前一级的（　　）考虑，简称输入电阻法；第二种方法是将后一级与前一级开路，计算前一级的开路电压放大倍数，然后将前一级的输出电阻作为后一级的（　　），简称开路电压法。
  A. 和，负载电阻，信号源内阻　　　　　　B. 积，输入电阻，负载电阻
  C. 积，输入电阻，输出电阻　　　　　　　D. 积，负载电阻，信号源内阻
5. 图 4-43a、b、c 的耦合方式分别为（　　）。
  A. 直接耦合、变压耦合和阻容耦合
  B. 直接耦合、阻容耦合和变压器耦合

C. 阻容耦合、直接耦合和变压器耦合
D. 阻容耦合、直接耦合和电感耦合

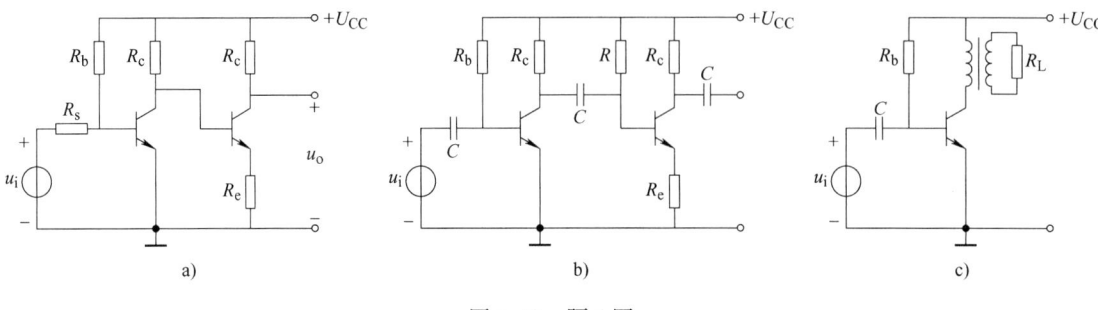

图 4-43 题 5 图

6. 直接耦合放大电路可以传输（　　）甚至直流信号，因而温度等缓慢变化引起的电信号可以通过直接耦合放大电路。在放大电路中，因温度等因素的影响，会使放大电路的静态工作点偏离初始值，产生（　　）。阻容耦合和变压器耦合放大电路只能传输（　　）。

A. 低频，零点漂移，交流信号　　　　B. 高频，零点漂移，交流信号
C. 低频，零点漂移，直流信号　　　　D. 高频，零点漂移，直流信号

7. 在阻容耦合放大电路中各级的静态工作点（　　），且可阻挡零点漂移，但不易集成；在变压器耦合放大电路中，前级、后级的静态工作点（　　），也可阻挡（　　）。又可以通过变压器一次侧、二次侧的匝数比进行（　　），使负载上得到最大的输出功率。

A. 独立，不独立，零点漂移，阻抗变换
B. 不独立，独立，零点漂移，电压放大
C. 不独立，不独立，零点漂移，电压放大
D. 独立，不独立，零点漂移，阻抗变换

8. 直接耦合放大电路存在零点漂移的主要原因是（　　）。

A. 晶体管参数受温度的影响　　　　B. 晶体管参数的分散性
C. 电阻值有误差　　　　　　　　　D. 电容值有误差

9. 某放大电路的表达式为 $A_{us} = \dfrac{0.5f^2}{\left(1+j\dfrac{f}{2}\right)\left(1+j\dfrac{f}{100}\right)\left(1+j\dfrac{f}{10^5}\right)}$，频率单位为 Hz，则其下限频率为（　　）。

A. 2Hz　　　　　　B. 50Hz　　　　　　C. 100Hz　　　　　　D. 10^5Hz

10. 某单级共发射极放大电路的对数幅频响应如图 4-44 所示，则该电路的 A_{ush} 频率响应表达式为（　　）。

A. $A_{ush} = \dfrac{100}{1+j\dfrac{f}{10^5}}$

B. $A_{ush} = \dfrac{-100}{1+j\dfrac{f}{10^5}}$

C. $A_{ush} = \dfrac{100}{1-j\dfrac{f}{10^5}}$

D. $A_{ush} = \dfrac{-100}{1-j\dfrac{f}{10^5}}$

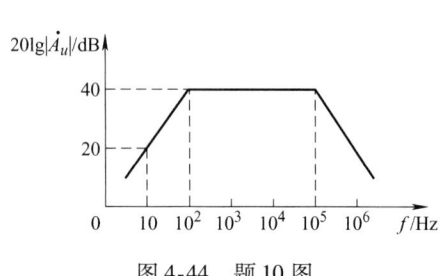

图 4-44 题 10 图

习　题

4-1　判断图 4-45 所示各两级放大电路中，VT_1 和 VT_2 分别组成哪种基本接法的放大电路（设图中所有电容对于交流信号均可视为短路）。

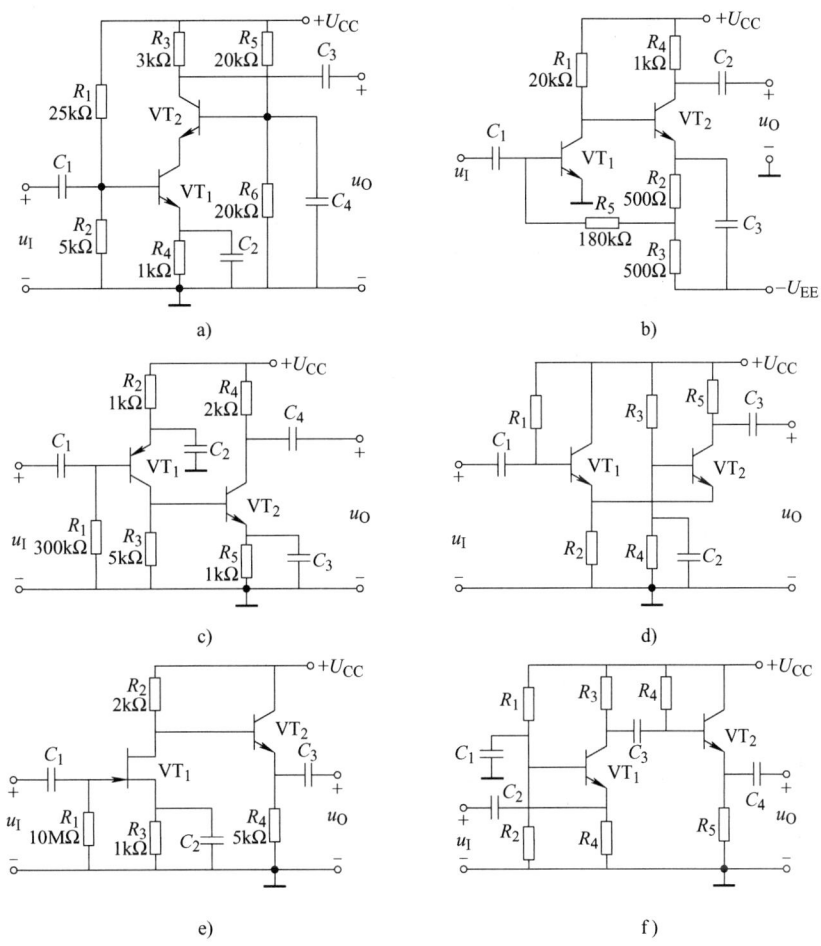

图 4-45　题 4-1 图

4-2　基本放大电路如图 4-46 所示，其中图 a 点画线框内为电路 I，图 b 点画线框内为电路 II。由电路 I、II 组成的多级放大电路如图 4-46c、d、e 所示，它们均正常工作。试说明图 4-46c、d、e 所示电路中：

（1）哪个电路的输入电阻比较大；

（2）哪些电路的输出电阻比较小；

（3）哪个电路的电压放大倍数最大。

4-3　电路如图 4-47 所示，两只管子的 $\beta = 100$，$U_{BEQ} = 0.7\text{V}$，试求：

（1）I_{CQ1}、U_{CEQ1}、I_{CQ2}、U_{CEQ2}；

（2）A_{u1}、A_{u2}、A_u、R_i 和 R_o。

4-4　电路如图 4-48 所示，两管子的特性一致，$\beta_1 = \beta_2 = 50$，$U_{BEQ1} = U_{BEQ2} = 0.7\text{V}$。

（1）试画出该电路的交流通路，说明 VT_1、VT_2 各为什么组态；

（2）估算 I_{CQ1}、U_{CEQ1}、I_{CQ2}、U_{CEQ2}（提示：因 $U_{BEQ1} = U_{BEQ2}$，故有 $I_{BQ1} = I_{BQ2}$）；

（3）求解放大倍数 A_u、输入电阻 R_i 和输出电阻 R_o。

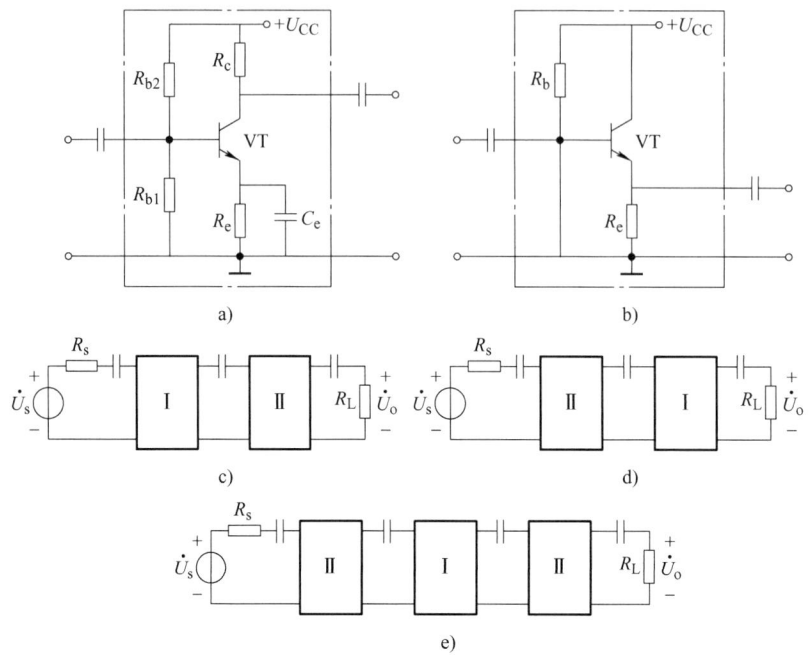

图 4-46 题 4-2 图

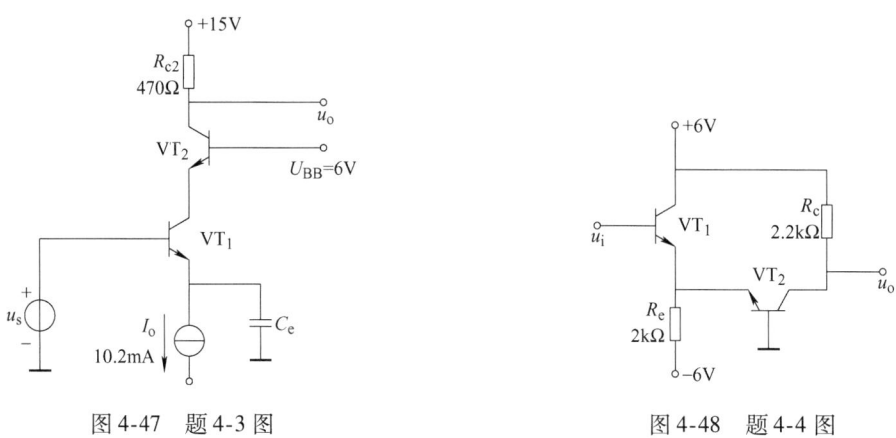

图 4-47 题 4-3 图   图 4-48 题 4-4 图

4-5 电路如图 4-49 所示，两只管子的 $\beta = 100$，$U_{BEQ} = 0.7V$。

（1）估算两管子的 Q 点（设 $I_{BQ2} \ll I_{CQ1}$）；

（2）求 A_u、R_i 和 R_o。

4-6 电路如图 4-50 所示，晶体管的 β 均为 150，r_{be} 均为 $2k\Omega$，Q 点合适，求解 A_u、R_i 和 R_o。

4-7 电路如图 4-51 所示，晶体管的 $\beta = 200$，$r_{be} = 3k\Omega$，场效应晶体管的 $g_m = 15mS$，Q 点合适，求该电路放大倍数、输入电阻和输出电阻。

4-8 某放大电路的 A_u 的对数幅频特性如图 4-52 所示。

（1）试求该电路的中频电压增益 $|A_{um}|$、上限截止频率 f_H、下限截止频率 f_L；

（2）当输入信号频率 $f = f_L$ 或 $f = f_H$ 时，该电路的实际电压增益是多少分贝。

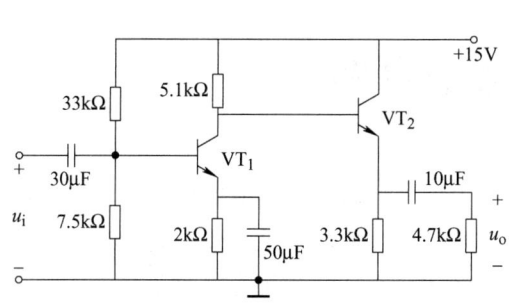

图 4-49 题 4-5 图

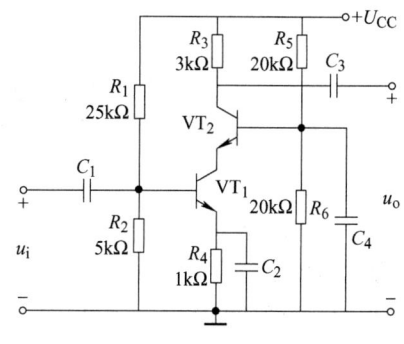

图 4-50 题 4-6 图

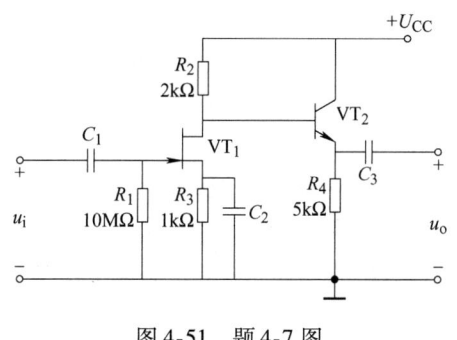

图 4-51 题 4-7 图

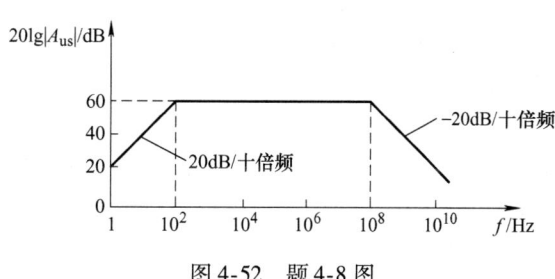

图 4-52 题 4-8 图

4-9 已知某放大电路电压增益的频率特性表达式为

$$A_u = \frac{100\text{j}\dfrac{f}{10}}{\left(1+\text{j}\dfrac{f}{10}\right)\left(1+\text{j}\dfrac{f}{10^5}\right)} \quad \text{(式中}f\text{的单位为 Hz)}$$

试求：该电路的上、下限截止频率，中频源电压增益的分贝数，输出电压与输入电压在中频区的相位差。

4-10 电路如图 4-53 所示，已知：晶体管的 $C_\mu=4\text{pF}$，$f_T=50\text{MHz}$，$r_{bb'}=100\Omega$，$\beta_0=80$。试求解：

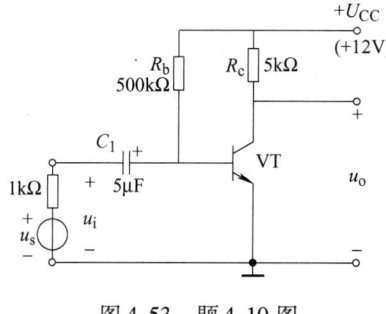

图 4-53 题 4-10 图

（1）中频源电压放大倍数 $\dot{A}_{usm}$；

（2）C_π'；

（3）f_L 和 f_H。

第5章 模拟集成电路

集成电路是一种将"管"和"路"紧密结合的器件,它采用硅平面制造工艺,将二极管、晶体管、电阻、电容等元器件以及它们之间的连线同时制造在一小块半导体基片上,构成具有特定功能的电子电路,称为集成电路。集成电路具有体积小、重量轻、功能更强、元器件参数的一致性好等优点。集成电路按其功能可分为数字集成电路和模拟集成电路。模拟集成电路种类繁多,有运算放大器、功率放大器、模拟乘法器、电压比较器、模拟锁相环、数模和模数转换器、稳压电源、宽频带放大器等。

在模拟集成电路中,集成运算放大器(简称集成运放)是应用极为广泛的一种,本章所要讨论的内容包括组成集成运算放大器的基本单元电路、典型集成运算放大器电路及其性能指标。

模拟集成电路一般是由一片厚 $0.2\sim0.25\mathrm{mm}$、面积 $1\sim5\mathrm{mm}^2$ 的 P 型硅片制成,通过光刻、扩散等一系列复杂的工艺过程,制作出运算放大器所应包含的约几十个晶体管、电阻及连接导线等元器件,形成一块单片集成电路。与分立元器件电路相比,模拟集成电路有以下几方面的特点:

1) 级间采用直接耦合方式:集成电路中制造的电容容量一般小于 100pF,所以集成电路的设计应避免或少用电容元件,必须用大电容时要外接。制造电感就更困难,一般不用。

2) 用有源元件替代无源元件:集成电路中的电阻是利用硅半导体的体电阻构成的,优点是制造比较方便,但阻值范围受到限制,通常在几十欧至几十千欧之间,超出此范围的电阻和电位器要采用外接元件。在集成运算放大器中,高阻值的电阻常用晶体管或场效应晶体管等有源器件组成的恒流源电路来代替。

3) 用晶体管替代二极管:电路中的二极管,常用作温度补偿或电平移动,由于集成电路中制造晶体管比较容易,所以常用晶体管的发射结构成二极管。

4) 具有对称结构及参数:利用集成制造工艺制作出来的元器件,参数精度不高,离散性较大,易受温度影响。但各元器件相距很近,故参数的一致性较好,温度性能基本上可保持一致,非常适合制作两个特性相同的管子(对管)或两个阻值相等的电阻。

5) 采用复合结构的电路:由于复合结构电路的性能较佳,而制作又不增加困难,因而采用复合结构以改进单管的性能。

5.1 集成运算放大器概述

集成运算放大器是直接耦合的高增益放大器,是模拟集成电路最重要的品种,广泛应用于各种电子电路中。集成运算放大器能够放大直流及一定频率范围的交流电压。早期的运算放大器主要用来完成加、减、乘、除、微分、积分、对数和指数等数学运算,其名称即由此而来。集成运算放大器发展至今,应用范围已远远超出数学运算范围,它不仅能够实现线性和非线性等多种功能,而且也是其他一些模拟集成电路的重要组成部分,已成为实用性很强的基本单元电路。

集成运算放大器由输入级、中间级、输出级三个放大环节组成。它的输入级是差分放大电路，中间级是高增益放大电路，输出级是互补推挽放大电路。除此以外还有一些辅助环节，如偏置电流源、电位偏移电路等。集成运算放大器的框图如图 5-1 所示。

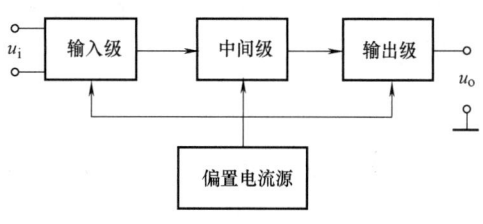

图 5-1　集成运算放大器的框图

集成运算放大器的输入级要使用高性能的差分放大电路，它对共模信号有很强的抑制作用，因此可以抑制温漂。中间级提供很高的电压增益，以保证集成运算放大器的运算精度，电路形式多为差分电路和带有有源负载的高增益放大器。输出级由 PNP 型和 NPN 型两种极性的晶体管或复合管组成，以获得正负两个极性的输出电压或电流。为了稳定各级的静态工作点，集成运算放大器采用偏置电流源为各放大级提供静态工作电流。

5.2　集成运算放大器中的电流源电路

集成运算放大器电路中的晶体管和场效应晶体管，除了作为放大管外，还构成电流源电路，为各级提供稳定的偏置电流，或作为有源负载取代高阻值的电阻，本节将介绍常见的电流源。

1. 镜像电流源

如图 5-2 所示，设 VT_1、VT_2 的参数完全相同，即 $\beta_1 = \beta_2$，$I_{CEQ1} = I_{CEQ2}$，由于两管具有相同的基射极间电压（$U_{BE1} = U_{BE2}$），$I_{E1} = I_{E2}$，$I_{C1} = I_{C2}$，当晶体管的 β 较大时，基极电流 I_B 可以忽略，所以 VT_2 的集电极电流 I_{C2} 近似等于基准电流 I_{REF}，即

$$I_{C2} = I_{C1} \approx I_{REF} = \frac{U_{CC} - U_{BE}}{R} \approx \frac{U_{CC}}{R} \quad (5\text{-}1)$$

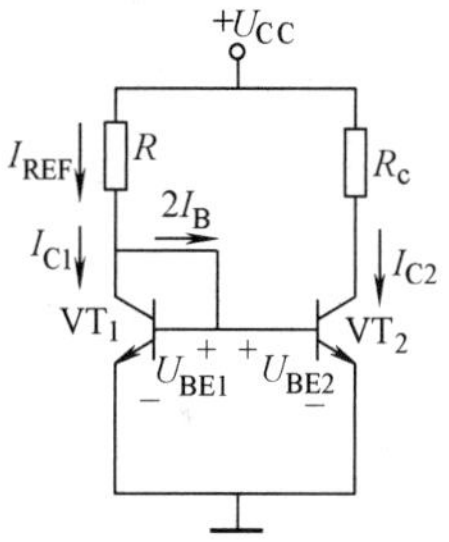

由式（5-1）可以看出，当 R 确定后，I_{REF} 就确定了，I_{C2} 也随之确定。把 I_{C2} 看作是 I_{REF} 的镜像，好比镜中的影像和原物体的形象一致，所以称图 5-2 为镜像电流源。I_{C2} 为输出电流。

图 5-2　镜像电流源

镜像电流源具有一定的温度补偿作用，其工作过程简述如下：

当温度升高时→$I_{C2}\uparrow I_{C2}\downarrow$ ←

　　　　　　↓

　　　　　$I_{C1}\uparrow \to I_{REF}\uparrow \to U_R(I_{REF}R)\uparrow \to U_B\downarrow \to I_B\downarrow$

当温度降低时，电流和电压的变化与上述过程相反，因此提高了电流源的稳定性。

图 5-3 所示的电路中，当 β 不够大时，I_{C2} 与 I_{REF} 就存在一定的差别，为了弥补这一不足，在电路中接入晶体管 VT_3，如图 5-3 所示。利用 VT_3 的电流放大作用，减小了 I_B 对 I_{REF} 的分流作用，从而提高了 I_{C2} 与 I_{REF} 互成镜像的精度。

镜像电流源电路简单，应用广泛，适用于较大电流（毫安级）的场合，若要求 I_{C2} 很小，则 I_{REF} 势必也小，R 的数值必然很大，这在集成电路中是很难做到的。因此，派生出其他类型的电流源电路。

2. 微电流源

在上述类型中，若想获得小电流的同时仍保持 R 的阻值不太大，则应使 $I_{C2} < I_{REF}$。为此

可将 VT$_2$ 的发射极电路接入电阻 R_{e2}，如图 5-4 所示。当基准电流 I_{REF} 一定时，I_{C2} 可确定如下：
因为
$$U_{BE1} - U_{BE2} = \Delta U_{BE} = I_{E2} R_{e2}$$

所以
$$I_{C2} \approx I_{E2} = \frac{\Delta U_{BE}}{R_{e2}} \tag{5-2}$$

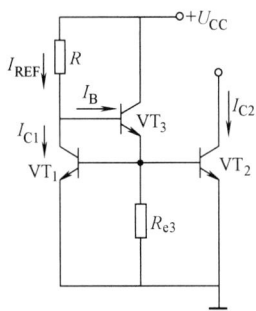

图 5-3 带缓冲级的镜像电流源

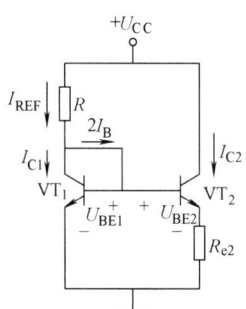

图 5-4 微电流源

由于 ΔU_{BE} 的数值小，故用阻值不大的 R_{e2} 即可获得微小的工作电流，称为微电流源。在电路中，当电源电压 U_{CC} 发生变化时，I_{REF} 以及 ΔU_{BE} 也将发生变化，由于 R_{e2} 的值一般为数千欧，使 $U_{BE2} \ll U_{BE1}$，则 I_{C2} 的变化远小于 I_{REF} 的变化，故电源电压波动对工作电流 I_{C2} 的影响不大。同时，因为 VT$_1$ 对 VT$_2$ 有温度补偿作用，所以 I_{C2} 的温度稳定性也较好。

5.3 差分放大电路

差分放大电路，简称差放，它的功能是放大两个输入信号之差。由于它具有优异的抑制零点漂移和干扰信号的特性，因而成为集成运算放大器的主要组成单元。

5.3.1 差分放大电路的组成

差分放大电路是由两个特性相同的晶体管 VT$_1$、VT$_2$ 组成的对称电路，两部分之间通过发射极公共电阻 R_e 耦合在一起，如图 5-5 所示，R_{s1}、R_{s2} 可认为是信号源的内阻。电路采用双电源供电形式，可扩大线性放大范围。

图 5-5 差分放大电路

差分放大电路要求两个晶体管及相应的两个半边电路完全对称，即
$$\beta_1 = \beta_2 = \beta$$
$$U_{BE1} = U_{BE2} = U_{BE}$$
$$r_{be1} = r_{be2} = r_{be}$$
$$R_{c1} = R_{c2} = R_c$$
$$R_{s1} = R_{s2} = R_s$$

5.3.2 差分放大电路的输入和输出方式

差分放大电路有两个输入端：反相输入端和同相输入端，如图 5-5 所示。在电路中规定的正方向条件下，输出信号 u_o 与输入信号 u_{i1} 的极性相反时，称加入 u_{i1} 的放大电路输入端为反相输入端；输出信号 u_o 与输入信号 u_{i2} 的极性相同时，称加入 u_{i2} 的输入端为同相输入端。信号从晶体管的两个基极加入时称为双端输入；信号从一个晶体管的基极加入，另一个晶体管基极接地时，称为单端输入。

差分放大电路有两个输出端：集电极 c_1 和集电极 c_2。从集电极 c_1 和集电极 c_2 之间输出信号称为双端输出；从一个集电极对地输出信号称为单端输出。

差分放大电路有两个输入端和两个输出端，组合起来就有四种连接方式：
1）双端输入双端输出。
2）双端输入单端输出。
3）单端输入双端输出。
4）单端输入单端输出。

5.3.3 差模信号和共模信号

差模信号是指两个幅度相等、极性相反的双端输入信号，即 $u_{i1} = -u_{i2}$，定义差分放大电路的差模输入信号为 $u_{id} = u_{i1} - u_{i2}$；共模信号是指两个幅度相等、极性相同的双端输入信号，即 $u_{i1} = u_{i2}$，定义差分放大电路的共模输入信号为 $u_{ic} = \dfrac{u_{i1} + u_{i2}}{2} = \dfrac{1}{2}u_{i1} + \dfrac{1}{2}u_{i2}$，它是两个输入信号的算术平均值。

在上述定义下，有

$$u_{i1} = u_{ic} + \frac{1}{2}u_{id}$$

$$u_{i2} = u_{ic} - \frac{1}{2}u_{id}$$

即任意两个输入信号均可表示为差模和共模信号的组合。

在差模信号和共模信号同时存在的情况下，对于线性放大电路来说，可利用叠加原理来求出总的输出电压，即

$$u_o = A_{ud}u_{id} + A_{uc}u_{ic}$$

式中，A_{ud} 为差模电压增益，$A_{ud} = u_{od}/u_{id}$；A_{uc} 为共模电压增益，$A_{uc} = u_{oc}/u_{ic}$。

5.3.4 差分放大电路的分析

图 5-5 所示即为一个差分放大电路，它由两个结构和元器件参数完全相同的共发射极放大电路组成。输入信号加在两管基极上，输出信号从两管集电极取出。发射极接有阻值较大的发射极电阻 R_e。为了补偿 R_e 上所消耗的压降，在 R_e 下端还接入了负电源 $-U_{EE}$，通常，取正负电源 U_{CC} 和 U_{EE} 的值相等。因为这种放大器的输出电压与两个输入信号电压之差成正比，所以称为差分放大电路。由于 R_e 接负电源 $-U_{EE}$，拖一个尾巴，故也称为长尾式电路。下面，首先分析差分放大电路的工作原理，并介绍其抑制零点漂移的作用，然后对电路的主

要技术指标进行计算。

1. 静态分析

当没有输入信号，即 $u_{i1} = u_{i2} = 0$ 时，R_{s1}、R_{s2} 一端接地，零电位高于 $-U_{EE}$。所以，R_{s1}、R_{s2} 可以起基极偏置电阻的作用，由 $-U_{EE}$ 向基极提供偏置电流。差分放大电路具有对称性，可以只对其中一半电路进行计算。在求基极电流时，因为流过 R_e 的电流是 $2I_E$，所以单边计算时，要用 $2R_e$ 代替发射极电阻，才能使 I_E 流过 $2R_e$ 产生的电压降与 $2I_E$ 流过 R_e 产生的电压降相同。对差分放大电路的结构了解清楚以后不难得到如下结果：

$$I_{BQ1} = I_{BQ2} = \frac{U_{EE} - U_{BEQ}}{R_s + 2(1+\beta)R_e}$$

$$I_{CQ1} = I_{CQ2} = \beta I_{BQ1}$$

$$U_{CQ1} = U_{CQ2} = U_{CC} - I_{CQ1}R_c$$

$$U_{EQ} = -U_{EE} + 2I_{CQ1}R_e$$

静态时，$U_O = U_{CQ1} - U_{CQ2} = 0$。

2. 抑制零点漂移的原理

在直接耦合放大电路中，将输入端短路，即输入信号为零，用灵敏的直流电压表测量输出端，会有变化缓慢的输出电压，这种输入电压（u_i）为零而输出电压（u_o）不为零且缓慢变化的现象，称为零点漂移现象。引起零点漂移的原因很多，如晶体管参数（I_{CBO}、U_{BE}、β）随温度的变化、电源电压波动、电路元器件参数的变化等，其中以温度的影响最为严重。在交流电路中也存在零点漂移，但由于各级之间采用阻容耦合，变化缓慢的零点漂移不会被逐级放大，而在直接耦合放大电路中，因温度变化产生的漂移（主要由第一级的漂移引起）会被后面各级放大并传输至输出端，使输出端产生很大的电压漂移，而且当有信号输入时，这种漂移还会伴随着信号的波动一同出现在放大电路的输出端，使人真假难辨。特别是，当输入信号比较微弱时，更会被零点漂移所造成的虚假信号所淹没，甚至使放大电路的作用消失。可见，直接耦合放大器减小直接耦合放大电路漂移的关键是使第一级具有稳定的静态工作点并具有尽可能小的零点漂移。

差模和共模输入时差分放大电路的输出示意图如图 5-6 所示。对于图 5-6a，VT_1 的集电极电压 u_{c1} 减小，VT_2 的集电极电压 u_{c2} 增加，所以两集电极之间有差模输出；对于图 5-6b，u_{c1} 和 u_{c2} 同时作相同幅度、相同方向的变化，所以两集电极之间无输出。可见差分放大电路对差模信号放大能力强，对共模信号放大能力弱（理想情况下无放大作用）。因为温度的变化同时作用在两个晶体管上，所以温度对差分放大电路中晶体管的影响，相当于给差分放大电路加入了共模信号，电路能够抑制温漂。

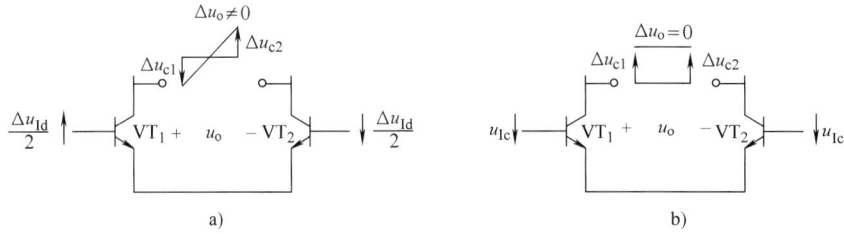

图 5-6 差模和共模输入时差分放大电路的输出示意图
a）差模输入时集电极的输出 b）共模输入时集电极的输出

实际上，差分放大电路对零点漂移的抑制，一是靠对称，二是靠 R_e。双端输出时，这两条都可利用，而单端输出时，只利用 R_e 这一条，所以双端输出的漂移要小于单端输出。R_e 抑制零点漂移的作用是稳定工作点，从而抑制温度变化的影响。例如，当温度升高时，它抑制零点漂移的过程可以描述如下：

$$\text{温度升高} \rightarrow \begin{cases} I_{C1}\uparrow \\ I_{C2}\uparrow \end{cases} \rightarrow I_E\uparrow \rightarrow U_E\uparrow \rightarrow \begin{cases} U_{BE1}\downarrow \rightarrow I_{B1}\downarrow \rightarrow I_{C1}\downarrow \\ U_{BE2}\downarrow \rightarrow I_{B2}\downarrow \rightarrow I_{C2}\downarrow \end{cases}$$

3. 主要技术指标的计算

（1）差模电压增益

1）双端输入双端输出的差模电压增益：差分放大电路如图 5-5 所示。双端输入时，只有差模输入信号，即 $u_{i1} = -u_{i2} = u_{id}/2$，则因一管的电流增加，另一管的电流减小，在电路完全对称的条件下，i_{c1} 的增加量等于 i_{c2} 的减小量，所以流过 R_e 的电流不变，$u_e = 0$，故交流通路如图 5-7 所示。当从两管集电极作双端输出时，其差模电压增益与单管电路的电压增益相同，即

$$A_{ud} = \frac{u_o}{u_{id}} = \frac{u_{o1} - u_{o2}}{u_{i1} - u_{i2}} = \frac{2u_{o1}}{2u_{i1}} = -\frac{\beta R_c}{r_{be}}$$

当集电极 c_1、c_2 两点间接入负载电阻 R_L 时，有

$$A'_{ud} = -\frac{\beta R'_L}{r_{be}}$$

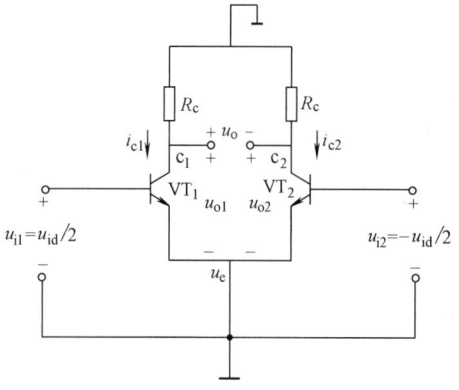

图 5-7 双端输入双端输出差分放大电路交流通路

式中，$R'_L = R_c // \frac{R_L}{2}$。这是因为输入差模信号时，$c_1$ 和 c_2 点的电位向相反的方向变化，一边增量为正，另一边增量为负，并且大小相等，可见负载电阻 R_L 的中点是交流地电位，所以在差分输入的半边等效电路中，负载电阻是 $R_L/2$。

综上分析可知，在电路完全对称、双端输入双端输出的情况下，典型差分放大电路与单边电路的电压增益相等。可见，差分放大电路是以牺牲一只管子的放大倍数为代价，换取了低温漂的效果。

2）双端输入单端输出的差模电压增益：如输出电压取自其中一管的集电极（u_{o1} 或 u_{o2}），则称为单端输出，此时由于只取出一管的集电极电压变化量，所以这时的电压增益只有双端输出时的一半，当分别从 VT_1 或 VT_2 输出时，有

$$A_{ud1} = \frac{1}{2}A_{ud} = -\frac{\beta R_c}{2r_{be}}, \quad A_{ud2} = -\frac{1}{2}A_{ud} = \frac{\beta R_c}{2r_{be}}$$

这种接法可用于将双端信号转换为单端信号，集成运算放大器的中间级有时就采用这种接法。

3）单端输入双端输出的差模电压增益：在实际系统中，有时要求放大电路的一个输入

端接地,即输入是单端信号,如图 5-8a 所示,$u_{i1}=u_i$、$u_{i2}=0$ 这种输入方式称为单端输入。为了说明这种输入方式的特点,可以将其进行等效变换,把原来的信号分成共模信号和差模信号。信号分解如下:

$$u_{ic} = \frac{u_{i1}+u_{i2}}{2} = \frac{u_i}{2}$$

$$u_{id} = u_{i1}-u_{i2} = u_i$$

于是,可以这样来理解:共模信号是 $\frac{u_i}{2}$,差模信号是 $\frac{u_i}{2}$ 和 $-\frac{u_i}{2}$。加在 VT_1 基极上的信号相当是 $u_{i1}=u_{ic}+\frac{u_{id}}{2}=\frac{u_i}{2}+\frac{u_i}{2}=u_i$,即两个 $\frac{u_i}{2}$ 相加;而加在 VT_2 基极上的信号相当是 $u_{i2}=u_{ic}-\frac{u_{id}}{2}=\frac{u_i}{2}-\frac{u_i}{2}=0$,即一个 $-\frac{u_i}{2}$ 和一个 $\frac{u_i}{2}$ 相加。进行这样的变换后,将电路重画,如图 5-8b 所示。

图 5-8 单端输入双端输出差分放大电路及其等效变换
a) 差分放大电路 b) 对输入信号进行等效变换

由于输入信号中有差模信号和共模信号两部分,则输出信号也由两部分组成。将单端输入和双端输入电路进行比较,就差模信号而言,单端输入时电路的工作状态与双端输入时的工作状态一致,故单端输入双端输出的差模电压增益与双端输入双端输出的差模电压增益相同。

4) 单端输入单端输出的差模电压增益:单端输入单端输出的差分放大电路如图 5-9 所示。通过以上分析可知:单端输入时差分电路的工作状态与双端输入时的工作状态一致,所以其单端输入单端输出的差模电压增益与双端输入单端输出的差模电压增益相同。

5) 差模输入电阻:在讨论差模输入电阻时,参照双端输入双端输出差分放大电路,不论是单端输入还是双端输入,差模输入电阻 R_{id} 的计算公式如下:

$$R_{id}=2(R_s+r_{be})$$

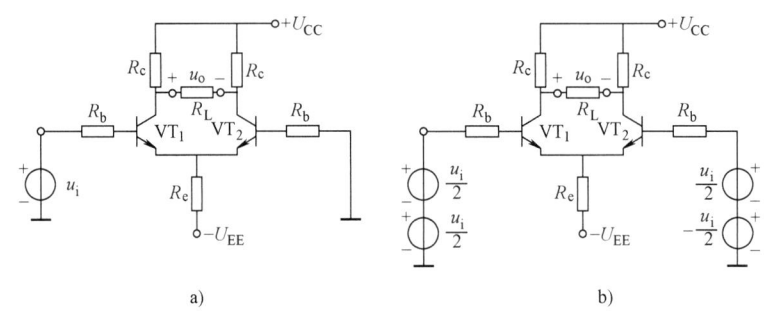

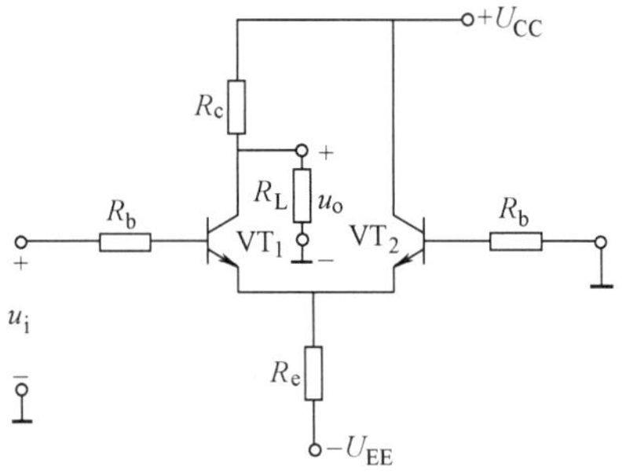

图 5-9 单端输入单端输出差分放大电路

6) 差模输出电阻:在讨论输出电阻时,参照双端输入双端输出差分放大电路,单端输出时的输出电阻为

$$R_{\mathrm{od}} = R_{\mathrm{c}}$$

双端输出时的输出电阻为

$$R_{\mathrm{od}} = 2R_{\mathrm{c}}$$

(2) 共模电压增益

1) 双端输出的共模电压增益：当图 5-5 所示差分放大电路的两个输入端接入共模输入电压，即 $u_{\mathrm{ic1}} = u_{\mathrm{ic2}} = u_{\mathrm{ic}}$ 时，如图 5-10 所示，因两管的电流或同时增加，或同时减小，因此流过 R_{e} 的电流的变化量为晶体管发射极电流变化量的 2 倍。因电路是对称的，只需计算电路的一边，相当于每个晶体管的发射极接的电阻为 $2R_{\mathrm{e}}$。在对称条件下，双端输出时的共模电压可认为等于 0，所以双端输出时共模电压增益为

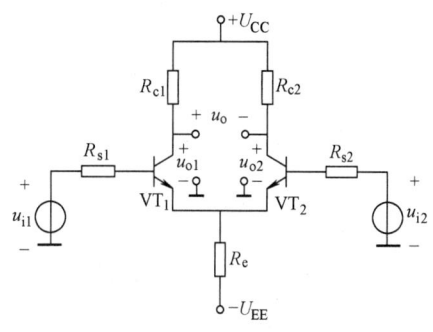

$$A_{\mathrm{uc}} = \frac{u_{\mathrm{oc}}}{u_{\mathrm{ic}}} = \frac{u_{\mathrm{oc1}} - u_{\mathrm{oc2}}}{u_{\mathrm{ic}}} \approx 0$$

图 5-10 共模输入下双端输出差分放大电路

如前所述，共模信号就是漂移信号或者是伴随输入信号一起加入的干扰信号，因此，共模电压增益越小，说明放大电路的性能越好。

2) 单端输出的共模电压增益：单端输出时共模电压增益表示两个集电极任一端对地的共模输出电压与共模输入信号之比，即

$$A_{\mathrm{uc1}} = A_{\mathrm{uc2}} = \frac{u_{\mathrm{oc1}}}{u_{\mathrm{ic}}} = -\frac{\beta R_{\mathrm{L}}'}{R_{\mathrm{s}} + r_{\mathrm{be}} + (1+\beta)2R_{\mathrm{e}}}$$

式中，$R_{\mathrm{L}}' = R_{\mathrm{c}} /\!/ R_{\mathrm{L}}$。

当 $(R_{\mathrm{s}} + r_{\mathrm{be}}) \ll 2(1+\beta)R_{\mathrm{e}}$ 时

$$A_{\mathrm{uc1}} \approx -\frac{R_{\mathrm{L}}'}{2R_{\mathrm{e}}}$$

由上式可知，R_{e} 越大，共模电压增益越小，说明对共模干扰的抑制能力越强，故称 R_{e} 为共模抑制电阻。

3) 共模抑制比：差分放大电路很难做到完全对称，即使是双端输出，零点漂移也不能被完全克服，但将受到很大的抑制。在实际应用中，为了衡量差分放大电路抑制共模信号的能力（抑制零点漂移的能力），制定了一项技术指标，称为共模抑制比 K_{CMR}（Commmon Mode Rejection ratio，CMR）。共模抑制比定义为差模电压增益 A_{ud} 与共模电压增益 A_{uc} 之比的绝对值，即

$$K_{\mathrm{CMR}} = \left| \frac{A_{\mathrm{ud}}}{A_{\mathrm{uc}}} \right|$$

或用分贝（dB）数表示

$$K_{\mathrm{CMR}} = 20\lg \left| \frac{A_{\mathrm{ud}}}{A_{\mathrm{uc}}} \right|$$

在差分放大电路中，若电路完全对称，双端输出的共模电压增益 $A_{\mathrm{uc}} = 0$，$K_{\mathrm{CMR}} = \infty$。单端输出时共模抑制比的表达式为

$$K_{CMR} = \left| \frac{A_{ud}}{A_{uc}} \right| \approx \frac{\frac{\beta R'_L}{2(R_s + r_{be})}}{\frac{R'_L}{2R_e}} = \frac{\beta R_e}{R_s + r_{be}}$$

在上式中，R_e 越大，K_{CMR} 越大，说明共模抑制能力越强，即增大 R_e 是提高 K_{CMR} 的有效手段。

例 5-1 在图 5-11 所示的差分放大电路中，$\beta = 50$，$U_{BE} = 0.7V$，输入电压 $u_{i1} = 7mV$，$u_{i2} = 3mV$。要求：

(1) 计算晶体管的静态电流 I_B、I_C 及各电极的电位 U_E、U_C 和 U_B；
(2) 把输入电压 u_{i1}、u_{i2} 分解为共模分量 u_{ic} 和差模分量 u_{id}；
(3) 求单端共模输出的电压变化量 Δu_{oc1} 和 Δu_{oc2}；
(4) 求单端差模输出的电压变化量 Δu_{od1} 和 Δu_{od2}；
(5) 求单端总输出的电压变化量 Δu_{o1} 和 Δu_{o2}；
(6) 求双端共模输出 Δu_{oc}，双端差模输出 Δu_{od} 和双端总输出的电压变化量 Δu_o。
(7) 求单端输出时的共模抑制比。

解：(1) 静态时，$u_{i1} = u_{i2} = 0$，可画出单管直流通路，如图 5-12 所示，于是有

$$R_b I_B + U_{BE} + 2R_e I_E = U_{EE}$$

$$I_B = \frac{U_{EE} - U_{BE}}{R_b + 2(1 + \beta)R_e} = 0.01mA$$

$$I_C = \beta I_B = 50 \times 0.01mA = 0.5mA$$

$$I_E = (1 + \beta)I_B = 51 \times 0.01mA = 0.51mA$$

$$U_C = U_{CC} - I_C R_c = 3.45V$$

$$U_E = -6 + 2I_E R_e = -0.8V$$

$$U_B = -I_B R_b = -0.1V$$

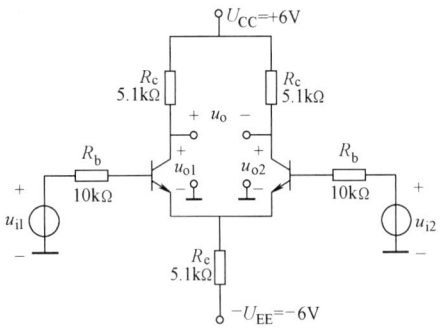

图 5-11 例 5-1 图

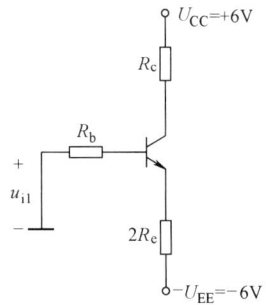

图 5-12 图 5-11 的半边直流通路

(2) 求 u_{ic} 和 u_{id}

$$u_{ic} = \frac{u_{i1} + u_{i2}}{2} = 5mV$$

$$u_{id} = u_{i1} - u_{i2} = 4mV$$

(3) 求共模输出电压

$$\Delta u_{oc1} = \Delta u_{oc2} = -\beta \frac{R_c}{R_b + r_{be} + 2(1+\beta)R_e} \Delta u_{ic} = -2.39\text{mV}$$

式中

$$r_{be} = r_{bb'} + (1+\beta)\frac{U_T}{I_{EQ}} = \left[300 + (1+50)\frac{26\text{mV}}{0.51\text{mA}}\right]\Omega = 2900\Omega$$

(4) 求单端差模输出电压

$$\Delta u_{od1} = -\frac{\beta R_c}{2(R_b + r_{be})} \Delta u_{id} = -39.8\text{mV}$$

$$\Delta u_{od2} = -\Delta u_{od1} = 39.8\text{mV}$$

(5) 求总输出电压

$$\Delta u_{o1} = \Delta u_{oc1} + \Delta u_{od1} = -42.2\text{mV}$$

$$\Delta u_{o2} = \Delta u_{oc2} + \Delta u_{od2} = 37.4\text{mV}$$

(6) 求双端输出电压

$$\Delta u_{oc} = \Delta u_{oc1} - \Delta u_{oc2} = 0$$

$$\Delta u_{od} = \Delta u_{od1} - \Delta u_{od2} = -79.6\text{mV}$$

$$\Delta u_o = \Delta u_{o1} - \Delta u_{o2} = -79.6\text{mV} = \Delta u_{od}$$

(7) 求单端输出时的共模抑制比

$$K_{CMR} = \left|\frac{A_{ud}}{A_{uc}}\right| = \frac{R_b + r_{be} + 2(1+\beta)R_e}{2(R_b + r_{be})} = 20.8$$

5.3.5 恒流源差分放大电路

由以上分析可知，为提高共模抑制比，应加大 R_e，这一点对单端输出电路尤为重要。

设晶体管发射极静态电流为 0.5mA，若 R_e 为 10kΩ，则电源 U_{EE} 的值约为 10.7V。在同样的静态工作电流下，若 $R_e = 100$kΩ，则 $U_{EE} \approx 100.7$V，这显然是不现实的。因为一方面集成电路中不易制作大阻值电阻；另一方面，这样高的电源电压对于小信号放大电路也非常不合适。为了既能采用较低的电源电压，又能有很大的等效电阻 R_e，可采用恒流源电路来取代 R_e，如图 5-13 所示，VT_3、V_z、R、R_e 组成恒流源电路，提供恒定电流 I_{C3}。由图中可知 U_{B3} 是稳定的，因此 U_{E3} 也是稳定的，所以 R_e 两端的压差稳定。于是，I_{C3} 是恒定的。

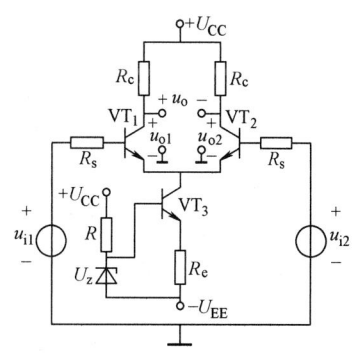

图 5-13 恒流源差分放大电路

恒流源的动态电阻很大，对共模信号有很强的抑制作用，可以提高共模抑制比。在差模信号作用下，引起一管电流增加，则另一管的电流必然等量减少，两电流之和仍为 I_{C3}。因此，恒流源电路对差模信号可视为交流短路，不影响差模信号的放大。同时恒流源的管压降只有几伏，可不必提高负电源电压值。

5.4 互补功率放大电路

在多级放大电路中,通常要求放大电路的末端(即输出级)输出一定的功率,以驱动负载。能够向负载提供足够信号功率的放大电路称为功率放大电路,简称功放。功率放大电路与前面所介绍的电压放大电路所要完成的任务是不同的,电压放大电路的任务是进行电压放大,其主要技术指标为电压放大倍数、输入电阻、输出电阻等。功率放大电路的任务在于向负载提供不失真的输出功率,主要技术指标为最大输出功率、效率、非线性失真等。在集成运算放大器和集成功率放大器的输出级,大多采用本节介绍的互补功率放大电路的形式。

5.4.1 功率放大电路的特点

1. 功率放大电路的核心问题

(1) 要求输出功率尽可能大

功率放大电路提供给负载的信号功率称为输出功率。在输入为正弦波且输出基本不失真情况下,输出功率是交流功率,表达式为 $P_o = I_o U_o$,式中 I_o 和 U_o 均为交流有效值。最大输出功率 P_{om} 是在电路参数确定的情况下负载上可能获得的最大交流功率。

(2) 转换效率 η

功率放大电路的最大输出功率与电源所提供的功率之比称为转换效率。比值越大,效率越高。电源提供的功率是直流功率,其值等于电源输出电流平均值及其电压之积。

由于功率放大电路的输出功率大,因此直流电源消耗的功率也大,这就需要功率放大电路有一个较高的效率。

(3) 功率器件的散热问题

由于通过功率放大电路的电压和电流较大,有相当大的功率消耗在管子的集电结上,使结温和管壳温度升高。为了使功率器件输出足够大的功率,必须很好地解决功率放大器件的散热问题。

(4) 非线性失真

在大信号下工作的功率放大电路,不可避免地会产生非线性失真,而且功放管输出功率越大,非线性失真越严重,这就使输出功率和非线性失真成为一对主要矛盾。

功率放大电路一般处于多级放大电路或集成运算放大器的最后一级,直接驱动负载,其输入信号幅度已经较大,因此功率放大电路不再适合用微变等效电路法来分析,一般采用图解法分析功率放大电路。

2. 提高功率放大电路效率的主要途径

提高功率放大电路效率是功率放大电路的核心问题。图 5-14 所示为阻容耦合共发射极基本放大电路的图解分析。从图 5-14a 中可以看出,静态工作点 Q 基本处于交流负载线的中心,设置合理,有着较大的不失真电压输出幅度,但是该电路的效率如何?在没有输入信号时,$U_I = 0$,晶体管的静态集电极电流为 I_{CQ},管压降为 U_{CEQ},管耗为 $P_U = I_{CQ} U_{CEQ}$,集电极电阻消耗的功率为 $P_R = I_{CQ}^2 R_C$,这两部分功率之和约等于直流电源提供的功率,并全部以热量的形式耗散出去;当有输入信号时,这些功率的一部分转化为有用的输出功率。输入信号越大,负载得到的输出功率越多。可以证明,这类放大电路的最大效率为 50%。这种在输入信号整个周期内都有电流流过晶体管,即晶体管的导通角为 360°的工作状态,称为晶体管的甲类放大状态。

如何能够提高放大电路的效率呢？之所以甲类放大的效率不高，其问题在于晶体管的静态工作点过高，晶体管和集电极电阻在静态时就产生了大量功耗，这些功耗并没有变成负载所需要的交流功率，而是白白地浪费掉了。因此降低静态工作点 Q 一定可以提高放大电路的效率。降低静态工作点后，晶体管并没有在输入信号的整个周期内部都有电流流过，所以晶体管的导通角大于 180° 而小于 360°，称晶体管的这种工作状态为甲乙类工作状态，如图 5-14b 所示。静态工作点的降低又使最大不失真输出幅度降低，集电极电流 i_C 的负半周部分波形被削平了，出现了失真，如果进一步降低静态工作点 Q，使之降到横轴上，这样晶体管在输入信号的一个周期内只有一半的时间工作，即每周期导通角为 180°，如图 5-14c 所示。这种晶体管的工作状态称为乙类工作状态。乙类功放工作在零偏状态，减少了静态功耗，效率较高，但信号会出现严重失真，必须对电路进行改进，解决失真问题。

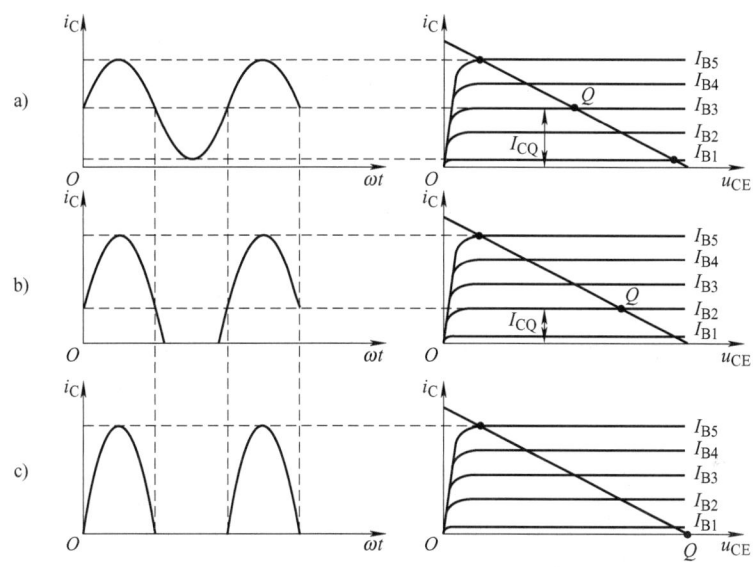

图 5-14 Q 点下移对放大电路工作状态的影响
a）甲类放大图解分析 b）甲乙类放大图解分析 c）乙类放大图解分析

5.4.2 乙类互补功率放大电路

1. 电路组成

晶体管工作在乙类工作状态的放大电路，虽然管耗小，有利于提高效率，但是，因为没有偏置，它的输出电压只有半个周期的波形，造成输出波形严重失真。如果用两只管子，使之都工作在乙类放大状态，一个工作在输入信号的正半周期，而另一个工作在输入信号的负半周期，同时使两个输出波形都能加到负载上，即可在负载上得到一个完整的波形，这样就能解决效率与失真的问题，故采用两个极性相反的射极输出器组成乙类互补功率放大电路，如图 5-15a 所示。VT$_1$（NPN 型）和 VT$_2$（PNP 型）是一对特性相同的互补对称晶体管。VT$_1$ 和 VT$_2$ 的基极和发射极分别连接在一起。信号从基极输入，从发射极输出，R_L 为负载。图 5-15a 电路可以看成是由图 5-15b、c 的两个射极输出器组合而成。射极输出器的特点是输出电阻小，带负载能力强，适合做功率输出级。

2. 工作原理

设输入信号 u_i 为正弦波。静态时，$u_i = 0$，两个晶体管均截止，集电极电流 $I_{C1} = I_{C2} = 0$，输出电压也为零，实现了无静态功耗，动态时，如果忽略晶体管发射结的开启电压，当输入信号 u_i 处于正半周时，VT_1 导通，有电流 i_{e1} 通过负载 R_L，方向如图 5-15a 所示，与 u_o 的参考方向相同；当输入信号 u_i 处于负半周时，VT_2 导通，有电流 i_{e2} 通过负载 R_L，与 u_o 的参考方向相反。于是实现了两个晶体管在信号的正、负半周内轮流导电，如图 5-15b、c 所示，从而在负载上得到一个完整的正弦信号，如图 5-16 所示。由于两管互补对方的不足，工作性能对称，故该电路称为乙类互补对称功率放大电路。

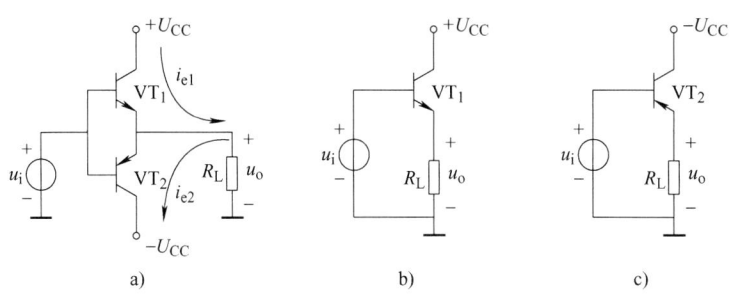

图 5-15 乙类互补功率放大电路

3. 交越失真及其消除

严格地说，当输入信号很小时，达不到晶体管的开启电压，晶体管不导通。在信号正、负半周交替过零处，因晶体管存在开启电压而形成的非线性失真，称为交越失真。

为消除交越失真，应该使两个晶体管在静态时就处于微导通的状态。也就是说，静态时晶体管的静态工作点已经处于稍大于开启电压的状态，只要加入很小的动态信号，晶体管即可进入放大区，这样就可以避免出现交越失真现象。

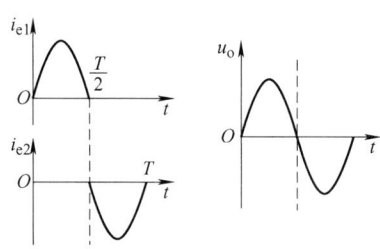

图 5-16 乙类互补功率放大电路
波形的合成

为了使晶体管在静态时工作在微导通状态，就必须增加偏置电路，使晶体管的静态工作点设置在稍微大于开启电压处，于是在一个周期内晶体管的导通角略大于 180°，这种工作状态为甲乙类工作状态。图 5-17 给出了两种不同偏置方式的甲乙类互补功率放大电路。图 5-17a 中，二极管 VD_1、VD_2 的支路就是晶体管的偏置电路，其上的压降刚好可以弥补两个晶体管的开启电压。它为 VT_1、VT_2 两管提供了一个较小的静态电流。由于采用正、负电源供电，VT_1、VT_2 的特性相同，两管静态电流相等、管压降相等，所以静态时负载上的输出电压和电流均为零。对于交流信号，由于二极管的动态电阻很小，所以在 VD_1 和 VD_2 上的交流电压降很小，即 VT_1 和 VT_2 的基极对交流信号而言可以看作等电位。因此，有交流输入信号时，可以认为加到 VT_1、VT_2 管的基极信号相等。由于设置了偏置电压，在输入信号作用下，两个晶体管的导通角均略大于 180°，基本可以消除交越失真。由于甲乙类互补功率放大电路的偏置电压很小，与乙类互补功率放大电路的工作情况很相近，故仍可按乙类互补功率放大电路分析计算。

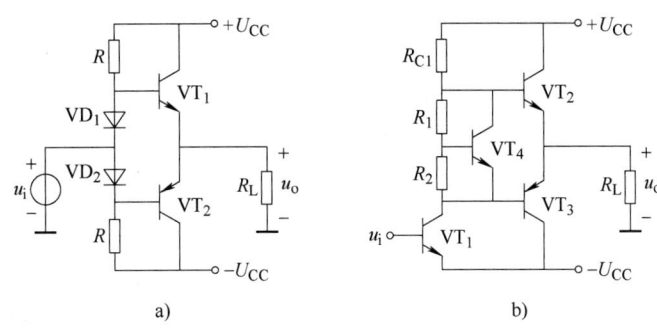

图 5-17 甲乙类互补功率放大电路
a) 用二极管提供偏置 b) 用 U_{BE} 倍增电路提供偏置

图 5-17b 用电压倍增电路取代两个二极管,忽略 VT_4 的基极电流,U_{CE4} 与 U_{BE4} 的倍增关系如下:

$$U_{CE4} \approx \frac{U_{BE4}(R_1 + R_2)}{R_2}$$

因晶体管 VT_4 的发射结压降 U_{BE4} 基本不变(0.5~0.7 V),调整电阻 R_1、R_2 可使 U_{CE4} 增大或减小,从而满足偏置电压需要,在集成功放中常采用这种偏置方式。

4. 参数计算

(1) 输出功率

乙类互补功率放大电路如图 5-15 所示,输出波形如图 5-16 所示。VT_1 与 VT_2 除了一个是 NPN 型,一个是 PNP 型外,所有参数均相同,特性一致。若输入正弦波,则在负载电阻上的输出功率为

$$P_o = U_o I_o = \frac{U_{om}}{\sqrt{2}} \frac{I_{om}}{\sqrt{2}} = \frac{U_{om}^2}{2R_L} \tag{5-3}$$

式中,U_{om} 为输出电压幅值;I_{om} 为输出电流幅值。

当输出电压幅值最大时,负载上可获得最大输出功率。负载上最大输出电压幅值为 $U_{omax} = U_{CC} - U_{CES}$,此时负载上的最大不失真输出功率为

$$P_{omax} = \frac{U_{omax}^2}{2R_L} = \frac{(U_{CC} - U_{CES})^2}{2R_L} \tag{5-4}$$

一般晶体管的饱和压降 U_{CES} 较小,可以忽略,则

$$P_{omax} \approx \frac{U_{CC}^2}{2R_L} \tag{5-5}$$

(2) 功率管的功率损耗

电源输入的直流功率,有一部分通过晶体管转换为输出功率,剩余的部分则消耗在晶体管上,产生晶体管的管耗。晶体管的管耗主要是集电结的功耗。对于乙类互补功率放大电路,在输出正弦波的幅值为 U_{om} 时,输出功率为

$$P_o = \frac{U_{om}^2}{2R_L} \tag{5-6}$$

此时直流电源提供的功率为

$$P_U = \frac{1}{2\pi}\int_0^{2\pi} U_{CC} i_c(t) d(\omega t) = \frac{1}{\pi}\int_0^{\pi} U_{CC} i_c(t) d(\omega t)$$

$$= \frac{U_{CC}}{\pi}\int_0^{\pi} \frac{U_{om}}{R_L}\sin\omega t\, d(\omega t) = \frac{2U_{CC}U_{om}}{\pi R_L} \tag{5-7}$$

两个晶体管的功耗为

$$P_T = P_U - P_o = \frac{2U_{CC}U_{om}}{\pi R_L} - \frac{U_{om}^2}{2R_L} \tag{5-8}$$

画出 P_U 和 P_o 的关系曲线,如图 5-18 所示。图 5-18 中阴影部分即代表管耗,显然管耗与输出幅度有关,且成非线性关系。可用 P_T 对 U_{om} 求导的办法找出最大值及此时的 U_{om} 值。经计算不难得到,P_{Tmax} 发生在 $U_{om} \approx 0.64 U_{CC}$,将 $U_{om} \approx 0.64 U_{CC}$ 代入 P_T 的表达式,可得

$$P_{Tmax} = \frac{2U_{CC}U_{om}}{\pi R_L} - \frac{U_{om}^2}{2R_L} \approx \frac{2U_{CC}\times 0.64 U_{CC}}{\pi R_L} - \frac{(0.64 U_{CC})^2}{2R_L} \approx 0.4 P_{omax} \tag{5-9}$$

对一只晶体管,有

$$P_{T1max} = P_{T2max} \approx 0.2 P_{omax} \tag{5-10}$$

功率管的功耗以发热的形式散发出来,为此必须给晶体管加一定大小的散热器,以帮助晶体管散热,否则晶体管的温度上升到超过 PN 结所能承受的最高温度时,会导致反向饱和电流急剧增加,甚至烧毁晶体管。

(3) 转换效率

互补功率放大电路的转换效率为输出功率与电源提供功率之比,即

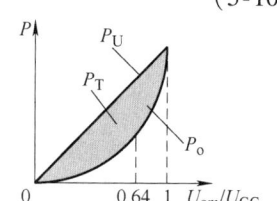

图 5-18 乙类互补功率放大电路晶体管的管耗

$$\eta = \frac{P_o}{P_U} = \frac{U_{om}^2}{2R_L} \bigg/ \frac{2U_{CC}U_{om}}{R_L} = \frac{\pi}{4}\frac{U_{om}}{U_{CC}} \tag{5-11}$$

显然,当 $U_{om} = U_{CC}$ 时效率达到最高,为 $\eta = \pi/4 \approx 78.5\%$。但是实际的效率值要小于 78.5%,因为考虑晶体管的饱和压降后,$U_{om} < U_{CC}$。

5. 功率管的选择

在功率放大电路中,应根据晶体管所能承受的最大允许反向电压、集电极最大电流和最大允许功耗来选择晶体管。

(1) 最大允许反向电压 $U_{(BR)CEO}$

分析功率放大电路的原理可知,两只功率管中处于截止状态的管子将承受较大的管压降。当 VT$_1$ 饱和导通时,VT$_2$ 所承受最大管压降为

$$u_{EC2max} = (U_{CC} - U_{CES}) + U_{CC} = 2U_{CC} - U_{CES} \approx 2U_{CC} \tag{5-12}$$

同理可得,当 VT$_2$ 饱和导通时,VT$_1$ 承受最大管压降,数值也约为 $2U_{CC}$。因此,应选用 $U_{(BR)CEO} > 2U_{CC}$ 的功率管。

(2) 集电极最大电流 I_{CM}

由电路分析可知,晶体管的发射极电流等于负载电流,负载电阻上的最大电压为 $U_{CC} - U_{CES}$,故集电极电流的最大值为

$$I_{Cmax} \approx I_{Emax} = \frac{U_{CC} - U_{CES}}{R_L} \approx \frac{U_{CC}}{R_L} \tag{5-13}$$

所以必须选择集电极最大电流 $I_{CM} > \frac{U_{CC}}{R_L}$ 的功率管。

(3) 集电极最大允许功耗 P_{CM}

对于乙类互补功率放大电路，静态时输入电压为零，输出功率最小，管子的集电极电流很小，所以管子的损耗很小；当输入电压最大时，输出功率最大，但是由于管压降很小，所以管子的损耗也很小。由理论分析可知，晶体管集电极最大功耗仅为理想时（饱和管压降为零）最大输出功率的 1/5。所以，必须选择集电极最大允许功耗 $P_{CM} > 0.2P_{omax}$ 的功率管。

5.4.3 单电源互补功率放大电路

除了前面介绍的双电源互补功率放大电路外，还有一些其他类型的互补功率放大电路。下面将介绍单电源互补功率放大电路，即 OTL 功放（无变压器耦合的功率放大电路）。而双电源互补功放，称为 OCL 功放（无输出耦合电容的功率放大电路）。

单电源互补功率放大电路如图 5-19 所示。设 VT_1 和 VT_2 的参数对称，两晶体管发射极 e 的静态电位等于 $\dfrac{U_{CC}}{2}$。为了使负载上仅获得交流信号，将电容器串联在负载与发射极 e 之间。静态时，电容上的电压 $U_C = U_E = \dfrac{U_{CC}}{2}$。由于电容 C 的容量足够大，时间常数 $R_L C$ 远大于输入信号的周期。这样，在一个输入信号周期内，电容充电和放电的电荷变化不会引起电容的端电压发生明显变化，电容 C 相当于一个恒压源。

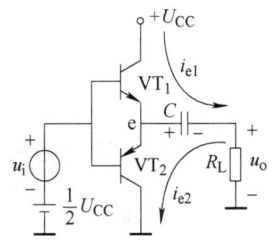

图 5-19 单电源互补功率放大电路（OTL）

在输入正弦波信号的正半周，VT_1 导通，VT_2 截止，向负载提供电流 $i_o = i_{e1}$，即电流从 $+U_{CC}$ 经 VT_1 的集电极和发射极、电容 C、负载电阻 R_L 至地，电容 C 充电，输出电压 u_o 跟随输入电压 u_i 变化。在输入正弦波信号的负半周，VT_2 导通，VT_1 截止，C 放电，电流由电容 C 所存储的电荷提供，$i_o = i_{e2}$，即电流从电容 C 的 "+" 端经 VT_2 的发射极和集电极、地、R_L 至 C 的 "−" 端，输出电压 u_o 仍然跟随输入电压 u_i 变化。不难看出，OTL 电路相当于正、负电源分别为 $\dfrac{U_{CC}}{2}$ 和 $-\dfrac{U_{CC}}{2}$ 的双电源互补功放。有关该功率放大电路的参数可仿照 OCL 电路进行计算。

集成运算放大电路是一种高性能的直接耦合放大电路，尽管品种繁多，内部电路结构也各不相同，但是它们的基本组成部分、结构形式和组成原则基本一致。因此，对于典型电路的分析具有普遍意义，一方面可从中理解集成运放的性能特点，另一方面可以了解复杂电路的分析方法。

集成运算放大电路按制造工艺分有晶体管、CMOS 和 BiFET 兼容型。晶体管型运放一般输入偏置电流及器件功耗较大，它的输出级可提供较大的负载电流；CMOS 型运放输入电阻高、功耗低，可在低电源电压下工作；BiFET 兼容型运放一般以场效应晶体管作为输入级，它具有高输入电阻、高精度和低噪声的特点。

5.5 Multisim 应用举例

5.5.1 镜像电流源仿真电路

创建仿真电路如图 5-20 所示，构成镜像电流源。用直流电流表测定电流源电路，输出电流与给定电流近似相等，即 $I_{C1}=I_{C2}$。当给定输入发生改变时，输出也随着发生变化，如图所示。

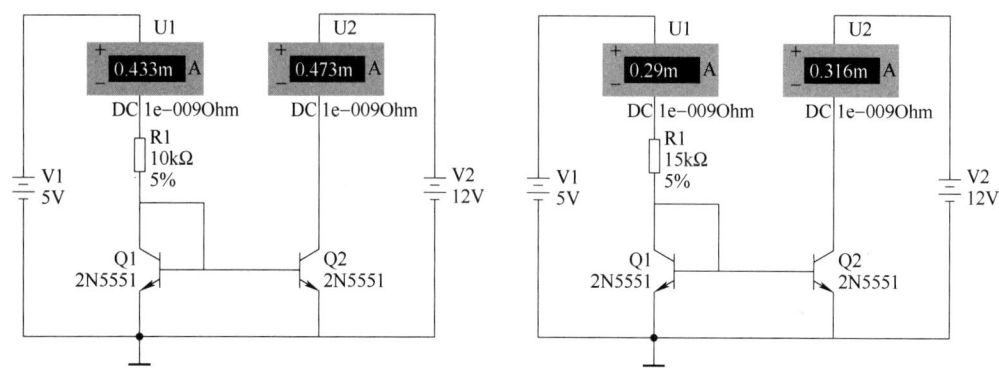

图 5-20　镜像电流源仿真电路及测量结果

5.5.2　差分放大电路的仿真

1. 仿真电路

创建双端输入双端输出的差分放大电路如图 5-21 所示，晶体管的型号为 2N5551。

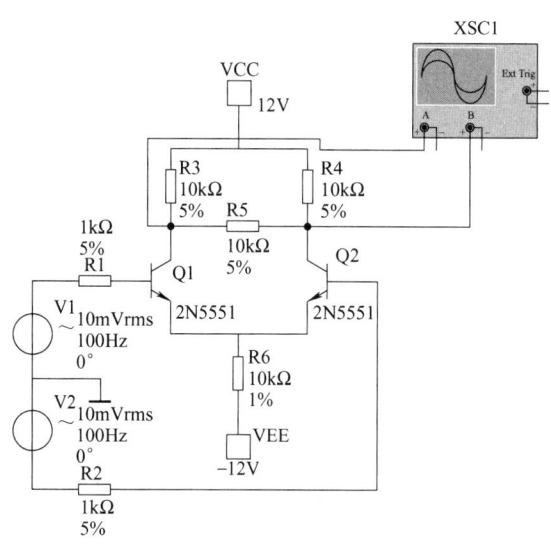

图 5-21　差分放大电路

2. 仿真分析

（1）静态分析

将输入信号置零，用万用表测量静态工作点，如图 5-22 所示。

通过测量可确定电路的静态工作点为：$I_{BQ}=5.096\mu A$，$I_{CQ}=560.934\mu A$，$U_{CEQ}=7.07V$。

根据测量值可确定晶体管电流放大倍数 $\beta\approx 110$。

（2）动态分析

用示波器观测波形，可以看出双端输出的电压两端大小相等、相位相反。若从 C1 输

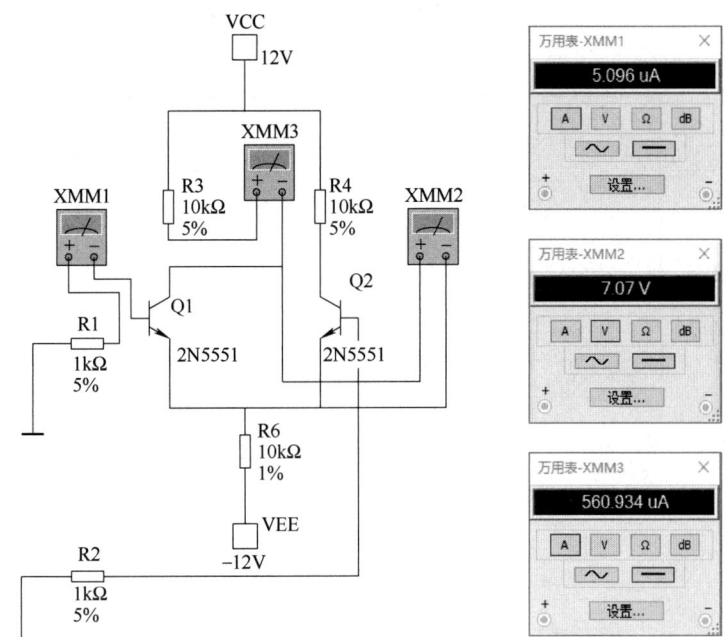

图 5-22 差分放大电路静态工作点的测量及测量结果

出，则输出电压与输入电压反相，如图 5-23 所示；若从 C2 输出，则输出电压与输入电压同相，如图 5-24 所示。

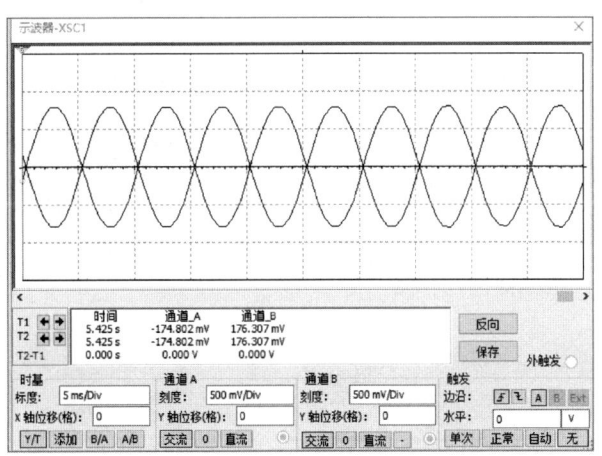

图 5-23 从 C1 输出的电压与输入电压波形

差模电压放大倍数：双端输入双端输出时，$A_{ud}=0$；双端输入单端输出时，根据图 5-25 所示，可得 $A_{ud}=\dfrac{u_{od1}}{2u_{id1}}=-83$。

测量共模电压放大倍数的电路如图 5-26 所示。根据图 5-27 所示的测量结果，有

$$A_{ud}=\frac{u_{oc}}{u_{ic}}=-\frac{13.725}{27.792}=-0.49$$

共模抑制比为

$$K_{\text{CNR}} = \left|\frac{A_{\text{ud}}}{A_{\text{uc}}}\right| = \left|\frac{83}{0.49}\right| = 169.4$$

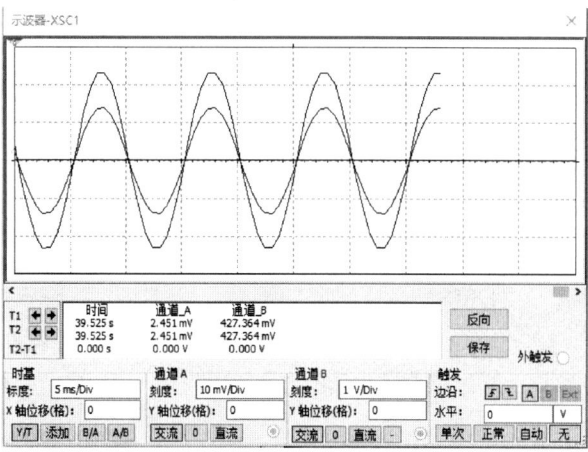

图 5-24 从 C2 输出的电压与输入电压波形

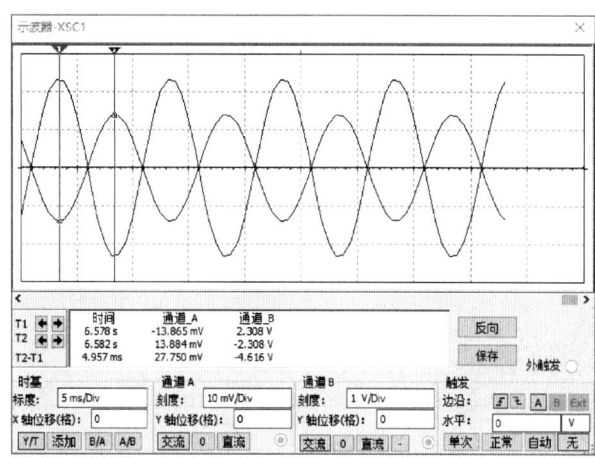

图 5-25 差模电压放大倍数的测量结果

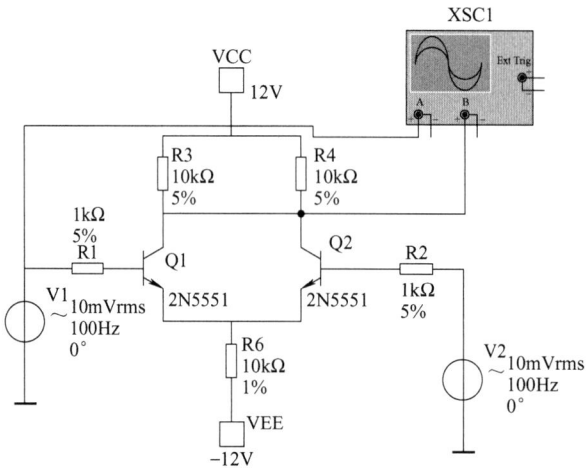

图 5-26 共模电压放大倍数的测量电路

第 5 章 模拟集成电路　139

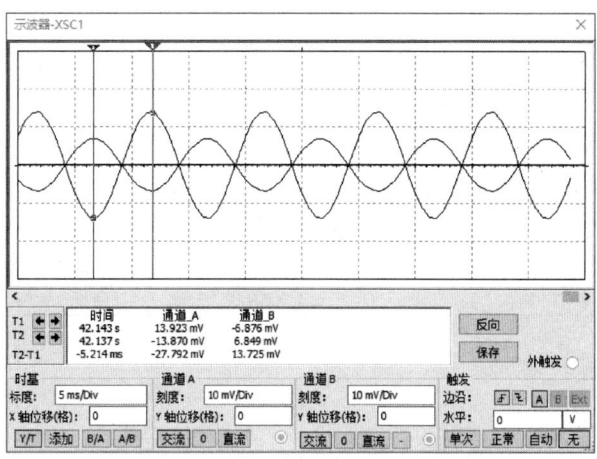

图 5-27　共模电压放大倍数的测量结果

5.5.3　功率放大电路的仿真

1. 仿真电路

创建乙类互补功率放大电路如图 5-28 所示，晶体管的型号为 2SC1815 和 2SA1015。

2. 仿真分析

（1）电压放大倍数

电路参数测量电路如图 5-29 所示，输入输出波形如图 5-30 所示。通过测试可知，电压放大倍数为

$$A_u = \frac{U_o}{U_i} = 0.77$$

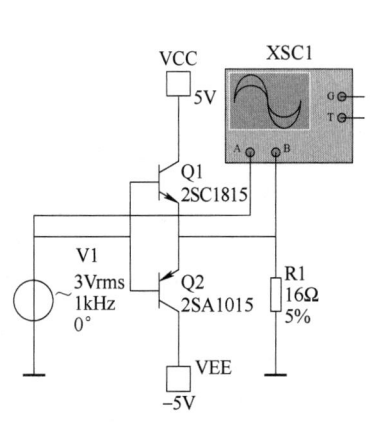

图 5-28　乙类互补功率放大电路　　　　图 5-29　电路参数测量电路

（2）效率

直流电源的电流为　　$I_{CC1} = 78.801 \text{mA}$　　$I_{CC2} = 78.799 \text{mA}$

直流电源功率为 $P_U = (I_{CC1} + I_{CC2})U_{CC} = 0.788\text{W}$

负载功率为 $P_o = U_o I_o = 0.35\text{W}$

效率为 $\eta = \dfrac{P_o}{P_U} \times 100\% = 48\%$

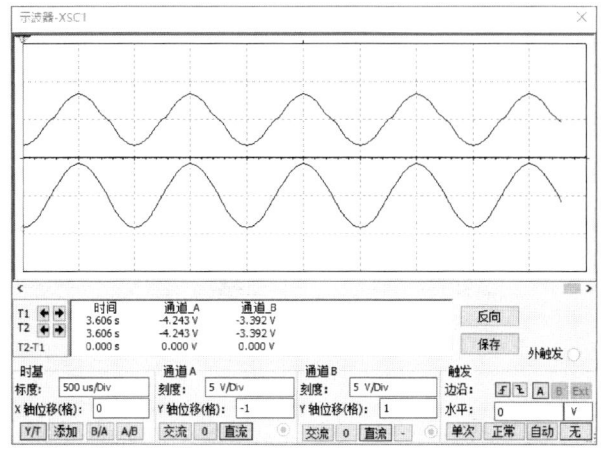

图 5-30　乙类互补功率放大电路输入输出波形

(3) 交越失真及其消除

观察图 5-30 所示乙类互补功率放大电路的输出波形存在交越失真。为了改善乙类互补功率放大电路的输出波形，对电路进行改进，在晶体管的基极加入两个二极管，并使之正偏，电路成为甲乙类互补功率放大电路，如图 5-31 所示。可测量并计算电路参数，方法同前。甲乙类互补功率放大电路输入、输出波形如图 5-32 所示。

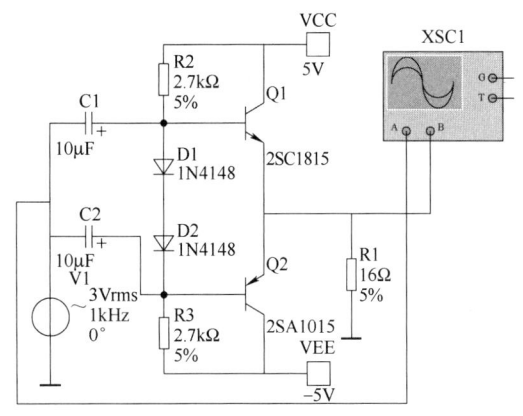

图 5-31　甲乙类互补功率放大电路

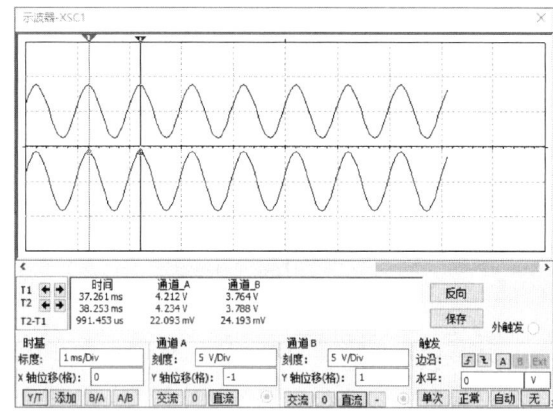

图 5-32　甲乙类互补功率放大电路输入、输出波形

本章小结

1. 电流源电路是模拟集成电路的基本单元电路，其特点是直流电阻小，动态输出电阻（小信号电阻）很大，并具有温度补偿作用。常用来作为放大电路的有源负载和决定放大电

路各级 Q 点的偏置电流。

2. 差分放大电路是模拟集成电路的重要组成单元，特别是作为集成运算放大器的输入级，它既能放大直流信号，又能放大交流信号；它对差模信号具有很强的放大功能，而对共模信号却具有很强的抑制能力。由于电路输入、输出方式的不同组合，共有四种典型电路。

3. 差分放大电路利用晶体管和电路参数的对称性来抑制温度漂移。分析时将输入信号等效为差模信号和共模信号的叠加，分别计算其差模放大倍数和共模放大倍数，二者之比为共模抑制比（K_{CMR}）。共模抑制比越高，抑制温漂的能力越强。为提高 K_{CMR}，常在差分对管的发射极接电阻 R_e，在集成电路中还常用恒流源代替 R_e。

4. 差分放大电路的分析分静态、差模动态和共模动态三种情况进行。静态分析的原则同放大电路。差模动态分析根据电路的输入、输出方式不同而有所差别。因为单端输入可以等效成双端输入，所以双端输入双端输出、单端输入双端输出的电压增益、输出电阻的表达式相同；双端输入单端输出、单端输入单端输出的电压增益、输出电阻的表达式相同。共模动态分析主要解决共模抑制比的计算，双端输出的共模输出电压按零计算；单端输出则需要根据等效电路计算。

5. 为使集成运算放大器有较大的动态输出范围和较强的带负载能力，其输出级通常采用双电源供电的互补功率放大电路，其实质为两个射极跟随器的组合。为提高效率，晶体管工作在乙类状态；而为了减小交越失真，常为其提供很小的静态电流，构成甲乙类功率放大电路。

自我检测题

1. 直接耦合放大电路的放大倍数越大，在输出端出现的零点漂移现象就越（　　）。
   A. 严重　　　　　　　　B. 轻微　　　　　　　　C. 和放大倍数无关
2. 差分放大电路的差模信号是两个输入端信号的（　　）；共模信号是两个输入端信号的（　　）。
   A. 差　　　　　　　　　B. 和　　　　　　　　　C. 平均值
3. 在长尾式差动放大电路中，R_e 的主要作用是（　　）。
   A. 提高差模放大倍数　　　　　　　　B. 抑制零点漂移
   C. 增大差动放大电路的输入电阻　　　D. 减小差动放大电路的输出电阻
4. 一对差模信号是指两个（　　）的双端输入信号；一对共模信号是指两个（　　）的双端输入信号。
   A. 幅度不等，极性相反；幅度相等，极性相同
   B. 幅度不等，极性相反；幅度不等，极性相同
   C. 幅度相等，极性相反；幅度相等，极性相同
   D. 幅度相等，极性相反；幅度相等，极性不同
5. 为增大电压放大倍数，集成运放的中间级多采用（　　）。
   A. 共射放大电路
   B. 共集放大电路
   C. 共基放大电路
6. 在图 5-33 所示电路中，晶体管 VT_1 和 VT_2 的参数对称，$R_{c1} = R_{c2}$，$R_{b1} = R_{b2}$。当输入信号为共模信号时，在两集电极 c_1 和 c_2 之间接入一个指针零点居中的直流电压表。以下答案正确的是（　　）。
   A. 指针偏向右侧
   B. 指针居中不动

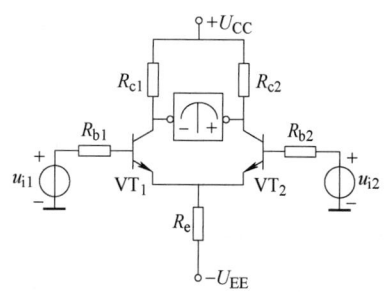

图 5-33　题 6 图

C. 指针偏向左侧
D. 指针左右摆动

7. 功率放大电路的最大输出功率是在输入电压为正弦波时，输出基本不失真情况下，负载上可能获得的最大（　　）。
A. 交流功率　　　　　　B. 直流功率　　　　　　C. 平均功率

8. 功率放大电路的转换效率是指（　　）。
A. 输出功率与晶体管所消耗的功率之比
B. 最大输出功率与电源提供的平均功率之比
C. 晶体管所消耗的功率与电源提供的平均功率之比

9. 为了克服乙类功放中的交越失真现象，可以采用（　　）。
A. 减小输入信号幅值　　　　　　　　　B. 加大输入信号幅值
C. 改用单电源供电　　　　　　　　　　D. 甲乙类功放

10. 已知电路如图 5-34 所示，VT_1 和 VT_2 的饱和管压降 $|U_{CES}| = 3V$，$U_{CC} = 15V$，$R_L = 8\Omega$，选择正确答案填入括号内。

(1) 电路中 VD_1 和 VD_2 的作用是消除（　　）。
A. 饱和失真　　　　　　B. 截止失真　　　　　　C. 交越失真

(2) 静态时，晶体管发射极电位 U_{EQ}（　　）。
A. >0　　　　　　B. =0　　　　　　C. <0

(3) 最大输出功率 P_{om}（　　）。
A. ≈28W　　　　　　B. =18W　　　　　　C. =9W

(4) 当输入为正弦波时，若 R_1 虚焊，即开路，则输出电压（　　）。
A. 为正弦波　　　　　　B. 仅有正半波　　　　　　C. 仅有负半波

(5) 若 VD_1 虚焊，则 VT_1（　　）。
A. 可能因功耗过大烧坏　　　　B. 始终饱和　　　　C. 始终截止

习　题

5-1　某差分放大电路如图 5-35 所示，设对管的 $\beta = 50$，$r_{bb'} = 300\Omega$，$U_{BE} = 0.7V$，R_W 的影响可以忽略不计，试估算：
(1) VT_1、VT_2 的静态工作点；
(2) 差模电压放大倍数 A_{ud}。

5-2　在图 5-36 所示的差分放大电路中，已知两个对称晶体管的 $\beta = 50$，$r_{be} = 1.2k\Omega$。
(1) 画出共模、差模半边电路的交流通路；
(2) 求差模电压放大倍数 $A_{ud} = \dfrac{\Delta U_o}{\Delta U_{i1} - \Delta U_{i2}}$；
(3) 求单端输出和双端输出时的共模抑制比 K_{CMR}。

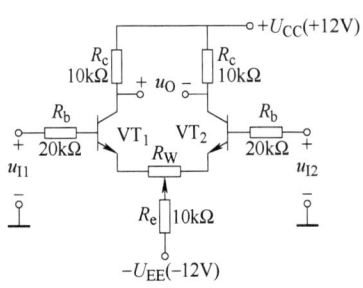

图 5-35　题 5-1 图

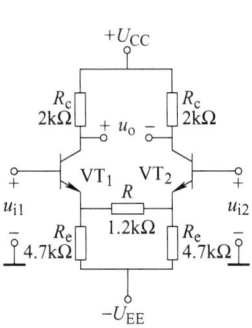

图 5-36　题 5-2 图

5-3 分析图 5-37 的电路，在三种可能的答案（A. 增大；B. 减小；C. 不变）中选择正确者填空，设元件参数改变所引起的工作点改变不至于造成放大管处于截止或饱和状态。

(1) 若电阻 R_e 增大，则差模电压放大倍数（   ），共模电压放大倍数（   ）。

(2) 若电阻 R 增大，则差模电压放大倍数（   ）；共模电压放大倍数（   ）。

(3) 若两个 R_c 增大同样的数量，则差模电压放大倍数（   ）；共模电压放大倍数（   ）。

5-4 某差分放大电路的输出电压表达式为 $U_o = 1000U_{i1} - 999U_{i2}$，试求：

(1) 差模电压放大倍数 A_{ud}；

(2) 共模电压放大倍数 A_{uc}；

(3) 共模抑制比。

5-5 差分放大电路如图 5-38 所示，设 $\beta_1 = \beta_2 = 50$，$r_{be1} = r_{be2} = 1.5\text{k}\Omega$，$U_{BE1} = U_{BE2} = 0.7\text{V}$，$R_W$ 的滑动端位于中点。估算：

(1) 静态工作点 I_{c1}、I_{c2}、U_{c1}、U_{c2}；

(2) 差模电压放大倍数 $A_{ud} = \dfrac{\Delta U_o}{\Delta U_i}$；

(3) 差模输入电阻 R_{id} 和输出电阻 R_{od}。

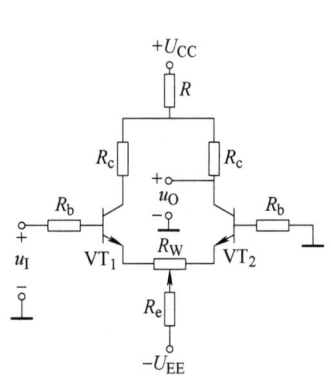

图 5-37 题 5-3 图

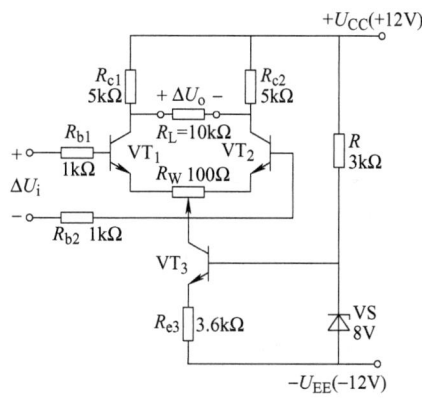

图 5-38 题 5-5 图

5-6 电路如图 5-39 所示。已知电压放大倍数为 -100，输入电压 u_i 为正弦波，VT_2 和 VT_3 管的饱和压降 $|U_{CES}| = 2\text{V}$。试问：

(1) 在不失真的情况下，输入电压最大有效值 U_{imax} 为多少；

(2) 若 $U_i = 12\text{mV}$（有效值），则 U_o 为多少；若此时 R_3 开路，则 U_o 为多少；若 R_3 短路，则 U_o 为多少。

5-7 如图 5-40 所示电路中，$\beta_1 = \beta_2 = \beta_3 = 50$，$U_{BE} = 0.6\text{V}$，$r_{bb'} = 300\Omega$，设电位器 R_P 的滑动端处于中间位置。

(1) 估算电路的静态工作点；

(2) 求差模电压放大倍数 $A_{ud} = \dfrac{u_o}{u_{i1} - u_{i2}}$，差模输入电阻和输出电阻。

5-8 电路如图 5-41 所示，已知 VT_1、VT_2 的饱和压降为 2V，A 为理想运算放大器且输出电压幅度足够大，能提供足够的驱动电流。u_i 为正弦输入电压。

(1) 计算负载上所能得到的最大不失真功率；

(2) 求输出最大时输入电压幅度值 U_{im}；

(3) 说明二极管 VD_1、VD_2 在电路中的作用。

5-9 一互补对称式 OTL 电路如图 5-42 所示,设其最大不失真功率为 6.25W,晶体管饱和压降及静态功耗可以忽略不计。

(1) 电源电压至少应取多大;

(2) VT_1、VT_2 的 P_{cm} 至少应选多大;

(3) 若输出波形出现交越失真,应调节哪个电阻;

(4) 若输出波形出现一边削峰失真,应调节哪个电阻来消除。

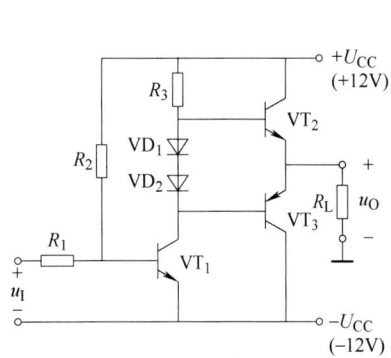

图 5-39 题 5-6 图

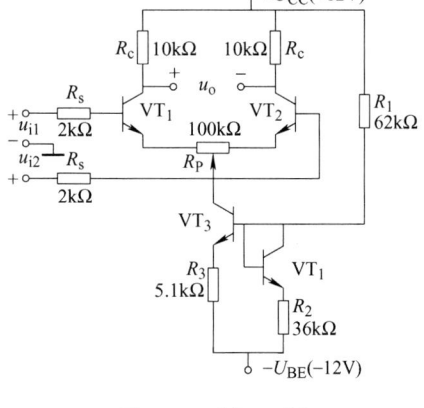

图 5-40 题 5-7 图

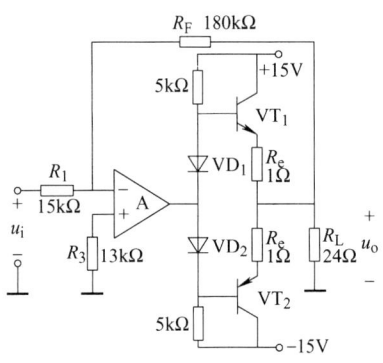

图 5-41 题 5-8 图

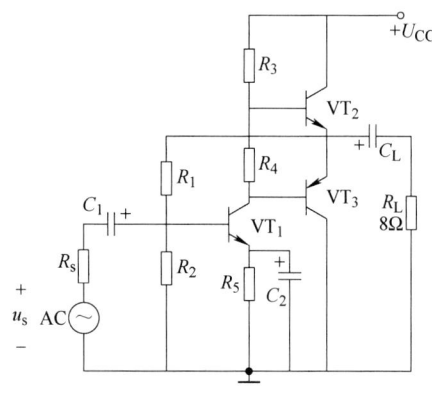

图 5-42 题 5-9 图

第 6 章　反馈放大电路

在电子技术中,反馈不仅是改善放大电路性能的重要手段,而且在振荡电路、直流稳压电源等许多场合,反馈都起着不可替代的作用。例如,分压式偏置电路利用直流负反馈稳定静态工作点;典型差分放大电路 R_e 对共模信号有很强的负反馈作用,从而抑制了直流放大电路的零点漂移;集成运算放大器的三种基本运算电路(见第 7 章),电阻 R_f 跨接在输出端与反相输入端之间,构成深度负反馈,使运算放大器的线性工作范围得到了极大的扩展。

本章仅就反馈的概念、反馈的类型及其判别、负反馈对放大电路性能的影响、深度负反馈放大电路的分析计算和负反馈正确引入的原则等几个问题进行讨论。

6.1　反馈的基本概念和基本方程式

6.1.1　反馈的基本概念

反馈即为在电子电路中,将输出量(输出电压或电流)的一部分或全部通过一定的电路形式送回输入回路,用来影响其输入量(放大电路的输入电压或电流)的过程。在电子技术领域,反馈现象是普遍存在的。

按照反馈放大电路各部分电路的主要功能可将其分为基本放大电路和反馈网络两部分,框图如图 6-1 所示。前者的主要功能是放大信号,后者的主要功能是传输反馈信号。反馈就是将输出信号 $\dot{X}_o$ 取出一部分或全部作为反馈信号 $\dot{X}_f$ 回馈放大电路的输入回路,与原输入信号 $\dot{X}_i$ 相加或相减后再作用到放大电

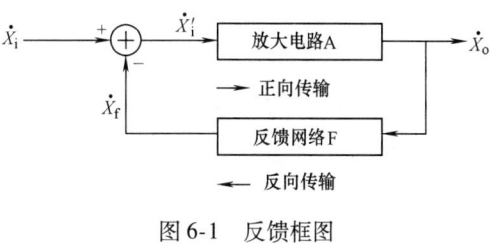

图 6-1　反馈框图

路的输入端。从图 6-1 可以看出,放大电路和反馈网络正好构成一个环路,放大电路无反馈称为开环;放大电路有反馈,放大电路与反馈网络构成一个环路,称为闭环。基本放大电路的输入信号称为净输入量,它不但取决于输入信号(输入量),还与反馈信号(反馈量)有关。

6.1.2　反馈的基本方程式

图 6-1 中,$\dot{X}_i$ 是输入信号,$\dot{X}_f$ 是反馈信号,$\dot{X}_i'$ 称为净输入信号。根据图 6-1 可以推导出反馈放大电路的基本方程式。放大电路开环时,即无反馈的放大倍数定义为

$$\dot{A} = \frac{\dot{X}_o}{\dot{X}_i'} \tag{6-1}$$

反馈网络的反馈系数定义为

$$\dot{F} = \frac{\dot{X}_f}{\dot{X}_o} \tag{6-2}$$

放大电路的闭环放大倍数定义为

$$\dot{A}_f = \frac{\dot{X}_o}{\dot{X}_i} \tag{6-3}$$

因为要考虑实际电路的相移，以上几个量都采用了复数表示。在输入回路有

$$\dot{X}_i' = \dot{X}_i - \dot{X}_f$$

$$\dot{A}_f = \frac{\dot{X}_o}{\dot{X}_i} = \frac{\dot{A}\dot{X}_i'}{\dot{X}_i' + \dot{X}_f} = \frac{\dot{A}}{\frac{(\dot{X}_i' + \dot{X}_f)}{\dot{X}_i'}} = \frac{\dot{A}}{1 + \frac{\dot{X}_o}{\dot{X}_i'}\frac{\dot{X}_f}{\dot{X}_o}} = \frac{\dot{A}}{1 + \dot{A}\dot{F}} \tag{6-4}$$

式（6-4）称为反馈基本方程式。式中 $\frac{\dot{X}_f}{\dot{X}_i'} = \frac{\dot{X}_o}{\dot{X}_i'}\frac{\dot{X}_f}{\dot{X}_o} = \dot{A}\dot{F}$，$\dot{A}\dot{F}$ 称为环路增益，也就是环路中放大电路的增益和反馈网络反馈系数的乘积，因反馈网络的反馈系数是反馈网络的输出与它的输入之比，与增益的定义一致，故称为环路增益。而 $1 + \dot{A}\dot{F} = \frac{\dot{A}}{\dot{A}_f}$ 称为反馈深度，它反映了反馈对放大电路影响的程度。可分为下列三种情况：

1）若 $|1 + \dot{A}\dot{F}| > 1$，则 $|\dot{A}_f| < |\dot{A}|$，即引入反馈后，增益减少了，这种反馈一般称为负反馈。

2）若 $|1 + \dot{A}\dot{F}| < 1$，则 $|\dot{A}_f| > |\dot{A}|$，即有反馈时，放大电路的增益增加，这种反馈称为正反馈。正反馈虽然可以提高增益，但使放大电路的性能不稳定，所以很少用。

3）若 $|1 + \dot{A}\dot{F}| = 0$，则 $|\dot{A}_f| \rightarrow \infty$，这就是说，放大电路在没有输入信号时，也有输出信号，叫作放大电路的自激。

环路增益 $|\dot{A}\dot{F}|$ 是指放大电路和反馈网络所形成闭环环路的增益，当 $|\dot{A}\dot{F}| \gg 1$ 时称为深度负反馈，与 $|1 + \dot{A}\dot{F}| \gg 1$ 相当。于是闭环放大倍数为

$$\dot{A}_f = \frac{\dot{A}}{1 + \dot{A}\dot{F}} \approx \frac{1}{\dot{F}}$$

也就是说，在深度负反馈条件下，闭环放大倍数近似等于反馈系数的倒数，与晶体管、集成电路等有源器件的参数基本无关。一般反馈网络是由电阻、电容等无源元件构成的，其稳定性优于有源器件，因此深度负反馈时的放大倍数比较稳定。深度负反馈闭环放大倍数与晶体管等有源器件的参数基本无关这个特点，不等于与晶体管等有源器件真的无关，如果器件损坏，闭环不复存在，这一特点也就不复存在。

6.2 反馈的组态及判断方法

反馈的组态是指反馈是正反馈还是负反馈，是电压反馈还是电流反馈，是串联反馈还是并联反馈，是直流反馈还是交流反馈。

6.2.1 负反馈和正反馈

根据反馈的效果可以区分反馈的极性,使放大电路净输入量增大的反馈称为正反馈,使放大电路净输入量减小的反馈称为负反馈。

正反馈和负反馈用瞬时极性法判断。瞬时极性法就是在放大电路的输入端假设一个输入信号对地的电压极性(可用"+""-"表示),按信号正向传输方向依次判断相关点的瞬时极性,一直到达反馈信号取出点,再按反馈信号的传输方向判断反馈信号的瞬时极性,直至反馈信号和输入信号的相加点。如果反馈信号的瞬时极性使净输入量减小,则为负反馈;反之为正反馈。反馈信号和输入信号的相加点往往是同一个晶体管的发射结,或集成运算放大器的同相输入端和反相输入端。

反馈信号与输入信号相加或相减,对净输入量的影响可通过如下方法判断:反馈信号和输入信号加于输入回路一点,即同时加于晶体管的基极或发射极、运算放大器的同相输入端或反相输入端时,输入信号和反馈信号的瞬时极性相同的为正反馈,瞬时极性相反的是负反馈;反馈信号和输入信号加于放大电路输入回路两点时,瞬时极性相同的为负反馈,瞬时极性相反的是正反馈,对共射组态晶体管来说这两点是基极和发射极,对运算放大器来说是同相输入端和反相输入端。注意:瞬时信号的极性都是以地为参考而言的,这样才有可比性,且放大电路必须处于正常工作状态,能够对信号进行放大,因为瞬时极性法对各点瞬时极性的判断是以正常工作状态为前提的。

6.2.2 电压反馈和电流反馈

电压反馈的定义:反馈信号的大小与输出电压成比例的反馈称为电压反馈;电流反馈的定义:反馈信号的大小与输出电流成比例的反馈称为电流反馈。电压反馈与电流反馈的判断方法是将输出电压"短路",若反馈回来的反馈信号为零,则为电压反馈;若反馈信号仍然存在,则为电流反馈。

这里要注意是,输出端负载的连接方式有两种:一是负载接地;二是负载不接地,一般称为负载浮地。一般情况下,对负载不接地的情况,反馈是电流反馈;对负载接地的情况,反馈是电压反馈。但对后者也不全是,如共射组态的基本放大电路,发射极电阻的旁路电容器去掉后,虽然输出端的负载接地,但它是电流反馈,关键还是要看反馈信号是与输出电压成比例还是与输出电流成比例。

6.2.3 串联反馈和并联反馈

反馈信号与输入信号加在放大电路输入回路的同一个电极,则为并联反馈,此时反馈信号与输入信号是电流相加减的关系;反之,加在放大电路输入回路的两个电极,则为串联反馈,此时反馈信号与输入信号是电压相加减的关系,如图 6-2 所示。

6.2.4 交流反馈和直流反馈

反馈信号只有交流成分时为交流反馈,反馈信号只有直流成分时为直流反馈,既有交流成分又有直流成分时为交直流反馈。

例 6-1 试判断图 6-3 所示电路的反馈组态。

解:此电路有两个反馈通道。

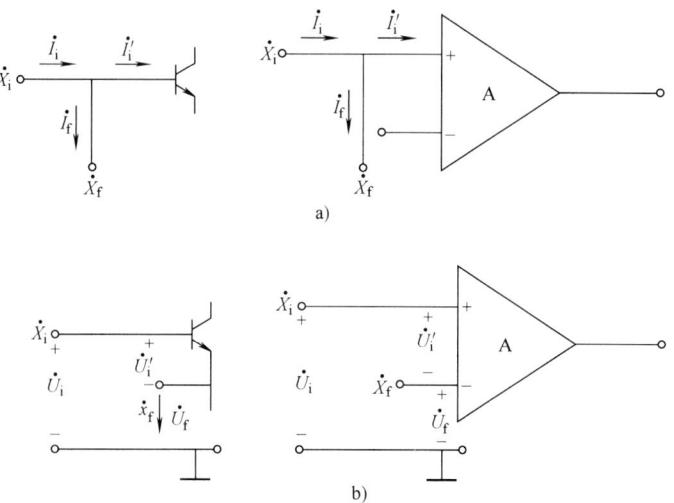

图 6-2 并联反馈和串联反馈
a) 并联反馈　b) 串联反馈

其一,是经 R_e 加在 e_1 上的反馈。设输入信号 u_i 的瞬时极性为 ⊕,依信号传输方向,u_{c1} 为 ⊖,u_{e2} 为 ⊕,反馈信号 u_f 为正,与 u_i 瞬时极性相同,且 u_f 与 u_i 分别加在 VT_1 的两个电极,故为串联负反馈。因 u_f 取自电容器 C_2 的右侧,隔除了直流,是交流反馈。若将输出电压"短路",则 u_f 为零,所以是交流电压串联负反馈。

其二,因 VT_1 集电极反偏,所以 $u_{e2}>u_{b1}$,经电阻 R_1 给 VT_1 提供基极电流,偏置电路有稳定基极电流的作用。设温度升高 i_{cq1} 增加,相当 b_1 的瞬时极性为 ⊕,于是 u_{c1} 为 ⊖,u_{e2} 为 ⊖;温度的增加也使 i_{c2} 升高,u_{e2} 电位增加,因 VT_1 的放大作用,u_{c1} 下降较大,使 u_{e2} 总的电位下降,瞬时极性为 ⊖,相当负反馈。因 u_f 取自 e_2,有旁路电容 C_{e2},故为直流电流负反馈。

例 6-2　试判断图 6-4 所示电路的反馈组态。

解:根据瞬时极性法,输入信号和反馈信号的瞬时极性均为 ⊖,可知是负反馈。因反馈信号和输入信号加在运算放大器的两个输入端,故为串联反馈。因反馈信号与输出电压成比例,故为电压反馈。结论是交直流电压串联负反馈。

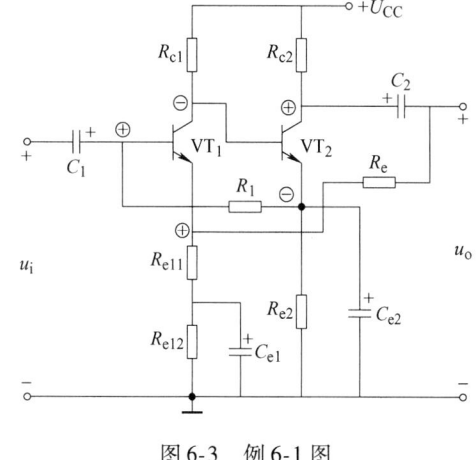

图 6-3 例 6-1 图

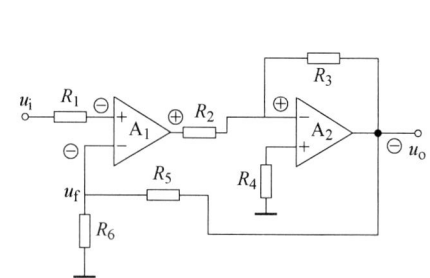

图 6-4 例 6-2 图

6.3 四种类型的负反馈放大电路

负反馈放大电路的形式多种多样,但归纳起来可分为四种典型的组态:电压串联负反馈、电压并联负反馈、电流串联负反馈和电流并联负反馈。下面通过具体的电路进行介绍,以期达到正确判断反馈组态并掌握其各自特点的目的。

6.3.1 电压串联负反馈

若从输出电压取样,通过反馈网络得到反馈电压,然后与输入电压相比较,求得差值作为净输入电压进行放大,则称电路中引入了电压串联负反馈。图6-5所示为典型的电压串联负反馈电路,运算放大器为基本放大电路,反馈网络由电阻 R_f 和 R_1 串联而成,u_o 经 R_f 和 R_1 分压,R_1 上对地的电压就是反馈电压 u_f。因输入信号和反馈信号加在运算放大器的两个输入端,故为串联反馈,根据瞬时极性判断是负反馈,且为电压负反馈,所以为电压串联负反馈。

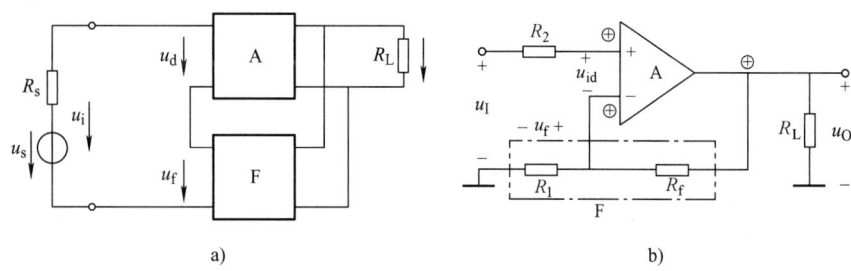

图6-5 电压串联负反馈
a) 框图 b) 电路

对于电压串联负反馈,反馈信号是 R_f 和 R_1 分压所形成的反馈电压 u_f,将输出电压 u_o 的一部分回送至输入端,即

$$\begin{cases} u_f = \dfrac{R_1}{R_1 + R_f} u_o \\ u_o \approx \left(1 + \dfrac{R_f}{R_1}\right) u_i \end{cases} \tag{6-5}$$

反馈系数

$$F = \frac{u_f}{u_o} = \frac{R_1}{R_1 + R_f} \tag{6-6}$$

由于运算放大器的开环放大倍数 A 很大,且反馈深度 $1 + AF \gg 1$,满足上式的条件,所以电路的闭环放大倍数为

$$A_f = \frac{1}{F} = 1 + \frac{R_f}{R_1} \tag{6-7}$$

这个电路相当于同相比例运算电路。

电压负反馈的重要特点是电路的输出电压趋向于维持恒定,因为无论反馈信号以何种方式引回到输入端,实际上都是利用输出电压 u_o 本身通过反馈网络对放大电路起自动调整作用,这就是电压反馈的实质。例如,当 u_i 一定时,若负载电阻 R_L 减小而使输出电压 u_o 下降,则电路将进行如下的自动调整过程:

$$R_L \downarrow \rightarrow u_o \downarrow \rightarrow u_f \downarrow \rightarrow u_{id} \uparrow$$
$$u_o \uparrow \longleftarrow$$

可见,反馈的结果牵制了 u_o 的下降,从而使 u_o 基本维持恒定。

6.3.2 电流并联负反馈

在放大电路中,当输入信号为恒流源或近似恒流源时,若反馈信号取自输出电流 i_o,并转换成反馈电流 i_f,与输入电流 i_i 求差后放大,则得到电流并联负反馈电路,如图6-6所示。各支路电流的瞬时极性如图中所标注。根据"虚地"的概念,$u_- \approx u_+ = 0$,所以有反馈电流的表达式

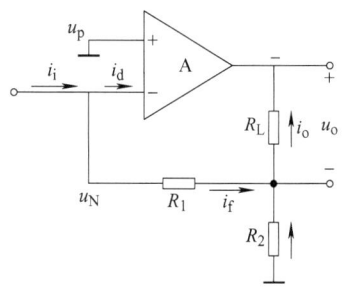

图6-6 电流并联负反馈电路

$$\begin{cases} i_i \approx i_f = -\dfrac{R_2}{R_1 + R_2} i_o \\ i_o \approx -\left(1 + \dfrac{R_1}{R_2}\right) i_i \end{cases} \quad (6\text{-}8)$$

反馈系数

$$F = \frac{i_f}{i_o} = -\frac{R_2}{R_1 + R_2} \quad (6\text{-}9)$$

闭环电流放大倍数

$$A_{iif} = \frac{i_o}{i_i} \approx \frac{1}{F} = -\left(1 + \frac{R_1}{R_2}\right) \quad (6\text{-}10)$$

电流负反馈的重要特点是趋向于维持输出电流 i_o 恒定,在 i_i 一定的条件下,不论何种原因(如 R_L 增大等),使 i_o 减小时,负反馈的作用将引起如下的自动调整过程:

$$R_L \uparrow \rightarrow i_o \downarrow \xrightarrow{\text{通过} R_1 \text{、} R_2} i_f \downarrow \rightarrow i_{id} \uparrow$$
$$i_o \uparrow \longleftarrow$$

可见,电流负反馈作用的结果牵制了 i_o 的减小,使 i_o 基本维持恒定。

6.3.3 电压并联负反馈

在放大电路中,当输入信号为恒流源或近似恒流源时,若反馈信号取自输出电压 u_o,并转换成反馈电流 i_f,与输入电流 i_i 求差后放大,则可得到电压并联负反馈放大电路,如图6-7所示。根据"虚地"的概念 $u_- = u_+ = 0$,有

$$i_\mathrm{f} = \frac{u_- - u_\mathrm{o}}{R_\mathrm{f}} \approx -\frac{u_\mathrm{o}}{R_\mathrm{f}} ; \quad A_\mathrm{uif} = \frac{U_\mathrm{o}}{I_\mathrm{i}} = \frac{A}{1+AF} \approx \frac{1}{F}$$

上式表明，反馈信号以电流的形式出现在放大器输入端，且与输出电压 u_o 成正比，所以形成电压并联负反馈，反馈系数

$$F = \frac{i_\mathrm{f}}{u_\mathrm{o}} = -\frac{1}{R_\mathrm{f}} \tag{6-11}$$

可见，反馈系数具有电导的量纲，称为互导反馈系数。

电路的闭环电压放大倍数为

$$A_\mathrm{uuf} = \frac{u_\mathrm{o}}{u_\mathrm{i}} = \frac{u_\mathrm{o}}{i_\mathrm{i}R_1} = \frac{A_\mathrm{uif}}{R_1} \approx \frac{1}{R_1 F} = -\frac{R_\mathrm{f}}{R_1} \tag{6-12}$$

6.3.4 电流串联负反馈

电流串联负反馈电路如图 6-8 所示。因反馈信号是从电阻 R 上取出，当输出短路，即 R_L 短路时，反馈信号仍然存在，所以是电流串联负反馈。电路的互导增益为

$$A_\mathrm{iuf} = \frac{i_\mathrm{o}}{u_\mathrm{i}} \approx \frac{1}{F}, \quad F = \frac{U_\mathrm{f}}{i_\mathrm{o}}$$

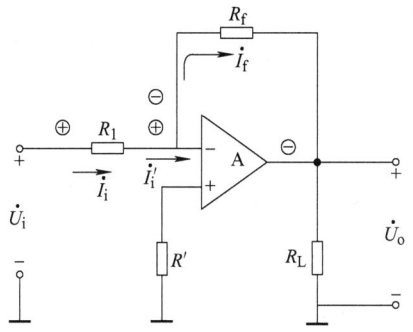

图 6-7 电压并联负反馈电路

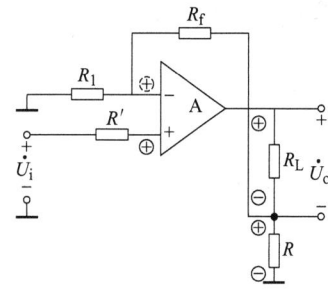

图 6-8 电流串联负反馈电路

这里，在求电阻 R 上的压降时忽略了 R_f 的分流作用，所以 R 上的压降为

$$u_\mathrm{R} \approx i_\mathrm{o} R$$

u_R 传递到运算放大器的反相输入端即为反馈信号

$$u_\mathrm{f} = \frac{u_\mathrm{R} R_1}{R_\mathrm{f} + R_1} \approx \frac{i_\mathrm{o} R_1 R}{R_\mathrm{f} + R_1}$$

于是互导增益为

$$A_\mathrm{iuf} = \frac{1}{F} = \frac{i_\mathrm{o}}{u_\mathrm{f}} \approx \frac{R_\mathrm{f} + R_1}{R_1 R} \tag{6-13}$$

电路的闭环电压放大倍数

$$A_\mathrm{uuf} = \frac{u_\mathrm{o}}{u_\mathrm{i}} = \frac{i_\mathrm{o} R_\mathrm{L}}{u_\mathrm{i}} = A_\mathrm{iuf} R_\mathrm{L} \approx \frac{R_\mathrm{f} + R_1}{R_1 R} R_\mathrm{L} \tag{6-14}$$

6.4 负反馈对放大电路性能的影响

负反馈是改善放大电路性能的重要技术措施,广泛应用于放大电路和反馈控制系统之中。

6.4.1 负反馈对增益的影响

有多种原因,如电路参数的变化、环境温度的变化、电源电压波动、负载电阻变动等,都将引起放大电路输出量发生变化,并引起电路的放大倍数变化,这对放大电路工作的稳定性是不利的。引入负反馈的一个主要目的就是提高放大电路工作的稳定性。前面已分析过,电压负反馈可以稳定输出电压,电流负反馈可以稳定输出电流,总的来说,负反馈可以稳定放大电路的放大倍数。从数学表达式来看,当反馈很深,即 $|1+\dot{A}\dot{F}| \gg 1$ 时,有

$$\dot{A}_f = \frac{\dot{X}_o}{\dot{X}_i} = \frac{\dot{A}}{1+\dot{A}\dot{F}} \approx \frac{1}{\dot{F}}$$

这就是说,引入深度负反馈后,放大电路的增益只取决于反馈网络,与基本放大电路几乎无关。而反馈网络通常由电阻组成,因而可获得很好的稳定性。那么,就一般情况而言,是否引入交流负反馈就一定使 $\dot{A}_f$ 得到稳定呢?

在一般情况下,为了从数量上表示增益的恒定程度,常用有、无反馈两种情况下增益相对变化之比来评定。由于增益的恒定性是用它的绝对值的变化来表示的,在不考虑相位关系时,用正实数 A 和 F 分别表示电压放大倍数 $\dot{A}$ 和反馈系数 $\dot{F}$ 的绝对值,则上式变为

$$A_f = \frac{A}{1+AF} \tag{6-15}$$

在式 (6-15) 中,对 A 取导数得

$$\frac{dA_f}{dA} = \frac{(1+AF)-AF}{(1+AF)^2} = \frac{1}{(1+AF)^2}$$

或

$$dA_f = \frac{dA}{(1+AF)^2}$$

将上式的左右式分别除以式 (6-15) 的左右式,得

$$\frac{dA_f}{A_f} = \frac{1}{1+AF}\frac{dA}{A} \tag{6-16}$$

式 (6-16) 表明,负反馈放大电路放大倍数 A_f 的相对变化量 $\dfrac{dA_f}{A_f}$ 仅为其基本放大电路放大倍数 A 的相对变化量 $\dfrac{dA}{A}$ 的 $1/(1+AF)$,也就是说 A_f 的稳定性是 A 的 $(1+AF)$ 倍。例如,当 A 变化 10% 时,若 $1+AF=100$,则 A_f 仅变化 0.1%。

对式 (6-16) 的内涵进行分析可知,引入交流负反馈,因环境温度的变化、电源电压的波动、元器件的老化、元器件的更换等原因引起的放大倍数的变化都将减小,特别是在制

成产品时,因半导体器件参数的分散性所造成的放大倍数的差别也将明显减小,从而使电路的放大能力具有很好的一致性。

应当指出,A_f 的稳定性是以损失放大倍数为代价的,即 A_f 减小到 A 的 $1/(1+AF)$,才使其稳定性提高到 A 的 $(1+AF)$ 倍。

6.4.2 负反馈对输入电阻和输出电阻的影响

在放大电路中引入不同组态的交流负反馈,将对输入电阻和输出电阻产生不同的影响。

1. 对输入电阻的影响

输入电阻是从放大电路输入端看进去的等效电阻,因而负反馈对输入电阻的影响,取决于基本放大电路与反馈网络在电路输入端的连接方式,即取决于放大电路引入的是串联反馈还是并联反馈。

(1) 串联负反馈增大输入电阻

图 6-9 所示为串联负反馈放大电路的原理图,根据输入电阻的定义,基本放大电路的输入电阻为

$$R_i = \frac{U_i'}{I_i}$$

而整个电路的输入电阻为

$$R_{if} = \frac{U_i}{I_i} = \frac{U_i' + U_f}{I_i} = \frac{U_i' + AFU_i'}{I_i}$$

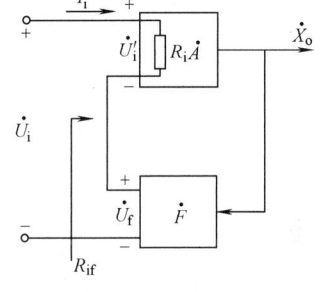

图 6-9 串联负反馈放大电路的原理图

从而得出串联负反馈放大电路输入电阻 R_{if} 的表达式为

$$R_{if} = (1+AF)R_i \tag{6-17}$$

式 (6-17) 表明,输入电阻增大到 R_i 的 $(1+AF)$ 倍。应当指出,在某些负反馈放大电路中,有些电阻并不在反馈环内,例如,在图 6-10a 所示电路的交流通路中,R_{b1} 并联在输入端,反馈对它不产生影响。这类电路的原理图如图 6-10b 所示,可以看出

$$R_{if}' = (1+AF)R_i$$

而整个电路的输入电阻为

$$R_{if} = R_b // R_{if}'$$

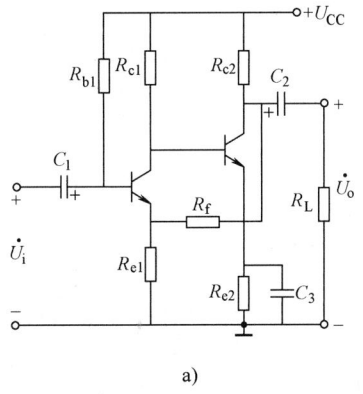

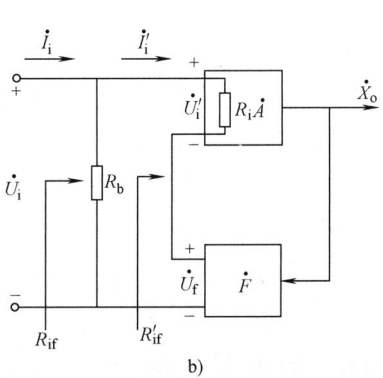

a)   b)

图 6-10 R_b 在反馈环之外时串联负反馈放大电路的原理图

因此，更确切地说，引入串联负反馈，使引入反馈的支路的等效电阻增大到基本放大电路输入电阻的 $(1+AF)$ 倍。但是，不管哪种情况，引入串联负反馈都将增大输入电阻。

（2）并联负反馈减小输入电阻

并联负反馈放大电路的原理图如图 6-11 所示。根据输入电阻的定义，基本放大电路的输入电阻为

$$R_i = \frac{U_i}{I_i'}$$

整个电路的输入电阻为

$$R_{if} = \frac{U_i}{I_i} = \frac{U_i}{I_i' + I_f} = \frac{U_i}{I_i' + AFI_i'}$$

从而得出并联负反馈放大电路输入电阻 R_{if} 的表达式为

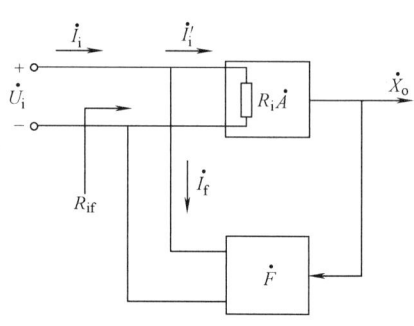

图 6-11　并联负反馈放大电路的原理图

$$R_{if} = \frac{R_i}{1+AF} \tag{6-18}$$

式（6-18）表明，引入并联负反馈后，输入电阻仅为基本放大电路输入电阻的 $1/(1+AF)$。

从图 6-11 所示原理图可进一步体会到，当并联负反馈放大电路加恒压源输入时，基本放大电路的净输入电流 I_i' 将为常量。也就是说，反馈网络参数的变化仅改变信号源所提供的电流 I_i，而不能改变 I_i'，即反馈不再起作用。

2. 对输出电阻的影响

输出电阻是从放大电路输出端看进去的等效内阻，因而负反馈对输出电阻的影响取决于基本放大电路与反馈网络在放大电路输出端的连接方式，即取决于电路引入的是电压反馈还是电流反馈。

（1）电压负反馈减小输出电阻

电压负反馈的作用是稳定输出电压，故必然使其输出电阻减小。电压负反馈放大电路的原理图如图 6-12 所示，令输入量 $\dot{X}_i = 0$，在输出端加交流电压 $\dot{U}_o$，产生电流 $\dot{I}_o$，则电路的输出电阻为

$$R_{of} = \frac{U_o}{I_o} \tag{6-19}$$

$\dot{U}_o$ 作用于反馈网络，得到反馈量 $\dot{X}_f = \dot{F}\dot{U}_o$，$-\dot{X}_f$ 又作为净输入量作用于基本放大电路，产生输出电压为 $-\dot{A}\dot{F}\dot{U}_o$。基本放大电路的输出电阻为 R_o，因为在基本放大电路中已考虑了反馈网络的负载效应，所以可以不必重复考虑反馈网络的影响，因此 R_o 中的电流为 $\dot{I}_o$，其表达式为

$$\dot{I}_o = \frac{\dot{U}_o - (-\dot{A}\dot{F}\dot{U}_o)}{R_o} = \frac{(1+\dot{A}\dot{F})\dot{U}_o}{R_o}$$

将 $\dot{I}_o$ 的有效值 I_o 代入式（6-19），得到电压负反馈放大电路输出电阻的表达式为

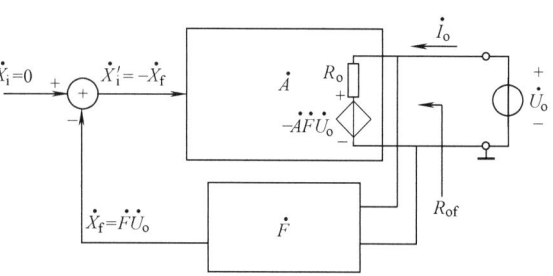

图 6-12　电压负反馈放大电路的原理图

$$R_{of} = \frac{R_o}{1+AF} \qquad (6\text{-}20)$$

式(6-20)表明,引入负反馈后输出电阻仅为其基本放大电路输出电阻的 $1/(1+AF)$。当 $1+AF$ 趋于无穷大时,R_{of} 趋于零,因此电压负反馈放大电路的输出可近似认为是恒压源。

(2) 电流负反馈增大输出电阻

电流负反馈稳定输出电流,故其必然使输出电阻增大。图 6-13b 所示为电流负反馈放大电路的原理图,令 $\dot{X}_i = 0$,在输出端断开负载电阻并外加交流电压 $\dot{U}_o$,由此产生了电流 $\dot{I}_o$。则电路的输出电阻为

$$R_{of} = \frac{U_o}{I_o} \qquad (6\text{-}21)$$

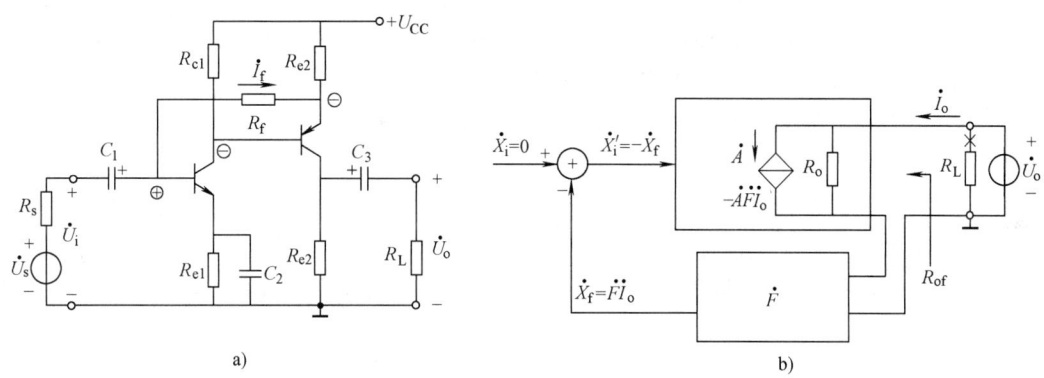

图 6-13 电流负反馈放大电路的原理图

$\dot{I}_o$ 作用于反馈网络,得到反馈量 $\dot{X}_f = \dot{F}\dot{I}_o$,$-\dot{X}_f$ 又作为净输入量作用于基本放大电路,所产生的输出电流为 $-\dot{A}\dot{F}\dot{I}_o$。R_o 为基本放大电路的输出电阻,因为在基本放大电路已经考虑了反馈网络的负载效应,所以可以认为此时作用于反馈网络的输入电压为零,即 R_o 上的电压为 $\dot{U}_o$。因此,流入基本放大电路的电流 $\dot{I}_o$ 为

$$\dot{I}_o = \frac{\dot{U}_o}{R_o} + (-\dot{A}\dot{F}\dot{I}_o)$$

即

$$\dot{I}_o = \frac{\dfrac{\dot{U}_o}{R_o}}{1+\dot{A}\dot{F}}$$

将 $\dot{I}_o$ 的有效值 I_o 代入式(6-21),便得到电流负反馈放大电路输出电阻的表达式为

$$R_{of} = (1+AF)R_o \qquad (6\text{-}22)$$

式(6-22)表明,R_{of} 增大到 $R_o(1+AF)$ 倍。当 $(1+AF)$ 趋于无穷大时,R_{of} 也趋于无穷大,电路的输出等效为恒流源。

需要注意的是,与图 6-10 所示的原理图中的 R_b 相类似,在一些电路中有的电阻并联在反馈环之外,如图 6-13a 所示电路中的 R_{e2},反馈的引入对它们所在支路没有影响。因此,对这类电路,电流负反馈仅仅稳定了引出反馈的支路的电流,并使该支路的等效电阻增大到

基本放大电路的 $(1+AF)$ 倍。

6.4.3 负反馈对非线性失真、频带等的影响

1. 负反馈对非线性失真的影响

对于理想的放大电路，其输出信号与输入信号应完全呈线性关系。但是，由于组成放大电路的半导体器件（如晶体管和场效应晶体管）均具有非线性特性，因此当输入信号为幅值较大的正弦波时，输出信号却往往不是正弦波。经谐波分析，输出信号中除含有与输入信号频率相同的基波外，还含有其他谐波，因而产生失真。

加入负反馈来改善非线性失真，可通过图6-14加以说明。输入正弦波信号，输出信号产生失真（如正半周大、负半周小），说明放大电路对负半周信号放大产生失真，幅度减小。失真的输出信号，经反馈网络，得到的反馈信号也是失真的（正半周大、负半周小）。输入信号与反馈信号相减后，使净输入信号产生相反的失真（正半周小、负半周大），从而在一定的程度上弥补了放大电路本身的非线性失真。

负反馈可以改善放大电路的非线性失真，但是只能改善反馈环内产生的非线性失真。由于加入负反馈，放大电路的输出幅度下降，进入线性区，不好对比，因此必须要加大输入信号，使加入负反馈以后的输出幅度基本达到原来有失真时的输出幅度，非线性失真仍然减小，才能证明加入负反馈有减小失真的作用。

负反馈对非线性失真的改善是有限度的，非线性失真太大，加入负反馈也不会改善非线性失真。

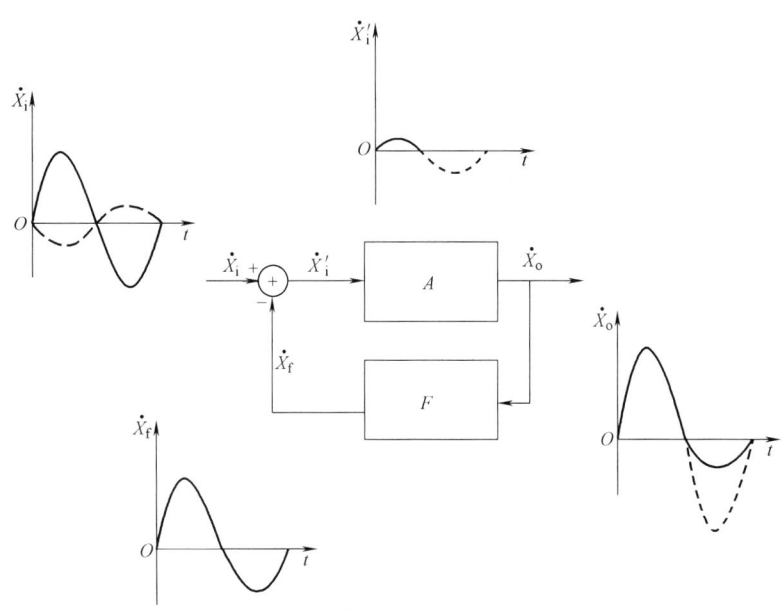

图6-14 负反馈对非线性失真的影响

2. 负反馈对噪声、干扰和温度漂移的影响

负反馈可以对放大电路的噪声、干扰和温度漂移有一点抑制作用，其原理与负反馈抑制非线性失真一样。负反馈对放大电路噪声、干扰和温度漂移的抑制作用，只是对反馈环内产生的噪声、干扰和温度漂移有效，对环外无效。

3. 负反馈对频带的影响

频率响应是放大电路的重要特性之一，而频带宽度是它的重要技术指标。在某些场合下，往往要求有较宽的频带。引入负反馈可以展宽频带，如图 6-15 所示。下面介绍负反馈扩展频带的原理。

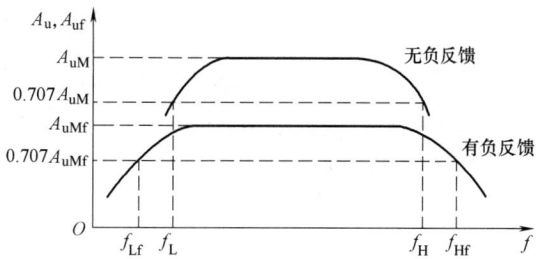

图 6-15　负反馈扩展放大电路的频带

为了使问题简单化，设反馈网络为纯电阻网络，且在放大电路伯德图的低频段和高频段各仅有一个拐点；基本放大电路的中频源放大倍数为 $\dot{A}_m$，上限频率为 f_H，下限频率为 f_L，因此高频段源放大倍数的表达式为

$$\dot{A}_h = \frac{\dot{A}_m}{1 + j\dfrac{f}{f_H}} \tag{6-23}$$

引入负反馈后，电路的高频段源放大倍数为

$$\dot{A}_{hf} = \frac{\dot{A}_h}{1 + \dot{A}_h \dot{F}_h} = \frac{\dfrac{\dot{A}_m}{1 + j\dfrac{f}{f_H}}}{1 + \dfrac{\dot{A}_m}{1 + j\dfrac{f}{f_H}}\dot{F}} = \frac{\dot{A}_m}{1 + j\dfrac{f}{f_H} + \dot{A}_m \dot{F}} \tag{6-24}$$

将式（6-24）分子分母均除以 $(1 + \dot{A}_m \dot{F})$，可得

$$\dot{A}_{hf} = \frac{\dfrac{\dot{A}_m}{1 + \dot{A}_m \dot{F}}}{1 + j\dfrac{f}{(1 + \dot{A}_m \dot{F})f_H}} = \frac{\dot{A}_{mf}}{1 + j\dfrac{f}{f_{Hf}}} \tag{6-25}$$

式中，$\dot{A}_{mf}$ 为负反馈放大电路的中频源放大倍数；f_{Hf} 为其上限频率，故

$$f_{Hf} = (1 + \dot{A}_m \dot{F})f_H \tag{6-26}$$

式（6-26）表明，引入负反馈后上限频率增大到基本放大电路的 $(1+AF)$ 倍。无论针对哪种反馈组态，均将不同的放大倍数的上限频率增大到基本放大电路的 $(1+AF)$ 倍。

利用上述推导方法可以得到负反馈放大电路下限频率的表达式为

$$f_{Lf} = \frac{f_L}{1 + \dot{A}_m \dot{F}} \tag{6-27}$$

由式（6-27）可见，引入负反馈后，下限频率减小到基本放大电路的 $1/(1+AF)$，这与上限频率的分析类似。

一般情况下，由于 $f_H \gg f_L$，$f_{HL} \gg f_{Lf}$，因此，基本放大电路及负反馈放大电路的频带分别可近似表示为

$$f_{bw} = f_H - f_L \approx f_H$$
$$f_{bwf} = f_{Hf} - f_{Lf} \approx f_{Hf} \tag{6-28}$$

即引入负反馈使频带展宽到基本放大电路的 $(1+AF)$ 倍。

当放大电路的伯德图中有多个拐点，且反馈网络不是纯电阻网络时，问题就比较复杂了，但是频带展宽的趋势不变。

6.5 深度负反馈条件下的近似计算

实用的放大电路中多引入深度负反馈，因此分析负反馈电路的重点是从电路中分离出反馈网络，并求出反馈系数 $\dot{F}$。为了便于研究和测试，人们还常常需要求出不同组态反馈放大电路的电压放大倍数。本节将重点研究具有深度负反馈放大电路的放大倍数的估算方法。

前已讨论，在深度负反馈的条件下，放大电路的增益表达式可近似为

$$\dot{A}_f = \frac{\dot{X}_o}{\dot{X}_i} = \frac{\dot{A}}{1+\dot{A}\dot{F}} \approx \frac{1}{\dot{F}} \quad (|1+\dot{A}\dot{F}| \gg 1)$$

也就是说，只要求出 $\dot{F}$，$\dot{A}_f$ 的值也就确定了。

由上式可知

$$\dot{F}\dot{X}_o \approx \dot{X}_i \text{ 或 } \dot{X}_f = \dot{X}_i \tag{6-29}$$

式（6-29）表明，在深度负反馈的条件下，反馈信号 $\dot{X}_f$ 与输入信号 $\dot{X}_i$ 接近相等，或者说基本放大电路净输入信号减小到几乎为零，即 $\dot{X}_{id} = \dot{X}_i - \dot{X}_f \approx 0$。当集成运算放大器用作基本放大电路时，其开环电压放大倍数 A_{uo} 很高，很容易实现深度负反馈，即容易满足式（6-29）的条件，此时 $\dot{U}_{id} \approx 0$，这就叫作运算放大器两输入端的虚假短接或称虚短，同时因运算放大器的输入电阻很高（如 $1M\Omega$ 以上），则有 $\dot{I}_{id} \approx 0$，这就叫作运算放大器两输入端的虚假断路或称虚断。

虚短和虚断是两个重要的概念，在今后分析反馈电路时，将经常用到。

例 6-3 设图 6-16 所示电路满足 $(1+AF) \gg 1$ 的条件，试写出该电路的闭环电压放大倍数表达式。

解：图 6-16 所示电路是一个多级放大电路，按负反馈组态判断方法可知，R_{b2} 和 R_f 组成反馈网络。在放大电路的输出回路，反馈网络接至信号输出端，用输出短路法判断是电压反馈；在放大电路的输入回路，反馈信号加到非信号输入端（VT_2 基级），是串联反馈；用瞬时极性法可判断该电路为负反馈。由于是串联反馈，又是深度电压负反馈，利用 $u_i \approx u_f$，$u_{id} \approx 0$，$i_{b1} = i_{b2} \approx 0$，可直接写出

$$u_i \approx u_f = \frac{R_{b2}}{R_{b2}+R_f} u_o$$

于是，闭环电压放大倍数为

$$A_{uf} = \frac{u_o}{u_i} \approx 1 + \frac{R_f}{R_{b2}}$$

例 6-4 试写出图 6-17 所示电路的闭环电压放大倍数表达式。

解：显然，图 6-17 所示电路中 R_f 是反馈元件。由图中所标的各有关点的交流电位的瞬时极性及各有关支路的交流电流的瞬时流向，可以判断 R_f 引入了负反馈。又由反馈在放大

电路输出端的电压取样方式和输入端的电流求和方式可知,该电路是电压并联负反馈放大电路。它的内部含有一运算放大器,因而开环增益很大,能够满足 $(1 + AF) \gg 1$ 的条件。根据虚断概念,有 $i_{id} \approx 0$,$i_i \approx i_f$,即 $(u_i - u_n)/R_1 \approx (u_n - u_o)/R_f$,$u_P = 0$。由虚短概念得,$u_n \approx u_P = 0$,所以闭环电压放大倍数为

$$A_{uf} = \frac{u_o}{u_i} = -\frac{R_f}{R_1}$$

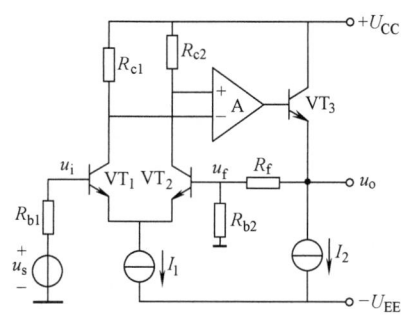

图 6-16 例 6-3 图

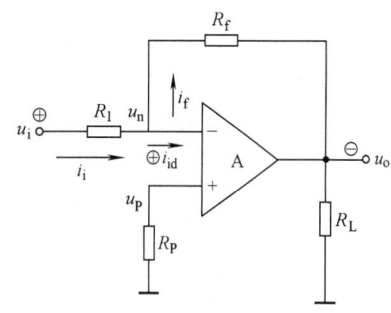

图 6-17 例 6-4 图

6.6 负反馈放大电路的稳定问题

负反馈可以改善放大电路的性能指标,但是负反馈引入不当,会引起放大电路自激,因此放大电路就不能稳定地工作。自激时,即使不加任何输入信号,放大电路也会产生一定频率的信号输出。这种现象破坏了放大电路的正常工作,应该尽量避免并设法消除。

1. 自激振荡现象

在中频范围内,负反馈放大电路有 $\varphi_a + \varphi_f = 2n \times 180°$,$n = 0, 1, 2, 3, \cdots$($\varphi_a$、$\varphi_f$ 分别为 $\dot{A}$、$\dot{F}$ 的相角),$\dot{X}_i$ 与 $\dot{X}_f$ 同相。在这种情况下,$|\dot{X}_{id}|$ 将是 $|\dot{X}_i|$ 和 $|\dot{X}_f|$ 的代数差,所以必有 $|\dot{X}_{id}| < |\dot{X}_i|$。这样,反馈放大电路的输出信号 $|\dot{X}_o|$ 减小,使负反馈作用正常地体现出来。

然而在高频和低频情况下,$\dot{A}\dot{F}$ 将产生附加相移,这就使 $\dot{X}_i$ 和 $\dot{X}_f$ 间出现一个相位差,$\dot{X}_{id}$ 的大小则是由 $\dot{X}_i$ 和 $\dot{X}_f$ 的相量差来决定。设想在某一频率下,$\dot{A}\dot{F}$ 的附加相移达到 180°,即 $\varphi_a + \varphi_f = \pm(2n + 1) \times 180°$,$n = 0, 1, 2, 3, \cdots$,则 $\dot{X}_i$ 和 $\dot{X}_f$ 必然会由中频时的同相变为反相。在这种情况下,$|\dot{X}_{id}|$ 将是 $|\dot{X}_i|$ 和 $|\dot{X}_f|$ 的代数和,因此必有 $|\dot{X}_{id}| > |\dot{X}_i|$,导致 $|\dot{X}_o|$ 增大。这时,假设没有外加信号,$\dot{X}_o$ 经过反馈网络和比较电路后,得到 $\dot{X}_{id} = 0 - \dot{X}_f = -\dot{F}\dot{X}_o$。$-\dot{F}\dot{X}_o$ 送到放大电路的输入端再放大后,得到一个增强了的信号 $-\dot{A}\dot{F}\dot{X}_o$,如果这个信号恰好等于 $\dot{X}_o$,即 $-\dot{A}\dot{F}\dot{X}_o = \dot{X}_o$($-\dot{A}\dot{F} = 1$),那么放大电路将可能产生自激振荡,这种现象如图 6-18 所示。

可见,负反馈放大电路产生自激振荡的

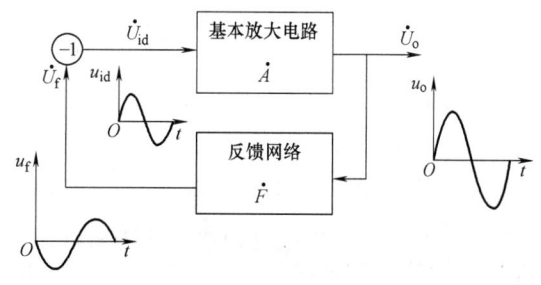

图 6-18 负反馈放大电路的自激振荡现象

根本原因之一是 $\dot{A}\dot{F}$ 的附加相移。

2. 稳定工作条件

由以上分析可知，当环路增益等于 1 时，即 $-\dot{A}\dot{F}=1$ 或 $\dot{A}\dot{F}=-1$ 时，负反馈放大电路产生自激振荡，则上式可以改写为

$$|\dot{A}\dot{F}|=1 \tag{6-30}$$

及

$$\varphi_a+\varphi_f=\pm(2n+1)\times 180° \quad (n=0,1,2,\cdots) \tag{6-31}$$

式（6-30）和式（6-31）分别称为自激振荡的幅值条件和相位条件。为了使负反馈放大电路稳定地工作，必须设法破坏上述两个条件，即要求在 $\varphi_a+\varphi_f$ 为 $\pm(2n+1)\times 180°$ 的情况下，满足 $|\dot{A}\dot{F}|<1$。这就是判别负反馈放大电路稳定性的条件。在工程上，为了直观运用这个条件，通常采用 $\dot{A}\dot{F}$ 的频率响应来进行分析，如图 6-19 所示，其中图 a 为幅频响应，图 b 为相频响应。为简明起见，假设反馈网络是电阻性的，$\varphi_f=0$。所以系统的相频响应仅是反映基本放大电路的相移 φ_a。φ_a 为负值表示基本放大电路具有典型的多极点传递函数。由图可知，当 $\omega=\omega_{180}$ 时，$\varphi_a=-180°$，而 $20\lg|\dot{A}\dot{F}|<0\text{dB}$；而当 $\omega=\omega_0$ 时，$20\lg|\dot{A}\dot{F}|=0\text{dB}$，$|\varphi_a|<180°$。可见它们所代表的放大电路在闭环状态下是不会产生自激振荡的，也就是稳定的。

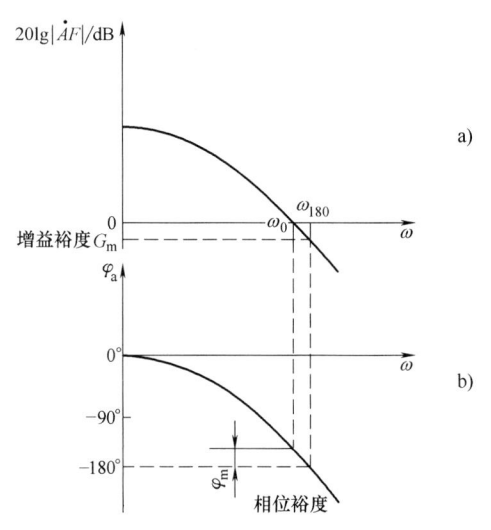

图 6-19 反馈放大电路环路增益 $\dot{A}\dot{F}$ 的频率响应

为了使设计的反馈放大电路可靠地稳定工作，这里引用了稳定裕度的概念，并用增益裕度 G_m 和相位裕度 φ_m 从数量上表示，如图 6-19 所示。

根据上述分析，增益裕度（dB）定义为

$$G_m=20\lg|\dot{A}_{180}\dot{F}| \tag{6-32}$$

式中，$\dot{A}_{180}$ 是相移 $\varphi_a=-180°$ 时的增益。

相位裕度定义为

$$\varphi_m=\varphi_{a(\omega_0)}-(-180°)=180°+\varphi_{a(\omega_0)} \tag{6-33}$$

式中，$\varphi_{a(\omega_0)}$ 是 $\omega=\omega_0$ 时，基本放大电路的相角，其值为负。

在式（6-33）中，若 φ_m 为正，则表明相移 φ_a 到达 $-180°$ 之前，$20\lg|\dot{A}\dot{F}|$ 即已衰减为 0dB，此时反馈电路是稳定的。反之，若 φ_m 为负，则表明相移 φ_a 到达 180° 之后 $20\lg|\dot{A}\dot{F}|$ 才衰减为 0dB。这意味着在 $\omega=\omega_{180}$ 时，$|\dot{A}\dot{F}|>1$，因而反馈电路是不稳定的。

在工程实践中，通常要求 $G_m\leqslant-10\text{dB}$，$\varphi_m\geqslant 45°$。按此要求设计的放大电路，不仅可以在预定的工作情况下满足稳定条件，而且当环境温度、电路参数及电源电压等因素发生变化时，也能满足稳定条件，这样的放大电路才能正常工作。

应当注意，以上所讨论的负反馈放大电路的稳定性是假定基本放大电路是稳定的，即开

环状态下是稳定的。

3. 负反馈放大电路稳定性分析

在分析负反馈放大电路的稳定性时，往往是利用基本放大电路开环增益的伯德图。为了分析方便，仍然假设反馈网络是电阻性的，此时 $\varphi_f = 0$，$\dot{F} = F$。这样，就可以在同一坐标平面上，绘出一条水平线 $20\lg \dfrac{1}{F}$，两曲线之差为

$$20\lg|\dot{A}| - 20\lg\frac{1}{F} = 20\lg|\dot{A}\dot{F}| \tag{6-34}$$

式（6-34）就是以 dB 为单位的环路增益，因而可以通过检验两曲线之差来分析放大电路的稳定性。

假设某电压放大电路的伯德图如图 6-20 所示（其中相频响应未用对数方法绘制），开环电压增益 A_{uo} 为 100dB，三个极点频率 ω_1、ω_2、ω_3 的值分别为 10^5rad/s、10^6rad/s、10^7rad/s，其中 ω_1 为主极点。由于它们的分布彼此相距较近，从 $\omega_1 \sim \omega_2$ 之间的相角积累为 $-45° \sim -225°$，如图 6-20 的相频响应 φ_a 所示。相角 $\varphi_a = -180°$ 时的角频率 ω_{180} 落在 $-40\text{dB}/$十倍频程的线段内。

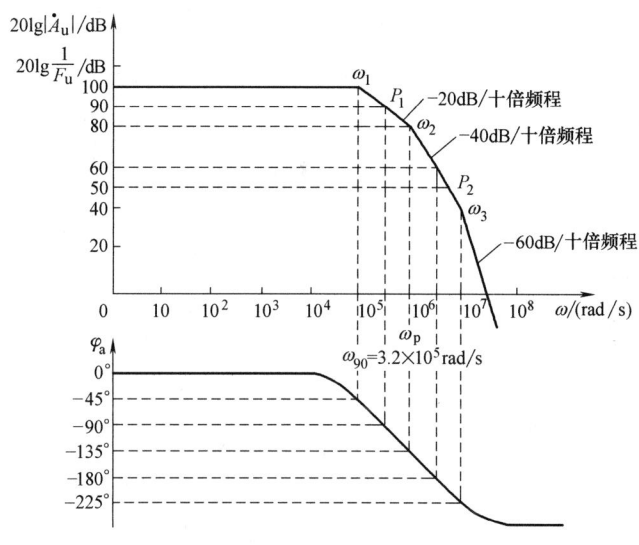

图 6-20 负反馈放大电路稳定性图解

由于图 6-20 的纵坐标同时表示 $20\lg|\dot{A}_u|$ 和 $20\lg\dfrac{1}{F_u}$，因而可以利用该图作负反馈放大电路的稳定性分析。在图上首先考察 $20\lg\dfrac{1}{F_u}$ 为 90dB 的水平线，而环路增益为 $20\lg|\dot{A}_u|$ 与此水平线 $20\lg\dfrac{1}{F_u}$ 之差，在低频情况下，其差值为 100dB（$20\lg A_{uo}$）$- 90\text{dB}\left(20\lg\dfrac{1}{F_u}\right) = 10\text{dB}$。两曲线 $20\lg|\dot{A}_u|$ 与 $20\lg\dfrac{1}{F_u}$ 相交于 P_1 点，相应的相位裕度 $\varphi_m = 180° + (-90°) = 90°$；增益裕度 $G_m = 20\lg|\dot{A}_{u(180)}F_u| = 60\text{dB} - 90\text{dB} = -30\text{dB}$，故负反馈放大电路是稳定的。

再考察另一种情况，欲使放大电路在低频情况下，获得 $50(= 100 - 50)\text{dB}$ 的环路增益，

可在图 6-20 上取另一条水平线 $20\lg\dfrac{1}{F_u}=50\text{dB}$，它与 $20\lg|\dot{A}_u|$ 曲线相交于 P_2 点，注意此时同样对应于 $20\lg|\dot{A}_uF_u|=0\text{dB}$，相应的 $|\varphi_a|>180°$。由图 6-20 可见，在 $\varphi_a\leqslant-180°$ 时，$20\lg|\dot{A}_uF_u|>0\text{dB}$，因而放大电路是不稳定的。由于 $-180°$ 相角点往往出现在幅频响应 $20\lg|\dot{A}_u|$ 的 -40dB/十倍频程的线段内，因而 $20\lg\dfrac{1}{F_u}$ 的取值一般应使其水平线与 $20\lg|\dot{A}_u|$ 曲线的 -20dB/十倍频程的线段相交，使电路工作稳定，此时的相位裕度 $\varphi_m\geqslant45°$。据此对图 6-20 进行分析，可以得出低频环路增益的最大值 $20\lg|\dot{A}_uF_u|_{\max}=100\text{dB}-80\text{dB}=20\text{dB}$。

综上分析表明，在电阻性反馈网络的情况下，欲使伯德图如图 6-20 所示的放大电路稳定地工作，环路增益的极限值只有 20dB，相当于 $|\dot{A}_uF_u|=10$，这数值显然是不够大的，不利于改善放大电路多方面的性能。为克服这一不足，可以采用频率补偿技术来解决。

6.7 Multisim 应用举例

1. 仿真电路

创建如图 6-21 所示的电压串联负反馈放大电路，晶体管的型号为 2N5551。

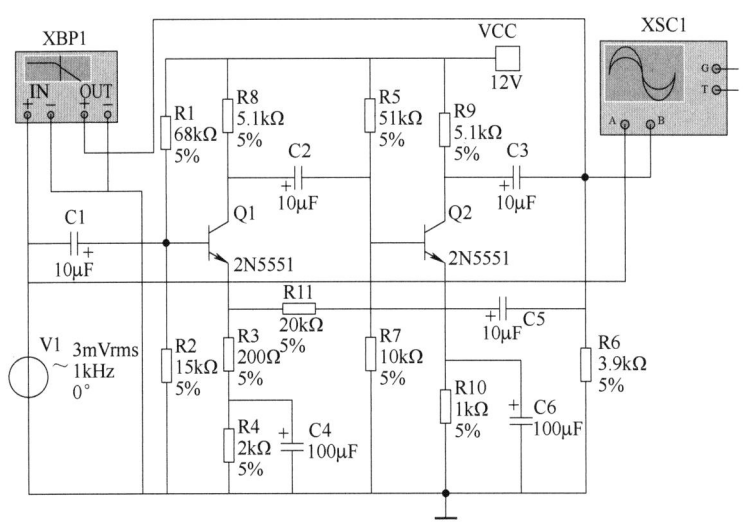

图 6-21 电压串联负反馈放大电路

2. 仿真分析

（1）电压放大倍数

1）开环电压放大倍数的测量电路如图 6-22a 所示。断开反馈电阻，用万用表测量输出信号的有效值如图 6-22b 所示。开环电压放大倍数为

$$\dot{A}_{uu}=\dfrac{\dot{U}_o}{\dot{U}_i}=\dfrac{1.676\text{V}}{3\text{mV}}=559$$

2）闭环电压放大倍数的测量电路如图 6-23a 所示。用万用表测量输出信号的有效值如图 6-23b 所示。闭环电压放大倍数为

$$\dot{A}_{\text{uuf}} = \frac{\dot{U}_\text{o}}{\dot{U}_\text{i}} = \frac{256.043\text{mV}}{3\text{mV}} \approx 85.3$$

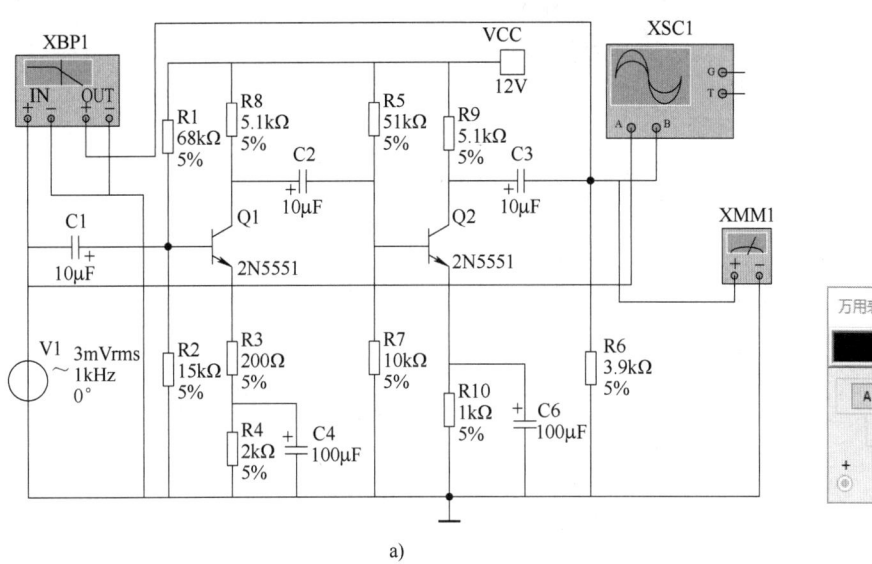

图 6-22 开环电压放大倍数的测量

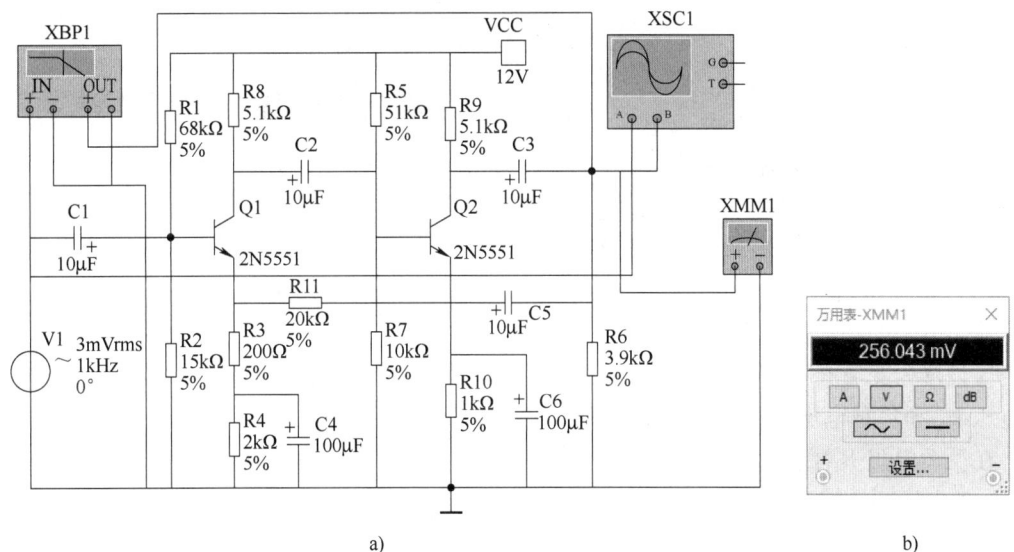

图 6-23 闭环电压放大倍数的测量

由电压串联负反馈放大电路可知，其反馈系数为

$$\dot{F}_{\text{uu}} = \frac{R_3}{R_{11} + R_3} = \frac{200\Omega}{20000\Omega + 200\Omega} \approx 0.01$$

（2）输入电阻

输入电阻的测量电路如图 6-24 所示。闭环时和开环时的万用表读数如图 6-25 所示。引入负反馈前后的输入电阻分别为

$$R_\text{i} = \frac{U_\text{i}}{I_\text{i}} = \frac{3\text{mV}}{343.379\text{nA}} \approx 8.74\text{k}\Omega$$

$$R_\text{if} = \frac{U_\text{i}}{I_\text{i}} = \frac{3\text{mV}}{259.704\text{nA}} \approx 11.55\text{k}\Omega$$

图 6-24 输入电阻的测量电路

引入负反馈后，放大电路的输入电阻提高了。但是与开环输入电阻相比，没有提高 $(1+\dot{A}_\text{uu}\dot{F}_\text{uu})$ 倍。这是由于引入电压串联负反馈只是提高了环路内的输入电阻 R'_if，放大电路中总的输入电阻 $R_\text{i} = R'_\text{i} /\!/ R_1 /\!/ R_2$，电阻 R_1 和 R_2 不受影响，因此总的输入电阻提高不多。

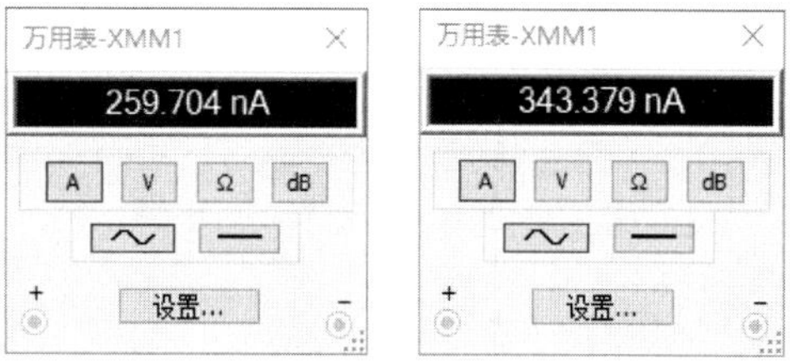

（3）输出电阻

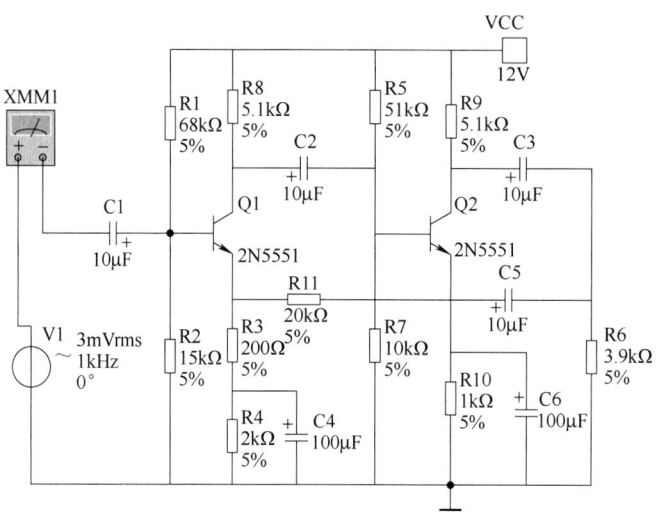

图 6-25 闭环时与开环时万用表的读数

输出电阻的测量电路如图 6-26 所示，两个万用表（设置为交流电压和电流状态）测量输入电阻，分别测量放大电路空载输出电压 U'_o、负载电压 U_o 和负载电流 I_o，则输出电阻为：

在反馈电阻 R_{11} 断开时，有

$$R_\text{o} = \frac{U'_\text{o} - U_\text{o}}{I_\text{o}} = 4.3\text{k}\Omega$$

在反馈电阻 R_{11} 连接时，有

$$R_\text{of} = \frac{U'_\text{o} - U_\text{o}}{I_\text{o}} = 327\Omega$$

引入负反馈后，输出电阻较小，仿真结果与理论分析相同。

（4）频率特性

在反馈电阻断开和连接两种情况下，放大电路的闭环和开环电路的幅频特性如图 6-27、图 6-28 所示。经测量可知引入负反馈使频带变宽。

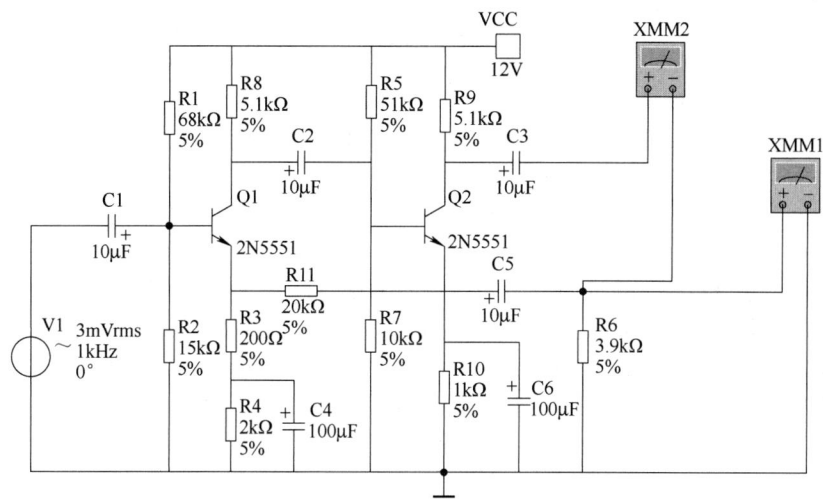

图 6-26 输出电阻的测量电路

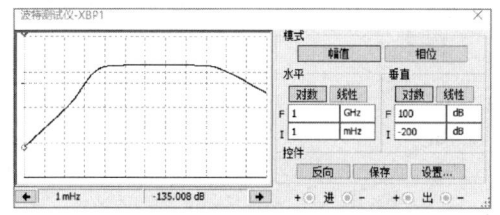

图 6-27 闭环电路的幅频特性

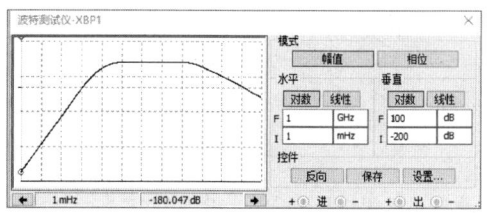

图 6-28 开环电路的幅频特性

本章小结

1. 反馈是为了改善放大电路的性能而采取的一种技术措施。将输出信号的一部分或全部返回到放大电路的输入端，这就是反馈信号。本章主要讨论负反馈对放大电路性能的改善。

2. 闭环增益与开环增益、反馈系数之间的关系称为反馈基本方程式，它是研究反馈放大电路的基础。由 $|1+\dot{A}\dot{F}|$ 大于 1、小于 1 和等于 0，可以确定放大电路是负反馈、正反馈和自激三种状态。$1+\dot{A}\dot{F}$ 称为反馈深度；而 $\dot{A}\dot{F}$ 称为环路增益。

3. 反馈分正反馈、负反馈；电压反馈、电流反馈；串联反馈、并联反馈；直流反馈、交流反馈等形式。仅对负反馈而言，可以确定四种反馈组态，即电压串联负反馈、电压并联负反馈、电流串联负反馈和电流并联负反馈。

4. 电压负反馈可以稳定输出电压，降低放大电路的输出电阻为 $(1+AF)$ 倍；电流负反馈可以稳定输出电流，提高放大电路的输出电阻 $(1+AF)$ 倍。

5. 串联负反馈可以提高放大电路的输入电阻 $(1+AF)$ 倍；并联负反馈可以降低放大电路的输入电阻为 $(1+AF)$ 倍。

6. 负反馈可以降低反馈环内产生的非线性失真、噪声。

7. 负反馈加入不当会引起放大电路的自激，自激条件是 $\dot{A}\dot{F}=-1$，它又分为幅度条件和相位条件。

8. 利用环路增益伯德图可以方便地判断放大电路的稳定、临界和自激三种状态。为了获得稳定的工作状态，负反馈放大电路应有足够的幅度裕度和相位裕度。在放大电路的适当位置接入电容可以改变放大电路的某一个极点频率，从而可能消除自激振荡。

自我检测题

1. 已知交流负反馈有四种组态:
A. 电压串联负反馈　　B. 电压并联负反馈　　C. 电流串联负反馈　　D. 电流并联负反馈
选择合适的答案填入下列空格内,只填入 A、B、C 或 D。
(1) 欲得到电流-电压转换电路,应在放大电路中引入(　　);
(2) 欲将电压信号转换成与之成比例的电流信号,应在放大电路中引入(　　);
(3) 欲减小电路从信号源索取的电流,增强带负载能力,应在放大电路中引入(　　);
(4) 欲从信号源获得更大的电流,并稳定输出电流,应在放大电路中引入(　　)。

2. 如图 6-29 所示电路,只存在直流负反馈的电路是(　　);只存在交流负反馈的电路是(　　);交直流负反馈都存在的电路是(　　);存在正反馈的电路是(　　)。

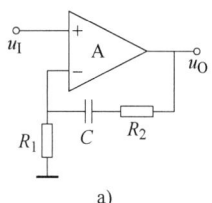
a)
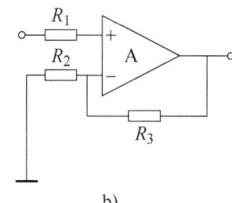
b)
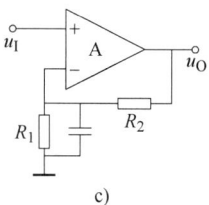
c)
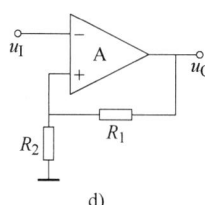
d)

图 6-29　题 2 图

A. a; c; b; d　　　　B. c; b; d; a　　　　C. c; a; b; d　　　　D. a; b; d; c

3. 判断图 6-30 所示电路的反馈组态为(　　)。

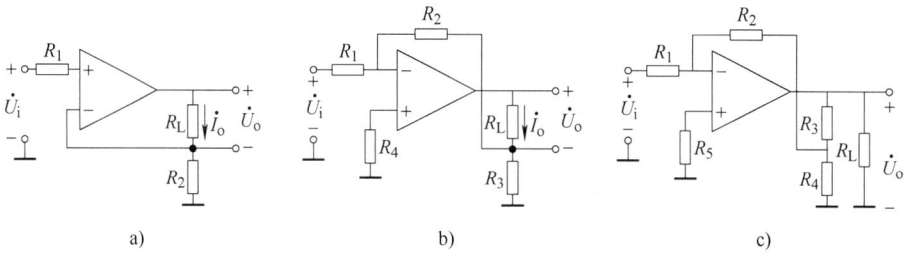

图 6-30　题 3 图

A. 图 a 电压并联,图 b 电压串联,图 c 电流串联　　B. 图 a 电压串联,图 b 电压并联,图 c 电流并联
C. 图 a 电流串联,图 b 电流串联,图 c 电压串联　　D. 图 a 电流并联,图 b 电流并联,图 c 电压并联

4. 某直流放大电路直流输入信号输入电压为 1mV,输出电压为 1V,加入负反馈后,为达到同样输出需要的输入信号为 10mV,则可知该电路的反馈深度和反馈系数为(　　)。
A. 1; 0.09　　　　B. 0.1; 0.9　　　　C. 10; 0.009　　　　D. 10; 0.1

5. 某负反馈放大电路的闭环增益为 40dB,当基本放大器的增益变化 10% 时,反馈放大器的闭环增益相应变化 1%,则电路原来的开环增益为(　　)。
A. 10dB　　　　B. 20dB　　　　C. 60dB　　　　D. 40dB

6. 如图 6-31 所示电路的电压增益为(　　)。
A. −10　　　　B. 11　　　　C. 10　　　　D. −11

7. 如图 6-32 所示电路的电压增益为(　　)。
A. 1　　　　B. −1　　　　C. 10　　　　D. 11

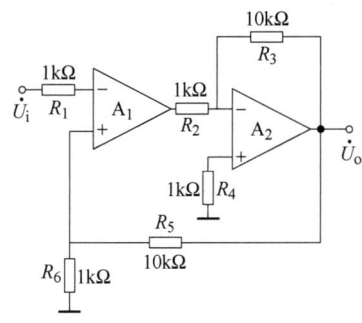
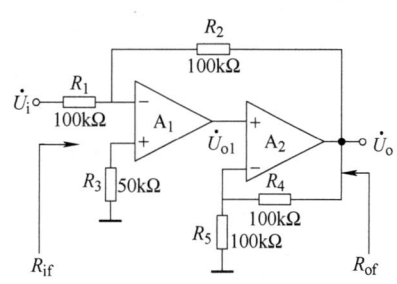

图 6-31　题 6 图　　　　　　　　　图 6-32　题 7 图

8. 欲减小放大电路从信号源索取的电流，则可采用（　　）；欲希望负载变化时输出电压稳定，则应引入（　　）；欲希望负载变化时输出电流稳定，则应引入（　　）；欲希望取得较强的反馈作用而信号源内阻很大，则宜采用（　　）。

A. 串联负反馈；电流负反馈；电压负反馈；电流负反馈
B. 串联负反馈；电压负反馈；电流负反馈；并联负反馈
C. 并联负反馈；电流负反馈；电压负反馈；串联负反馈
D. 并联负反馈；电压负反馈；串联负反馈；电流负反馈

9. 对于串联负反馈放大电路，为使反馈作用增强，应使信号源内阻（　　）；对于并联负反馈放大电路，为使反馈作用增强，应使信号源内阻（　　）；为使电压串联负反馈电路的输出电阻尽可能小，应使信号源内阻（　　）。

A. 尽可能大；尽可能小；与输入电阻接近
B. 尽可能小；与输入电阻接近；尽可能大
C. 尽可能小；尽可能大；尽可能小
D. 尽可能大；尽可能小；尽可能小

10. 下面说法正确的是（　　）。

A. 负反馈增大 R_i，正反馈减小 R_i
B. 电压负反馈增大 R_o，电流负反馈减小 R_o
C. 串联负反馈增大 R_i，并联负反馈减小 R_i
D. 串联反馈增大 R_i，并联反馈减小 R_i

习　题

6-1　判断图 6-33 所示电路中的反馈类型。

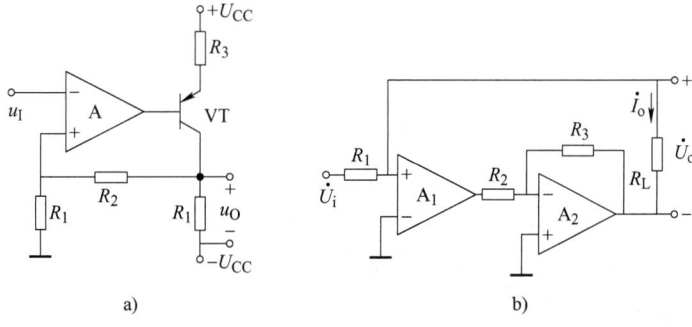

图 6-33　题 6-1 图

6-2 如图 6-34 所示为两个反馈放大电路，试判断反馈类型。设 A_1、A_2 为理想的集成运放，试写出电压放大倍数的表达式。

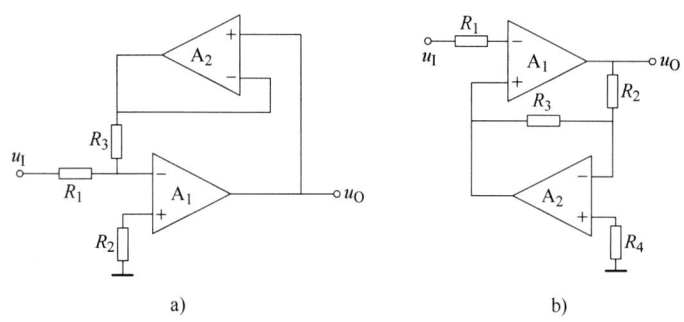

图 6-34 题 6-2 图

6-3 用理想集成运放组成的两个反馈电路如图 6-35 所示，请问：
(1) 电路中的反馈是正反馈还是负反馈；
(2) 它们是直流反馈还是交流反馈，还是两种反馈兼有；
(3) 如有交流反馈，则为何种组态；
(4) 如是负反馈，它们的电压放大倍数是多少。

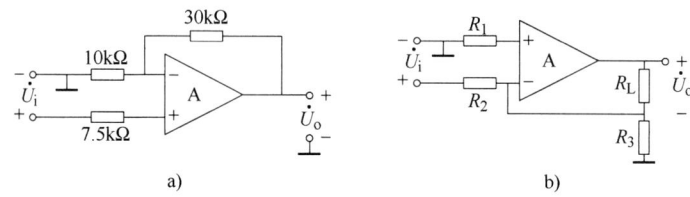

图 6-35 题 6-3 图

6-4 如图 6-36 所示，请问：
(1) 这个电路中是否存在反馈；若有反馈，是什么类型的反馈，反馈系数有多大；若无反馈，则应如何引入反馈使输出电流稳定；
(2) 该电路的输入电阻 R_{if} 和输出电阻 R_{of} 接近于什么值，设集成运放 A 具有接近理想的特性；
(3) 电压放大倍数 $\dfrac{\dot{U}_o}{\dot{U}_s}$ 约为多少。

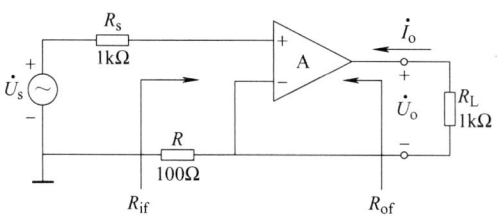

图 6-36 题 6-4 图

6-5 图 6-37 中，各运算放大器是理想的。说明：
(1) 图 a~d 各电路是何种反馈组态；
(2) 写出图 a、c 的输出表达式，图 b、d 的输出电流表达式；
(3) 说明各电路具有的功能。

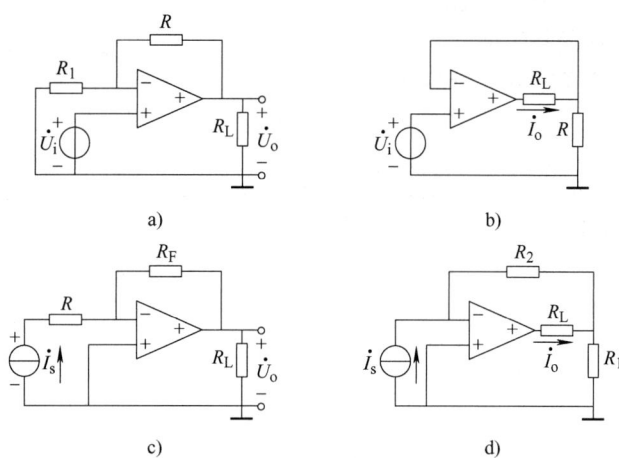

图 6-37 题 6-5 图

6-6 在图 6-38 所示的电路中,开关 S 应置于 a 还是置于 b,才能使引入的反馈为负反馈;这个负反馈属于何种组态;如果满足深度负反馈条件,电压放大倍数 A_{uf} 大约是多少?

6-7 电路如图 6-39 所示,电路中的运放是理想的,要求:

(1) 判断电路存在何种反馈;

(2) 写出电压放大倍数 $\dfrac{\dot{U}_o}{\dot{U}_i}$ 的表达式。

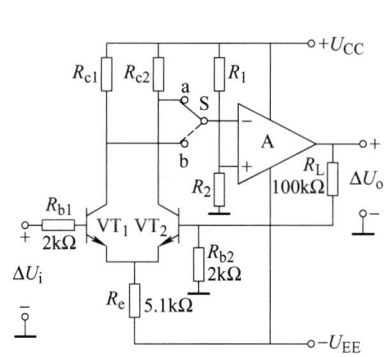

图 6-38 题 6-6 图

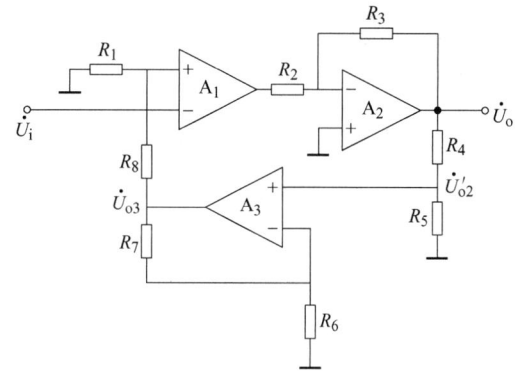

图 6-39 题 6-7 图

6-8 如图 6-40 所示的两个电路中,A_1、A_2 都是理想的集成运放。

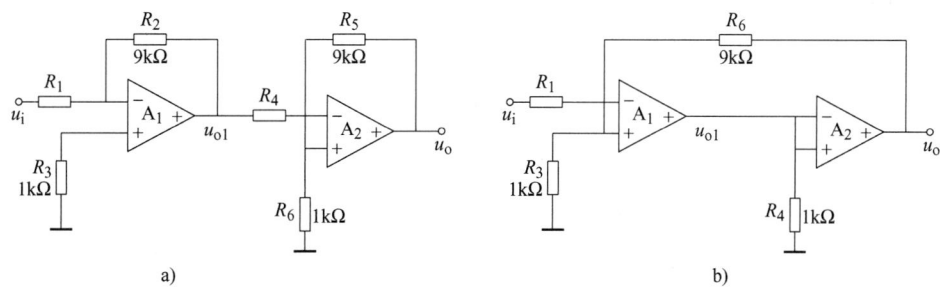

图 6-40 题 6-8 图

（1）计算图 a 电路的电压放大倍数；

（2）比较这两个电路在反馈方式上的不同；

（3）若图 b 电压的电压放大倍数为图 a 的 1/10，则电阻 R_6 应为多少；

（4）若 A_1、A_2 的放大倍数均为 100，图 a、图 b 电路的放大倍数均为 100，而输入电阻和输出电阻仍是理想的，则图 a、b 两电路电压放大倍数的相对误差各是多少；由此说明什么问题。

6-9 反馈放大电路如图 6-41 所示，设 A_1、A_2 为理想的集成运放。

（1）哪些元器件组成放大通路，哪些元器件组成反馈通路，在放大通路和反馈通路中又包含什么类型的反馈；

（2）总体的反馈属于何种极性和组态；

（3）电压放大倍数 $\dfrac{\dot U_o}{\dot U_i}$ 是多少；

（4）输入电阻 R_{if} 是多少。

6-10 对于图 6-42 所示的电路，回答下列问题：

（1）判断电路的反馈组态，写出深度负反馈时的电压增益表达式；

（2）如果将电阻 R_3 改接到虚线位置，写出闭环电压增益表达式；

（3）如果将电阻 R_3 去掉，写出闭环电压增益表达式；

（4）上述三种接法的闭环电压增益，哪一种的稳定性最好。

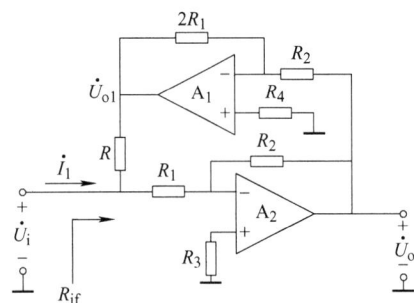

图 6-41 题 6-9 图

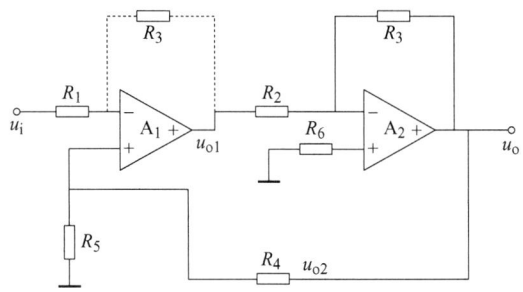

图 6-42 题 6-10 图

第7章 信号处理和信号产生电路

本章主要讨论信号的运算及处理（滤波）和信号的产生（振荡），它主要涉及五种电路。这些电路和它们的用途如下：

1）运算电路。集成运算放大器的基本应用之一是能构成各种运算电路，并因此得名。在运算电路中，以输入电压作为自变量，以输出电压作为函数；当输入电压变化时，输出电压将按一定的数学规律变化，即输出电压反应输入电压某种运算的结果。运算电路首先应用在控制电路中，如在自动控制系统中，常常需要其主要参数（如温度、压力、流量）经传感器变为电信号放大后，再经一定数学运算（如比例、积分、微分）的结果去驱动执行机构，才能获得最佳控制；其次，基本运算电路也是构成其他集成运算放大应用电路的基础电路。

2）有源滤波电路。滤波电路的主要功能是传送输入信号中有用的频率成分，衰减或抑制无用的频率成分。本章主要讨论由 R、C 和运算放大器组成的有源滤波电路。

3）正弦波振荡电路。在通信、广播、电视系统中，都需要射频（高频）发射。这里的射频波就是载波，把音频（低频）、视频信号或脉冲信号运载出去，这就需要能产生高频信号的正弦波振荡器。在工业、农业、生物医学等领域内，如高频感应加热、熔炼和淬火、超声波焊接和超声诊断，核磁共振成像等，也都需要功率或大或小、频率或高或低的正弦波振荡器。

4）非正弦信号产生电路。一些电子系统需要的特殊信号，如方波、三角波等，可通过非正弦波产生电路来产生。

5）电压比较器。本章在讨论正弦波振荡电路之后、非正弦波信号产生电路之前，还要研究一种重要单元电路——电压比较器，它不仅是波形产生电路中常用的基本单元，也广泛用于测控系统和电子仪器中。

以上这些电路都可以用集成运算放大器构成。

7.1 基本运算电路

本节讨论的基本运算电路有加法、减法、积分和微分电路。这些电路一般是由集成运算放大器外加反馈网络构成的，在分析时，要注意电路的输入方式，判别反馈类型，并利用虚短、虚断的概念，得出近似的结果。另外还要注意，比例运算电路有同相输入和反相输入两种，分别属于电压串联负反馈和电压并联负反馈电路，其比例系数即为反馈放大电路的增益，这一点已在第 6 章中讨论过，此处不再赘述。

7.1.1 加法电路

如果要将两个电压 u_{s1}、u_{s2} 相加，可以利用图 7-1 所示的加法电路来实现。这个电路接成反相放大器，由于电路存在虚短，$u_i = 0$，在 P 端接地时，$u_N = 0$，故 N 端为虚地。显然，它是属于多端输入的电压并联负反馈电路。利用 $u_i = 0$、$i_i = 0$ 和 $u_N = 0$ 的概念，对反相输入节点可写出下面的方程式：

$$\frac{u_{s1}-u_i}{R_1}+\frac{u_{s2}-u_i}{R_2}=\frac{u_i-u_o}{R_f} \quad (7\text{-}1a)$$

或

$$\frac{u_{s1}}{R_1}+\frac{u_{s2}}{R_2}=\frac{-u_o}{R_f} \quad (7\text{-}1b)$$

由此得

$$-u_o=\frac{R_f}{R_1}u_{s1}+\frac{R_f}{R_2}u_{s2} \quad (7\text{-}1c)$$

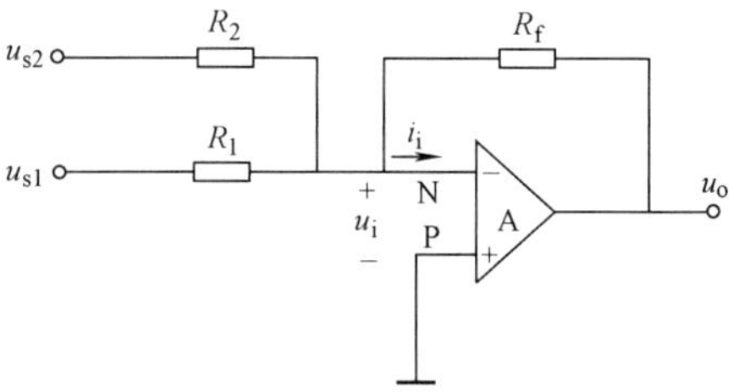

图 7-1 加法电路

这就是加法运算的表达式，式中负号是因反相输入所引入的。若 $R_1=R_2=R_f$，则式（7-1c）变为

$$-u_o=u_{s1}+u_{s2} \quad (7\text{-}1d)$$

若在图 7-1 的输出端再接一级反相电路，则可消去负号，实现完全符合常规的算术加法。图 7-1 所示的加法电路可以扩展到多个输入电压相加。加法电路也可以利用同相放大电路组成。

7.1.2 减法电路

1. 利用反相信号求和以实现减法运算

减法电路如图 7-2 所示。第一级为反相比例放大电路，若 $R_{f1}=R_1$，则 $u_{o1}=-u_{s1}$；第二级为反相加法电路，则可导出

$$u_o=-\frac{R_{f2}}{R_2}(u_{o1}+u_{s2})=\frac{R_{f2}}{R_2}(u_{s1}-u_{s2}) \quad (7\text{-}2a)$$

若 $R_2=R_{f2}$，则式（7-2a）变为

$$u_o=u_{s1}-u_{s2} \quad (7\text{-}2b)$$

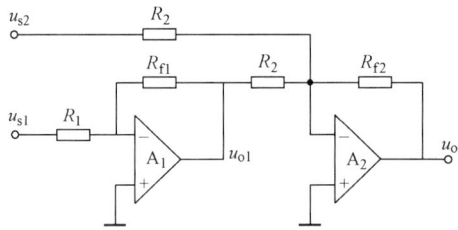

图 7-2 用加法电路构成减法电路

反相输入结构的减法电路，由于出现虚地，放大电路没有共模信号，故允许 u_{s1}、u_{s2} 的共模电压范围较大，且输入阻抗较低。在电路中，为减小温度漂移、提高运算精度，同相端需加接平衡电阻。

2. 利用差分放大电路以实现减法运算

图 7-3 所示是用来实现两个电压 u_{s1}、u_{s2} 相减的减法电路，从电路结构上来看，它是反相输入和同相输入相结合的放大电路。在理想运算放大器的情况下，有 $u_P=u_N$，就是说电路中存在虚短现象，同时运算放大器两输入端存在共模电压。伴随 $u_i=0$，也有 $i_i=0$，由此

可得下列方程式：

$$\frac{u_{s1} - u_N}{R_1} = \frac{u_N - u_o}{R_f} \tag{7-3}$$

及

$$\frac{u_{s2} - u_P}{R_2} = \frac{u_P}{R_3} \tag{7-4}$$

注意，$u_N = u_P$，由式（7-3）解得 u_N，然后代入式（7-4），可得

$$u_o = \left(\frac{R_1 + R_f}{R_1}\right)\left(\frac{R_3}{R_2 + R_3}\right)u_{s2} - \frac{R_f}{R_1}u_{s1}$$

在上式中，如果选取电阻值满足 $R_f/R_1 = R_3/R_2$ 的关系，输出电压可简化为

$$u_o = \frac{R_f}{R_1}(u_{s2} - u_{s1}) \tag{7-5}$$

即输出电压 u_o 与两输入电压之差（$u_{s2} - u_{s1}$）成比例，所以图 7-3 所示的减法电路实际上就是一个差分放大电路。当 $R_f = R_1$ 时，$u_o = u_{s2} - u_{s1}$。应当注意的是，由于电路存在共模电压，应当选用共模抑制比较高的集成运算放大器，才能保证一定的运算精度。差分放大电路除了可作为减法运算单元外，也可用于自动检测仪器中。性能更好的差分放大电路可用多只集成运算放大器来实现。

例 7-1 高输入电阻的差分放大电路如图 7-4 所示，求输出电压 u_{o2} 的表达式，并说明该电路的特点。

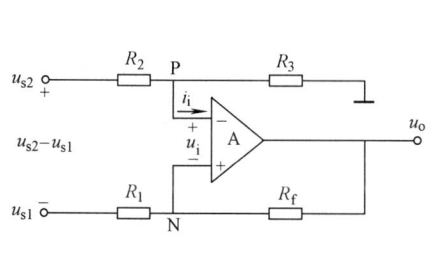

图 7-3 减法电路

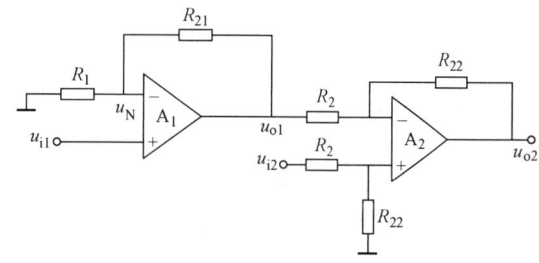

图 7-4 例 7-1 图

解： 该电路第一级 A_1 为同相输入放大电路，它的输出电压为

$$u_{o1} = \left(1 + \frac{R_{21}}{R_1}\right)u_{i1}$$

第二级 A_2 为差分放大电路，可利用叠加原理求输出电压。$u_{i2} = 0$ 时，A_2 为反相输入放大电路，由 u_{o1} 产生的输出电压

$$u'_{o2} = -\frac{R_{22}}{R_2}u_{o1} = -\frac{R_{22}}{R_2}\left(1 + \frac{R_{21}}{R_1}\right)u_{i1}$$

若令 $u_{o1} = 0$，A_2 为同相输入放大电路，由 u_{i2} 产生的输出电压为

$$u''_{o2} = \left(1 + \frac{R_{22}}{R_2}\right)\left(\frac{R_{22}}{R_2 + R_{22}}\right)u_{i2}$$

电路的总输出电压 $u_{o2} = u'_{o2} + u''_{o2}$，当电路中 $R_1 = R_{21}$ 时，则

$$u_{o2} = \frac{R_{22}}{R_2}(u_{i2} - 2u_{i1})$$

由于电路中第一级 A_1 为同相输入放大电路，电路的输入电阻为无穷大。

7.1.3 积分电路

积分电路如图 7-5 所示。利用虚地的概念：$u_i = 0$，$i_i = 0$，因此有 $i_1 = i_2 = i$，电容 C 就以电流 $i = u_s/R$ 进行充电。假设电容 C 初始电压为零，则

$$u_i - u_o = \frac{1}{C}\int i\,dt = \frac{1}{C}\int i_1\,dt = \frac{1}{C}\int \frac{u_s}{R}dt$$

或

$$u_o = -\frac{1}{RC}\int u_s\,dt \tag{7-6}$$

式 (7-6) 表明，输出电压 u_o 为输入电压 u_s 对时间的积分，负号表示它们在相位上是相反的。

当输入信号 u_s 为图 7-6a 所示的阶跃电压时，在它的作用下，电容将以近似恒流方式进行充电，输出电压 u_o 与时间 t 成近似线性关系，如图 7-6b 所示。因此

$$u_o \approx -\frac{U_s}{RC}t = -\frac{U_s}{\tau}t \tag{7-7}$$

式中，τ 为积分时间常数，$\tau = RC$。

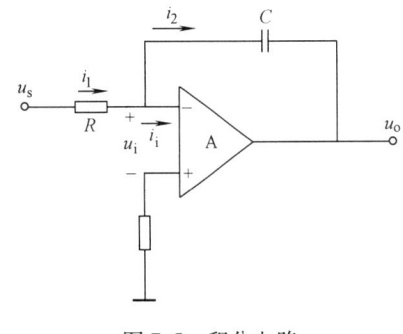

图 7-5 积分电路

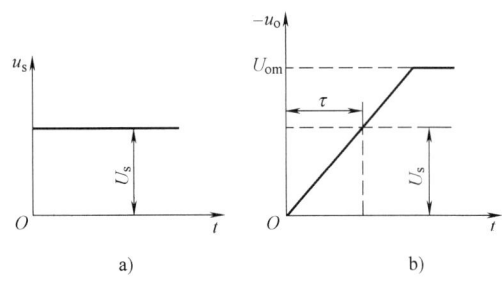

图 7-6 积分电路的阶跃响应
a) 输入波形 b) 输出波形

由图 7-6b 可知，当 $t = \tau$ 时，$-u_o = U_s$。当 $t > \tau$ 时，u_o 增大，直到 $-u_o = +U_{om}$，即运算放大器输出电压的最大值 U_{om} 受直流电源电压的限制，致使运算放大器进入饱和状态，u_o 保持不变，而停止积分。

当应用图 7-5 作积分运算时，由于集成运算放大器输入失调电压、输入偏置电流和失调电流的影响，常常出现积分误差。例如，当 $u_s = 0$、$u_o \neq 0$ 且作缓慢变化时，会形成输出误差电压。针对这种情况，可选用 U_{IO}、I_{IB}、I_{IO} 较小和低漂移的运算放大器，并在同相端接入可调平衡电阻；或选用输入级为场效应晶体管组成的双极场效应晶体管运算放大器。

积分电容 C 存在的漏电流也是产生积分误差的来源之一，选用泄漏电阻大的电容，如薄膜电容、聚苯乙烯电容可减少这种误差。

图 7-5 所示的积分电路，可用来作为显示器的扫描电路及模/数转换器或进行数学模拟

运算等。

例 7-2 电路如图 7-5 所示，电路中 $R = 10\text{k}\Omega$，$C = 5\text{nF}$，若电容 C 两端并联一个反馈电阻 $R_\text{f} = 1\text{M}\Omega$，输入电压 u_s 波形如图 7-7a 所示，在 $t = 0$ 时，电容 C 的初始电压 $u_C(0) = 0$。试画出输出电压 u_o 稳态的波形，并标出 u_o 的幅值。

解：在 $t = 0$ 时，$u_C(0) = 0$，当 $t_1 = 40\mu\text{s}$ 时，有

$$u_\text{o}(t_1) = -\frac{u_\text{s}}{RC}t_1 = -\frac{-10 \times 40 \times 10^{-6}}{10 \times 10^3 \times 5 \times 10^{-9}}\text{V} = 8\text{V}$$

当 $t_2 = 120\mu\text{s}$ 时，有

$$u_\text{o}(t_2) = u_\text{o}(t_1) - \frac{u_\text{s}}{RC}(t_2 - t_1) = 8\text{V} - \frac{5 \times (120 - 40) \times 10^{-6}}{10 \times 10^3 \times 5 \times 10^{-9}}\text{V} = 0\text{V}$$

输出电压 u_o 的波形如图 7-7b 所示。

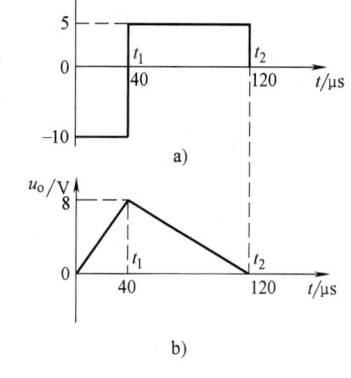

图 7-7 例 7-2 图
a) u_s 的波形 b) u_o 的波形

7.1.4 微分电路

将图 7-5 所示积分电路中的电阻和电容对换位置，并选取比较小的时间常数 RC，便可得到图 7-8 所示的微分电路。在这个电路中，同样存在虚地、$u_\text{i} = 0$ 和 $i_\text{i} = 0$，$i_1 = i_2 = i$。

设 $t = 0$ 时，电容 C 的初始电压 $u_C = 0$，当信号电压 u_s 接入后，便有

$$i = C\frac{\text{d}u_\text{s}}{\text{d}t}$$

$$u_\text{i} - u_\text{o} = iR = RC\frac{\text{d}u_\text{s}}{\text{d}t}$$

从而得

$$-u_\text{o} = RC\frac{\text{d}u_\text{s}}{\text{d}t} \tag{7-8}$$

式 (7-8) 表明，输出电压正比于输入电压对时间的微分。

当输入电压 u_s 为阶跃信号时，如图 7-9a 所示，考虑到信号源总存在内阻，在 $t = 0$ 时，输出电压仍为一个有限值。随着电容 C 的充电，输出电压 u_o 将逐渐地衰减，最后趋近于零，如图 7-9b 所示。

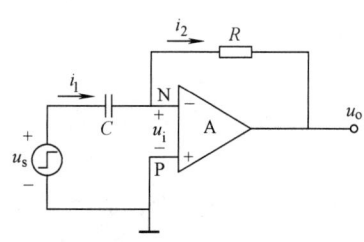

图 7-8 微分电路

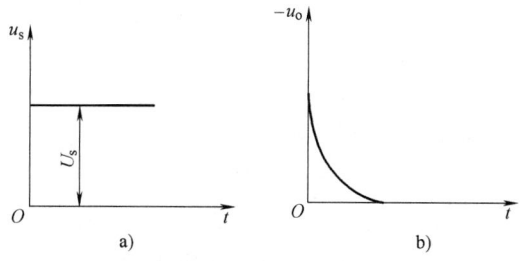

图 7-9 微分电路电压波形
a) 输入 b) 输出

如果输入信号是正弦函数 $u_s = \sin\omega t$，则输出信号 $u_o = -RC\omega\cos\omega t$。此式表明，$u_o$ 的输出幅度将随频率的增加而线性增加。因此微分电路对高频噪声特别敏感，以致输出噪声可能完全淹没微分信号。

微分电路的应用是很广泛的，在线性系统中，除了可作微分运算外，在脉冲数字电路中，常用来作波形变换，如将矩形波变换为尖顶脉冲波等。

7.2 滤波电路的基本概念和分类

1. 基本概念

滤波电路是一种能使有用频率信号通过而同时抑制（或大为衰减）无用频率信号的电子电路，工程上常用它来作信号处理、数据传送和干扰抑制等。滤波有两种方法：其一为使用模拟滤波电路；其二为数字滤波。后者是将模拟量转化为数字量后用软件实现滤波的，属于数字信号处理的内容。本章只讨论模拟滤波电路。模拟滤波电路又分无源和有源两种。无源滤波电路由无源元件 R、L 和 C 组成，有源滤波电路则由集成运算放大器和 R、C 电路组成。两者相比，有源滤波电路具有以下优点：

1）构成的低频滤波电路不使用电感，体积小、重量轻。
2）滤波的同时对信号具有放大作用，避免了信号的过度衰减。
3）集成运算放大器输入阻抗高，输出阻抗低，对信号具有缓冲作用，避免了前后级的互相影响，便于设计。

2. 有源滤波电路的分类

对于幅频响应，通常把能够通过的信号频率范围定义为通带，而把受阻或衰减的信号频率范围称为阻带，通带和阻带的界限频率叫作截止频率。按照通带和阻带的相互位置不同，滤波电路通常可分为以下几类：

1）低通滤波电路：其幅频响应如图 7-10a 所示。图中，A_0 表示低频增益，$|A|$ 为增益的幅值。由图可知，低通滤波电路的功能是通过从零到某一截止角频率 ω_H 的低频信号，而对大于 ω_H 的所有频率则完全衰减，因此其带宽 $BW = \omega_H$。

2）高通滤波电路：其幅频响应如图 7-10b 所示。由图可以看到，在 $0 < \omega < \omega_L$ 范围内的频率为阻带，高于 ω_L 的频率为通带。从理论上来说，它的带宽 $BW = \infty$，但实际上，由于受有源器件带宽的限制，高通滤波电路的带宽也是有限的。

3）带通滤波电路：其幅频响应如图 7-10c 所示。图中，ω_L 为低边截止角频率，ω_H 为高边截止角频率，ω_0 为中心角频率。由图可知，它有两个阻带：$0 < \omega < \omega_L$ 和 $\omega > \omega_H$，因此带宽 $BW = \omega_H - \omega_L$。

4）带阻滤波电路：其幅频响应如图 7-10d 所示。由图可知，它有两个通带：$0 < \omega < \omega_H$ 及 $\omega > \omega_L$；一个阻带：$\omega_H < \omega < \omega_L$。因此它的功能是衰减 $\omega_L \sim \omega_H$ 间的信号。同高通滤波电路相似，由于受有源器件带宽的限制，通常 $\omega > \omega_L$ 也是有限的。

5）全通滤波电路：其幅频响应如图 7-10e 所示。由图可知，它没有阻带，通带是从零到无穷大，但相移的大小随频率而改变。

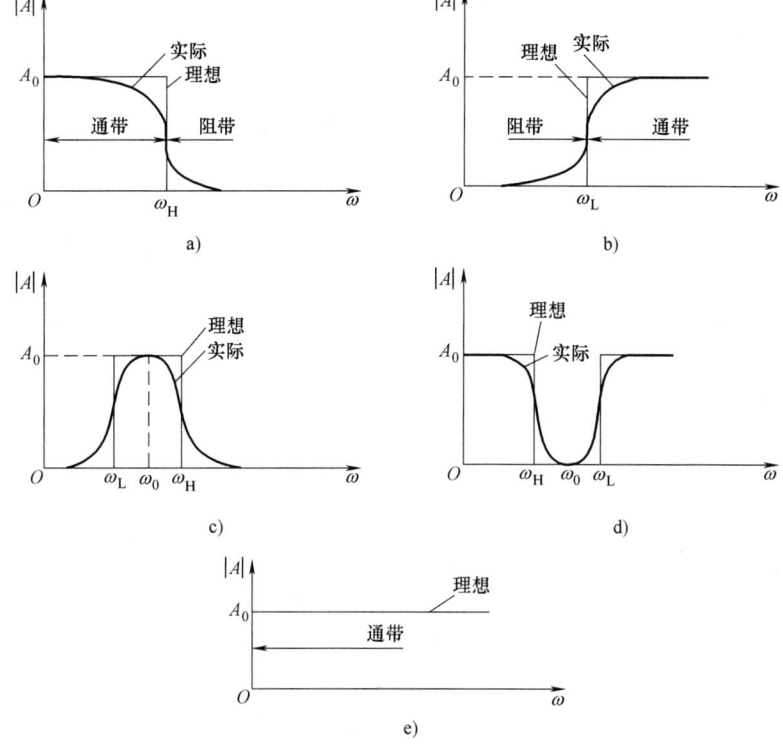

图 7-10 各种滤波电路的幅频响应
a) 低通滤波电路（LPF） b) 高通滤波电路（HPF） c) 带通滤波电路（BPF）
d) 带阻滤波电路（BEF） e) 全通滤波电路（APF）

7.3 有源滤波电路

7.3.1 一阶有源滤波电路

如果在一级 RC 低通电路的输出端再加上一个电压跟随器，使之与负载很好地隔离开来，就构成了一个简单的一阶有源低通滤波电路。由于电压跟随器的输入阻抗很高、输出阻抗很低，因此，其带负载能力得到加强。

如果希望电路不仅有滤波功能，而且能起放大作用，则只要将电路中的电压跟随器改为同相比例放大电路即可，如图 7-11a 所示。下面介绍一阶有源滤波电路的性能。

1. 传递函数

由图 7-11a 知，低通滤波电路的通带电压增益 A_0 是 $\omega=0$ 时输出电压 u_o 与输入电压 u_i 之比，对于图 7-11a 来说，通带电压增益 A_0 等于同相比例放大电路的电压增益 A_{UF}，即

$$A_0 = A_{UF} = 1 + \frac{R_f}{R_1} \tag{7-9}$$

根据前面对 RC 低通电路的分析结果，由图 7-11a 有

$$U_P(s) = \frac{1}{1+sRC} U_i(s) \tag{7-10}$$

因此，可导出电路的传递函数为

$$A(s) = \frac{U_o(s)}{U_i(s)} = A_{UF} \frac{1}{1+\dfrac{s}{\omega_c}} = \frac{A_0}{1+\dfrac{s}{\omega_c}} \qquad (7\text{-}11)$$

式中，ω_c 称为特征角频率，$\omega_c = 1/(RC)$。

由于式（7-11）中分母为 s 的一次幂，故式（7-11）所示滤波电路称为一阶低通滤波电路。

一阶高通滤波电路可由图 7-11a 的 R 和 C 交换位置来组成，这里不再赘述。

2. 幅频响应

对于实际的频率来说，式（7-11）中的 s 可用 $s = j\omega$ 代入，由此可得

$$A(j\omega) = \frac{U_o(j\omega)}{U_i(j\omega)} = \frac{A_0}{1+j\dfrac{\omega}{\omega_c}} \qquad (7\text{-}12a)$$

$$|A(j\omega)| = \frac{|U_o(j\omega)|}{|U_i(j\omega)|} = \frac{A_0}{\sqrt{1+\left(\dfrac{\omega}{\omega_c}\right)^2}} \qquad (7\text{-}12b)$$

显然，这里的 ω_c 就是 $-3\mathrm{dB}$ 截止角频率 ω_H。由式（7-12b）可画出图 7-11a 所示电路的幅频响应，如图 7-11b 所示。

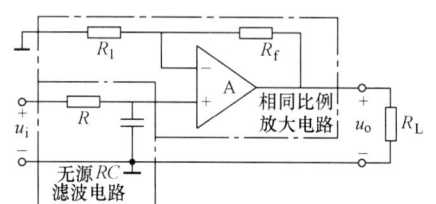

a)

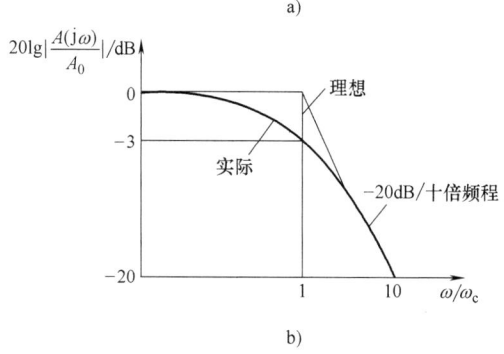

b)

图 7-11　一阶低通滤波电路
a）带同相比例放大电路的低通滤波电路
b）幅频响应

7.3.2　二阶有源滤波电路

集成运算放大器在有源 RC 滤波电路中作为高增益有源器件使用时，可组成无限增益多反馈环形有源滤波电路，而当作为有限增益有源器件使用时，则可组成所谓压控电压源滤波电路（VCVS）。下面以压控电压源有源滤波电路为主对二阶有源滤波电路进行讨论。

1. 二阶压控电压源低通滤波电路

二阶压控电压源低通滤波电路如图 7-12 所示。由图可见，它是由两节 RC 滤波电路和同相比例放大电路组成，其中同相比例放大电路实际上就是所谓的压控电压源。其特点是输入阻抗高，输出阻抗低。

前面已指出，同相比例放大电路的电压增益就是低通滤波器的通带电压增益，即 $A_0 = A_{UF} = 1 + R_f/R_1$。

（1）传递函数

考虑到集成运算放大器的同相输入端电压为

$$U_P(s) = \frac{U_o(s)}{A_{UF}} \qquad (7\text{-}13)$$

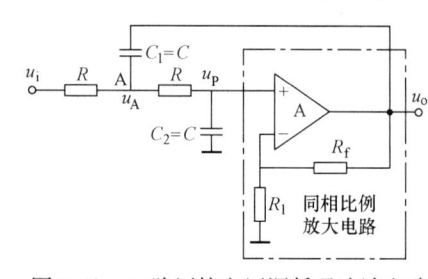

图 7-12　二阶压控电压源低通滤波电路

而 $U_P(s)$ 与 $U_A(s)$ 的关系为

$$U_P(s) = \frac{U_A(s)}{1+sRC} \tag{7-14}$$

对于节点 A，应用基尔霍夫电流定律可得

$$\frac{U_i(s) - U_A(s)}{R} - [U_A(s) - U_o(s)]sC - \frac{U_A(s) - U_P(s)}{R} = 0 \tag{7-15}$$

将式 (7-13) ~ 式 (7-15) 联立求解，可得电路的传递函数为

$$A(s) = \frac{U_o(s)}{U_i(s)} = \frac{A_{UF}}{1 + (3 - A_{UF})sCR + (sCR)^2} \tag{7-16}$$

令

$$\omega_n = \frac{1}{RC} \tag{7-17}$$

$$Q = \frac{1}{3 - A_{UF}} \tag{7-18}$$

则有

$$A(s) = \frac{A_{UF}\omega_n^2}{s^2 + \frac{\omega_n}{Q}s + \omega_n^2} = \frac{A_0\omega_n^2}{s^2 + \frac{\omega_n}{Q}s + \omega_n^2} \tag{7-19}$$

式 (7-19) 为二阶低通滤波电路传递函数的典型表达式。其中 $\omega_n = 1/(RC)$ 为特征角频率，而 Q 则称为等效品质因数。式 (7-16) 表明，$A_0 = A_{UF} < 3$，才能稳定工作。当 $A_0 = A_{UF} \geq 3$ 时，$A(s)$ 将有极点处于右半 s 平面或虚轴上，电路将自激振荡。

(2) 幅频响应

用 $s = j\omega$ 代入式 (7-19)，可得幅频响应和相频响应表达式，分别为

$$20\lg\left|\frac{A(j\omega)}{A_0}\right| = 20\lg\frac{1}{\sqrt{\left[1 - \left(\frac{\omega}{\omega_n}\right)^2\right]^2 + \left(\frac{\omega}{\omega_n Q}\right)^2}} \tag{7-20}$$

$$\varphi(\omega) = -\arctan\frac{\omega/(\omega_n Q)}{1 - \left(\frac{\omega}{\omega_n}\right)^2} \tag{7-21}$$

式 (7-20) 表明，当 $\omega = 0$ 时，$|A(j\omega)| = A_{UF} = A_0$；当 $\omega \to \infty$ 时，$|A(j\omega)| \to 0$。显然，这是低通滤波电路的特性。由式 (7-20) 可画出不同 Q 值下的幅频响应，如图 7-13a 所示。由图可见，当 $Q = 0.707$ 时，幅频响应较平坦，而当 $Q > 0.707$ 时，将出现峰值，当 $Q = 0.707$ 和 $\omega/\omega_n = 1$ 时，$20\lg|A(j\omega)/A_0| = 3$dB；当 $\omega/\omega_n = 10$ 时，$20\lg|A(j\omega)/A_0| = -40$dB。这表明二阶低通滤波电路比一阶低通滤波电路的滤波效果好得多。当进一步增加滤波电路阶数时，由图 7-13b 可看出，其幅频响应更接近理想特性。

2. 二阶压控电压源高通滤波电路

将 RC 低通电路中的 R 和 C 的位置互换，就可得到 RC 高通电路。同理，如果将图 7-12

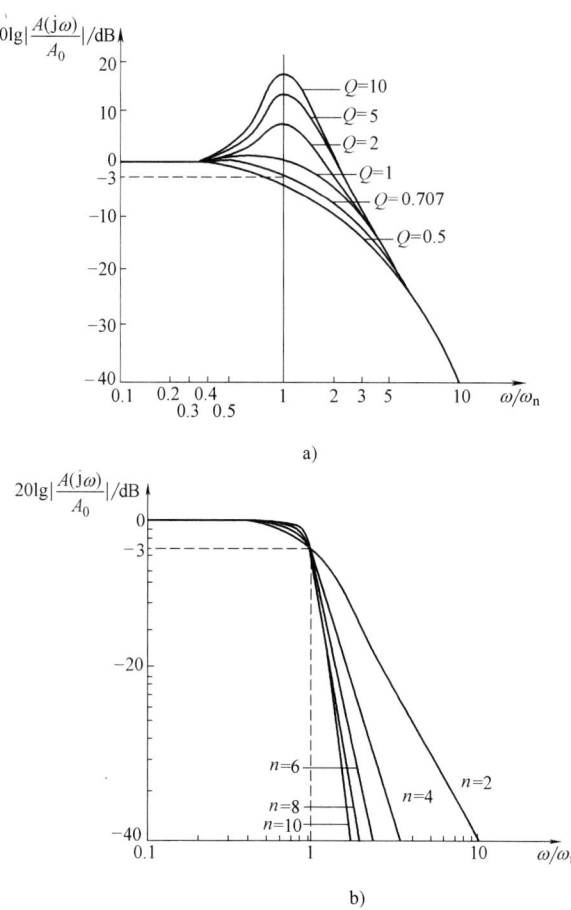

图 7-13 低通滤波电路的幅频响应

a) 图 7-12 所示二阶低通滤波电路的幅频响应 b) 阶数 $n=2、4、6、8、10$ 的巴特沃思低通滤波电路幅频响应

所示二阶压控电压源低通滤波电路中的 R 和 C 位置互换，就可得到二阶压控电压源高通滤波电路，如图 7-14 所示。

由于二阶高通滤波电路与二阶低通滤波电路在电路结构上存在对偶关系，它们的传递函数和幅频响应也存在对偶关系。

（1）传递函数

由图 7-10b 可知，在理想情况下，高通滤波电路的通带电压增益可认为是 $\omega \to \infty$ 时，输出电压 u_o 与输入电压 u_i 之比。对于图 7-14 来说，当 $\omega \to \infty$，电容 C 可视为

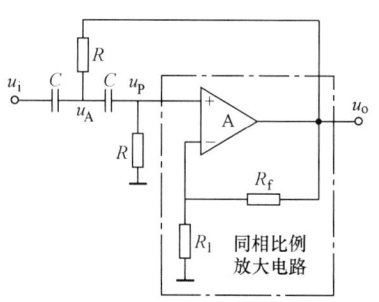

图 7-14 二阶压控电压源高通滤波电路

短路，有 $u_i = u_P$，即通带电压增益 A_0 等于同相比例放大电路的电压增益 A_{UF}，因此有 $A_0 = A_{UF} = 1 + R_f/R_1$。

考虑到高通滤波电路在电路结构、传递函数和幅频响应上与低通滤波电路的对偶关系，将二阶低通滤波电路的传递函数表达式（7-16）中的 sRC 用 $1/(sRC)$ 代替，则可得二阶高通滤波电路的传递函数为

$$A(s) = \frac{A_{UF}}{1 + (3 - A_{UF})\dfrac{1}{sRC} + \left(\dfrac{1}{sRC}\right)^2} \tag{7-22}$$

令

$$\begin{cases} \omega_n = \dfrac{1}{RC} \\ Q = \dfrac{1}{3 - A_{UF}} \end{cases} \tag{7-23}$$

则

$$A(s) = \frac{A_{UF}s^2}{s^2 + \dfrac{\omega_n}{Q}s + \omega_n^2} = \frac{A_0 s^2}{s^2 + \dfrac{\omega_n}{Q}s + \omega_n^2} \tag{7-24}$$

式（7-24）为二阶高通滤波电路传递函数的典型表达式。

（2）幅频响应

将式（7-24）中的 s 用 $s = j\omega$ 代替，则可得二阶高通滤波电路的频率响应特性方程为

$$A(j\omega) = \frac{-A_0 \omega^2}{\omega_n^2 - \omega^2 + j\dfrac{\omega_n \omega}{Q}} \tag{7-25}$$

即有

$$20\lg\left|\frac{A(j\omega)}{A_0}\right| = 20\lg\frac{1}{\sqrt{\left[\left(\dfrac{\omega_n}{\omega}\right)^2 - 1\right]^2 + \left(\dfrac{\omega_n}{Q\omega}\right)^2}} \tag{7-26}$$

由式（7-26）可画出其幅频响应，如图 7-15 所示。由图可见，二阶高通滤波电路和二阶低通滤波电路的幅频特性具有对偶（镜像）关系。如以 $\omega = \omega_n$ 为对称轴，二阶高通滤波电路的 $20\lg|A(j\omega)/A_0|$（当 $\omega < \omega_n$ 时）随 ω 升高而增大，而二阶低通滤波电路的 $20\lg|A(j\omega)/A_0|$（当 $\omega > \omega_n$ 时）则随着 ω 升高而减小。二阶高通滤波电路在 $\omega \ll \omega_n$（如 $\omega_n/\omega = 10$）时，其幅频响应以 40dB/十倍频程的斜率上升。

由式（7-22）知，只有当 $A_0 = A_{UF} < 3$ 时，电路才能稳定工作。

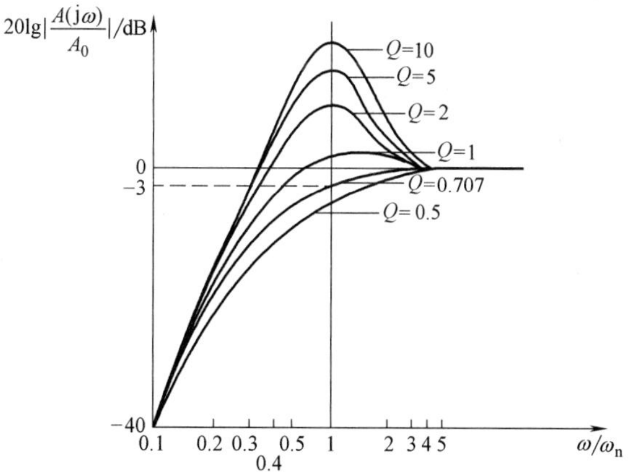

图 7-15 图 7-14 所示二阶高通滤波电路的幅频响应

3. 二阶压控电压源带通滤波电路

若将低通滤波电路与高通滤波电路相串联，如图 7-16a 所示，可以构成带通滤波电路。将带通滤波电路的幅频响应与高通、低通滤波电路的幅频响应进行比较，不难发现，只要低

通滤波电路的截止角频率 ω_H 大于高通滤波电路的截止角频率 ω_L，两者覆盖的通带就提供了一个通带响应，如图 7-16b 所示。

图 7-17 所示为二阶压控电压源带通滤波电路。图中 R、C 组成低通网络，C_1、R_3 组成高通网络，两者串联就组成了带通滤波电路。为了计算简便，设 $R_2 = R$，$R_3 = 2R$，则由基尔霍夫电流定律列出方程，可导出带通滤波电路的传递函数为

$$A(s) = \frac{A_{UF}sCR}{1 + (3 - A_{UF})sCR + (sCR)^2} \quad (7-27)$$

式中，A_{UF} 为同相比例放大电路的电压增益，$A_{UF} = 1 + R_f/R_1$，同样要求 $A_{UF} < 3$，电路才能稳定地工作。

若令

$$\begin{cases} A_0 = \dfrac{A_{UF}}{3 - A_{UF}} \\ \omega_0 = 1/(RC) \\ Q = 1/(3 - A_{UF}) \end{cases} \quad (7-28)$$

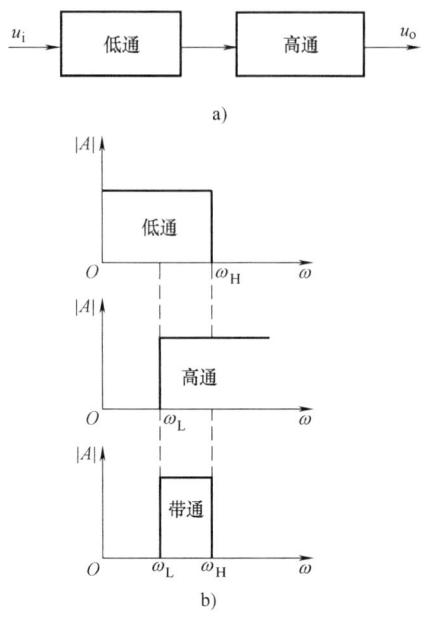

图 7-16 带通滤波电路构成示意
a) 原理框图 b) 理想的幅频响应

则有

$$A(s) = \frac{A_0 \dfrac{s}{Q\omega_0}}{1 + \dfrac{s}{Q\omega_0} + \left(\dfrac{s}{\omega_0}\right)^2} \quad (7-29)$$

式 (7-29) 为二阶带通滤波电路传递函数的典型表达式，其中 $\omega_0 = 1/(RC)$，既是特征角频率，也是带通滤波电路的中心角频率。

令 $s = j\omega$，代入式 (7-29)，则有

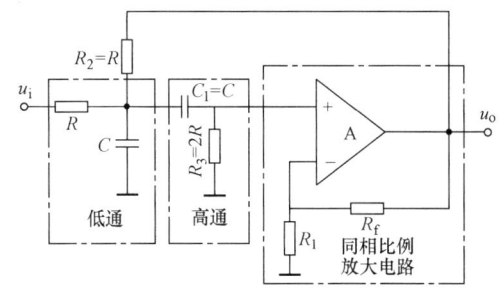

图 7-17 二阶压控电压源带通滤波电路

$$A(j\omega) = \frac{A_0 \dfrac{1}{Q} \dfrac{j\omega}{\omega_0}}{1 - \left(\dfrac{\omega}{\omega_0}\right)^2 + j\dfrac{\omega}{\omega_0 Q}} = \frac{A_0}{1 + jQ\left(\dfrac{\omega}{\omega_0} - \dfrac{\omega_0}{\omega}\right)} \quad (7-30)$$

式 (7-30) 表明，当 $\omega = \omega_0$ 时，图 7-17 所示电路具有最大电压增益，且 $|A(j\omega_0)| = A_0 = A_{UF}/(3 - A_{UF})$，这就是带通滤波电路的通带电压增益。根据式 (7-30)，不难求出其幅频响应，如图 7-18 所示。由图可见，Q 值越高，通带越窄。

当式 (7-30) 分母虚部的绝对值为 1 时，有 $|A(j\omega)| = A_0/\sqrt{2}$；因此，利用 $\left|Q\left(\dfrac{\omega}{\omega_0} - \dfrac{\omega_0}{\omega}\right)\right| = 1$，取正根，可求出带通滤波电路的两个截止角频率，从而导出带通滤波电路的通带宽度 $BW = \omega_0/(2\pi Q) = f_0/Q$。

4. 双 T 带阻滤波电路

前面已指出，与带通滤波电路相反，带阻滤波电路是用来抑制或衰减某一频段的信号，而让该频段以外的所有信号通过。这种滤波电路也叫陷波电路，经常用于电子系统抗干扰。

如何实现带阻滤波电路的功能呢？显然，如果从输入信号中减去带通滤波电路处理过的信号，就可得到

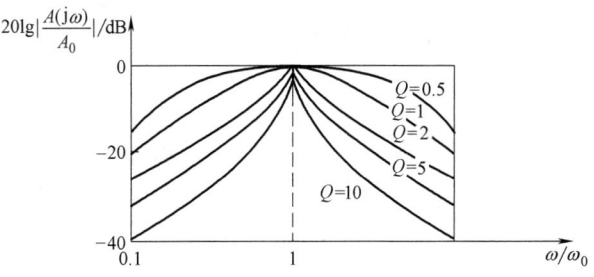

图 7-18　图 7-17 所示电路的幅频响应

带阻信号。这是实现带阻滤波的思路之一，读者可自行分析。这里要讨论的是另一种方案，即双 T 带阻滤波电路。下面首先分析双 T 网络的频率响应。

（1）双 T 网络的频率响应

为了讨论方便，设信号源内阻近似为零，负载电阻为无限大，则双 T 网络可画成如图 7-19a 所示的电路。利用星形-三角形变换原理，可以将图 7-19a 所示双 T 网络简化为图 7-19b 所示 Π 形等效电路。因此有

$$Z_1 = \frac{2R(1+sRC)}{1+s^2R^2C^2} = \frac{2R(1+j\omega RC)}{1-(\omega RC)^2} \tag{7-31}$$

$$Z_2 = Z_3 = \frac{1}{2}\left(R + \frac{1}{sC}\right) = \frac{1}{2}\left(R + \frac{1}{j\omega C}\right) \tag{7-32}$$

考虑到 $F = U_f/U_i$，则

$$F(s) = \frac{U_f(s)}{U_i(s)} = \frac{Z_3}{Z_1+Z_3} = \frac{\frac{1}{2}\left(R+\frac{1}{sC}\right)}{\frac{2R(1+sRC)}{1+(sRC)^2} + \frac{1}{2}\left(R+\frac{1}{sC}\right)} \tag{7-33a}$$

或

$$F(j\omega) = \frac{1-(\omega RC)^2}{[1-(\omega RC)^2]+4j\omega RC} = \frac{1-(\omega/\omega_n)^2}{[1-(\omega/\omega_n)^2]+j4\omega/\omega_n} \tag{7-33b}$$

式中，$\omega_n = 1/(RC)$。

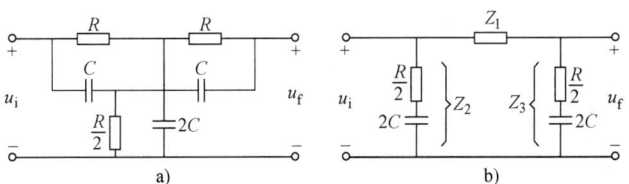

图 7-19　双 T 网络
a）电路　b）等效电路

由式（7-33b）可知，当 $\omega = \omega_n$ 时，$u_f = 0$，即信号频率等于它的特征角频率 ω_n 时，电

压传输系数 F 为零。这体现了双 T 网络的选频作用。

由式（7-33b）可求出其幅频响应、相频响应的表达式分别为

$$\begin{cases} |F(j\omega)| = \dfrac{\left|1-\left(\dfrac{\omega}{\omega_n}\right)^2\right|}{\sqrt{\left[1-\left(\dfrac{\omega}{\omega_n}\right)^2\right]^2+\left[4\left(\dfrac{\omega}{\omega_n}\right)\right]^2}} \\ \varphi_f = -\arctan\dfrac{4\left(\dfrac{\omega}{\omega_n}\right)}{1-\left(\dfrac{\omega}{\omega_n}\right)^2} \quad \left(\text{当}\dfrac{\omega}{\omega_n}<1\text{时}\right) \\ \varphi_f = \pi -\arctan\dfrac{4\left(\dfrac{\omega}{\omega_n}\right)}{1-\left(\dfrac{\omega}{\omega_n}\right)^2} \left(\text{当}\dfrac{\omega}{\omega_n}>1\text{时}\right) \end{cases} \quad (7\text{-}34)$$

根据式（7-34）可画出双 T 网络的频率响应，如图 7-20 所示。由图可知，当 $\omega/\omega_n=1$ 时，幅频响应的幅值等于零。这点从物理概念上也可得到解释。联系图 7-19a 可看出，在低频段，由于 $2C$ 的容抗非常大，所以输入信号经过两个电阻 R 直接传到输出端，有 $|\dot{U}_f|\approx|\dot{U}_i|$（或 $|\dot{F}|\approx1$），而在高频段，由于 C 的容抗非常小，信号通过两个串联的电容 C 传输，同样有 $|\dot{U}_f|\approx|\dot{U}_i|$（或 $|\dot{F}|\approx1$），只有当信号频率 ω 等于它的特征角频率 $\omega_n[=1/(RC)]$ 时，阻抗变得很大，才使电压传输系数 $|\dot{F}|$ 几乎为零，且相频响应呈现 $\pm 90°$ 突变的形式，如图 7-20 所示。

(2) 双 T 带阻滤波电路

双 T 带阻滤波电路如图 7-21 所示，由节点导纳方程不难导出电路的传递函数为

$$A(s)=\frac{U_o(s)}{U_i(s)}=\frac{A_{UF}\left[1+\left(\dfrac{s}{\omega_n}\right)^2\right]}{1+2(2-A_{UF})\dfrac{s}{\omega_n}+\left(\dfrac{s}{\omega_n}\right)^2}$$

或

$$A(j\omega)=\frac{A_{UF}\left[1+\left(\dfrac{j\omega}{\omega_n}\right)^2\right]}{1+2(2-A_{UF})\dfrac{j\omega}{\omega_n}+\left(\dfrac{j\omega}{\omega_n}\right)^2}$$

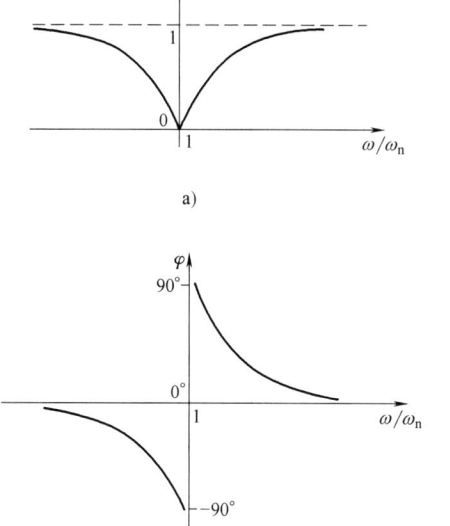

图 7-20 双 T 网络的频率响应
a）幅频响应 b）相频响应

$$= \frac{A_{\mathrm{UF}}\left[1+\left(\frac{\mathrm{j}\omega}{\omega_\mathrm{n}}\right)^2\right]}{1+\frac{1}{Q}\frac{\mathrm{j}\omega}{\omega_\mathrm{n}}+\left(\frac{\mathrm{j}\omega}{\omega_\mathrm{n}}\right)^2} \tag{7-35}$$

式中

$$\omega_\mathrm{n}=\frac{1}{RC} \qquad A_{\mathrm{UF}}=1+\frac{R_\mathrm{b}}{R_\mathrm{a}} \qquad Q=\frac{1}{2(2-A_{\mathrm{UF}})}$$

如果 $A_{\mathrm{UF}}=1$，则 $Q=0.5$，增加 A_{UF}，Q 将随之升高。当 A_{UF} 趋近 2 时，Q 趋向无穷大。因此，A_{UF} 越接近 2，$|\dot{A}|$ 越大，可使带阻滤波电路的选频特性越好，即阻断的频率范围越窄。

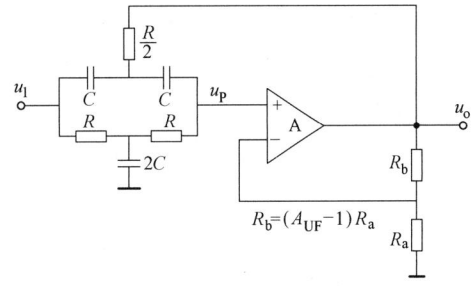

图 7-21 双 T 带阻滤波电路

7.4 正弦波振荡电路

1. 振荡条件

从结构上看，正弦波振荡电路就是一个没有输入信号的带选频网络的正反馈放大电路。通常，可将正弦波振荡电路分解为图 7-22 所示框图，上一个方框为放大电路，下一个方框为反馈网络，反馈极性为正。当输入量为零时，反馈量等于净输入量，如图 7-22b 所示。由于电扰动（如合闸通电），电路产生一个幅值很小的输出量，它含有丰富的频率，而如果电路只对频率为 f_0 的正弦波产生正反馈过程，则输出信号为

$$X_\mathrm{o}\uparrow \to X_\mathrm{f}\uparrow (X_\mathrm{i}'\uparrow) \to X_\mathrm{o}\uparrow\uparrow$$

$$\left.\begin{array}{l}\dot{X}_\mathrm{i}=0\\ \dot{X}_\mathrm{f}=\dot{X}_\mathrm{id}\end{array}\right\} \Rightarrow \frac{\dot{X}_\mathrm{f}\dot{X}_\mathrm{o}}{\dot{X}_\mathrm{id}\dot{X}_\mathrm{o}}=\dot{A}\dot{F}=1 \tag{7-36}$$

在式 (7-36) 中，仍设 $\dot{A}=A\underline{/\varphi_\mathrm{a}}$，$\dot{F}=F\underline{/\varphi_\mathrm{f}}$，则可得 $\dot{A}\dot{F}=AF\underline{/\varphi_\mathrm{a}+\varphi_\mathrm{f}}=1$，即

$$|\dot{A}\dot{F}|=AF=1 \tag{7-37}$$

$$\varphi_\mathrm{a}+\varphi_\mathrm{f}=2n\pi \qquad (n=0,1,2,\cdots) \tag{7-38}$$

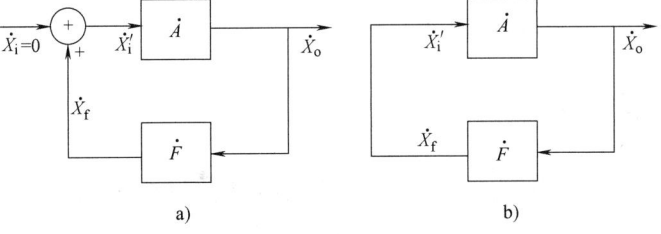

图 7-22 正弦波振荡电路的框图
a) 电路引入正反馈 b) 反馈量作为净输入量

式 (7-37) 称为振幅平衡条件，而式 (7-38) 则称为相位平衡条件，这是正弦波振荡电路产生持续振荡的两个条件。

在正反馈过程中，X_o 越来越大。由于晶体管的非线性特性，当 X_o 的幅值增大到一定程

度后，放大倍数的数值将减小，因此，X_o 不会无限制地增大，当 X_o 增大到一定数值时，电路达到动态平衡。振荡电路中的振荡频率 f_0 是由式（7-38）的相位平衡条件决定的，一个正弦波振荡电路只在 f_0 频率下满足相位平衡条件，这就要求在 $\dot{A}\dot{F}$ 环路中包含一个具有选频特性的网络，简称选频网络。选频网络可以设置在放大电路 $\dot{A}$ 中，也可以设置在反馈网络 $\dot{F}$ 中，它可以用 R、C 元件组成，也可以用 L、C 元件组成。用 R、C 元件组成选频网络的振荡电路称为 RC 振荡电路，一般用来产生 1Hz～1MHz 范围内的低频信号；而用 L、C 元件组成选频网络的振荡电路称为 LC 振荡电路，一般用来产生 1MHz 以上的高频信号。

2. 起振和稳幅

为了便于振荡电路起振，在刚刚起振时往往需要加大正反馈量，即要求

$$|\dot{A}\dot{F}| > 1 \tag{7-39}$$

式（7-39）称为起振条件。起振后振荡幅度迅速增大，如果仅靠晶体管和运算放大器的非线性特性去限制幅度的增加，则波形必然产生失真，其解决方法是，一方面可以用选频网络选出失真的波形的基波分量作为输出信号，以获得正弦波输出，另一方面也可以在反馈网络中加入非线性稳幅环节，用以调节放大电路的增益，从而达到稳定输出幅度并使输出为正弦波的目的。

3. 正弦波振荡电路的组成与分类

从以上分析可知，正弦波振荡电路应由以下四个部分组成：

1）放大电路：保证电路能够有从起振到动态平衡的过程，使电路获得一定幅值的输出量，实现能量的控制。

2）选频网络：确定电路的振荡频率，使电路产生单一频率的振荡，即保证电路产生正弦波振荡。

3）正反馈网络：引入正反馈，使放大电路的输入信号等于反馈信号。

4）稳幅环节：也就是非线性环节，作用是使输出信号幅值稳定。

需要说明的是，在不少实用电路中，常将选频网络和正反馈网络"合二而一"；而且，对于分立元器件放大电路，有的也不再另加稳幅环节，而是依靠晶体管特性的非线性来起到稳幅作用。

正弦波振荡电路通常用选频网络所用的元件来命名，分为 RC 正弦波振荡电路、LC 正弦波振荡电路和石英晶体正弦波振荡电路三种类型。石英晶体正弦波振荡电路可等效为 LC 正弦波振荡电路，其特点是振荡频率非常稳定。

7.5 RC 正弦波振荡电路

实用的 RC 正弦波振荡电路（又称文氏桥振荡电路）有很多种，这里仅介绍最具典型性的 RC 桥式正弦波振荡电路的组成、工作原理和振荡频率。

1. RC 桥式正弦波振荡电路的构成

图 7-23 所示为 RC 桥式正弦波振荡电路。这个电路由两部分组成，即放大电路 $\dot{A}_U$ 和选频网络 $\dot{F}_U$，$\dot{A}_U$ 为由集成运算放大器所组成的电压串联负反馈放大电路，取其输入阻抗高和输出阻抗低的特点，而 $\dot{F}_U$ 则由 Z_1、Z_2 组成，同时兼作正反馈网络。由图 7-23 可知，Z_1、Z_2 和 R_1、R_2 正好形成一个四臂电桥，电桥的对角线顶点接到放大电路的两个输入端，桥式

振荡电路的名称即由此得来。

下面首先分析 RC 串并联选频网络的选频特性，然后根据正弦波振荡电路的两个条件（振幅平衡及相位平衡）选择合适的放大电路指标，以构成一个完整的振荡电路。

2. RC 串并联选频网络的频率响应

图 7-23 中用点画线框所表示的 RC 串并联选频网络具有选频作用，它的频率响应是不均匀的。

由图 7-23 有

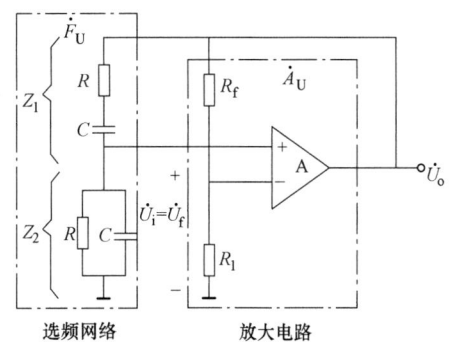

图 7-23 RC 桥式正弦波振荡电路

$$Z_1 = R + \frac{1}{j\omega C}$$

$$Z_2 = R // \frac{1}{j\omega C} = \frac{R}{1+j\omega RC}$$

$$\dot{F} = \frac{\dot{U}_f}{\dot{U}_o} = \frac{Z_2}{Z_1+Z_2} = \frac{j\omega RC}{1+3j\omega RC+(j\omega RC)^2} = \frac{1}{3+j\left(\omega RC - \frac{1}{\omega RC}\right)} \tag{7-40}$$

若令 $\omega_0 = \frac{1}{RC}$，则式（7-40）变为

$$\dot{F} = \frac{1}{3+j\left(\frac{\omega}{\omega_0} - \frac{\omega_0}{\omega}\right)} \tag{7-41}$$

由此可得 RC 串并联选频网络的幅频响应及相频响应为

$$F = \frac{1}{\sqrt{3^2 + \left(\frac{\omega}{\omega_0} - \frac{\omega_0}{\omega}\right)^2}} \tag{7-42}$$

$$\varphi_f = -\arctan\frac{\left(\frac{\omega}{\omega_0} - \frac{\omega_0}{\omega}\right)}{3} \tag{7-43}$$

由式（7-42）及式（7-43）可知，当

$$\omega = \omega_0 = \frac{1}{RC} \text{或} f = f_0 = \frac{1}{2\pi RC} \tag{7-44}$$

时，幅频响应的幅值为最大，即

$$F_{max} = \frac{1}{3} \tag{7-45}$$

而相频响应的相位角为零，即

$$\varphi_f = 0 \tag{7-46}$$

这就是说，当 $\omega = \omega_0 = 1/RC$ 时，反馈网络的反馈系数 $F = 1/3$，并且达到最大值。根据式（7-42）、式（7-43），画出 RC 串并联选频网络的幅频响应及相频响应，如图 7-24 所示。

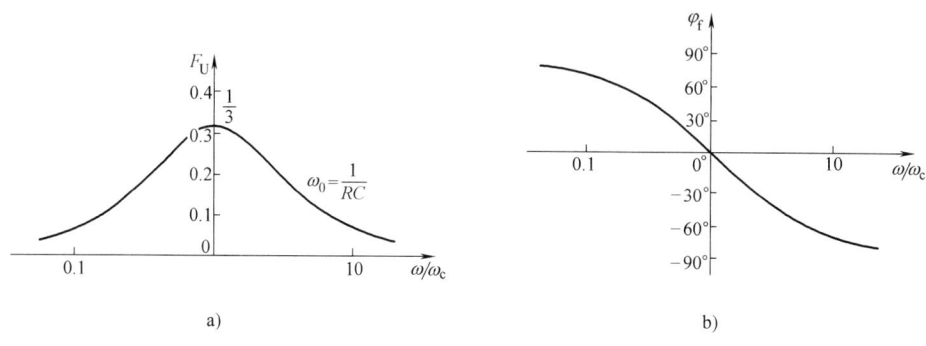

图 7-24 RC 串并联选频网络的频率响应
a) 幅频响应 b) 相频响应

3. 振荡的建立

由图 7-23 知，在 $\omega = \omega_0 = 1/(RC)$ 时，经 RC 选频网络传输到运算放大器同相端的电压 $\dot{U}_i$ 与 $\dot{U}_o$ 同相，即有 $\varphi_f = 0$ 和 $\varphi_a + \varphi_f = 2n\pi$。这样，放大电路和由 Z_1、Z_2 组成的反馈网络刚好形成正反馈系统，可以满足式（7-38）的相位平衡条件，因而有可能振荡。

所谓振荡的建立，就是要使电路自激，从而产生持续的振荡。由于电路中存在噪声，它的频谱分布很广，其中也必然包括 $\omega_0 = 1/(RC)$ 或 $f_0 = 1/(2\pi RC)$ 这样一个频率成分。这个频率的微弱信号，通过正反馈的选频网络，经过放大，输出幅度将越来越大，产生自激振荡。之后，由于电路中非线性元器件的限制，振荡幅度会自动地稳定下来，形成持续的振荡。开始时，为满足起振的幅度条件 $|\dot{A}\dot{F}| > 1$，要求 $\dot{A} \geq 3$，即 $\dot{A} = 1 + \dfrac{R_f}{R_1}$ 略大于 3；当达到稳定平衡状态时，$\dot{A} = 3$，$\dot{F} = \dfrac{1}{3}$ $(\omega = \omega_0 = 1/RC)$。

4. 稳幅措施

为了进一步改善输出电压幅度的稳定性，可以在放大电路的负反馈回路中采用非线性元件来自动调整反馈的强弱。例如，在图 7-23 所示的电路中，R_f 可用一负温度系数的热敏电阻代替，当输出电压 $|\dot{U}_o|$ 增加时，通过负反馈回路的电流 $|\dot{I}_f|$ 也随之增加，结果使热敏电阻的温度升高，阻值减小，负反馈加强，放大电路的增益下降，从而使输出电压 $|\dot{U}_o|$ 下降；反之，当 $|\dot{U}_o|$ 下降时，由于热敏电阻的自动调整作用，将使 $|\dot{U}_o|$ 回升，因此可以维持输出电压基本恒定。

7.6 LC 正弦波振荡电路

LC 振荡电路主要用来产生高频正弦信号，一般在 1MHz 以上。LC 正弦波振荡电路与 RC 桥式正弦波振荡电路的组成原则在本质上是相同的，只是选频网络采用 LC 电路。正反馈网络因不同类型的 LC 正弦波振荡电路而有所不同。常见的 LC 正弦波振荡电路有变压器反馈式、电感三点式和电容三点式等几种，本节将逐一介绍。由于它们的共同特点是用 LC 谐振回路作为选频网络，而且一般采用 LC 并联谐振回路，因此下面先简述 LC 并联谐振回路的一些基本特性。

7.6.1 LC 并联谐振回路的频率响应

在选频放大电路中经常用到的谐振回路是如图 7-25 所示的 LC 并联谐振回路。图中，R 表示回路的等效损耗电阻。由图可知，LC 并联谐振回路的等效阻抗为

$$Z = \frac{\frac{1}{j\omega C}(R + j\omega L)}{\frac{1}{j\omega C} + R + j\omega L} \tag{7-47}$$

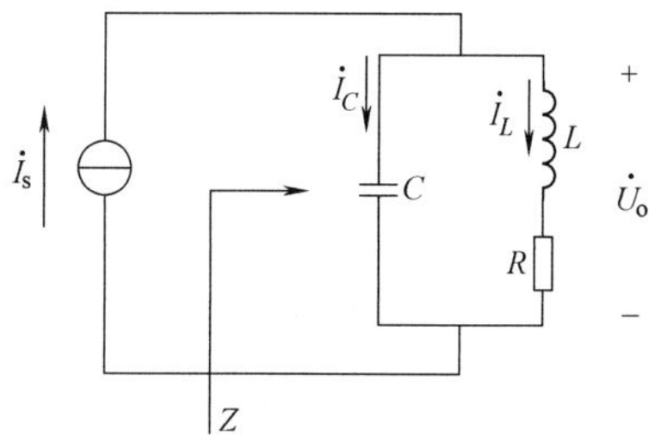

注意到通常有 $R \ll \omega L$，所以

$$Z \approx \frac{\frac{1}{j\omega C}j\omega L}{R + j\left(\omega L - \frac{1}{\omega C}\right)} = \frac{L/C}{R + j\left(\omega L - \frac{1}{\omega C}\right)} \tag{7-48}$$

图 7-25 LC 并联谐振回路

由式（7-48）可知，LC 并联谐振回路具有如下的特点：

1）回路的谐振频率为

$$\omega_0 = \frac{1}{\sqrt{LC}} \text{ 或 } f_0 = \frac{1}{2\pi\sqrt{LC}} \tag{7-49}$$

2）谐振时，回路的等效阻抗为纯电阻性质，其值最大，即

$$Z_0 = \frac{L}{RC} = Q\omega_0 L = \frac{Q}{\omega_0 C} \tag{7-50}$$

式中，Q 为回路品质因数，$Q = \omega_0 L/R = 1/\omega_0 CR = (1/R)\sqrt{L/C}$，是用来评价回路损耗大小的指标。一般，Q 值在几十到几百范围内。

由于谐振阻抗呈纯电阻性质，所以信号源电流 $\dot{I}_s$ 与 $\dot{U}_o$ 同相。

3）输入电流 $|\dot{I}_s|$ 和回路电流 $|\dot{I}_L|$ 或 $|\dot{I}_C|$ 的关系。由图 7-25 和式（7-50）有

$$\dot{U}_o = \dot{I}_s Z_0 = \dot{I}_s Q/\omega_0 C$$
$$|\dot{I}_C| = \omega_0 C |\dot{U}_o| = Q |\dot{I}_s| \tag{7-51}$$

通常 $Q \gg 1$，所以 $|\dot{I}_C| \approx |\dot{I}_L| \gg |\dot{I}_s|$。可见谐振时，LC 并联电路的回路电流 $|\dot{I}_C|$ 或 $|\dot{I}_L|$ 比输入电流 $|\dot{I}_s|$ 大得多，即 $\dot{I}_s$ 的影响可忽略。这个结论对于分析 LC 正弦波振荡电路的相位关系十分有用。

4）回路的频率响应。根据式（7-48）有

$$Z = \frac{\frac{L}{RC}}{1 + j\frac{\omega L}{R}\left(1 - \frac{\omega_0^2}{\omega^2}\right)} = \frac{\frac{L}{RC}}{1 + j\frac{\omega L}{R}\frac{(\omega + \omega_0)(\omega - \omega_0)}{\omega^2}} \tag{7-52}$$

在式（7-52）中，如果所讨论的并联等效阻抗只局限于 ω_0 附近，可认为 $\omega \approx \omega_0$，$\omega L/R \approx \omega_0 L/R = Q$，$\omega + \omega_0 \approx 2\omega_0$，$\omega - \omega_0 \approx \Delta\omega$，则式（7-52）可改写为

$$Z = \frac{Z_0}{1 + jQ\frac{2\Delta\omega}{\omega_0}} \tag{7-53}$$

从而可得阻抗的模为

$$|Z| = \frac{Z_0}{\sqrt{1 + \left(Q\dfrac{2\Delta\omega}{\omega_0}\right)^2}} \quad (7\text{-}54\text{a})$$

或

$$\frac{|Z|}{Z_0} = \frac{1}{\sqrt{1 + \left(Q\dfrac{2\Delta\omega}{\omega_0}\right)^2}} \quad (7\text{-}54\text{b})$$

其相角（阻抗角）为

$$\varphi = -\arctan Q\frac{2\Delta\omega}{\omega_0} \quad (7\text{-}55)$$

式中，$|Z|$ 为角频率偏离谐振角频率 ω_0 时，即 $\omega = \omega_0 + \Delta\omega$ 时的回路等效阻抗；Z_0 为谐振阻抗；$2\Delta\omega/\omega_0$ 为相对失谐量，表明信号角频率偏离回路谐振角频率 ω_0 的程度。

图 7-26 绘出了 LC 并联谐振回路的频率响应，从图中的两条曲线可以得出如下结论：

1）从幅频响应可见，当外加信号角频率 $\omega = \omega_0$（即 $2\Delta\omega/\omega_0$）时，产生并联谐振，回路等效阻抗达最大值 $Z_0 = L/RC$。当角频率 ω 偏离 ω_0 时，$|Z|$ 将减小，而 $\Delta\omega$ 越大，$|Z|$ 越小。

2）从相频响应可知，当 $\omega > \omega_0$ 时，相对失谐（$2\Delta\omega/\omega_0$）为正，等效阻抗为电容性，因此 Z 的相角为负值，即回路输出电压 $\dot{U}_o$ 滞后于 $\dot{I}_s$。反之，当 $\omega < \omega_0$ 时，等效阻抗为电感性，因此 φ 为正值，$\dot{U}_o$ 超前于 $\dot{I}_s$。

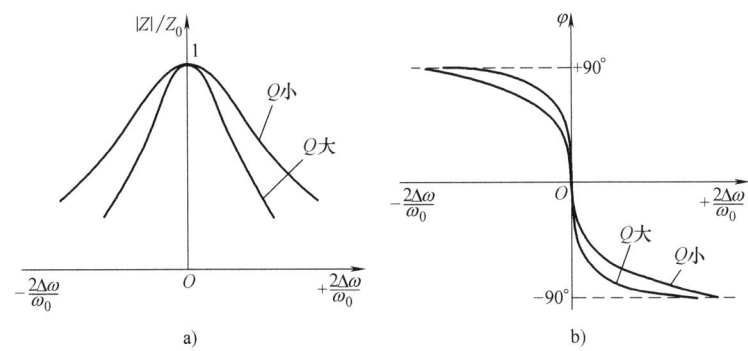

图 7-26 LC 并联谐振回路的频率响应
a）幅频响应 b）相频响应

3）谐振曲线的形状与回路的 Q 值有密切关系，Q 值越大，谐振曲线越尖锐，相角变化越快，在 ω_0 附近 $|Z|$ 值和 φ 值变化更为急剧。

7.6.2 变压器反馈式 LC 正弦波振荡电路

变压器反馈式 LC 正弦波振荡电路如图 7-27 所示。振荡电路的放大环节为晶体管 VT，选频环节为接于 VT 集电极回路中的 LC 并联谐振回路，反馈是通过电感 L_1 和 L_2 之间的变压器耦合来实现的。

根据 7.5 节中所归纳的正弦波振荡电路的分析方法，首先讨论变压器反馈式 LC 正弦波振荡电路是否满足自激振荡的相位条件。利用瞬时极性法来分析电路中的反馈极性。将电路中的反馈从 b 处断开，在放大电路的输入端 b 与地之间加入输入信号 $\dot{U}_i$，设其瞬时极性为正。LC 并联回路的频率特性使放大器输出信号中 $\omega = \omega_0$ 的分量幅度最大，且 LC 回路在 ω_0 频率上呈纯电阻性，所以放大电路集电极的等效负载为纯电阻 Z_0，故输出电压 $\dot{U}_o$ 与输入电压 $\dot{U}_i$ 反相，集电极信号对地的瞬时极性为负。根据图 7-27 中变压器一、二次绕组 L_1 和 L_2 的同名端标记，可在二次绕组同名端标记处判断反馈电压 $\dot{U}_f$ 对地的瞬时极性为正。将 B 处连通，显然有 $\dot{U}_f$ 与 $\dot{U}_i$ 同相位，即满足振荡器的相位平衡条件 $\varphi = \varphi_a + \varphi_f = 0$，因此由变压器耦合形成的反馈为正反馈。

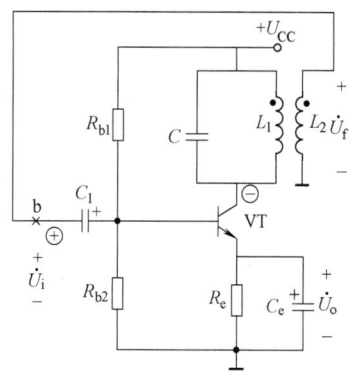

图 7-27 变压器反馈式 LC 正弦波振荡电路

变压器反馈式 LC 正弦波振荡器的幅度平衡条件是由变压器的匝数比 N_1/N_2 和晶体管的电流放大倍数 β 共同决定，只要这两个参数选择合适，即可使反馈电压 $\dot{U}_f$ 与 $\dot{U}_i$ 相等，从而满足 $AF = 1$ 的幅度平衡条件。

LC 振荡电路也是靠电路中的扰动电压起振的。当接通电源引起集电极电流的一个微小扰动时，即可在变压器一次绕组中形成相应的微小电压，只要电路满足起振条件 $\dot{A}\dot{F} > 1$，经过变压器二次绕组的耦合，将 LC 并联谐振回路选频出来的电压反馈至放大器输入端，在基极回路中产生基极电流，再经过 VT 的放大送至集电极输出。如此循环往复，就能使频率为 f_0 的信号电压逐步增大。起振以后，由于振荡的幅度越来越大，使 VT 工作在非线性区，电压放大倍数 A 下降，使 $AF = 1$ 的幅度平衡条件得到满足，从而可维持电路的等幅振荡。因此，LC 振荡电路的稳幅是利用放大器件的非线性来实现的。LC 并联谐振回路良好的选频作用使振荡器的输出电压波形失真很小。

电路的振荡频率即是 LC 并联谐振回路的谐振频率，即

$$f_0 = \frac{1}{2\pi \sqrt{L_1 C}}$$

若电路在接通电源后没有起振，则应检查相位条件是否满足，看变压器绕组的同名端接法是否正确，如果将两个接线端对调电路即产生振荡，说明原来接成负反馈了。在相位条件满足的情况下，若仍不起振，可将 VT 换成 β 值较大的管子，或增大二次绕组的匝数 N_2，还可以增加一、二次绕组的耦合程度，都能解决不起振的问题。

7.6.3 电感三点式正弦波振荡电路

电感三点式正弦波振荡电路又称为哈特莱（Hartley）振荡器。电感三点式正弦波振荡电路如图 7-28 所示。图 7-28a 为电路，图 7-28b 为振荡电路的交流通路。由图 7-28b 可见，电感线圈的两个端子和中间抽头分别接于晶体管 VT 的三个极上，故将此电路称为电感三点式正弦波振荡电路。

电感三点式正弦波振荡电路的三个组成部分如下：电感 L_1、L_2 和电容 C 组成的 LC 并联谐振回路作为选频网络；晶体管 VT 及其偏置电路作为放大环节；反馈电压 U_f 取自电感 L_2 构成正反馈环节，振荡电路的输出取自电感 L_3 两端。

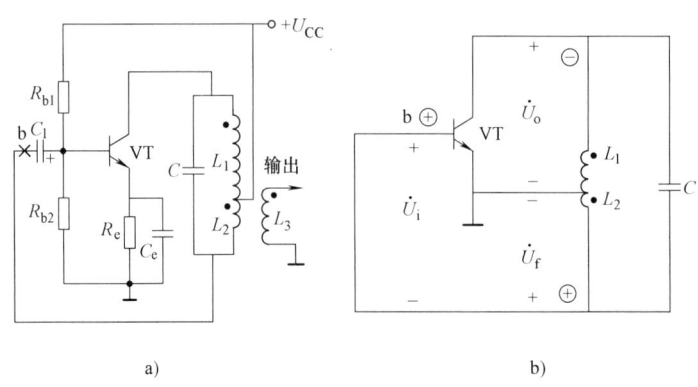

图 7-28 电感三点式正弦波振荡电路
a) 电路　b) 交流通路

为了分析方便,下面利用图 7-28b 的交流通路讨论电感三点式正弦波振荡电路的工作原理。由于耦合电容 C_1、旁路电容 C_e 和电源 U_{CC} 对交流信号均可视为短路,故忽略偏置电路的分流作用,将电感的三个端子直接接在晶体管的三个极上。

首先分析相位条件。设将晶体管 VT 的基极断开,加入一输入信号 $\dot{U}_i$,并设 $\dot{U}_i$ 的瞬时极性为正。由于谐振时 LC 并联谐振回路的等效阻抗为纯电阻,因此晶体管放大器在共发射极接法和纯电阻负载的情况下,放大器输出电压 $\dot{U}_o$ 的瞬时极性与 $\dot{U}_i$ 反相,故为负。因而,电感上电压的极性为下正上负,L_2 上的反馈电压 $\dot{U}_f$ 的瞬时极性也为下正上负。所以,连通 b 点时,反馈电压与输入电压同极性,即为正反馈,满足了正弦波振荡的相位条件。

其次分析幅值平衡条件。电感三点式正弦波振荡电路的幅值平衡条件较容易满足,只要 LC 并联谐振回路的品质因数 Q 和晶体管的 β 值不是太低,并适当选取 L_2 和 L_1 的比例,电路就能起振。反馈电压的大小可通过调整电感线圈抽头的位置来改变,通常反馈线圈 L_2 的匝数为电感线圈总匝数的 1/8~1/4。

电感三点式正弦波振荡电路的振荡频率,在 LC 回路 Q 值较高时,基本上等于 LC 并联谐振回路的谐振频率,即

$$f_0 \approx \frac{1}{2\pi\sqrt{L'C}} = \frac{1}{2\pi\sqrt{(L_1+L_2+2M)C}}$$

式中,L' 为谐振回路的等效电感,$L' = L_1 + L_2 + 2M$,M 是 L_1 与 L_2 之间的互感,它是表征两电感互相耦合程度的物理量。

电感三点式正弦波振荡电路具有易起振、便于调节频率等特点,通过采用可变电容可获得较宽的频率调节范围,一般用于产生几十兆赫以下频率的正弦波。这种振荡电路的输出波形不是很好,这是由于反馈电压取自电感 L_2,而感抗对高次谐波的阻抗较大,因此在输出波形中含有高次谐波成分,使波形变差。所以,这种振荡电路常用于对波形要求不高的设备中,如接收机的本机振荡等。

7.6.4 电容三点式正弦波振荡电路

电容三点式正弦波振荡电路也称为考毕兹(Collpitts)振荡器,其电路如图 7-29a 所示。若不考虑偏置电阻 R_{b1} 和 R_{b2} 的分流作用,其交流通路如图 7-29b 所示,其中耦合电容 C_b、C_c 和旁路电容 C_e 对交流视为短路。电容 C_1、C_2 和电感 L 组成并联谐振回路,起选频作用,

反馈电压取自 C_2 两端。电容 C_1、C_2 的三个端子分别连接到晶体管的三个极，故称为电容三点式正弦波振荡电路。图 7-29 中，电阻 R_c 为放大电路提供静态电流 I_{CQ}，对交流有一定的分流作用。

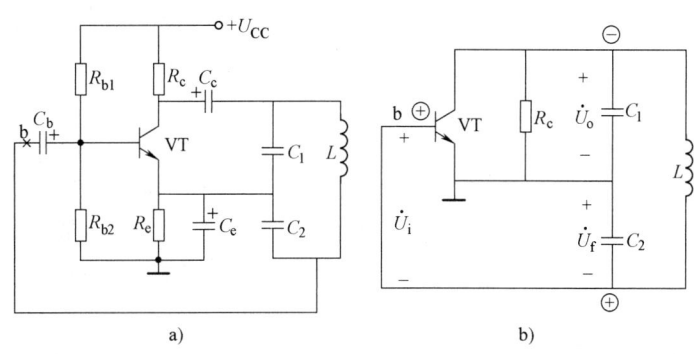

图 7-29　电容三点式正弦波振荡电路
a) 电路　b) 交流通路

与电感三点式正弦波振荡电路的分析方法类似，从图 7-29b 所示电容三点式振荡电路的交流通路中，很容易分析出此电路满足相位平衡条件。根据图中标出的输入电压 $\dot{U}_i$、输出电压 $\dot{U}_o$ 和反馈电压 $\dot{U}_f$ 的瞬时极性，显然可得 $\dot{U}_f$ 与 $\dot{U}_i$ 同相位，即形成正反馈，满足 $\varphi = 0$ 的相位平衡条件。

适当地选择 C_1、C_2 的数值，并使放大电路具有足够的放大倍数，就可满足振幅平衡条件，使电路容易起振。

电容三点式正弦波振荡电路的振荡频率由 LC 并联谐振回路的谐振频率决定，即

$$f_0 \approx \frac{1}{2\pi \sqrt{LC'}} = \frac{1}{2\pi \sqrt{L \dfrac{C_1 C_2}{C_1 + C_2}}} \tag{7-56}$$

式中，C' 为 LC 并联谐振回路的等效电容，$C' = \dfrac{C_1 C_2}{C_1 + C_2}$。

电容三点式正弦波振荡电路具有振荡效率较高、输出波形较好的特点，这是由于反馈信号取自电容 C_2，当频率较高时，容抗越小，反馈也越弱，所以削弱了输出电压中的高次谐波分量，因而比电感三点式正弦波振荡电路的输出波形好。

式 (7-56) 表明，改变 C_1 和 C_2 可调整电路的振荡频率。为了不影响起振，即保持反馈系数 F 不变，应同时调节 C_1 和 C_2，这使调整不够方便。所以它适用于需要固定频率的正弦波振荡的场合。为了便于调节振荡频率，可在电感线圈支路中串联一个容量较小的电容 C，这种改进型电容三点式正弦波振荡电路如图 7-30 所示。

这个振荡电路的振荡频率也与 LC 并联谐振回路的谐振频率近似相等，即

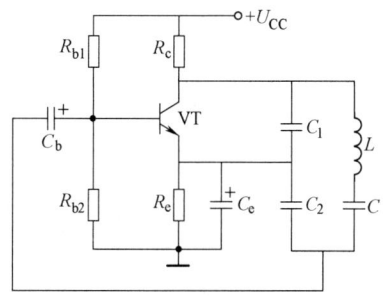

图 7-30　改进型电容三点式
正弦波振荡电路

$$f_0 \approx \frac{1}{2\pi\sqrt{LC'}} \tag{7-57}$$

式中，C' 为 LC 并联谐振回路的等效电容，$\dfrac{1}{C'} = \dfrac{1}{C_1} + \dfrac{1}{C_2} + \dfrac{1}{C}$。

当满足 $C_1 \gg C$，$C_2 \gg C$ 时，有

$$f_0 \approx \frac{1}{2\pi\sqrt{LC}}$$

由于振荡频率 f_0 与 C_1、C_2 及管子的极间电容关系较小，基本上由 L 和 C 的参数决定，所以，这种电路的振荡频率的稳定度较高。电容三点式正弦波振荡电路的振荡频率通常可达 100MHz 以上，如果 C 采用可变电容器，则可实现振荡频率的连续可调。

通过以上分析，可得出如下结论：

1）LC 正弦波振荡电路的振荡频率等于 LC 并联谐振回路的谐振频率 f_0，计算时应求出 LC 回路的等效电感 L 或等效电容 C。

2）若晶体管的三个电极外接有三点式电抗网络，有一个接地的节点，接地点与两个相同性质的电抗相连接，其余两个节点的电位极性相反；接地点与两个性质相反的电抗相连接，其余两个节点的电位极性相同。

例 7-3 图 7-31 所示为一电感三点式正弦波振荡电路，试判断是否满足相位平衡条件。

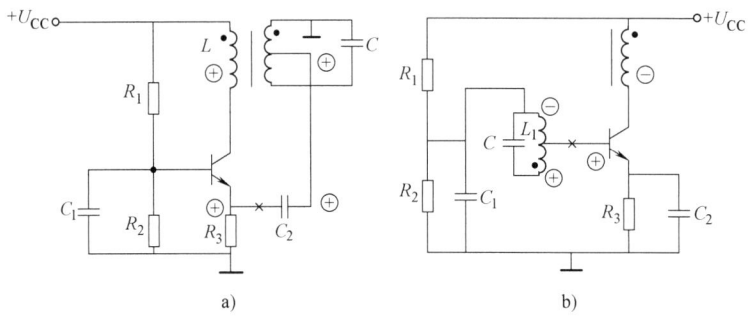

图 7-31 例 7-3 图

解：图 7-31a 所示电路是共基极组态，设发射极瞬时极性为 ⊕，集电极为 ⊕，相当集电极电流从 L 的同名端流出，所以二次绕组的同名端为 ⊖，反馈电压对地为 ⊕，满足相位平衡条件。

对于图 7-31b，设基极瞬时极性为 ⊕，集电极为 ⊖，集电极电流从同名端流入，所以 L_1 的同名端为 ⊕，反馈电压是从 L_1 的上半部分取出，上端是交流地，所以反馈电压的瞬时极性为 ⊕，满足相位平衡条件。

7.6.5 石英晶体正弦波振荡电路

分析石英晶体正弦波振荡电路首先需要对石英晶体的频率特性有所了解。图 7-32 所示为石英晶体的图形符号、等效电路和电抗频率特性曲线。石英晶体有一个串联谐振频率 f_s，一个并联谐振频率 f_p，二者十分接近。图中的 C_0 在 10pF 左右，等效电容 C 十分微小，在 $10^{-4} \sim 10^{-3}$ pF 之间，等效电感 L 在 10H 左右。石英晶体的品质因数特别高，有的甚至达到数百万。根据石英晶体型号和固有谐振频率的不同，上述数值会有一定的变化。

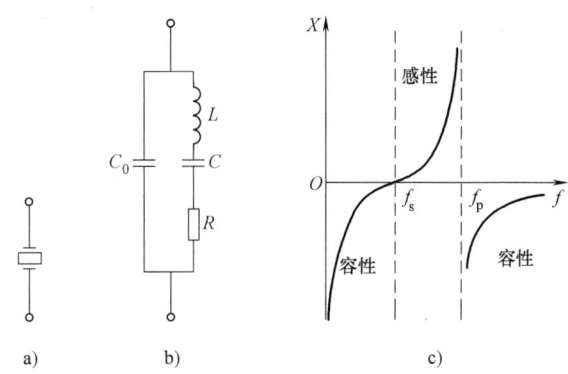

图 7-32 石英晶体的图形符号、等效电路和电抗频率特性曲线
a) 图形符号 b) 等效电路 c) 电抗频率特性曲线

石英晶体正弦波振荡电路如图 7-33 所示。对于图 7-33a 的电路，与电感三点式正弦波振荡电路相似，只是串联在反馈通路中的耦合电容换成了石英晶体，因此仍可以用结论 2 判断。为使反馈信号能无损耗、无相位差地传递到发射极，石英晶体应处于串联谐振点，此时晶体的阻抗接近为零。调节电容器 C 使 LC 并联谐振电路的谐振频率 f_0 接近石英晶体的固有谐振频率 f_s，电路即可产生稳定的振荡。

对于图 7-33b 所示的电路，若要满足正反馈的条件，石英晶体必须呈电感性才行，为此，产生振荡的频率应介于 f_s 和 f_p 之间。由于石英晶体的 Q 值很高，可达到几千以上，所以电路的振荡频率稳定性要比普通 LC 正弦波振荡电路高很多。石英晶体正弦波振荡电路的频率不易调节，往往只用于频率固定的场合。半可调电容器 C_s 只能对石英晶体的谐振频率进行微小的调节。

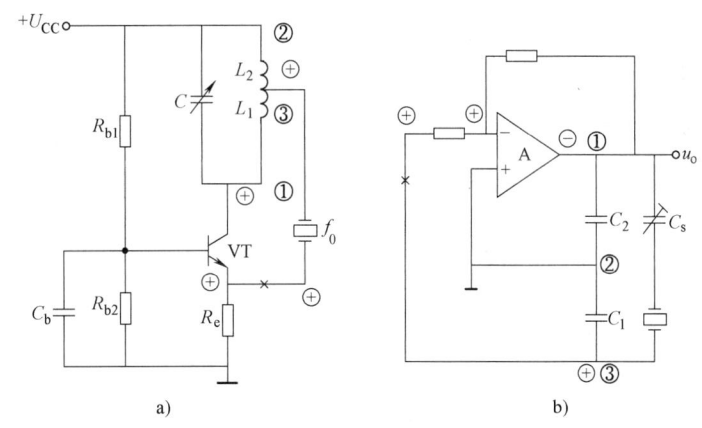

图 7-33 石英晶体正弦波振荡电路

石英晶体正弦波振荡电路具有振荡频率十分稳定的特点，利用石英晶体构成的 LC 正弦波振荡电路，广泛应用于无线电话、载波通信、广播电视、卫星通信、原子钟、数字仪表和许多民用产品之中。石英晶体还可以作为温度、压力和重量方面的敏感器件使用。

例 7-4 试用相位平衡条件判断图 7-34 中两个电路是否可能产生正弦波振荡？如能振荡，石英晶体在电路中分别作为什么性质的元件？求图 7-34b 中能满足起振的幅值条件。

解： 利用瞬时极性法分析图 7-34a、b 所示两电路，为满足自激振荡的相位平衡条件，各点的瞬时极性已标在图中。为此，图 7-34a 中的石英晶体在电路中应具有电阻特性，所以

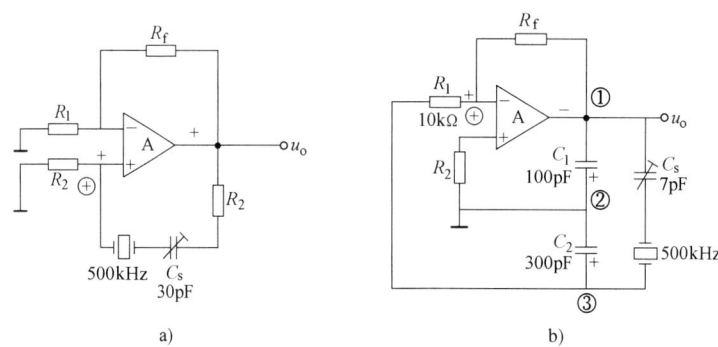

图 7-34 例 7-4 图

应处于串联谐振状态；图 7-34b 中的石英晶体在电路中应呈现电感性，即构成电容三点式正弦波振荡电路。

图 7-34b 所示电路中，C_2 上的电压为反馈电压，C_1 上的电压是输出电压，且电容分压和电容量成反比分配，电压反馈系数为

$$\dot{F} = \frac{\dot{U}_f}{\dot{U}_o} = \frac{C_1}{C_2} = \frac{100\text{pF}}{300\text{pF}} = \frac{1}{3}$$

为保证起振，即满足振荡的幅度条件，必须使 $|AF| \geq 1$，所以应保证 $A \geq 3$。由图 7-34b 可知，$A = -R_f/R_1$，所以要求 $R_f \geq 3R_1 = 30\text{k}\Omega$。图中的 C_s 用于对石英晶体的固有谐振频率进行微调。

7.7 非正弦信号产生电路

7.7.1 电压比较器

1. 单门限电压比较器

电压比较器是一种用来比较输入信号 u_i 和参考电压 U_{REF} 的电路，图 7-35a 所示为其基本电路。参考电压 U_{REF} 加于运算放大器的反相端，它可以是正值，也可以是负值，图中给出的为正值。而输入信号 u_i 则加于运算放大器的同相端。这时，运算放大器处于开环工作状态，具有很高的开环电压增益。电路的传输特性如图 7-35b 所示，当输入信号电压 u_i 小于参考电压 U_{REF}，即差模输入电压 $u_{id} = u_i - U_{REF} < 0$ 时，运算放大器将处于负饱和状态，$u_o = U_{oL}$；当输入信号电压 u_i 升高到略大于参考电压 U_{REF}，即 $u_{id} = u_i - U_{REF} > 0$ 时，运算放大器立即转入正饱和状态，$u_o = U_{oH}$，如图 7-35b 的实线所示。该传输特性表示，u_i 在参考电压 U_{REF} 附近有微小

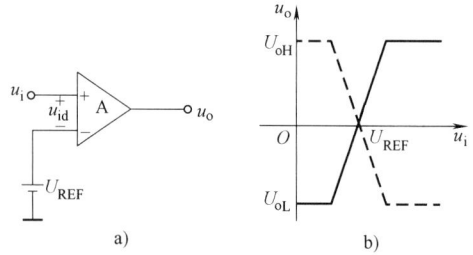

图 7-35 同相输入单门限电压比较器
a) 电路 b) 传输特性

的减小时，输出电压将从正的饱和值 U_{oH} 过渡到负的饱和值 U_{oL}；若有微小的增加，输出电压又将从负的饱和值 U_{oL} 过渡到正的饱和值 U_{oH}。比较器输出电压 u_o 从一个电平跳变到另一个电平时相应的输入电压 u_i 值称为门限电压或阈值电压 U_{th}。对于图 7-35a 所示电路，$U_{th} =$

U_{REF}，由于 u_i 从同相端输入且只有一个门限电压，故称为同相输入单门限电压比较器；反之，若 u_i 从反相端输入，U_{REF} 改接到同相端，则称为反相输入单门限电压比较器，其相应传输特性如图 7-35b 中的虚线所示。

如果参考电压 $U_{REF} = 0$，则输入信号电压 u_i 每次过零时，输出都要产生突然的变化。这种比较器称为过零比较器，电路如图 7-36a 所示，其传输特性如图 7-36b 所示。图 7-36c～f 分别为输入正弦波和对应输出波形。

2. 滞回比较器

滞回比较器是一种具有两个阈值的比较器，具有滞回特性。其电路特点是从输出端引一个电阻分压支路到同相输入端，组成如图 7-37 所示的电路。由于运算放大器处于正反馈状态，运算放大器的输出 u_o' 只有 $+U_{om}$ 或 $-U_{om}$ 两种状态，经电阻 R_4 和稳压管后，u_o 对应输出高电平 $+U_z$ 或低电平 $-U_z$。

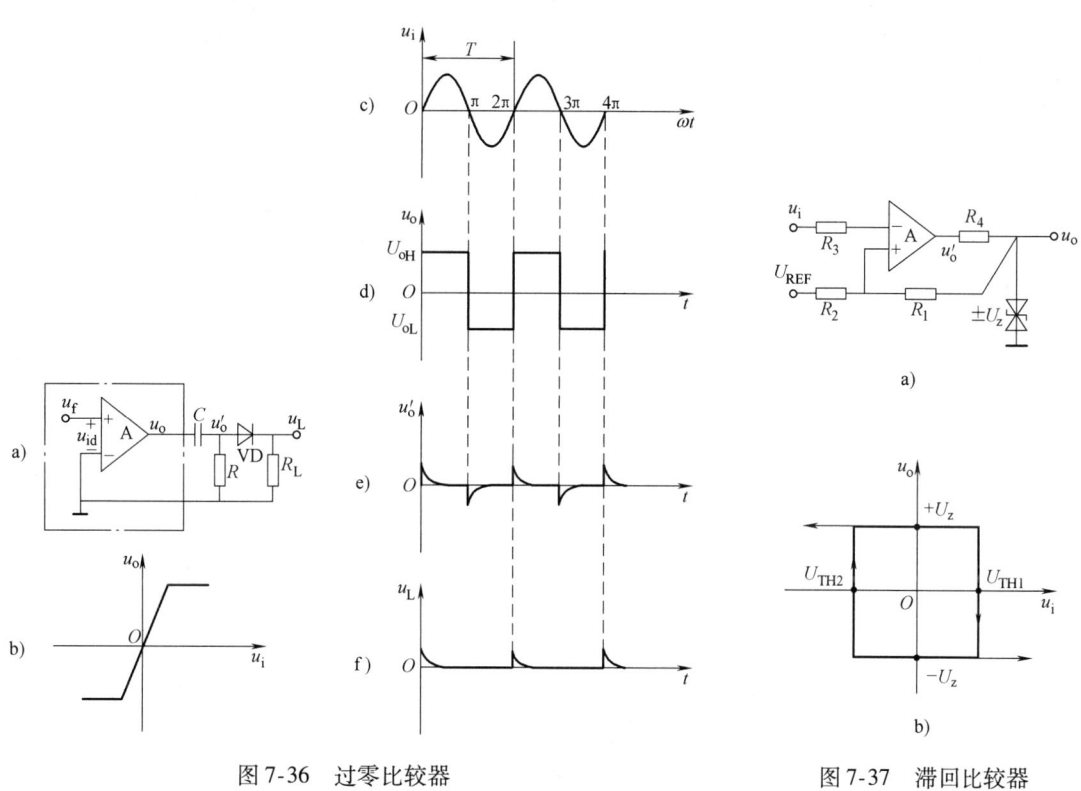

图 7-36 过零比较器
a) 电路 b) 传输特性 c) 输入正弦波 d) u_o 为输出方波
e) 经 RC 微分电路的输出波形 u_o' f) 经二极管 VD 限幅后的输出波形 u_L

图 7-37 滞回比较器
a) 电路 b) 传输特性

设某时刻输出电压 $u_o' = +U_{om}$，$u_o = +U_z$，此时对应的运算放大器的同相输入端的电压可用叠加原理求出

$$U_{TH1} = \frac{R_1 U_{REF}}{R_1 + R_2} + \frac{R_2 U_z}{R_1 + R_2} \tag{7-58}$$

式中，U_{TH1} 称为上限阈值电平。

显然，由式（7-58）知，为了保证 $u_o' = +U_{om}$，输入电压 $u_1 \leq U_{TH1}$。

当 u_i 从零逐渐增大,且变化到 U_{TH1} 之前,输出仍为 $u_o = +U_z$。一旦 u_i 达到上限阈值电平,且略有超出时,输出即跳变为低电平,$u_o' = -U_{om}$,$u_o = -U_z$,此时阈值电平变化到

$$U_{TH2} = \frac{R_1 U_{REF}}{R_1 + R_2} - \frac{R_2 U_z}{R_1 + R_2} \tag{7-59}$$

式中,U_{TH2} 称为下限阈值电平。

当输入电压从 $u_i > U_{TH1}$ 开始减小到 $u_i = U_{TH1}$ 时,仍能保持输出低电平。因为此时的阈值已经变化,且 $U_{TH2} < U_{TH1}$。直至输入减小到 $u_i \leq U_{TH2}$ 时,输出 u_o 才跳变回到高电平 $+U_z$。因此出现了如图 7-37b 所示的滞回特性曲线。两个预置电平之差称为回差电压 ΔU,显然回差电压为

$$\Delta U = U_{TH1} - U_{TH2} = \frac{2R_2 U_z}{R_1 + R_2} \tag{7-60}$$

图 7-37a 所示的滞回比较器,称为反相滞回比较器,它的输入信号是从运算放大器反相输入端送入的。如果图中的 u_i 和 U_{REF} 的位置互换,则构成同相滞回比较器,同相滞回比较器的传输特性曲线的变化方向和反相滞回比较器相反。

3. 窗口比较器

窗口比较器可以检测到输入信号高于某一个阈值和低于某一个阈值的情况,即输入信号在单向变化过程中可使输出信号跳变两次,而一般的阈值比较器或滞回比较器只跳变一次。窗口比较器由两个幅度比较器和一些二极管与电阻构成,电路如图 7-38 所示。当 $R_1 = R_2$ 时,阈值电压 U_L 和 U_H 分别由下式计算:

$$\begin{cases} U_L = \dfrac{(U_{CC} - 2U_D) R_2}{R_1 + R_2} = \dfrac{1}{2}(U_{CC} - 2U_D) \\ U_H = U_L + 2U_D \end{cases} \tag{7-61}$$

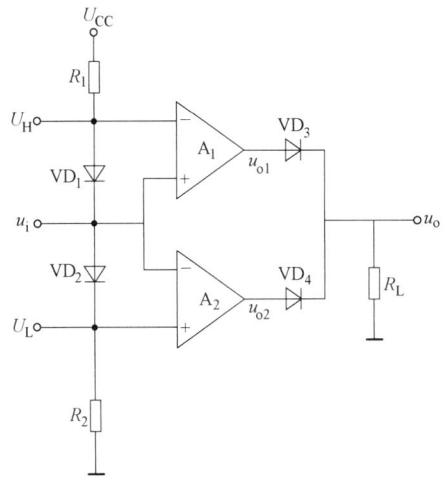

图 7-38 窗口比较器电路

显然,$U_H > U_L > 0$,$U_H - U_L = 2U_D$,当然也可以单独设置 U_H 和 U_L。当 $u_i > U_H$ 时,u_{o1} 为高电平,VD_3 导通;u_{o2} 为低电平,VD_4 截止,$u_o = u_{o1}$。可见当输入信号 $u_i > U_H$ 时,比较器 A_1 有正饱和输出。

当 $u_i < U_L$ 时,u_{o2} 为高电平,VD_4 导通;u_{o1} 为低电平,VD_3 截止,$u_o = u_{o2}$。可见当输入信号 $u_i < U_L$ 时,比较器 A_2 也有正饱和输出。

当 $U_H > u_i > U_L$ 时，u_{o1} 为低电平，u_{o2} 为低电平，VD_3、VD_4 截止，$u_o = 0$。VD_3、VD_4 和 R_L 相当于一个或门。当信号的电位水平介于 U_H 和 U_L 之间时，比较器有负饱和输出，所以输出 $u_o = 0$。

该比较器有两个阈值，当 $u_i > U_H$ 时，输出高电平；当 $u_i < U_L$ 时，输出仍为高电平；当 $U_H > u_i > U_L$ 时，输出低电平，其电压传输特性如图 7-39 所示，故称为窗口比较器。按输入正弦信号画出输出波形，如图 7-40 所示。

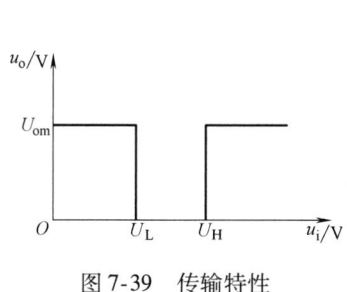

图 7-39 传输特性

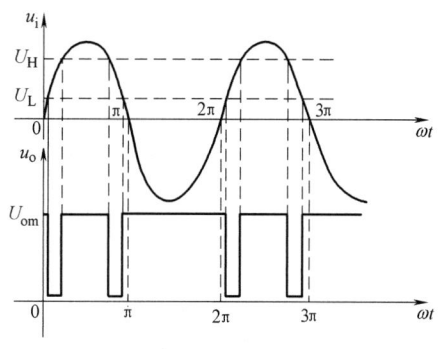

图 7-40 输出波形

7.7.2 方波发生器

方波发生器是由滞回比较器和起定时作用的 RC 反馈电路构成的，电路如图 7-41 所示。

1. 工作原理

设电源刚接通时电容器上的电压为零，即 $u_C = 0$，$u_o = +U_z$，所以运算放大器同相端的电位为

$$U'_P = \frac{R_2 U_z}{R_2 + R_3} \tag{7-62}$$

于是输出端的 $+U_z$ 经 R_1 向电容 C 充电，u_C 升高，如图 7-42 所示。当 $u_C = U_N \geqslant U'_P$ 时，$u_o = -U_z$。所以有

$$U''_P = -\frac{R_2 U_z}{R_2 + R_3} \tag{7-63}$$

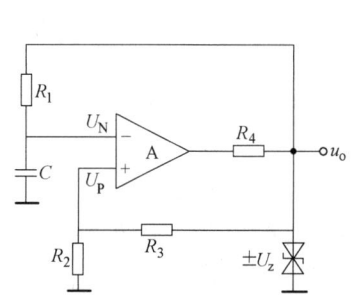

图 7-41 方波发生器电路

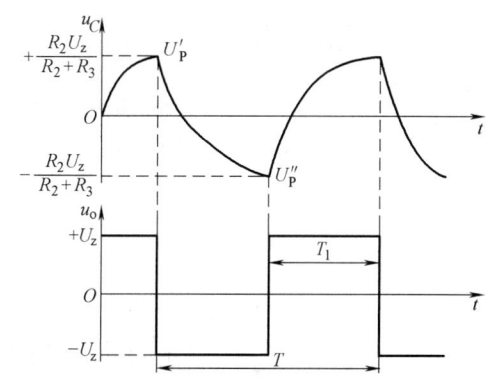

图 7-42 方波发生器波形

于是电容 C 经 R_1 向输出端 u_o 放电，u_C 下降。当 $u_C = U_N \leqslant U''_P$ 时，$u_o = +U_z$，返回初

态。如此不断反复，产生振荡。

2. 振荡周期

方波的周期 $T = 2T_1$，可用 RC 电路过渡方程式方便地求出

$$u_C(t) = u_C(\infty) + [u_C(0) - u_C(\infty)]e^{-\frac{t}{\tau}}$$

式中

$$\tau = R_1 C \qquad u_C(0) = -\frac{R_2 U_z}{R_2 + R_3} \qquad u_C(\infty) = +U_z$$

当 $t = T_1$ 时，有

$$u_C(T_1) = +\frac{R_2 U_z}{R_2 + R_3}$$

于是可求出

$$T = 2R_1 C \ln\left(1 + \frac{2R_2}{R_3}\right) \tag{7-64}$$

3. 占空比可调的方波发生器电路

显然，为了改变输出方波的占空比，必须改变电容 C 的充电和放电时间常数 τ_1 和 τ_2。占空比可调的方波发生器电路如图 7-43 所示。

C 充电时，充电电流经电位器滑动端到上半部的电阻 R'_{RP}、二极管 VD_1、R_1；C 放电时，放电电流经 R_1、二极管 VD_2、电位器滑动端到下半部的电阻 R''_{RP}。占空比 q 为

$$q = \frac{T_1}{T} = \frac{\tau_1}{\tau_1 + \tau_2}$$

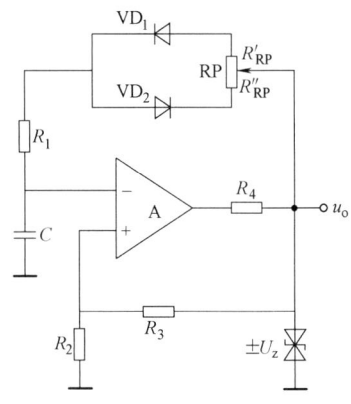

图 7-43 占空比可调的方波发生器电路

式中

$$\tau_1 = (R'_{RP} + r_{d1} + R_1)C$$
$$\tau_2 = (R_{RP} - R'_{RP} + r_{d2} + R_1)C$$

r_{d1} 是二极管 VD_1 导通电阻，r_{d2} 是二极管 VD_2 导通电阻。可见，改变 RP 滑动端的位置，即可改变占空比的大小。

7.7.3 三角波发生器

有了方波，通过积分器就可以获得三角波。但是，如果方波正半周和负半周幅度有一些差异，或宽度有差异，积分的输出就不会得到好的三角波。所以，一般三角波发生器采用的电路如图 7-44 所示。它由滞回比较器和积分器闭环组合而成。图中，积分器 A_2 的输出反馈给滞回比较器 A_1，作为滞回比较器的输入。

当 $u_{o1} = +U_z$ 时，给积分电容 C 充电，同时 u_o 即 u_C 按线性规律下降，同时拉动运算放大器 A_1 的同相输入端电位 U_P 下降，当使运算放大器 A_1 的同相端电位 U_P 略低于反相端电位 $U_N = 0$ 时，u_{o1} 从 $+U_z$ 跳变为 $-U_z$，波形如图 7-45 所示。

在 $u_{o1} = -U_z$ 后，电容 C 开始放电，u_o 按线性规律上升，u_o 拉动 U_P 上升，当使运算放大器 A_1 的 U_P 略大于零时，u_{o1} 从 $-U_z$ 跳变为 $+U_z$，如此周而复始，产生振荡。只要 $+U_z$ 和 $-U_z$ 绝对值相等，积分时间常数相等，u_o 的上升、下降时间就相等，斜率的绝对值也相

等，故 u_o 为三角波。

当输出达到正向峰值 U_{om} 时，此时 $u_{o1} = -U_z$，$U_P = 0$，所以有

$$U_P = \frac{U_{om}R_2}{R_1+R_2} - \frac{U_z R_1}{R_1+R_2} = 0$$

解出正向峰值为

$$U_{om} = \frac{R_1}{R_2}U_z$$

同理，负向峰值为

$$-U_{om} = \frac{R_1}{R_2}U_z$$

振荡周期 T 为

$$\frac{1}{C}\int_0^{T/2} \frac{U_z}{R_4}dt = 2U_{om}$$

$$T = 4R_4 C \frac{U_{om}}{U_z} = \frac{4R_4 R_1 C}{R_2} \tag{7-65}$$

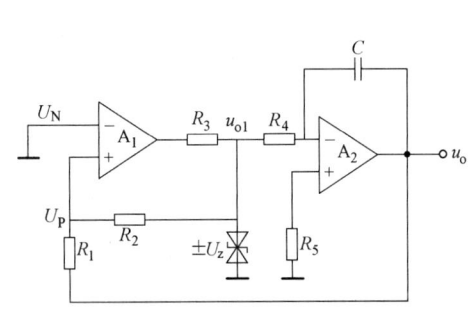

图 7-44 三角波发生器电路

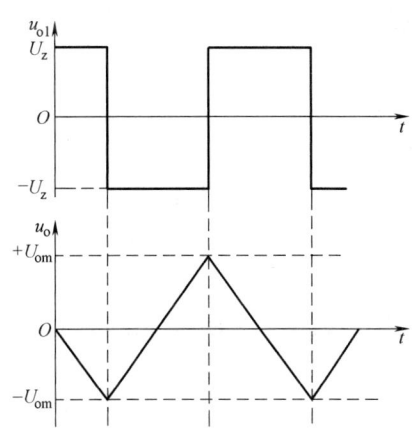

图 7-45 三角波发生器的波形

7.7.4 锯齿波发生器

锯齿波发生器是由同相输入迟滞比较器（C_1）和充放电时间常数不等的积分器（A_2）两部分组成，如图 7-46a 所示。

1. 门限电压的估算

为便于讨论，单独画出图 7-46a 中由 C_1 组成的同相输入迟滞比较器，如图 7-46b 所示。图 7-46b 中的 u_i 就是图 7-46a 中的 u_o。由图 7-46b 有

$$u_{P1} = u_i - \frac{u_i - u_{o1}}{R_1 + R_2}R_1 \tag{7-66}$$

考虑到电路翻转时，有 $u_{N1} \approx u_{P1} = 0$，即得

$$u_i = U_T = -\frac{R_1}{R_2}u_{o1} \tag{7-67}$$

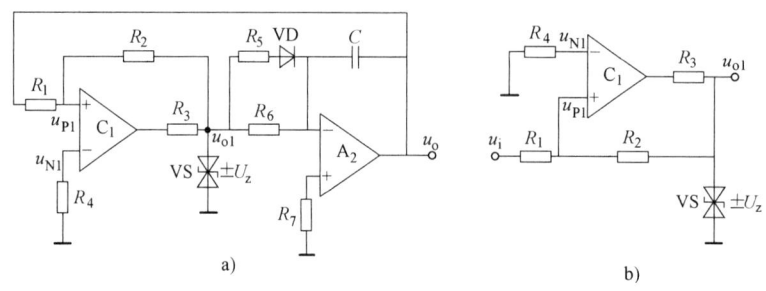

图 7-46 锯齿波电压产生电路
a) 电路　b) 同相输入迟滞比较器

由于 $u_{o1} = \pm U_z$，由式（7-67），可分别求出上、下门限电压和门限宽度为

$$U_{T+} = \frac{R_1}{R_2}U_z \tag{7-68}$$

$$U_{T-} = -\frac{R_1}{R_2}U_z \tag{7-69}$$

$$\Delta U_T = U_{T+} - U_{T-} = 2\frac{R_1}{R_2}U_z \tag{7-70}$$

2. 工作原理

设 $t=0$ 时接通电源，有 $u_{o1} = -U_z$，则 $-U_z$ 经 R_6 向 C 充电，使输出电压按线性规律增长。当 u_o 上升到门限电压 U_{T+} 使 $u_{P1} = u_{N1} = 0$ 时，比较器输出 u_{o1} 由 $-U_z$ 上跳到 $+U_z$，同时门限电压下跳到 U_{T-} 值。以后 $u_{o1} = +U_z$ 经 R_6 和 VD、R_5 两支路向 C 反向充电，由于时间常数减小，u_o 迅速下降到负值。当 u_o 下降到门限电压 U_{T-} 时，$u_{P1} = u_{N1} = 0$，比较器输出 u_{o1} 又由 $+U_z$ 下跳到 $-U_z$。如此周而复始，产生振荡。由于电容 C 的正向与反向充电时间常数不相等，输出波形 u_o 为锯齿波电压，u_{o1} 为方波电压，如图 7-47 所示。可以证明，若忽略二极管的正向电阻，其振荡周期为

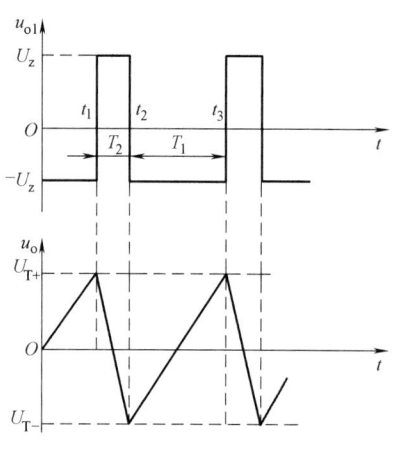

图 7-47 图 7-46a 电路的波形

$$T = T_1 + T_2 = \frac{2R_1R_6C}{R_2} + \frac{2R_1(R_6 /\!/ R_5)C}{R_2}$$

$$= \frac{2R_1R_6C(R_6 + 2R_5)}{R_2(R_5 + R_6)} \tag{7-71}$$

显然，图 7-46a 所示电路，当 R_5、VD 支路开路，电容 C 的正、反向充电时间常数相等时，此时锯齿波就变成三角波，图 7-46a 所示电路就变成方波（u_{o1}）—三角波（u_o）产生电路，其振荡周期为

$$T = \frac{4R_1R_6C}{R_2} \tag{7-72}$$

7.8 Multisim 应用举例

7.8.1 积分电路的仿真

由运算放大器构成的积分仿真电路如图 7-48 所示。用信号发生器作为信号输入，可改变输入信号的形式和参数。当输入信号为正弦波时，设置输入参数及输出波形如图 7-49 所示。当输入信号为方波时，设置输入参数及输出波形如图 7-50 所示。

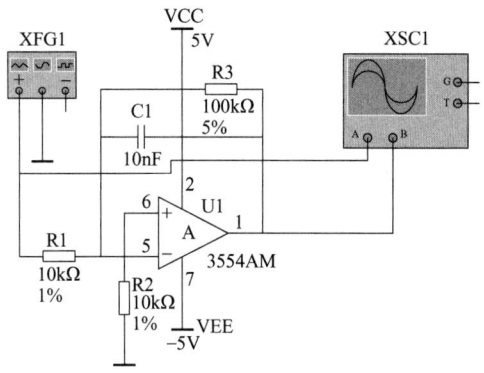

图 7-48 积分仿真电路

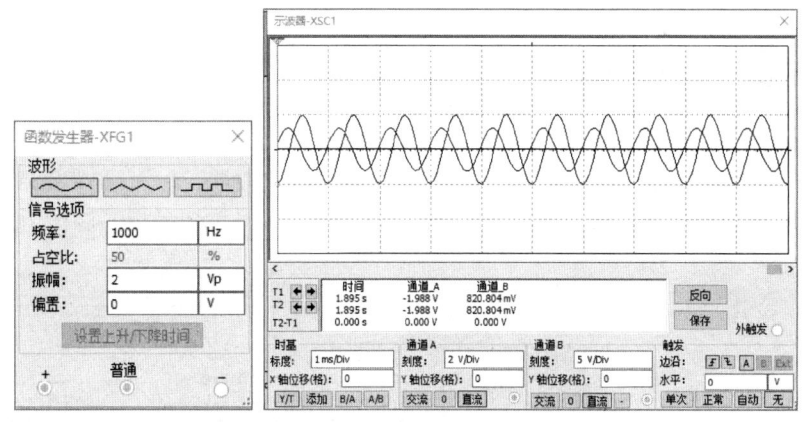

图 7-49 输入正弦波时的参数及输出波形

积分电路能够完成积分运算，实际可应用于波形变换，将方波转换为三角波，对正弦波可实现移相。积分电路中电容两端并联的大电阻，能够改善积分电路的性能，读者可自行进行仿真分析。

7.8.2 一阶有源低通滤波电路的仿真

一阶有源低通滤波仿真电路如图 7-51 所示。用伯德测试仪观测电路的幅频特性，如

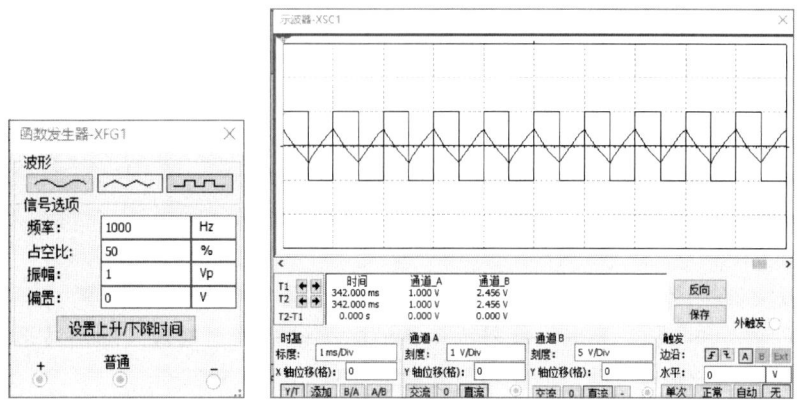

图 7-50　输入方波时的参数及输出波形

图 7-52 所示，可确定上限截止频率为 2.89kHz。

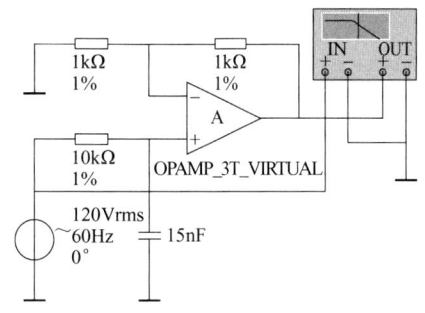

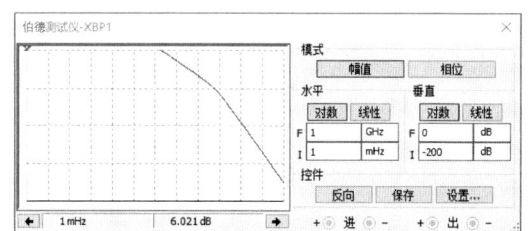

图 7-51　一阶有源低通滤波仿真电路　　　　图 7-52　一阶有源低通滤波电路的幅频特性

7.8.3　电压比较器的仿真

1. 过零比较器的仿真

过零比较器仿真电路如图 7-53 所示。选用理想电压比较器，输入设置为 3V、60Hz 的正弦波，用示波器观察输出波形，输出波形如图 7-54 所示。过零比较器的阈值电压为 0。

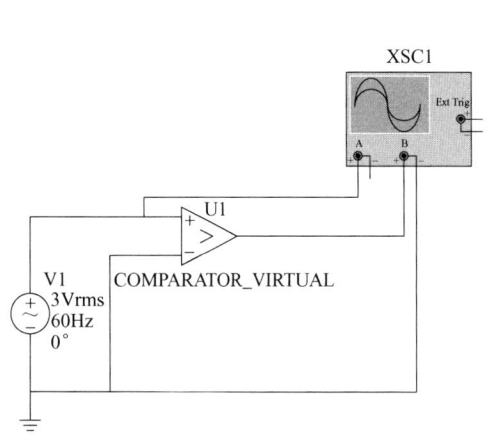

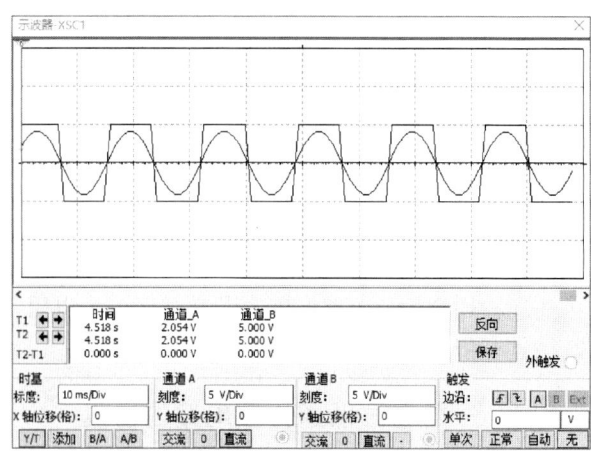

图 7-53　过零比较器仿真电路　　　　图 7-54　过零比较器仿真电路的输出波形

2. 滞回比较器的仿真

滞回比较器仿真电路如图 7-55 所示。用示波器观察输出波形，输出波形如图 7-56 所示。滞回比较器的阈值电压是 $\pm 1V$。

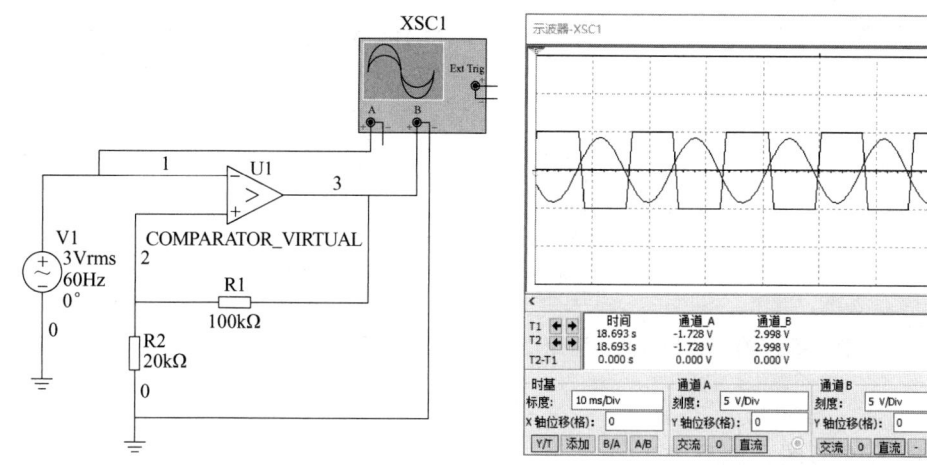

图 7-55 滞回比较器仿真电路　　　　图 7-56 滞回比较器仿真电路的输出波形

3. 两种电压比较器抗干扰能力的比较

在原电压比较器中加入相同的干扰信号，如图 7-57、图 7-58 所示，根据电路的输出波形可以看出，对于过零比较器，输入电压在阈值附近的任何微小变化，都会引起输出电压的跃变。因此过零比较器的抗干扰能力较差。滞回比较器由于具有回滞特性，因此抗干扰能力较强。

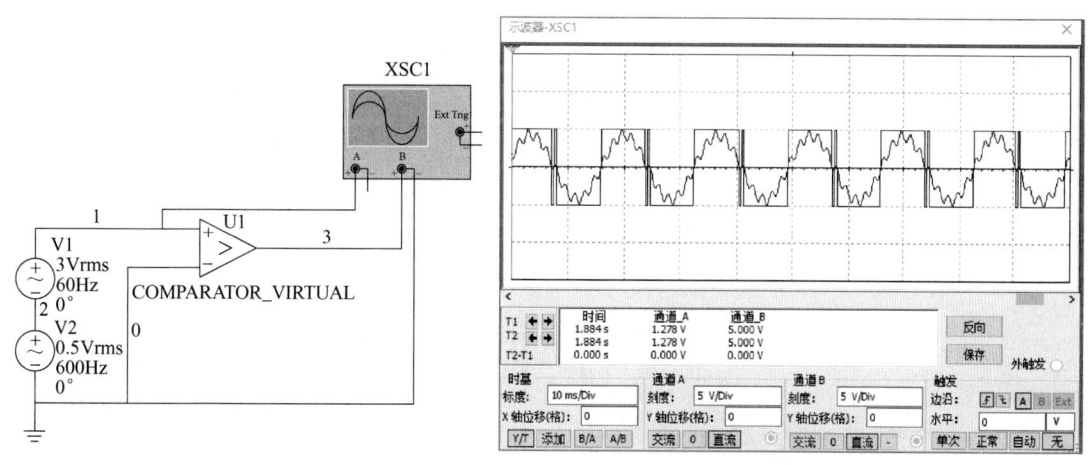

图 7-57 有干扰信号的过零比较器仿真电路及输出波形

7.8.4 RC 正弦波振荡电路的仿真

1. 仿真电路

创建 RC 正弦波振荡仿真电路如图 7-59 所示。用示波器观测输出电压的波形及电路中运放同相端的电压波形。

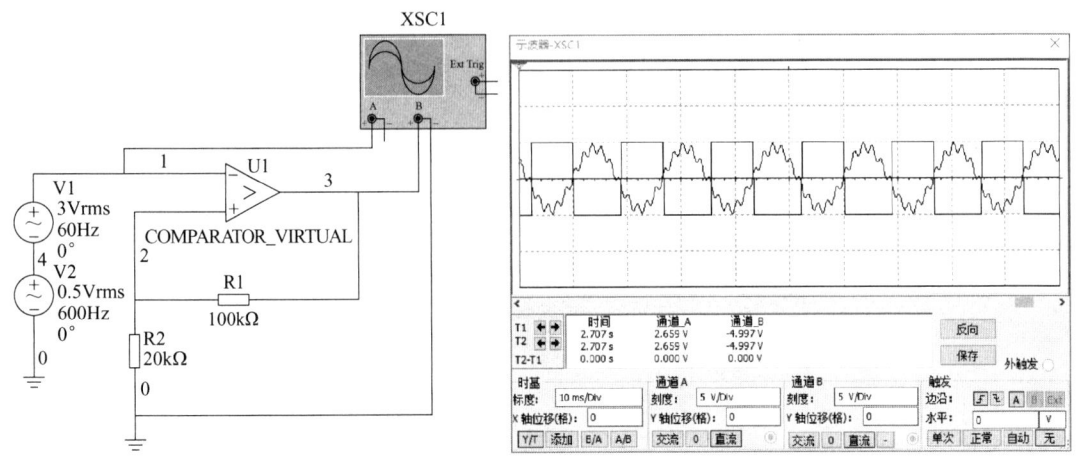

图 7-58 有干扰信号的回滞比较器仿真电路及输出波形

2. 仿真分析

如图 7-60 所示波形图,电路有一个起振的过程。当稳定振荡后,振荡产生的正弦波波形图如图 7-61 所示,根据测量可知输出正弦波的周期约为 $624\mu s$,因此振荡的频率为 $1602Hz$,理论计算振荡频率为 $f = \dfrac{1}{2\pi RC} = 1592Hz$,与仿真结果相差不多。反馈系数为反馈电压与输出电压的峰峰值之比,$\dot{F} = \dfrac{\dot{U}_f}{\dot{U}_o} = \dfrac{3.14V}{9.24V} \approx 0.339$。电路中二极管起到稳幅作用。

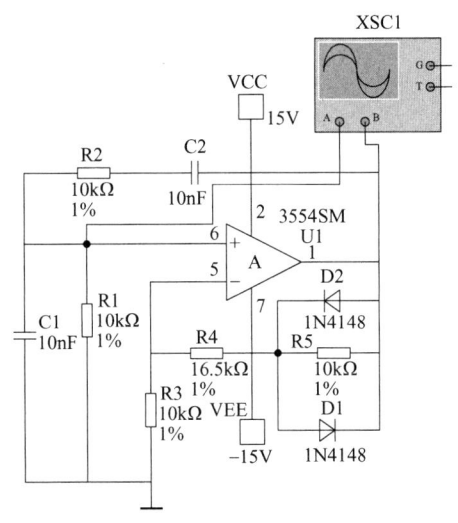

图 7-59 RC 正弦波振荡仿真电路

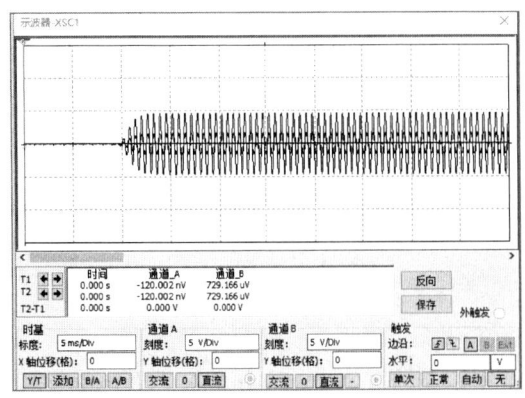

图 7-60 起振过程中的波形图

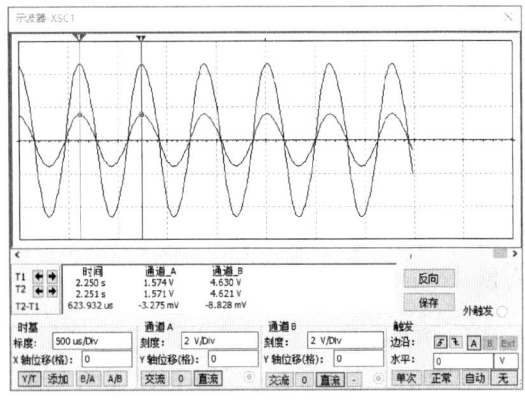

图 7-61 稳定振荡时的波形图

7.8.5 矩形波发生器的仿真

创建占空比可调的矩形波发生器仿真电路，如图 7-62 所示。

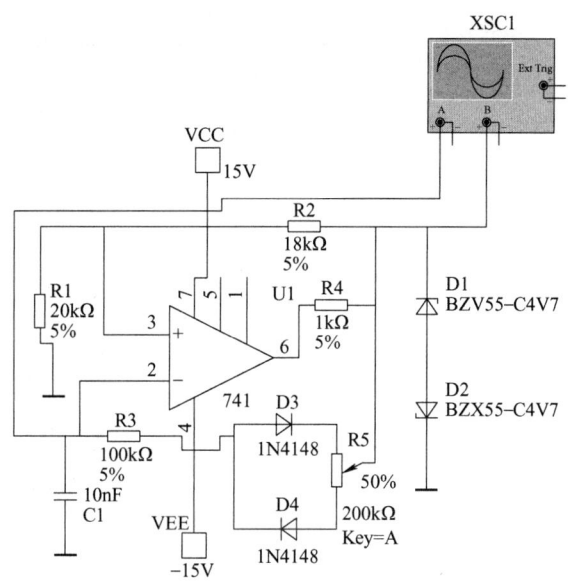

图 7-62 占空比可调的矩形波发生器仿真电路

在占空比可调的矩形波发生器中，调整滑动电位器 R_5 的滑动端在中间位置时，输出电压波形为占空比为 50% 的方波，输出波形与电容 C_1 上的电压波形如图 7-63 所示。根据测量结果，矩形波的幅值 $U_{OM}=5.178\text{V}$，振荡周期 $T=5.3\text{ms}$，振荡频率 $f=189\text{Hz}$。将电位器 R_5 的滑动端设定为 80% 时，输出波形如图 7-64 所示，振荡周期不变 $T=5.3\text{ms}$，$T_1=3.42\text{ms}$，$T_2=1.88\text{ms}$，占空比 $q=\dfrac{T_1}{T_1+T_2}=64.5\%$。将电位器 R_5 的滑动端设定为 20% 时，输出波形如图 7-65 所示，振荡周期不变 $T=5.3\text{ms}$，$T_1=1.88\text{ms}$，$T_2=3.42\text{ms}$，占空比 $q=\dfrac{T_1}{T_1+T_2}=35.5\%$。

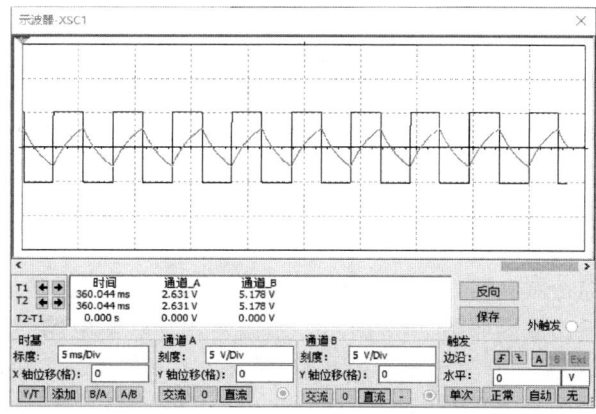

图 7-63 占空比为 50% 的矩形波发生器输出波形与电容 C_1 上的电压波形

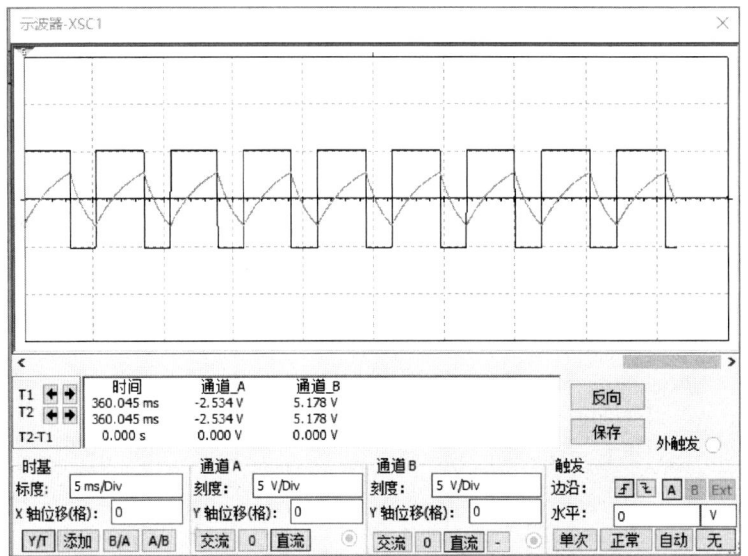

图 7-64　占空比大于 50% 的矩形波发生器输出波形

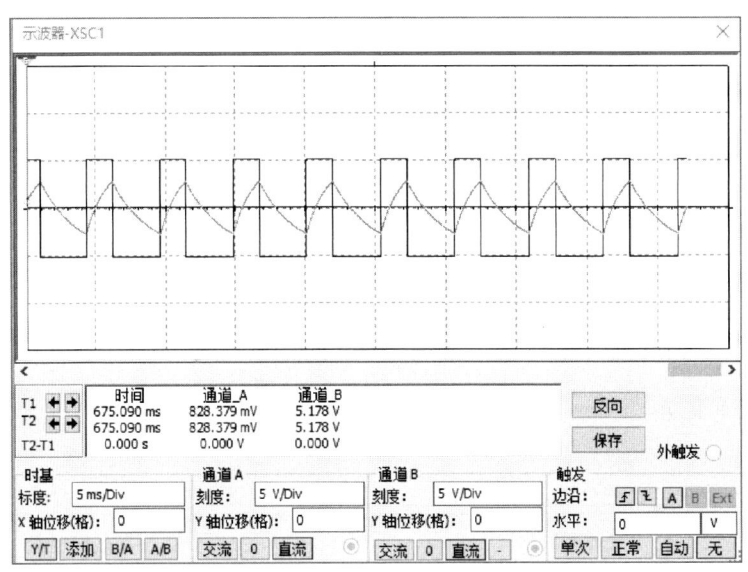

图 7-65　占空比小于 50% 的矩形波发生器输出波形

7.8.6　三角波发生器的仿真

创建三角波发生器仿真电路，如图 7-66 所示，选用核心元件为运放 741。

三角波发生器的输出波形如图 7-67 所示。示波器用于观测电路图中滞回比较器输出的方波和最后输出的三角波。由图可知，输出的波形的参数：振荡周期 $T = 1.162\text{ms}$，幅值 $U_{OM} = 2.88\text{V}$。

滞回比较器、RC 充放电电路、积分电路可以构成矩形波发生器和三角波发生器。

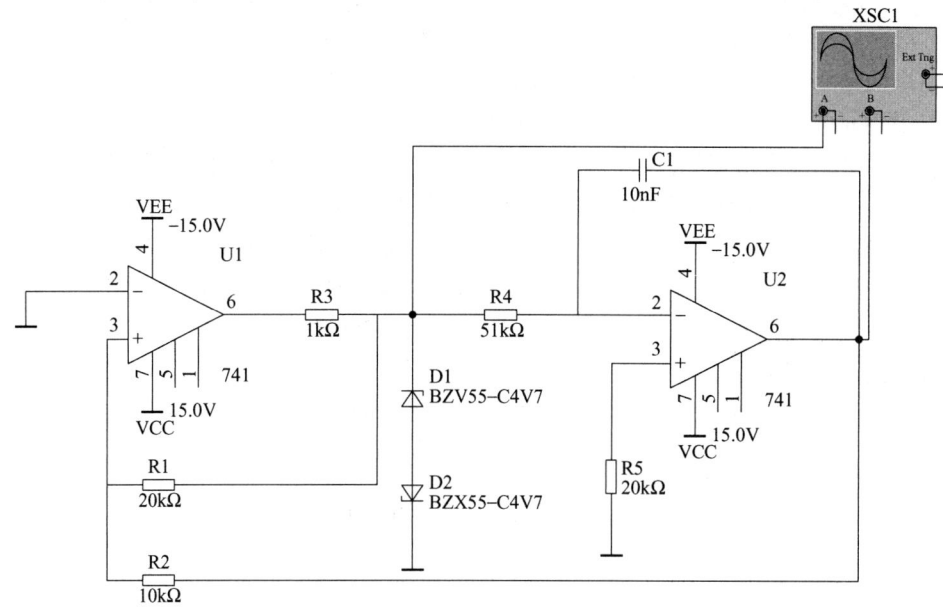

图 7-66 三角波发生器仿真电路

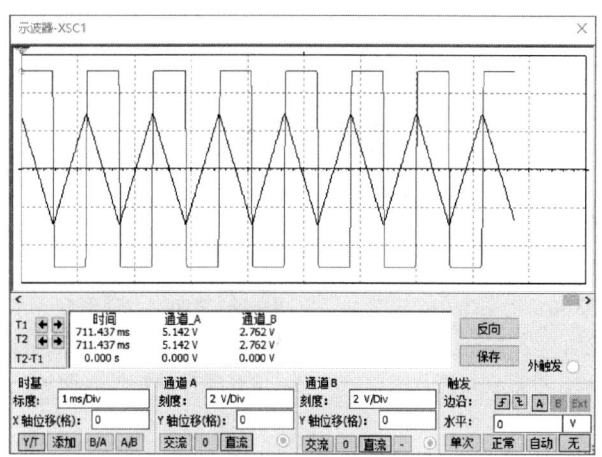

图 7-67 三角波发生器的输出波形

本章小结

1. 有源滤波电路由集成运算放大器和 RC 网络构成，按幅频特性可分为低通、高通、带通、带阻滤波器，应用时根据信号和干扰所占频段来选择合适的频率响应类型。

2. 在有源滤波电路中均引入负反馈，属运算放大器的线性应用电路，对其进行分析时可用虚短和虚断等特性。通常用传递函数或频率响应函数来描述有源滤波电路输出和输入之间的关系，并通过频率特性曲线形象地给出。表征有源滤波电路频率响应特性的主要参数有通带增益、通带截止频率、过渡带衰减速率、品质因数等。

3. 采用正反馈可以使放大电路在没有外加输入的条件下得到振荡输出，正弦波振荡电路由放大电路、正反馈回路、选频网络和稳幅电路组成。不过有时一个电路可能兼有两种功能，如正反馈回路和选频网络是由一个电路实现的。

4. 要获得正弦波，主要的方法是采用选频网络，或通过非线性网络将三角波改造为正弦波。

5. 正反馈振荡电路的振荡条件为 $\dot{A}\dot{F}=1$，它又分为幅度平衡条件 $|\dot{A}\dot{F}|=1$ 和相位平衡条件 $\varphi_{AB}=\varphi_A+\varphi_F=\pm 2n\pi$。但为了便于起振，通常要求 $|\dot{A}\dot{F}|>1$，称为起振条件。

6. 正反馈振荡电路中，选频网络由 RC 构成的，称为 RC 正弦波振荡电路；选频网络由 LC 构成的，则为 LC 正弦波振荡电路。可以采用瞬时极性法来判断电路是否满足相位平衡条件。对于三点式 LC 正弦波振荡电路，可有两个结论来判断是否满足正反馈条件，判断前应画出振荡电路的交流通路。

7. 典型的 RC 正弦波振荡电路是文氏桥 RC 正弦波振荡电路，作为正反馈支路的 RC 串并联网络和负反馈支路构成文氏桥。当 $R_1=R_2=R$，$C_1=C_2=C$ 时，它的反馈系数 $F=1/3$，振荡频率 $f_0=\dfrac{1}{2\pi RC}$。调节 R 或 C 可改变振荡频率，此时由于反馈系数与频率无关，所以调节频率不会影响输出幅度。

8. 典型的 LC 正弦波振荡电路是变压器反馈正弦波振荡电路和三点式 LC 正弦波振荡电路。它们的振荡频率由 LC 并联谐振网络决定，且 Q 值越高，振荡频率的稳定性越好。

9. 石英晶体具有极高的 Q 值，在 LC 正弦波振荡电路中采用石英晶体可以获得很高的频率稳定度。振荡电路中石英晶体不是工作在串联谐振频率点用于传输信号，就是工作在串联谐振点和并联谐振点之间，此时石英晶体用来代替电感。

自我检测题

1. 正弦波振荡电路利用正反馈产生振荡的条件是（　　）。
A. $\dot{A}\dot{F}=1$　　　　B. $\dot{A}\dot{F}=-1$　　　　C. $|1+\dot{A}\dot{F}|\gg 1$　　　　D. $|\dot{A}\dot{F}|>1$

2. 从正弦波起振到稳幅整个振荡的建立过程中，下列说法正确的是（　　）。
A. $|\dot{A}|$ 变小，$|\dot{F}|$ 变大　　　　　　　　B. $|\dot{A}|$ 变小，$|\dot{F}|$ 不变
C. $|\dot{A}|$ 不变，$|\dot{F}|$ 变大　　　　　　　　D. $|\dot{A}|$ 变小，$|\dot{F}|$ 变大，但 $|\dot{A}\dot{F}|$ 变小

3. 电路如图 7-68 所示，设集成运算放大器 A_1、A_2 具有理想的特性，假如流过 R_t 的电流为 2mA 时，电路稳幅振荡，R_t 为（　　）温度系数电阻；输出电压峰峰值 U_{opp} 为（　　）。
A. 负；$U_{opp}\approx 12\text{V}$　　　　　　　　B. 正；$U_{opp}\approx 12\sqrt{2}\,\text{V}$
C. 负；$U_{opp}\approx 12\sqrt{2}\,\text{V}$　　　　　D. 正；$U_{opp}\approx 12\text{V}$

4. 正弦波振荡电路如图 7-69 所示，设 $R=100\text{k}\Omega$，$C=1\mu\text{F}$，$R_1=2\text{k}\Omega$。满足起振条件时电阻 R_2 的最大值为（　　）。
A. $1\text{k}\Omega$　　　　　B. $2\text{k}\Omega$　　　　　C. $0.8\text{k}\Omega$　　　　　D. $0.5\text{k}\Omega$

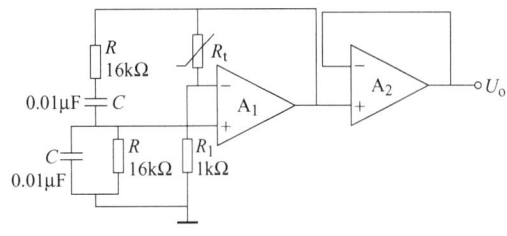

图 7-68　题 3 图

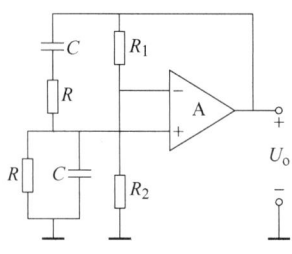

图 7-69　题 4 图

5. 正弦波振荡电路如图 7-69 所示，设 A 为理想的集成运算放大器，$R = 100\text{k}\Omega$，$C = 0.01\mu\text{F}$，$R_2 = 1.5\text{k}\Omega$，若电路稳幅振荡稳定时，流过 R_1 的电流为 0.6mA（有效值），输出电压 U_o 的有效值为（   ）；若集成运算放大器的最大输出电压为 ±12V，当 R_1 开路时，其输出电压的波形为（   ）。

  A. 3V；幅值为 12V 的正弦波   B. 3.8V；幅值为 24V 的正弦波

  C. 2.7V；近似为方波，其峰峰值为 24V   D. 2.7V；幅值为 0（停振）

6. 某同学按图 7-70 连接电路，电路不能振荡，如何改动可以使电路振荡（   ）。

  A. 将 R_1 开路   B. 去掉 C_e

  C. 将 R_1 短路   D. 将反馈改接到晶体管的基极

7. 石英晶体振荡电路是利用石英晶体的压电效应而构成的正弦波振荡电路。f_s 为串联谐振频率，f_p 为并联谐振频率。当 $0 < f < f_s$ 时，电路呈电容性；当 $f = f_s$ 时，电路发生串联谐振，串联支路呈（   ）性；当 $f_s < f < f_p$ 时，电路呈（   ）性；当 $f = f_p$ 时，电路发生并联谐振，回路呈（   ）性；当 $f > f_p$ 时，电路呈（   ）性。

  A. 电阻；电感；电阻；电容   B. 电阻；电阻；电阻；电容

  C. 电阻；电容；电阻；电容   D. 电阻；电阻；电阻；电感

8. 如图 7-71 所示电路（   ）振荡，振荡频率为（   ）。

  A. 能；$f = \dfrac{1}{2\pi\sqrt{L(C_1+C_2)}}$ B. 能；$f = \dfrac{1}{2\pi\sqrt{LC_1}}$

  C. 能；$f = \dfrac{1}{2\pi\sqrt{L\dfrac{C_1 C_2}{C_1+C_2}}}$ D. 不能；$f = \dfrac{1}{2\pi\sqrt{L(C_1+C_2)}}$

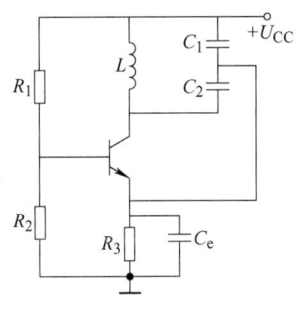

图 7-70 题 6 图

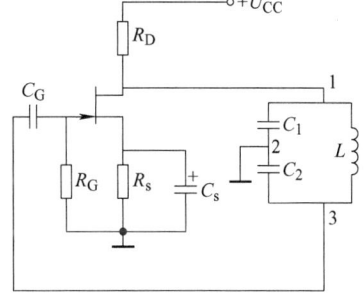

图 7-71 题 8 图

9. 如图 7-72 所示电路的名称为（   ），输出信号周期为（   ）。

  A. 矩形波发生器；$T = 2R_1 C \ln\left(1 + \dfrac{2R_2}{R_3}\right)$

  B. 三角波发生器；$T = 2R_1 C \ln\left(1 + \dfrac{R_2}{R_3}\right)$

  C. 矩形波发生器；$T = 2R_1 C \ln\left(1 + \dfrac{R_2}{R_3}\right)$

  D. 矩形波发生器；$T = R_1 C \ln\left(1 + \dfrac{2R_2}{R_3}\right)$

10. 如图 7-73 所示集成运算放大器 A_1、A_2 组成的单元电路的名称分别为（   ），整个电路所实现的功能为（   ）。

  A. 三角波发生器、微分器，锯齿波发生器   B. 矩形波发生器、积分器，三角波发生器

  C. 矩形波发生器、微分器，三角波发生器   D. 锯齿波发生器、积分器，三角波发生器

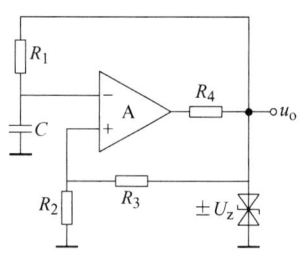

图 7-72 题 9 图

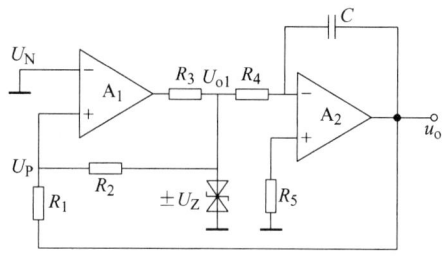

图 7-73 题 10 图

习　题

7-1　选择合适的答案填入空内，只需填入 A、B 或 C。

（1）制作频率为 20Hz～20kHz 的音频信号发生电路，应选用（　　）。

（2）制作频率为 2～20MHz 的接收机的本机振荡器，应选用（　　）。

（3）制作频率非常稳定的测试用信号源，应选用（　　）。

A. RC 桥式正弦波振荡电路　　　　B. LC 正弦波振荡电路　　　　C. 石英晶体正弦波振荡电路

7-2　如图 7-74 所示为正弦波振荡电路，A 是理想运算放大器。

（1）a、b 两个输入端中哪个是同相端，哪个是反相端；

（2）若 $R = 680\Omega$，$C = 0.01\mu F$，求振荡频率 f_o；

（3）若 $R_1 = 1k\Omega$，求 R_f 的最小值；

（4）为稳定 u_o 幅值，R_f 采用热敏电阻，则其温度系数应是正的还是负的？若 R_1 用热敏电阻，其温度系数又是多少？

7-3　对图 7-75 所示的各三点振荡器的交流通路，试用相位平衡条件判断哪个可能振荡，哪个不能振荡，指出可能振荡的电路属于什么类型？

7-4　已知振荡电路如图 7-76a、b 所示，试判断它们能否振荡，若不能，如何修改电路使其满足相位平衡振荡条件。

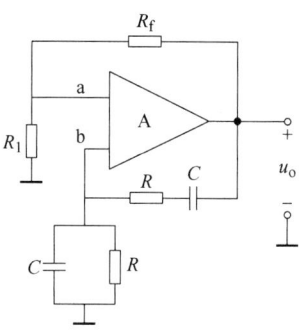

图 7-74 题 7-2 图

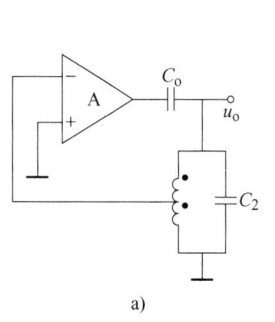

a)

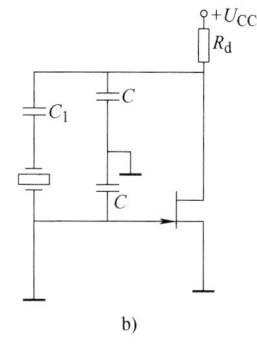

b)

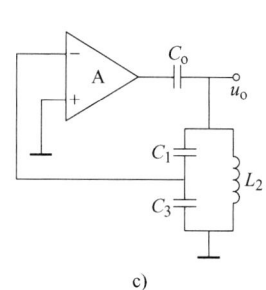

c)

图 7-75 题 7-3 图

7-5　如图 7-77 所示为正弦波振荡电路。试用相位平衡条件判断哪个能振荡？如能振荡，请说出振荡电路的类型，并写出振荡频率的表达式。假设运算放大器具有理想的特性。

7-6　分别标出图 7-78 所示各电路中变压器的同名端，使之满足正弦波振荡的相位条件。

7-7　电路如图 7-79 所示。

（1）为使电路产生正弦波振荡，标出集成运算放大器的"＋"和"－"，并说明电路是哪种正弦波振荡电路；

第 7 章 信号处理和信号产生电路 213

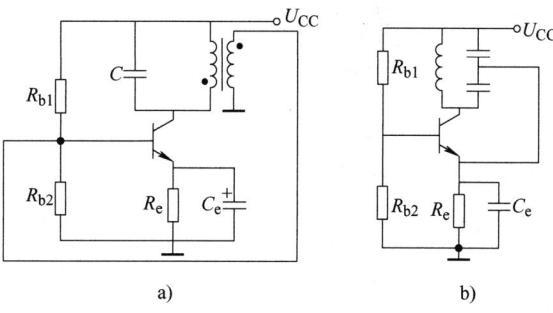

图 7-76 题 7-4 图

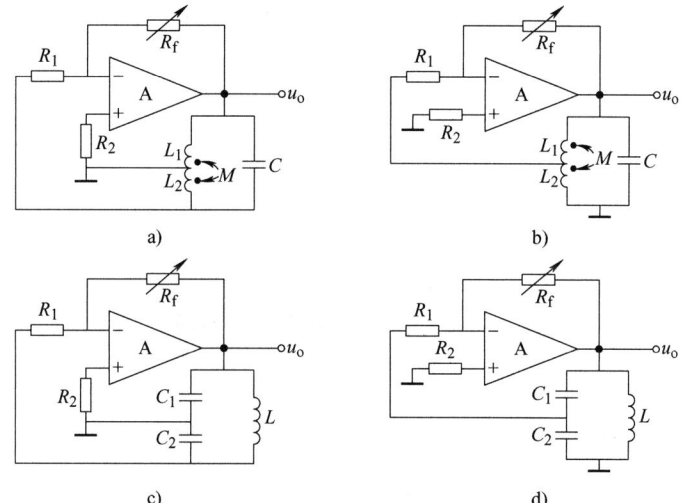

图 7-77 题 7-5 图

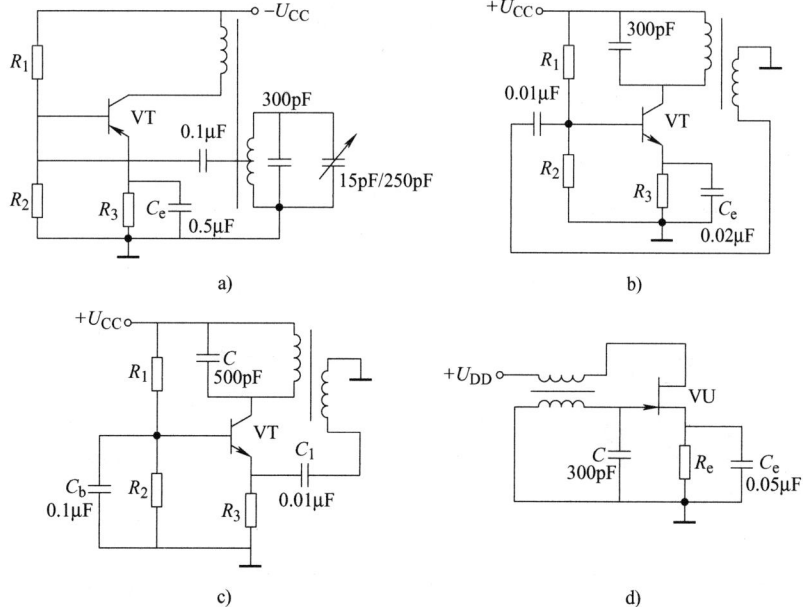

图 7-78 题 7-6 图

(2) 若 R_1 短路，则电路将产生什么现象；

(3) 若 R_1 断路，则电路将产生什么现象；

(4) 若 R_f 短路，则电路将产生什么现象；

(5) 若 R_f 断路，则电路将产生什么现象。

7-8 试改正图 7-80 所示两电路的错误，使之有可能产生正弦波振荡。

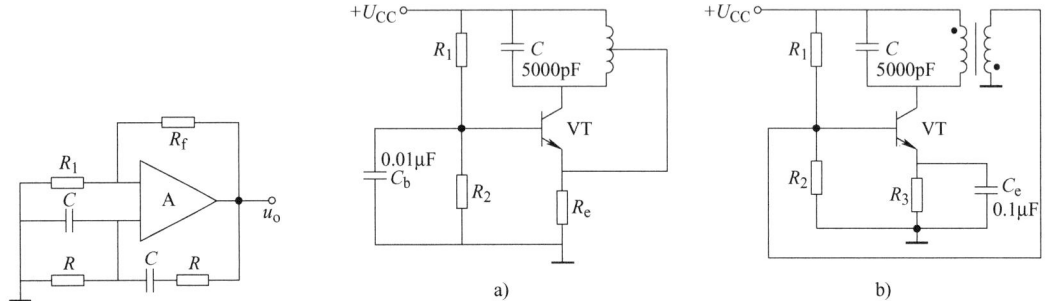

图 7-79 题 7-7 图　　　　　　　　　　图 7-80 题 7-8 图

7-9 某三角波—方波发生电路如图 7-81 所示，设 A_1、A_2 为理想运算放大器。

(1) 求调节 R_W 时所能达到的最高振荡频率 f_{omax}；

(2) 求方波—三角波的峰峰值；

(3) 若要使三角波的峰峰值与方波的峰峰值相同，电阻 R_W 应调整到多大。

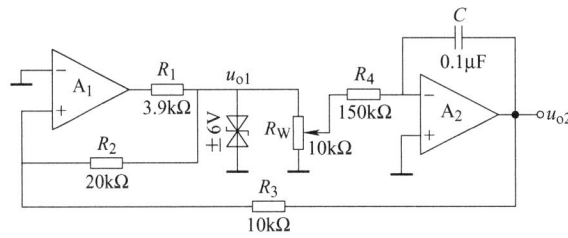

图 7-81 题 7-9 图

7-10 三角波发生电路如图 7-82 所示，集成运算放大器 $A_1 \sim A_3$ 以及电容器 C 均为理想的元器件，$U_Z = 6V$，$R_3 = 50k\Omega$，$C = 0.1\mu F$。

(1) 计算 u_o 的幅值和振荡频率；

(2) 画出 u_o、u_{o1} 和 u_{o2} 的波形图。

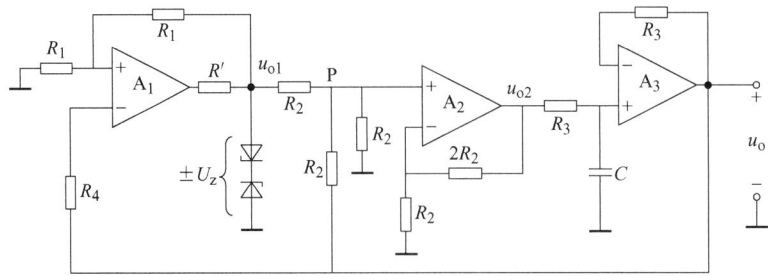

图 7-82 题 7-10 图

第 8 章 直流稳压电源

在电子电路和自动控制装置中,通常都需要电压稳定的直流电源供电。小功率直流稳压电源的组成可以用图 8-1 表示,它是由变压、整流、滤波和稳压四部分组成。

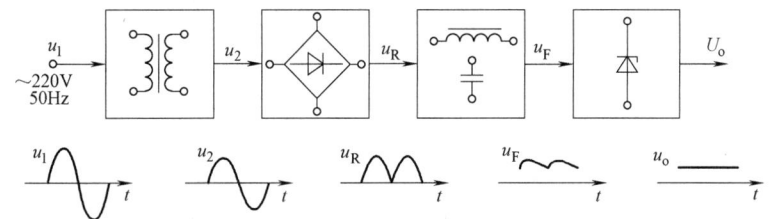

图 8-1 直流稳压电源的组成和稳压过程

图 8-1 中各个环节的功能如下:

1) 变压:将 220V 或 380V 的电网电压变换成符合整流所需的电压值。小功率电源以单相交流电作为输入,大功率电源以三相交流电作为输入。

2) 整流:利用二极管的单向导电性,将变压器二次侧的交流电压变换成脉动的直流电压。

3) 滤波:将整流电路输出的脉动直流电压中的交流成分滤掉,使之成为平滑的直流电压。

4) 稳压:利用负反馈对滤波后的直流电压进行稳压,使得输出电压在电网电压波动和负载电流变化时仍然保持稳定。当负载要求功率较大、效率较高时,稳态电路常采用开关型稳压电路。

本章首先讨论小功率整流电路、滤波电路和稳压电路,然后介绍三端集成稳压器和开关型稳压电路的工作原理。

8.1 单相整流电路

把交流电转换成直流电的电路称为整流电路。单相整流电路分为半波整流、全波整流、桥式整流和倍压整流电路等。在二极管整流的过程中,由于交流电压通常远大于二极管的正向导通电压,故认为二极管的正向导通电阻近似为零,反向电阻接近无穷大。

8.1.1 单相半波整流电路

1. 电路的组成及工作原理

单相半波整流电路如图 8-2a 所示。它由变压器 T 和整流二极管 VD 组成。如果变压器的一次侧输入正弦波电压 u_1,则在二次侧可得同频的交流电压 $u_2 = \sqrt{2}\,U_2\sin\omega t$。

当 u_2 为正半周时,VD 正向导通,电流由 A→VD→R_L→B,在负载 R_L 上得到上正下负的电压 u_o;当 u_2 为负半周时,VD 反向截止,电路中无电流,负载 R_L 上电压为零。所以,在负载 R_L 两端得到的输出电压 u_o 是单方向的、近似为半个周期的正弦波,故称为半波整流,波形如图 8-2b 所示。

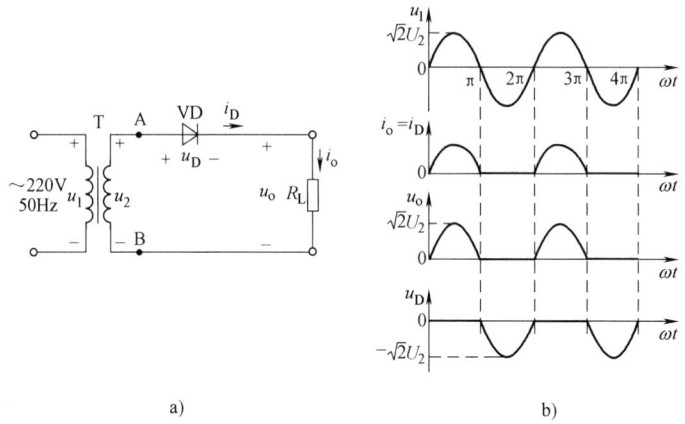

图 8-2 单相半波整流电路及其工作波形
a) 电路 b) 波形

2. 输出直流电压和直流电流

输出直流电压是指负载两端脉动电压的平均值,即

$$U_o = \frac{1}{2\pi}\int_0^{\pi}\sqrt{2}U_2\sin\omega t\mathrm{d}\omega t = \frac{\sqrt{2}}{\pi}U_2 \approx 0.45U_2 \tag{8-1}$$

流过负载 R_L 的直流电流为

$$I_o = \frac{U_o}{R_L} \approx \frac{0.45U_2}{R_L} \tag{8-2}$$

3. 整流二极管的参数选择

在整流电路中,流过整流二极管的平均电流 I_D 与流过负载 R_L 的电流 I_o 相等。考虑到电网电压的波动范围为 ±10%,所以二极管的最大整流平均电流 I_F 的选择依据为

$$I_F > 1.1I_D = 1.1I_o = 1.1 \times \frac{0.45U_2}{R_L} \tag{8-3}$$

二极管承受的最高反向峰值电压 U_{Rmax} 就是变压器二次电压的最大值,所以二极管的最高反向工作电压 U_{RM} 的选择依据为

$$U_{RM} > 1.1 \times \sqrt{2}U_2 \tag{8-4}$$

半波整流电路结构简单、使用元器件少,但存在较大的缺点:输出直流电压低、波形脉动大、输出功率小,且工作时只利用了电源的半个周期,变压器利用率低,含有的直流成分使铁心易于饱和。因此,半波整流电路只适合小功率整流且对整流性能指标要求不高的场合。

例 8-1 在图 8-2a 所示的单相半波整流电路中,已知变压器二次电压有效值 $U_2 = 20\mathrm{V}$、负载电阻 $R_L = 150\Omega$。试求:

(1) 输出电压平均值 U_o 和输出电流平均值 I_o;
(2) 流过二极管电流的平均值 I_D 和二极管所承受的最大反向电压 U_{Rmax}。

解: (1) 输出电压平均值 U_o 为

$$U_o \approx 0.45U_2 = 0.45 \times 20\mathrm{V} = 9\mathrm{V}$$

输出电流平均值 I_o 为

$$I_o = \frac{U_o}{R_L} = \frac{9}{150}\text{A} = 60\text{mA}$$

（2）流过二极管电流的平均值 I_D 为

$$I_D = I_o = 60\text{mA}$$

二极管所承受的最大反向电压 $U_{R\max}$ 为

$$U_{R\max} = \sqrt{2}\,U_2 = \sqrt{2} \times 20\text{V} = 28.3\text{V}$$

8.1.2 单相桥式整流电路

为了提高变压器的利用率，减小输出电压的脉动，在小功率电源中，应用最多的是单相桥式整流电路。

1. 电路的组成及工作原理

单相桥式整流电路如图8-3a、b所示，它由变压器和四个二极管组成。四个二极管组成电桥形式，故称桥式整流电路。图8-3c 是它的简化画法。

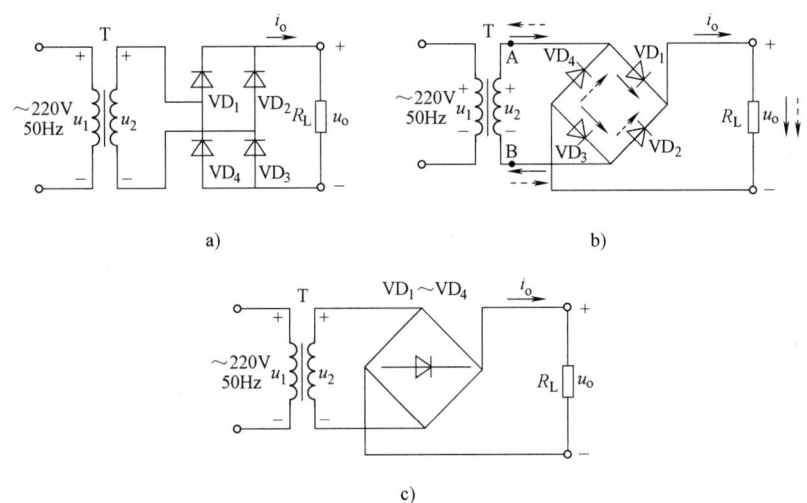

图 8-3 单相桥式整流电路
a）电路结构 b）习惯画法 c）简化画法

单相桥式整流电路的工作原理如下：

当 u_2 为正半周时，VD_1 和 VD_3 导通，VD_2 和 VD_4 截止，将有电流从上到下流过负载 R_L，在负载 R_L 上得到上正下负的电压 u_o。电流通路可表示为

$$A \to VD_1 \to R_L \to VD_3 \to B$$

当 u_2 为负半周时，VD_2 和 VD_4 导通，VD_1 和 VD_3 截止，将有电流从上到下流过负载 R_L，在负载 R_L 上得到上正下负的电压 u_o。电流通路可表示为

$$B \to VD_2 \to R_L \to VD_4 \to A$$

这样，在 u_2 的整个周期，负载 R_L 两端都有脉动的直流电压输出，故称为全波整流，波形如图8-4所示。

2. 输出直流电压和直流电流

桥式整流输出的负载直流电压和直流电流是半波整流的2倍，即

$$U_\text{o} = \frac{1}{2\pi}\int_0^{2\pi}|\sqrt{2}U_2\sin\omega t|\,\mathrm{d}\omega t = \frac{2\sqrt{2}}{\pi}U_2 \approx 0.9U_2 \quad (8\text{-}5)$$

流过负载 R_L 上的直流电流为

$$I_\text{o} = \frac{U_\text{o}}{R_\text{L}} \approx \frac{0.9U_2}{R_\text{L}} \quad (8\text{-}6)$$

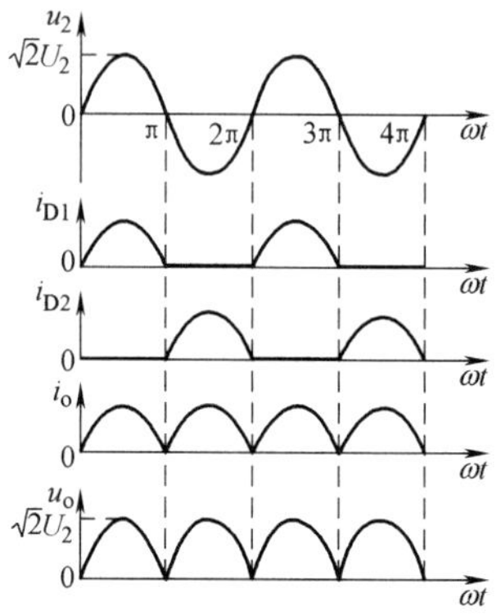

3. 整流二极管的参数选择

在整流电路中，因为 VD_1、VD_3 和 VD_2、VD_4 轮流导通，因而每只二极管流过的平均电流 I_D 仅为输出电流 I_o 一半。考虑到电网电压的波动范围为 ±10%，所以二极管的最大整流平均电流 I_F 的选择依据为

$$I_\text{F} > 1.1 I_\text{D} = 1.1 \times \frac{I_\text{o}}{2} = 1.1 \times \frac{0.45U_2}{R_\text{L}} \quad (8\text{-}7)$$

图 8-4 单相桥式整流电路波形

二极管的最高反向工作电压 U_RM 的选择依据为

$$U_\text{RM} > 1.1 \times \sqrt{2}U_2 \quad (8\text{-}8)$$

例 8-2 在图 8-3 所示的单相桥式整流电路中，已知变压器二次电压有效值 $U_2 = 20\text{V}$，负载电阻 $R_\text{L} = 150\Omega$，试求：

（1）输出电压平均值 U_o 和输出电流平均值 I_o；

（2）流过二极管电流的平均值 I_D 和二极管所承受的最大反向电压 U_Rmax；

（3）当电网电压的波动范围为 ±10% 时，整流二极管的最大整流平均电流 I_F 和最高反向工作电压 U_RM 至少为多少？

解：（1）输出电压平均值 U_o 为

$$U_\text{o} \approx 0.9U_2 = 0.9 \times 20\text{V} = 18\text{V}$$

输出电流平均值 I_o 为

$$I_\text{o} = \frac{U_\text{o}}{R_\text{L}} = \frac{18}{150}\text{A} = 120\text{mA}$$

（2）流过二极管电流的平均值 I_D 为

$$I_\text{D} = \frac{I_\text{o}}{2} = \frac{120}{2}\text{mA} = 60\text{mA}$$

二极管所承受的最大反向电压 U_Rmax 为

$$U_\text{Rmax} = \sqrt{2}U_2 = \sqrt{2} \times 20\text{V} = 28.3\text{V}$$

（3）当电网电压的波动范围为 ±10% 时，所选择的整流二极管的参数应满足

$$I_\text{F} > 1.1 I_\text{D} = 1.1 \times 60\text{mA} = 66\text{mA}$$

$$U_\text{RM} > 1.1 \times \sqrt{2}U_2 = 1.1 U_\text{Rmax} = 1.1 \times 28.3\text{V} = 31.1\text{V}$$

可见，在桥式整流电路中，二极管极限参数的选择原则与半波整流电路相同。虽然所用二极管的数量多，但是在 u_2 相同的情况下，其输出直流电压和直流电流均为半波整流电路的 2 倍，输出电压波动小，所以桥式整流电路得到了广泛的应用。目前市场上有集成桥式整流电路，称为整流堆。

*8.1.3 倍压整流电路

1. 电路的组成

利用滤波电容的存储作用，由多个电容和二极管构成倍压整流电路，可以获得几倍于变压器二次电压的输出电压，故称为倍压整流电路，如图 8-5 所示。

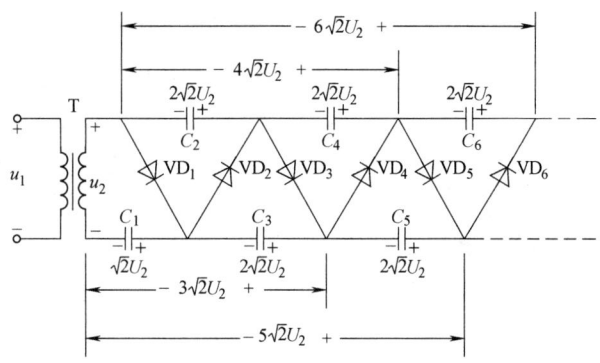

图 8-5 倍压整流电路

2. 电路的工作原理

设电容两端初始电压为零。

1）当 u_2 为正半周时，VD_1 正偏导通。u_2 通过 VD_1 对电容 C_1 充电，在理想情况下，充电至 $U_{C1} \approx \sqrt{2} U_2$，极性左负右正。

2）当 u_2 为负半周时，VD_1 反偏截止，VD_2 正偏导通。由于 U_{C1} 和 u_2 极性相同，则 $U_{C2} = U_{C1} + \sqrt{2} U_2 = \sqrt{2} U_2 + \sqrt{2} U_2 = 2\sqrt{2} U_2$，极性左负右正。

3）当 u_2 再次为正半周时，VD_1、VD_2 反偏截止，VD_3 正偏导通。则 $U_{C3} = U_{C2} - U_{C1} + \sqrt{2} U_2 = 2\sqrt{2} U_2 - \sqrt{2} U_2 + \sqrt{2} U_2 = 2\sqrt{2} U_2$，极性左负右正。

……

在空载情况下，根据上述分析可得，C_1 两端的电压为 $\sqrt{2} U_2$，$C_2 \sim C_6$ 两端的电压均为 $2\sqrt{2} U_2$。因此，若以 C_1 两端为输出端，则输出电压值为 $\sqrt{2} U_2$，若以 C_2 两端为输出端，则输出电压为 $2\sqrt{2} U_2$，若 C_1 和 C_3 上的电压相加为输出端，则输出电压为 $3\sqrt{2} U_2$，……，依次类推，从不同位置输出，可获得 $\sqrt{2} U_2$ 的 4 倍、5 倍及 6 倍的电压输出。可见，倍压整流是通过二极管导引，电容充、放电来实现的。

当电路接上负载后，输出电压将不可能达到 u_2 峰值的倍数。倍压整流电路的主要缺点是输出特性极差，仅适用于小电流负载的场合。

8.2 滤波电路

整流电路虽然将交流电压变为直流电压，但输出电压含有较大的交流分量，不能直接用作电子电路的直流电源。利用电容和电感对直流分量和交流分量呈现不同电抗的特点，可滤除整流电路输出电压中的交流成分，保留其直流成分，使之波形变得平滑，接近理想的直流电压。

8.2.1 电容滤波电路

1. 电路的组成及工作原理

桥式整流电容滤波电路如图 8-6a 所示。它将滤波电容 C 并联在负载电阻 R_L 两端，滤波电容两端的电压就是负载两端的电压。

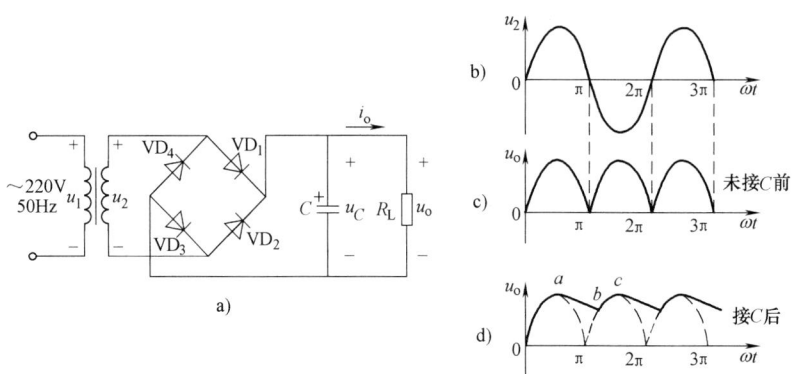

图 8-6 桥式整流电容滤波电路及其工作波形
a) 电路 b) ~ d) 工作波形

在没有加入滤波环节以前，整流电路输出的电压波形如图 8-6c 所示。假设电容 C 两端初始电压为零，在 $\omega t = 0$ 时接通电源。在电源正半周期时 VD_1 和 VD_3 导通，电源除通过 VD_1 和 VD_3 对负载 R_L 供电外，还对电容 C 充电。由于二极管的正向电阻和变压器二次绕组的直流电阻都很小，因此 u_o 将按 u_2 的变化规律充电至峰值电压，对应于图 8-6d 中的原点至 a 点段。

电源电压在经过最大值后开始下降，此时电容器两端的电压 u_C 大于电源电压 u_2，所有二极管均截止。电容 C 开始对负载 R_L 放电，放电时间常数为 $R_L C$，u_o 按指数规律下降，其波形对应于图 8-6d 中的 ab 段。在电源进入负半周，且数值增加到大于 u_C 时，VD_2 和 VD_4 导通，u_2 又在对负载 R_L 供电的同时也对电容 C 充电，输出电压 u_o 波形对应于图 8-6d 中的 bc 段。以后的过程周而复始，形成了电容周期性的充、放电过程。

2. 电容滤波电路的效果

为了更好地说明问题，将电容滤波电路的输出电压波形（见图 8-6d）改画为图 8-7 所示。图 8-7 表明，当 $R_L C$ 较大时，电容 C 放电缓慢，这将使输出电压纹波起伏较小，直流分量较高；反之，电容 C 放电较快，直流分量降低。显然，为了获得较好的滤波效果，总是希望 $R_L C$ 越大越好。在实际电路中，一般选择

$$R_L C \geqslant (3 \sim 5) \frac{T}{2} \tag{8-9}$$

式中，T 为电网电压的周期。

3. 主要参数

1）输出电压平均值 U_o：输出电压平均值 U_o 的计算一般采用近似估算法。为了便于估算，常用图 8-8 中的锯齿波近似描述图 8-6d 所示的输出电压波形。设整流电路内阻较小而 $R_L C$ 较大，电容每次充电均可达到 u_2 的峰值 U_{omax}，然后按 $R_L C$ 放电的起始斜率直线下降，经 $R_L C$ 交于横轴，且每次放电完毕数值为最小值 U_{omin}。

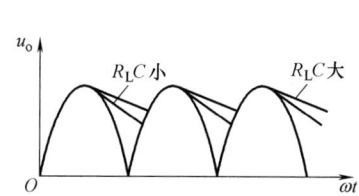

图 8-7 放电时间常数对输出电压的影响

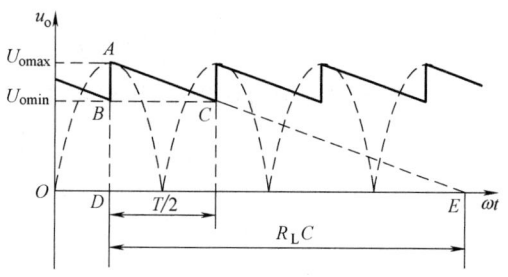

图 8-8 用锯齿波近似描述图 8-6d 的波形

图 8-8 中，△ABC 和 △ADE 是相似三角形，根据相似三角形的关系可得

$$\frac{U_{\text{omax}} - U_{\text{omin}}}{U_{\text{omax}}} = \frac{T/2}{R_L C}$$

则输出电压平均值为

$$U_o = \frac{U_{\text{omax}} + U_{\text{omin}}}{2} = U_{\text{omax}} - \frac{U_{\text{omax}} - U_{\text{omin}}}{2} = \left(1 - \frac{T}{4R_L C}\right) U_{\text{omax}} \tag{8-10}$$

将 $U_{\text{omax}} = \sqrt{2} U_2$ 和 $R_L C = (3 \sim 5)\dfrac{T}{2}$ 代入式（8-10）得

$$U_o = \sqrt{2} U_2 \left(1 - \frac{1}{6 \sim 10}\right) = (1.18 \sim 1.27) U_2 \tag{8-11}$$

通常取 $U_o \approx 1.2 U_2$。

由于采用电解电容，考虑到电网电压的波动范围为 ±10%，电容的耐电压值应大于 $1.1\sqrt{2} U_2$。在半波整流电路中，为了获得较好的滤波效果，电容容量应选得更大些。

2）输出电流平均值 I_o：输出电流平均值 I_o 为

$$I_o = \frac{U_o}{R_L} \tag{8-12}$$

3）最大整流平均电流 I_F：在选择整流二极管时，应使最大整流平均电流 I_F 大于输出电流平均值 I_o 的 2～3 倍，即

$$I_F > (2 \sim 3) I_o \tag{8-13}$$

4. 输出特性

当滤波电容 C 选定后，输出电压平均值 U_o 和输出电流平均值 I_o 的关系曲线称为输出特性。桥式整流电容滤波电路的输出特性如图 8-9 所示。

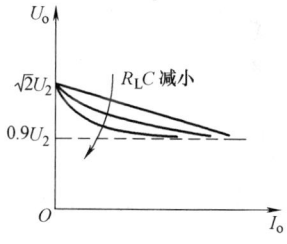

图 8-9 桥式整流电容滤波电路的输出特性

由输出特性可见，该电路随着输出电流的增大，输出电压明显降低，外特性较软，带负载能力差。所以，电容滤波电路适合于固定负载或负载电流变化小的场合。

例 8-3 在图 8-6a 所示电路中，要求输出电压平均值 $U_o = 15$V，负载电流平均值 $I_o = 100$mA，$U_o \approx 1.2 U_2$。求：

（1）滤波电容的大小；

（2）考虑到电网电压的波动范围为 ±10%，求滤波电容的耐压值。

解：（1）根据 $U_o \approx 1.2 U_2$ 可知，C 的取值满足 $R_L C = (3 \sim 5)\dfrac{T}{2}$ 的条件。有

$$R_L = \frac{U_o}{I_o} = \frac{15}{100 \times 10^{-3}}\Omega = 150\Omega$$

电网电压的周期为 0.02s，则电容的容量为

$$C = (3 \sim 5)\frac{0.02}{2} \times \frac{1}{150}F \approx 200 \sim 333\mu F$$

(2) 变压器二次电压有效值为

$$U_2 \approx \frac{U_o}{1.2} = \frac{15}{1.2}V = 12.5V$$

滤波电容的耐电压值

$$U > 1.1\sqrt{2}U_2 = 1.1\sqrt{2} \times 12.5V \approx 19.44V$$

实际滤波电容可选取容量为 300μF、耐电压值为 25V 的电容。

8.2.2 电感滤波电路

在桥式整流电路和负载电阻 R_L 之间串入一个电感 L，即构成电感滤波电路，如图 8-10 所示。当通过电感线圈的电流增加时，电感线圈产生左"+"右"-"的自感电动势，阻止电流增加，同时将一部分电能转化为磁场能量储存于电感中；当电流减小时，左"-"右"+"的自感电动势阻止电流减小，同时将电感中的磁场能量释放出来，以补偿电流的减小。此时，整流二极管依然导电，导电角 θ 增大，使 $\theta = \pi$。利用电感的储能作用可以减小输出电压和电流的纹波，从而得到比较平滑的直流电流。当忽略电感 L 的电阻

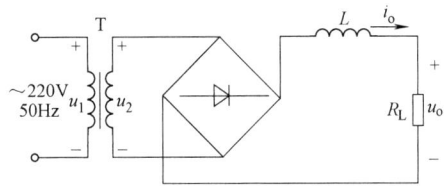

图 8-10 电感滤波电路

时，负载上输出的平均电压和纯电阻负载相同，即 $U_o = 0.9U_2$。

电感滤波的优点是，整流管的导电角较大、无峰值电流、输出特性比较平坦；其缺点是，由于铁心的存在，使滤波器的体积大、笨重，易引起电磁干扰。电感滤波一般只适用于低电压、大电流的场合。

8.2.3 复式滤波电路

为了进一步减小输出电压的脉动，引入由电容和电感组成的复式滤波电路。

1. LC 滤波电路

为了减小电容滤波电路对整流二极管的瞬时冲击电流，可在滤波电容之前串联一个额定功率较大的电感线圈 L，就构成了 LC 滤波电路，如图 8-11 所示。

当通过电感线圈的电流发生变化时，电感线圈中产生的自感电动势会阻碍电流的变化，因而有效地限制了流过整流二极管的瞬时电流，同时也使负载电压的脉动大为降低。频率越高，电感越大，滤波效果就越好。

对于经过整流后的直流脉动电压中所含有的高频交流分量，电感的串入使整流电路输出电阻的高频阻抗升高，同时，电容使负载的交流阻抗降低，

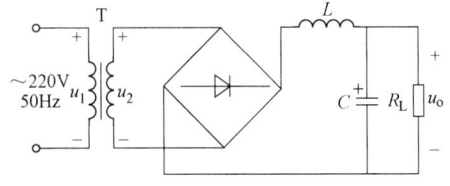

图 8-11 LC 滤波电路

如此进一步使信号中的交流成分加在输出电阻和电容上了。而对于其中的直流分量，电感的低频电阻很小，所以，整流后的直流分量大部分降落在 R_L 上。这样，在输出端的负载上就得到了较为平坦的直流输出电压。

LC 滤波电路适用于电流较大、要求输出电压脉动很小的电路，尤其是高频应用场合。

2. π 形滤波电路

如果要求输出电压脉动更小，可采用 LC-π 形滤波或 RC-π 形滤波电路，如图 8-12a、b 所示。

LC-π 形滤波电路比 LC 滤波电路滤波效果更好，但 C_1 的充电对整流二极管的冲击电流较大。

因电感线圈体积大且笨重，成本较高，所以在负载电流很小的场合也可用电阻 R 代替 LC-π 形滤波电路中的电感线圈，构成 RC-π 形滤波电路。电阻 R 与电容 C_2 及 R_L 配合以后，使交流分量较多地降落在电阻 R 两端，而较少地降落在负载 R_L 上，从而起到滤波作用。R 越大，C_2 越大，交流滤波效果就越好。但是，电阻 R 对交、直流电压分量均有同样的电压降作用，R 太大，将使直流压降增大，所以这种滤波电路中的 R 取得不能太大。π 形滤波电路适用于负载电流较小而又要求输出电压脉动较小的场合。

常用滤波电路滤波特性的比较见表 8-1。

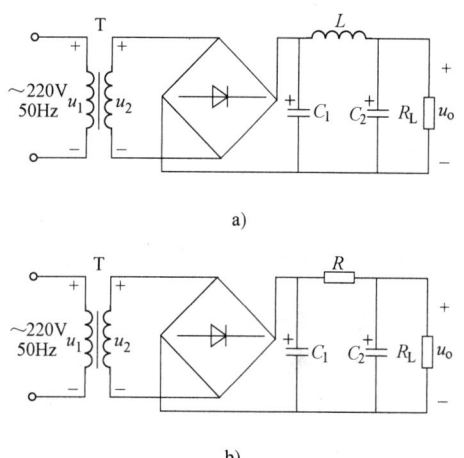

图 8-12　LC-π 形和 RC-π 形滤波电路
a）LC-π 形滤波电路　b）RC-π 形滤波电路

表 8-1　常用滤波电路滤波特性的比较

类型	滤波效果	对整流管的冲击作用	带负载的能力
电容滤波电路	小电流较好	大	差
RC-π 形滤波电路	小电流较好	大	很差
LC-π 形滤波电路	适应性较强	大	较差
电感滤波电路	大电流较好	小	强
LC 滤波电路	适应性较强	小	强

由表 8-1 可见，滤波效果好的，带负载能力却不一定好，而带负载能力好的，滤波效果又不一定好，因此交流信号经过整流和滤波后，并不能为系统提供稳定的输出直流电压，这就需要在滤波电路之后接入稳压电路，以改善输出直流电压的稳定性。

8.3　稳压电路

经整流滤波后的电压往往会随着电源电压的波动和负载的变化而变化。为了得到稳定的直流电压，必须在整流滤波电路之后接入稳压电路。在小功率设备中常用的稳压电路有并联型稳压电路、串联反馈型稳压电路、集成稳压器和开关型稳压电路。

8.3.1 并联型稳压电路的组成

最简单的并联型稳压电路是由稳压管 VS 和限流电阻 R 构成的。并联型稳压电路如图 8-13 所示,该电路由变压、整流、滤波和稳压电路组成。U_i 是经整流、滤波后的电压,R 起限流作用,负载 R_L 与稳压管 VS 并联,故称为并联型稳压电路。

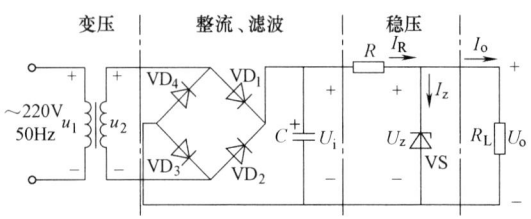

图 8-13 并联型稳压电路

8.3.2 并联型稳压电路的稳压原理

并联型稳压电路的稳压原理如下:

1. 负载不变(即 R_L 不变),**电网电压变化时的稳压过程**

假设电网电压升高时,经整流滤波后的 U_i 也随之上升,引起输出电压 U_o 升高;由稳压管的伏安特性可知 I_z 将大幅度上升(↑↑表示急剧增大),迫使 I_R 升高,随之引起限流电阻 R 上的压降 $U_R = I_R R = (I_z + I_o) R$ 升高,迫使 U_o 下降,最终使 U_o 基本不变。上述稳压过程可表述如下:

$$U_i \uparrow \to U_o(U_z) \uparrow \to I_z \uparrow\uparrow \to I_R \uparrow \to I_R R \uparrow$$
$$U_o \downarrow \longleftarrow$$

反之,当 U_i 下降时,限流电阻上的压降下降,最终使 U_o 也基本不变。

2. 当电网电压不变(即 U_i 不变),**负载变化时的稳压过程**

假设负载 R_L 减小,立刻引起 I_o 和 I_R 的升高,使 U_o 下降;由于稳压管的端电压略有下降,则 I_z 大大减小,迫使 I_R 下降,随之引起限流电阻 R 上的压降 $U_R = I_R R = (I_z + I_o) R$ 下降,U_o 上升,最终使 U_o 基本不变。上述稳压过程可表述如下:

$$R_L \downarrow \to I_o \uparrow \to I_R \uparrow \to U_R \uparrow \to U_o(U_z) \downarrow \to I_z \downarrow\downarrow \to I_R \downarrow \to U_R \downarrow$$
$$U_o \uparrow \longleftarrow$$

可见,并联型稳压电路使输出电压保持稳定,是基于稳压管的非线性伏安特性;电流在一定的范围内变化时,U_z 基本保持不变。为使稳压管电流合适,必须接入限流电阻 R,R 起调节电压的作用。

8.3.3 稳压电路的性能指标

稳压电路的性能通常用下述指标来衡量。

1. 稳压系数 S_r

S_r 反映了电网电压的波动对直流输出电压的影响,通常定义为负载和环境温度不变时,直流输出电压 U_o 的相对变化量与稳压电路输入电压 U_i 的相对变化量之比,即

$$S_\mathrm{r} = \frac{\Delta U_\mathrm{o}/U_\mathrm{o}}{\Delta U_\mathrm{i}/U_\mathrm{i}}\bigg|_{R_\mathrm{L}=\text{常数},t=\text{常数}} = \frac{\Delta U_\mathrm{o}}{\Delta U_\mathrm{i}}\frac{U_\mathrm{i}}{U_\mathrm{o}}\bigg|_{R_\mathrm{L}=\text{常数},t=\text{常数}} \quad (8\text{-}14)$$

根据稳压管工作在稳压状态时的特性，对于动态电压可等效成一个电阻 r_z；因而图 8-13 所示并联型稳压电路对于输入电压的变化量 ΔU_i 的等效电路如图 8-14 所示，称为稳压管稳压电路的交流等效电路。

由图 8-14 可知，式（8-14）中

$$\frac{\Delta U_\mathrm{o}}{\Delta U_\mathrm{i}} = \frac{r_\mathrm{z}//R_\mathrm{L}}{R+r_\mathrm{z}//R_\mathrm{L}} \quad (8\text{-}15)$$

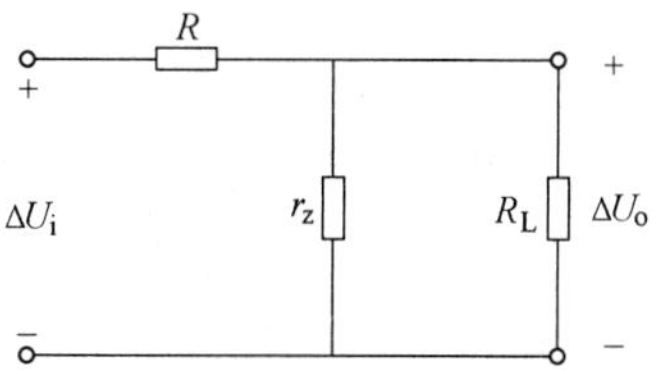

图 8-14 稳压管稳压电路的交流等效电路

通常 $r_\mathrm{z} \ll R_\mathrm{L}$ 且 $r_\mathrm{z} \ll R$，因而式（8-15）可简化为

$$\frac{\Delta U_\mathrm{o}}{\Delta U_\mathrm{i}} \approx \frac{r_\mathrm{z}}{R} \quad (8\text{-}16)$$

式（8-16）代入式（8-14）可得

$$S_\mathrm{r} \approx \frac{r_\mathrm{z}}{R}\frac{U_\mathrm{i}}{U_\mathrm{o}} \quad (8\text{-}17)$$

由式（8-17）可知，r_z 越小，R 越大，则 S_r 越小，在输入电压变化时的稳压性能越好；但是，实际上 R 越大，U_i 取值越大，S_r 将越大；因此只有在 R 和 U_i 相互匹配时，稳压性能才能做到最好。

2. 内阻 R_o

在直流输入电压 U_i 不变的情况下，输出电压 U_o 的变化量和输出电流 I_o 的变化量之比称为稳压电路的内阻 R_o，即

$$R_\mathrm{o} = \frac{\Delta U_\mathrm{o}}{\Delta I_\mathrm{o}}\bigg|_{U_\mathrm{i}=\text{常数},t=\text{常数}} \quad (8\text{-}18)$$

在图 8-14 所示交流等效电路中，令 $\Delta U_\mathrm{i}=0$（即表明 U_i 不变），从输出端看进去的等效电阻即为内阻。因而有

$$R_\mathrm{o} = \frac{\Delta U_\mathrm{o}}{\Delta I_\mathrm{o}} = r_\mathrm{z}//R \quad (8\text{-}19)$$

当 $r_\mathrm{z} \ll R$ 时，式（8-19）近似为

$$R_\mathrm{o} \approx r_\mathrm{z} \quad (8\text{-}20)$$

3. 最大纹波电压

最大纹波电压是指稳压电路输出端的交流分量（通常频率为 100Hz），用有效值或幅值表示。

8.4 串联反馈型稳压电路

串联反馈型稳压电路的特点是，以并联型稳压电路为基础，利用晶体管的电流放大作用，增大负载电流；在电路中引入深度电压负反馈使输出电压稳定；通过改变反馈网络参数使输出电压可调节。目前这种稳压电源已经制成单片集成电路，广泛应用在各种电子仪器和

电子电路之中。串联反馈型稳压电路的缺点是损耗较大、效率低。

8.4.1 串联反馈型稳压电路的设计思想

可以设想，用一可变电阻 R 和负载电阻 R_L 串联，调节 R 就可达到稳定输出电压 U_o 的目的，如图 8-15a 所示。但是，由于电网电压和负载的变化都是十分复杂的，而且往往带有很大的偶然性，所以用人工去调节可变电阻 R 使 U_o 维持不变的做法是不现实的。因此，就有了用晶体管 VT 代替可变电阻 R 的想法，如图 8-15b 所示。

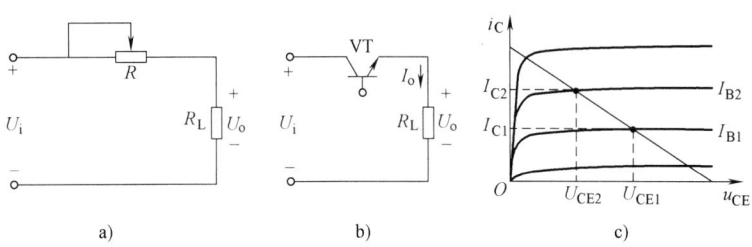

图 8-15 串联反馈型稳压电路的设计思想
a）可变电阻控制输出电压 b）晶体管控制输出电压 c）晶体管输出特性曲线

该想法的可行性可从图 8-15c 所示的晶体管输出特性曲线中找到答案。当基极电流 I_{B1} 较小时，此时的管压降 U_{CE1} 较大；反之，U_{CE2} 较小。由此可见，工作在放大区的晶体管可视为一个可变电阻，并且它的直流电阻 $R_{CE}=U_{CE}/(\beta I_B)$ 的大小受基极电流 I_B 控制。当 U_i 和 I_o 的变化使 U_o 增大时，减小基极电流 I_B，使 U_{CE} 增大，也就是使 R_{CE} 增大，就可以维持 U_o 基本不变。反之亦然，只要使 I_B 随 U_o 作相反的变化，就可以保证 U_o 基本稳定不变。

8.4.2 串联反馈型稳压电路的组成

图 8-16 所示为串联反馈型稳压电路的一般结构。图中，U_i 是整流滤波电路的输出电压；VT 为调整管；A 为比较放大电路；U_{REF} 为基准电压，它由稳压管 VS 与限流电阻 R 串联所构成的简单稳压电路获得；R_1、RP 与 R_2 组成反馈网络，是用来反映输出电压变化的取样电路。在这种稳压电路中，起调整作用的晶体管 VT 是与负载串联，故称为串联反馈型稳压电路。

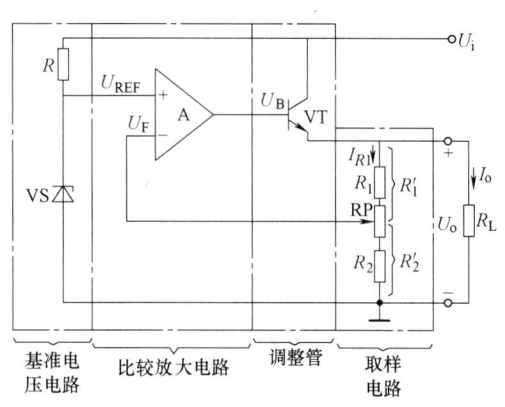

图 8-16 串联反馈型稳压电路的一般结构

基准电压电路、比较放大电路、调整管和取样电路是串联反馈型稳压电路的基本组成部分。其中，调整管是电路的核心，U_{CE} 随 U_i 和负载的变化而产生变化以稳定 U_o。基准电压是衡量电源输出电压是否稳定的标准，要求严格保持恒定，不受输入电压、负载电流和温度等因素的影响。

8.4.3 串联反馈型稳压电路的稳压原理

1. 电路的稳压原理

比较放大电路将 U_o 的取样电压 U_F 与基准电压 U_{REF} 比较、放大后去控制调整管 VT 的集射极间的电压降,从而达到稳定输出电压 U_o 的目的。稳压原理可简述如下:当输入电压 U_i 增加时,导致输出电压 U_o 增加,随之反馈电压 $U_F = R'_2 U_o/(R'_1 + R'_2) = F_U U_o$ 也增加(F_U 为反馈系数)。U_F 与基准电压 U_{REF} 相比较,其差值电压经比较放大电路放大后使 $U_B = A_{uo}(U_{REF} - U_F)$ 和 I_B 减小,调整管 VT 的集射极间电压 U_{CE} 增大,使 $U_o = U_i - U_{CE}$ 下降,从而维持 U_o 基本恒定。其稳定过程可简单表示如下:

$$U_i \uparrow \to U_o \uparrow \to U_F \uparrow \to U_B \downarrow \to I_B \downarrow \to U_{CE} \uparrow$$
$$U_o \downarrow \leftarrow$$

同理,当输入电压 U_i 减小时,输出电压 U_o 也将基本保持不变。

从反馈放大电路的角度来看,这种电路属于电压串联负反馈电路。调整管 VT 连接成电压跟随器。由于集成运算放大器开环电压增益可达 80dB 以上,电路引入深度电压负反馈,输出电阻趋近于零,因而输出电压相当稳定。

值得注意的是,调整管 VT 的调整作用是依靠 U_F 和 U_{REF} 之间的偏差来实现的,必须有偏差才能调整。如果 U_o 绝对不变,调整管的 U_{CE} 也绝对不变,那么电路也就不能起调整作用了。所以 U_o 不可能达到绝对稳定,只能是基本稳定。因此,图 8-16 所示的系统是一个闭环有差自动调整系统。

2. 输出电压的确定及调节范围

(1)输出电压的确定

基准电压 U_{REF}、调整管 VT 和比较放大电路 A 组成同相放大电路,输出电压

$$U_o = U_{REF}\left(1 + \frac{R'_1}{R'_2}\right) = \frac{U_{REF}}{F_U} \tag{8-21}$$

式(8-21)表明,输出电压 U_o 与基准电压 U_{REF} 近似成正比,与反馈系数 F_U 成反比。当 U_{REF} 及 F_U 一定时,U_o 也就确定了,因此它是设计稳压电路的基本关系式。

(2)输出电压的调节范围

RP 动端在最上端时,输出电压最小,即

$$U_{omin} = \frac{R_1 + RP + R_2}{R_2 + RP} U_{REF} \tag{8-22}$$

RP 动端在最下端时,输出电压最大,即

$$U_{omax} = \frac{R_1 + RP + R_2}{R_2} U_{REF} \tag{8-23}$$

因此,调节电位器 RP 的滑动端显然可以改变输出电压。

3. 调整管 VT 极限参数的确定

调整管是串联反馈型稳压电路中的核心器件,承担了全部负载电流和相当的管压降,因此晶体管的功耗较大。调整管一般为大功率晶体管,因而选用原则与功率放大电路中的功放管相同,主要考虑极限参数 I_{CM}、$U_{(BR)CEO}$ 和 P_{CM}。调整管极限参数的确定,必须考虑输入电压 U_i 由于电网电压波动而产生的变化、输出电压 U_o 的调节和负载电流变化所产生的影响。

从图 8-16 所示电路可知,调整管 VT 的集电极最大允许电流应为

$$I_{CM} > I_{omax}$$

当电网电压最高,即输入电压最高,同时输出电压又最低时,VT 承受的管压降最

大，即

$$U_{CEmax} = U_{imax} - U_{omin}$$

故要求集射极间的反向击穿电压

$$U_{(BR)CEO} > U_{imax} - U_{omin}$$

当 VT 通过的集电极电流最大，且承受的管压降最大时，VT 的功率损耗最大，即

$$P_{Cmax} = I_{Cmax} U_{CEmax}$$

故要求集电极最大允许耗散功率

$$P_{CM} \geq I_{omax}(U_{imax} - U_{omin})$$

实际选用时，一般要考虑一定的裕量，同时还应按手册上的规定采取散热措施。

另外，当负载电流较大时，要求调整管有很大的集电极电流，这时单靠一个晶体管很难达到要求，可以采用复合管代替单个晶体管作为调整管。

4. 过电流保护电路

稳压电路使用中常发生负荷超载和输出短路的情况，输出电流超出额定值，输出电压可降为零，这时由于调整管的电流过大，将使晶体管发热而损坏。因此，实用电路都必须加保护电路。常见的保护电路有过电流保护电路、调整管安全区保护电路和过热保护电路。下面介绍一种最简单的限流型过电流保护电路。

限流型过电流保护电路如图 8-17 所示。图中，VT_1 是需要保护的调整管；VT_2 是起保护作用的晶体管；R_0 是电流取样电阻，它串接在 VT_1 的发射极回路中，其阻值大小视额定负载电流值而定，通常很小，如 1Ω。

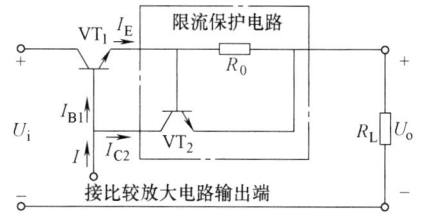

图 8-17 限流型过电流保护电路

在正常情况下，VT_1 输出电流在额定范围内，电阻 R_0 上电压不足以使 VT_2 发射结导通，VT_2 处于截止状态。当输出电流超过额定值时，R_0 上电压使 VT_2 导通，I_{C2} 对 I 分流，使 I_{B1} 减小，I_{C1} 也随之减小，由此限制了 I_E，对 VT_1 起到了保护作用。当过电流保护电路起作用时，VT_1 的发射极电流被限制在

$$I_{Emax} \approx \frac{U_{BE2}}{R_0}$$

故称图 8-17 所示电路为限流型过电流保护电路。保护电路动作以后虽然限制了过大的输出电流，但仍然有较大的电流流过调整管；若此时管压降较大，则调整管功耗将很大。

例 8-4 串联反馈型稳压电源如图 8-18 所示。已知：输入电压 U_i 的波动范围为 $\pm 10\%$；调整管 VT_1 的饱和管压降 $U_{CES} = 3V$，$\beta_1 = 30$，$\beta_2 = 50$；VT_3 导通时 U_{BE3} 约为 $0.7V$；$R_1 = 1k\Omega$，$R_3 = 500\Omega$；要求输出电压的调节范围为 $5 \sim 15V$。回答下列问题：

（1）标出集成运算放大器的同相输入端（＋）和反相输入端（－）；

（2）电位器的阻值和稳压管的稳定电压各约为多少？

（3）输入电压 U_i 至少取多少伏？

（4）若额定负载电流为 1A，则集成运算放大器输出电流约为多少？电流采样电阻 R_0 约为多少？

解：（1）串联反馈型稳压电源应引入电压负反馈，故集成运算放大器的两个输入端上为"－"下为"＋"。

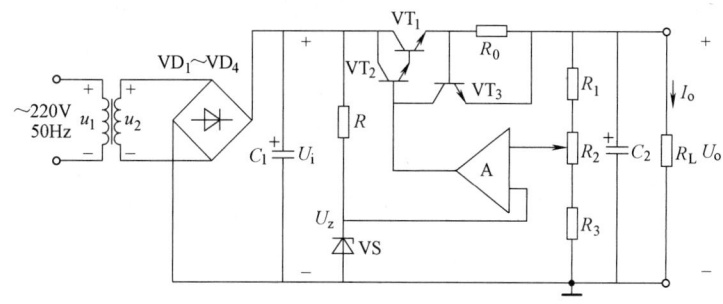

图 8-18 例 8-4 图

(2) 根据电路可知,输出电压应满足

$$\frac{R_1+R_2+R_3}{R_2+R_3}U_z \leq U_o \leq \frac{R_1+R_2+R_3}{R_3}U_z$$

将已知数据代入上式计算,可得 U_z 为 3V,R_2 为 1kΩ。

(3) 串联反馈型稳压电源是电压负反馈电路,因而只有调整管始终工作在放大区,负反馈才可能起作用,输出电压才会稳定。

为了保证在输入电压 U_i 的波动范围内使输出电压 U_o 的可调范围均为 5~15V,则应在 U_i 最低且 U_o 最大时调整管不饱和,即

$$0.9U_i > U_{omax} + U_{CES} = (15+3)V = 18V$$

得出 $U_i > 20V$,所以输入电压 U_i 至少取 20V。

(4) 由于调整管为复合管,其电流放大倍数约为 VT_1、VT_2 电流放大倍数之积,即 $\beta \approx \beta_1\beta_2$;当负载电流为 1A 时,集成运算放大器的输出电流

$$I_o' \approx \frac{I_{omax}}{\beta_1\beta_2} = \frac{1}{30 \times 50}A \approx 0.67\text{mA}$$

当负载电流超出额定值时,采样电阻 R_0 上的电压应使过电流保护电路中的晶体管 VT_3 导通,故

$$R_0 \approx \frac{U_{BE3}}{I_{omax}} = 0.7\Omega$$

8.5 集成稳压器

随着半导体工艺的发展,现在已生产并广泛应用的单片集成稳压器具有体积小、可靠性高、使用灵活、价格低廉等优点。目前,集成稳压器已发展到几百个品种,类型也很多。集成稳压器,按结构形式可分为串联型、并联型和开关型;按引脚的连接方式可分为三端集成稳压器和多端稳压器;按制造工艺可分为半导体集成稳压器、薄膜混合集成稳压器;按电路的工作方式可分为线性串联型集成稳压器和开关集成稳压器;按功能可分为固定式集成稳压器和可调式集成稳压器,固定式集成稳压器的输出电压不能调节,为固定值,可调式集成稳压器可通过外接元件使输出电压得到很宽的调节范围。本节首先对型号为 W7800 的固定式集成稳压器加以简要分析,然后介绍型号为 W117 的可调式集成稳压器的特点。

从外形上看,集成串联型稳压电路有三个引脚,分别为输入端、输出端和公共端(或

调整端），因而称为三端稳压器。W7800 系列三端稳压器和 W117 系列三端稳压器的外形和图形符号如图 8-19 所示。

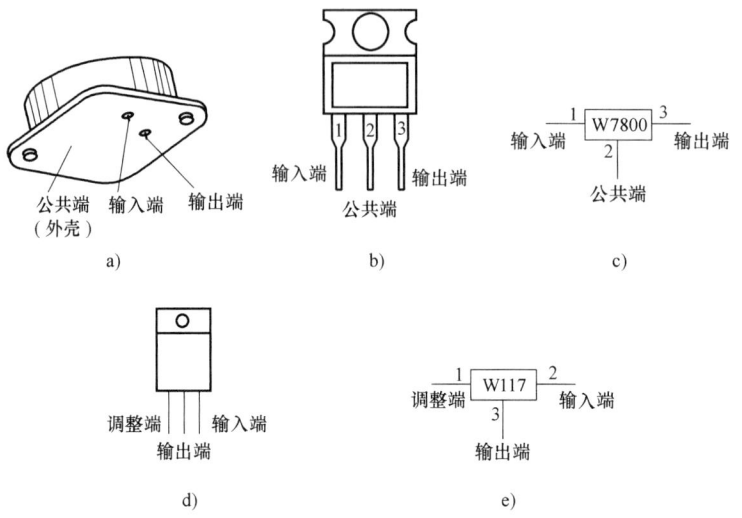

图 8-19 三端稳压器的外形和图形符号
a）W7800 金属封装外形 b）W7800 塑料封装外形 c）W7800 图形符号
d）W117 塑料封装外形 e）W117 图形符号

8.5.1 W7800 系列三端稳压器

1. 输出电压和输出电流

W7800 系列三端稳压器的输出电压有 5V、6V、9V、12V、15V、18V 和 24V 共七个档次，型号后面的两个数字表示输出电压值。输出电流分 1.5A（W7800）、0.5A（W78M00）、0.1A（W78L00）三个档次。例如，W7805 表示输出电压为 5V、最大输出电流为 1.5A；W78M05 表示输出电压为 5V、最大输出电流为 0.5A；W78L05 表示输出电压为 5V、最大输出电流为 0.1A。W7800 系列三端稳压器因性能稳定、价格低廉而得到广泛应用。

2. 电路的组成及工作原理

W7805 电路原理图如图 8-20 所示。它由基准电压电路、电流源电路、比较放大电路、调整电路、启动电路、过热和安全工作区保护电路和取样电路组成。

（1）基准电压电路

VT_3、VT_4、VT_5、VT_6 和电阻 R_2 组成基准电压电路，它是能隙基准电压电路。这种基准电压电路不仅克服了稳压管基准源的温漂，而且避免了齐纳热噪声的影响，其温度稳定性远高于串联反馈型稳压电路中的基准电压。基准电压为

$$U_{REF} = 4.82V$$

输出电压 U_o 为

$$U_o = U_{REF}\left(1 + \frac{R_{20}}{R_{19}}\right) \approx 5V$$

（2）比较放大电路

以 VT_3 和 VT_4 复合管作为放大管、以 VT_9 为有源负载组成的共发射极放大电路作为比较放大电路。基准电压 U_{REF} 通过 VT_6（VT_2 为有源负载）的发射极输入到 VT_3 的基极。

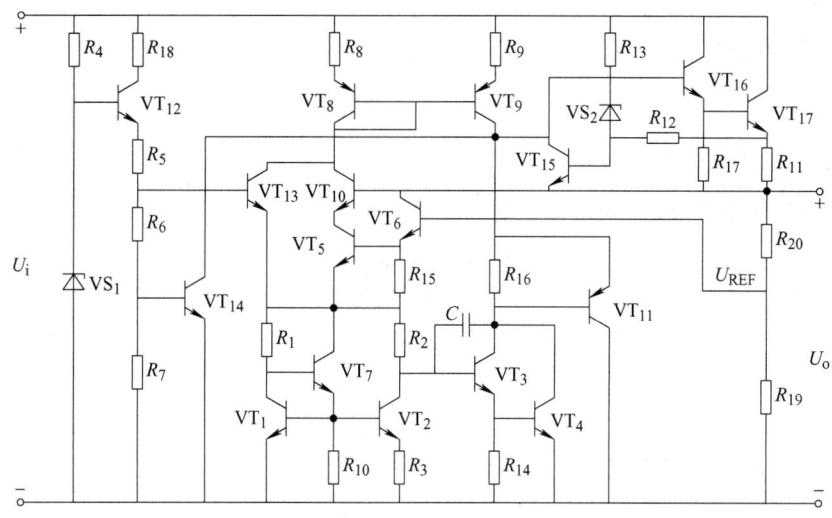

图 8-20 W7805 电路原理图

(3) 调整电路

由 VT_{16} 和 VT_{17} 构成的复合管作为调整管。调整电路受比较器控制来调整输出电压，要求有足够的电流并能承受较大的耗散功率。

(4) 启动电路和电流源电路

VT_8 和 VT_9 所构成的电流源电路为比较放大电路、基准电压电路和调整管提供静态电流；但是在通电后，靠 VT_8 和 VT_9 自身并不能形成基极电流回路，因而也就无法使整个电路正常工作。启动电路的作用是在 U_i 接入后，为 VT_8 和 VT_9 提供电流通路，从而使稳压电路各部分建立起正常的工作关系。其原理如下：接入 U_i 后，VS_1 导通，使 VT_{12} 导通。VT_{13} 的基极电位近似为

$$U_{B13} \approx \frac{R_6 + R_7}{R_5 + R_6 + R_7}(U_{VS1} - U_{BE12})$$

电阻 $R_5 \sim R_7$ 的取值应使

$$U_{B13} > U_{BE12} + U_{BE7} + U_{BE1} \approx 2.1\text{V}$$

从而使 VT_{13}、VT_7、VT_1 均导通，为 VT_8 和 VT_9 提供基极和集电极电流的通路，建立起稳压电路的工作点。此后，VT_{13} 的发射极电位变为

$$U_{E13} \approx U_{REF} - U_{BE6} - U_{BE5} \approx 3.4\text{V} > U_{B13}$$

所以 VT_{13} 承受反压而截止，将启动电路与稳压电路分开。可见启动电路仅在通电时起作用。

(5) 过热和安全工作区保护电路

R_{11}、R_{12}、R_{13}、VS_2 和 VT_{15} 组成安全工作区保护电路，在过电流、过电压时保护电路起作用，同时避免了过损耗。过电流保护采用限流型保护电路。安全工作区保护是在额定输出电流时，避免调整管因管压降过大而使功耗越过安全工作区而损坏；在过电压时，为调整管基极分流，使输出电流下降，从而保证调整管工作在安全工作区。VS_1、VT_{14}、R_5、R_6 和 R_7 组成芯片过热保护电路，在调整管芯片温度达到 125℃ 时动作，为调整管分流使芯片温度下降。

（6）取样电路

取样电路由 R_{19} 和 R_{20} 组成。取样电压 U_{REF} 为

$$U_{REF} = \frac{R_{19}}{R_{19} + R_{20}} U_o$$

3. 主要参数

在温度为 25℃ 条件下 W7805 的主要参数见表 8-2。

表 8-2 W7805 的主要参数

参数名称	符号	单位	W7805（典型值）	参数名称	符号	单位	W7805（典型值）
输入电压	U_i	V	10	电流调整率	S_I	%	25
输出电压	U_o	V	5	输出电压温度变化率	S_T	mV/℃	1
最小输入电压	U_{imin}	V	7	输出噪声电压	U_{no}	μV	40
电压调整率	S_U	%	7				

8.5.2 W117 系列三端稳压器

1. 原理图

W117 的原理图如图 8-21 所示。W117 为可调式三端集成稳压器，它有三个引出端，分别为输入端、输出端和调整端。调整端是基准电压电路的公共端。VT_1 和 VT_2 组成的复合管为调整管；基准电压电路为能隙基准电压电路；比较放大电路是共集-共射放大电路；保护电路包括过电流保护、调整管安全区保护和过热保护三部分。R_1 和 R_2 为外接的取样电阻，调整端接在它们的连接点上。

当输出电压 U_o 因某种原因（如电网电压波动或负载电阻变化）而增大时，比较放大电路的反向输入端电位（即采样电压）随之升高，使得放大电路输出端电位下降，U_o 势必随之减小；当输出电压 U_o 因某种原因而减小时，各部分的变化与上述过程相反，因而输出电压稳定。可见，与一般串联型稳压电路一样，由于 W117 电路中引入了电压负反馈，使得输出电压

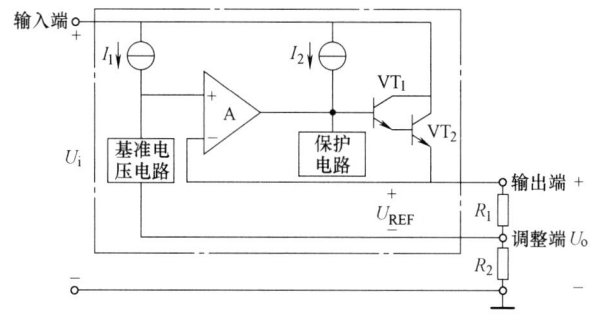

图 8-21 W117 的原理图

稳定。由于调整端的电流很小，约为 50μA，所以输出电压为

$$U_o = U_{REF}\left(1 + \frac{R_2}{R_1}\right)$$

式中，U_{REF} 的典型值为 1.25V。

2. 主要参数

与 W7800 系列产品一样，W117、W117M 和 W117L 的最大输出电流分别为 1.5A、0.5A、0.1A。W117、W217 和 W317 具有相同的引出端、相同的基准电压和相似的内部电路，它们的工作温度范围依次为 -55～150℃、-25～150℃、0～125℃。它们在 25℃ 时的

主要参数见表8-3。

对表8-3作以下说明：

1) 对于特定的稳压器，基准电压 U_{REF} 是 1.2~1.3V 中的某一个值，在一般分析计算时可取典型值 1.25V。

2) W117、W217 和 W317 的输出端和输入端电压之差为 3~40V，过低时不能保证调整管工作在放大区，从而使稳压电路不能稳压；过高时调整管可能因管压降过大而击穿。

表8-3　W117/W217/W317的主要参数（25℃）

参数名称	符号	单位	W117/W217			W317		
			最小值	典型值	最大值	最小值	典型值	最大值
输出电压	U_o	V	1.2~37					
电压调整率	S_U	%		0.01	0.02		0.01	0.04
电流调整率	S_I	%		0.1	0.3		0.1	0.5
调整端电流	I_{adj}	μA		50	100		50	100
调整端电流变化	ΔI_{adj}	μA		0.2	5		0.2	5
基准电压	U_{REF}	V	1.2	1.25	1.30	1.2	1.25	1.30
最小负载电流	I_{omin}	mA		3.5	5		3.5	10

3) 外接取样电阻必不可少，根据最小输出电流 I_{omin} 可以求出 R_1 的最大值。

4) 调整端电流很小，且变化也很小。

5) 与 W7800 系列产品一样，W117、W217 和 W317 在电网电压波动和负载电阻变化时，输出电压非常稳定。

8.5.3　三端稳压器的应用

1. W7800 系列三端稳压器的应用

（1）输出为固定电压电路

W7800 基本应用电路如图 8-22 所示。输出电压和最大输出电流取决于所选三端稳压器。图中，电容 C_i 容量较小，一般小于 1μF，用于抵消输入线较长时的电感效应，以防止电路产生自激振荡。电容 C_o 用于消除输出电压中的高频噪声，可取小于 1μF 的电容，也可取几微法甚至几十微法的电容，以便输出较大的脉冲电流。但是若 C_o 容量较大，一旦输入端断开，C_o 将从稳压器输出端向稳压器放电，易使稳压器损坏。因此，可在稳压器的输入端和输出端之间跨接一个二极管，如图 8-22 中虚线所示，起保护作用。

（2）输出正、负电压的稳压电路

W7900 系列三端稳压器是一种输出负电压的固定式三端稳压器，输出电压有 -5V、-6V、-9V、-12V、-15V、-18V 和 -24V 共七个档次，输出电流也分 1.5A、0.5A 和 0.1A 三个档次。使用方法与

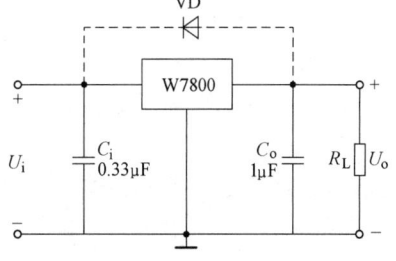

图 8-22　W7800 基本应用电路

W7800 系列稳压器相同。W7800 与 W7900 相配合，共用一个接地端，可以得到同时输出正、负电压的稳压电路，如图 8-23 所示。

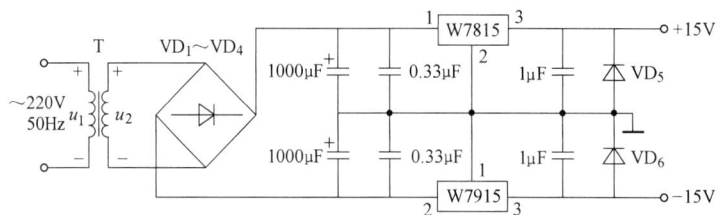

图 8-23 同时输出正、负电压的稳压电路

图 8-23 中，两只二极管 VD_5、VD_6 起保护作用，正常工作时均处于截止状态。

（3）输出电压可调的稳压电路

图 8-24 所示电路为利用三端稳压器构成的输出电压可调的稳压电路。图中，电阻 R_2 中流过的电流为 I_{R2}，R_1 中的电流为 I_{R1}，稳压器公共端的电流为 I_W，因而有

$$I_{R2} = I_{R1} + I_W$$

由于电阻 R_1 上的电压为稳压器的输出电压 U'_o，$I_{R1} = U'_o/R_1$，输出电压 U_o 等于 R_1 上电压与 R_2 上电压之和，所以输出电压为

$$U_o = U'_o + \left(\frac{U'_o}{R_1} + I_W\right)R_2$$

即

$$U_o = \left(1 + \frac{R_2}{R_1}\right)U'_o + I_W R_2$$

改变 R_2 滑动端位置，可以调节 U_o 的大小。三端稳压器既作为稳压器件，又为电路提供基准电压。由于公共端电流 I_W 的变化将影响输出电压，实用电路中常加电压跟随器将稳压器与取样电阻隔离，如图 8-25 所示。

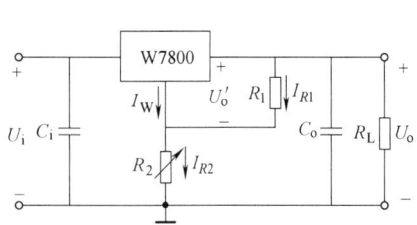

图 8-24 输出电压可调的稳压电路

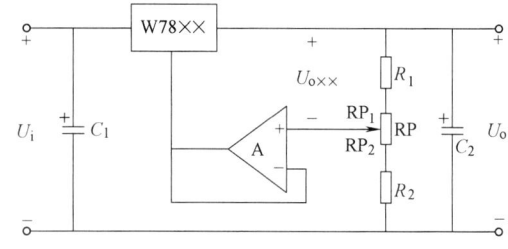

图 8-25 扩大输出电压的稳压电路

（4）扩大输出电压的稳压电路

因为固定式三端集成稳压器的最大输出电压为 24V，当需要更大的输出电压时，可采用图 8-25 所示的扩大输出电压的稳压电路。

图 8-25 所示的电路利用电压跟随器实现输出电压的可调。由图 8-25 可见，$U_o = U_{o\times\times} + U_+$，并且运算放大器同相输入端电压为

$$U_+ = \frac{RP_2 + R_2}{R_1 + RP + R_2}U_o$$

所以
$$U_o = \frac{R_1 + RP + R_2}{RP_1 + R_1} U_{o\times\times}$$

(5) 扩大输出电流的接法

因为固定式三端集成稳压器的最大输出电流为 1.5A,当需要更大的输出电流时,可采用图 8-26 所示的扩大输出电流的稳压电路。

图 8-26 中,VT_1 是外接的功率晶体管,起扩大输出电流的作用。VT_2 与电阻 R_0 组成功率晶体管的保护电路。扩大后的输出电流为 $I_o = I_{C1} + I_{o\times\times}$。

2. W117 系列三端稳压器的应用

(1) 基准电压源电路

图 8-27 所示是由 W117 组成的基准电压源电路,输出端和调整端之间的电压是非常稳定的电压,其值为 1.25V,输出电流可达 1.5A。图中,R 为泄放电阻,根据表 8-3,最小负载电流取 5mA,可以计算出 $R_{max} = 1.25/0.005\Omega = 250\Omega$,实际取值可略小于 250Ω,如取 240Ω。

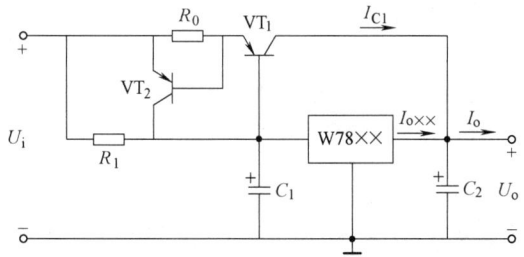

图 8-26 扩大输出电流的稳压电路

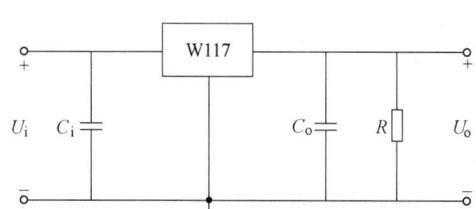

图 8-27 由 W117 组成的基准电压源电路

(2) 典型应用电路

可调式三端集成稳压器的主要应用是要实现输出电压可调的稳压电路。W117 的典型应用电路如图 8-28 所示。

输出电压为
$$U_o = 1.25\left(1 + \frac{R_2}{R_1}\right)$$

R_1 可取 240Ω。为了减小 R_2 上的纹波电压,可在其上并联一个 $10\mu F$ 的电容 C。但是,在输出短路时,C 将向稳压器调整端放电,并使调整管发射结反偏,为了保护稳压器,可加二极管 VD_2,提供一个放电回路,如图 8-29 所示。VD_1 在输入端开路时,起保护作用。

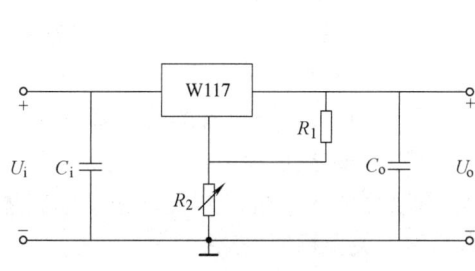

图 8-28 W117 的典型应用电路

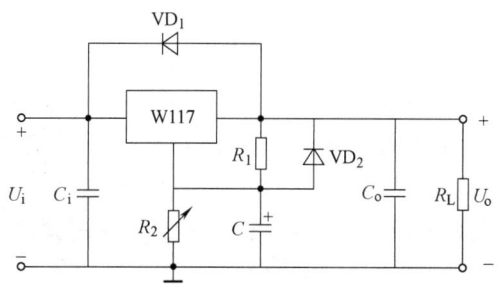

图 8-29 W117 外加保护电路的应用电路

（3）程序控制稳压电路

在调整端加控制电路可以实现程序控制稳压电路，如图 8-30a 所示。图中，晶体管为电子开关，当基极加高电平时，晶体管饱和导通，相当于开关闭合；当基极加低电平时，晶体管截止，相当于开关断开。因此，图 8-30a 所示电路可等效为图 8-30b 所示电路。

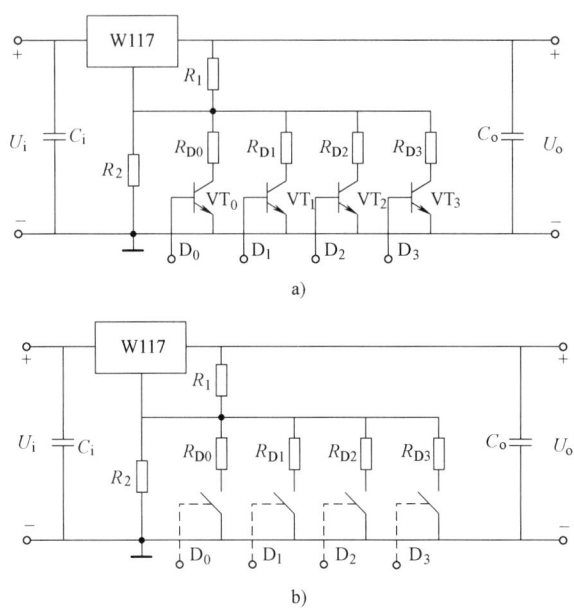

图 8-30 程序控制稳压电路及其等效电路
a）程序控制稳压电路　b）等效电路

四路控制信号从全部为低电平到全部为高电平，共有 16 种组合；$VT_0 \sim VT_3$ 也就有从全截止到全饱和导通，共有 16 种不同的状态；因而 R_2 将与不同阻值的电阻并联，并联电阻值用 R_2' 表示。输出电压在不同控制信号下有 16 个不同的数值，其表达式为

$$U_o = 1.25\left(1 + \frac{R_2'}{R_1}\right)$$

W137/W237/W337 与 W7900 相类似，能够提供负的基准电压，可以构成负输出电压稳压电路，也可与 W117/W217/W317 一起组成正、负输出电压的稳压电路。

8.6　开关型稳压电路

由于串联反馈型稳压电路中的调整管工作在线性放大区，因此在负载电流较大时，调整管的集电极损耗相当大，电源效率较低，一般为 30%～40%，有时还要配备庞大的散热装置。为了克服上述缺点，可采用开关型稳压电路。开关型稳压电路中的调整管工作在开关状态，即调整管主要工作在饱和导通和截止两种状态，由于管子饱和导通时的管压降 U_{CES} 和截止时管子的电流 I_{CEO} 都很小，管耗主要发生在状态开与关的转换过程中，因此电源效率可提高到 70%～95%。因为省去了电源变压器和调整管的散热装置，所以开关型稳压电路体积小、重量轻。又因为调整管工作在开关状态，故称其为开关型稳压电路。

8.6.1 串联开关型稳压电路

1. 电路的组成

串联开关型稳压电路的原理图如图 8-31 所示。它由调整管电路、比较放大电路 A_1、开关驱动电路（电压比较器）A_2、三角波发生电路、基准电压电路、滤波电路和取样电路组成。

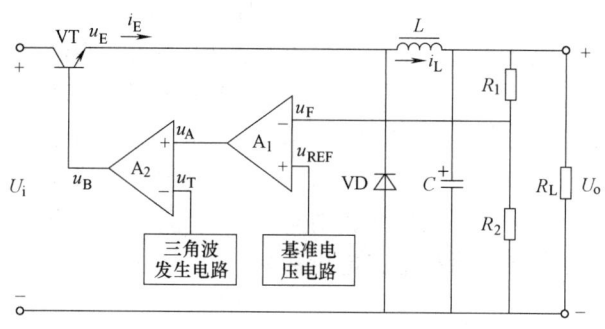

图 8-31 串联开关型稳压电路的原理图

2. 电路的工作原理

比较放大电路 A_1 将输出电压 U_o 的采样电压 u_F 与基准电压 u_{REF} 之间的偏差放大后，输出 u_A 加至开关驱动电路 A_2 的同相输入端。随后 A_2 把 u_A 与来自三角波发生电路的信号 u_T 进行比较：当 $u_T < u_A$ 时，开关驱动电路输出高电平，即 u_B 为高电平；当 $u_T > u_A$ 时，开关驱动电路输出低电平，即 u_B 为低电平。显见，调整管 VT 的基极电压 u_B 成为高、低电平交替的矩形波。

当开关驱动电路的输出 u_B 为高电平时，调整管 VT 饱和导通，发射极电压 $u_E = U_i - U_{CES} \approx U_i$。$u_E$ 经电感 L 加在滤波电容 C 和负载 R_L 两端；同时发射极电流 i_E 对电感 L 充电，感应电动势方向为左正右负。VD 因承受反压而截止。

当 u_B 为低电平时，调整管 VT 截止，电感上产生的感应电动势方向为右正左负。一方面，二极管 VD 处于导通状态，使不能突变的电感电流 i_L 经 R_L 和二极管 VD 释放能量，同时滤波电容 C 也向 R_L 放电，因而 R_L 两端仍能获得连续的输出电压，负载电流方向不变；另一方面，由于 VD 的导通，而使 VT 发射极电压 $u_E = -U_D \approx 0$。u_A、u_T、u_B、u_E、i_L 和 u_o 的波形如图 8-32 所示。

由图 8-32 可见，u_E 也随着调整管的开关呈现为高、低电平交替的矩形波。当矩形波 u_E 经过 LC 滤波电路后，在负载上可得到比较平滑的输出电压 u_o。若将 u_E 视为直流分量和交流分量之和，则输出电压的

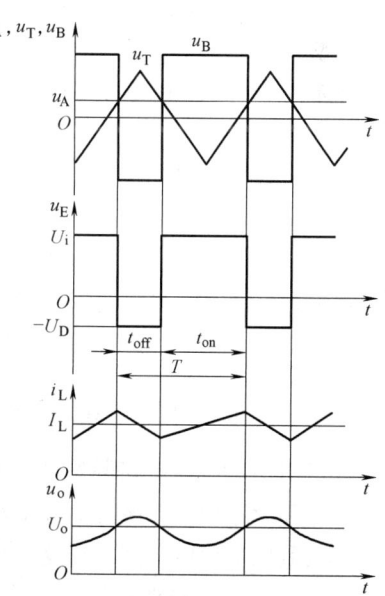

图 8-32 串联开关型稳压电路的电压、电流波形

平均值等于 u_E 的直流分量，即

$$U_o = \frac{t_{on}}{T}(U_i - U_{CES}) + \frac{t_{off}}{T}(-U_D) \approx \frac{t_{on}}{T}U_i = qU_i \qquad (8-24)$$

式中，T 为调整管开关转换周期，$T = t_{on} + t_{off}$；q 为矩形波的占空比，$q = t_{on}/T$。

式（8-24）表明，当 U_i 一定时，占空比 q 值越大，则输出电压越高。

3. 串联开关型稳压电路的稳压过程

当输出电压发生波动时，稳压电路要自动进行闭环调整，使输出电压保持稳定。

假设由于电网电压或负载电流的变化使输出电压 U_o 增大，则经过取样电阻得到的取样电压 u_F 也随之增大，此电压与基准电压 u_{REF} 比较后再放大得到的电压 u_A 将减小，u_A 加至开关驱动电路 A_2 的同相输入端。由图 8-32 所示的波形可见，当 u_A 减小时，将使控制调整管的基极电压 u_B 波形中的高电平的时间缩短，而低电平的时间增长，表明调整管在一个周期中的饱和导通时间减少，截止时间增大，则其发射极电压 u_E 波形的占空比 q 减小，从而使输出电压的平均值减小，最终保持输出电压基本不变。稳定过程如下：

$$U_o \uparrow \rightarrow u_F \uparrow \xrightarrow{\text{基准电压一定}} u_A \downarrow \xrightarrow{\text{三角波一定}} t_{on} \downarrow \rightarrow q \downarrow$$
$$U_o \downarrow \longleftarrow$$

如果输出电压因某种原因减小，则会向相反的方向调整，以保持输出电压基本稳定。

由于负载电阻变化时影响 LC 滤波电路的滤波效果，因而串联开关型稳压电路不适用于负载变化较大的场合。

对图 8-31 所示电路工作原理的分析可知，控制过程是在保持调整管开关转换周期 T 不变的情况下，通过改变调整管导通时间 t_{on} 来调节脉冲占空比，从而实现稳压，故称之为脉宽调制型（Pulse Width Modulation，PWM）开关电源。目前有多种脉宽调制型开关电源的控制器芯片，有的还将调整管也集成于芯片之中，且含有多种保护电路，使图 8-31 所示电路简化成图 8-33 所示电路。

另外，调节脉冲占空比的方式还有两种，一种是固定开关调整管的导通时间 t_{on}，通过改变振荡频率 f（即周期 T）调节调整管的截止时间 t_{off}

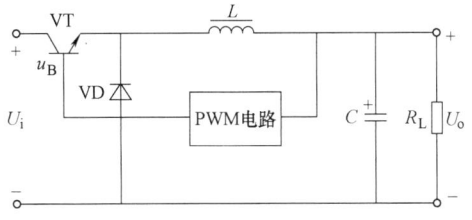

图 8-33 串联开关型稳压电路的简化电路

以实现稳压的方式，称为频率调制型开关电源；另一种是同时调整导通时间 t_{on} 和截止时间 t_{off} 来稳定输出电压的方式，称为混合调制型开关电源。

*8.6.2 并联开关型稳压电路

串联开关型稳压电路调整管与负载串联，输出电压总是小于输入电压，故称为降压型稳压电路。在实际应用中，还需要将输入直流电源经稳压电路转换成大于输入电压的稳定的输出电压，称为升压型稳压电路。在这类电路中，开关管常与负载并联，故称为并联开关型稳压电路，它通过电感的储能作用，将感应电动势与输入电压相叠加后作用于负载，因而 $U_o > U_i$。

1. 电路的组成

并联开关型稳压电路的原理图如图 8-34 所示。输入电压 U_i 为直流供电电压，晶体管 VT 为调整管，u_B 为矩形波，电感 L 和电容 C 组成滤波电路，VD 为续流二极管。

2. 电路的工作原理

调整管 VT 的工作状态受 u_B 的控制。当 u_B 为高电平时，VT 饱和导通，U_i 通过 VT 给电感 L 充电储能，充电电流几乎线性增大；VD 因承受反压而截止；滤波电容 C（电容已充电）向负载电阻放电。当 u_B 为低电平时，调整管 VT 截止，L 产生感应电动势，其方向阻止电流的变化，因而与 U_i 同方向，两个电压加后通过二极管 VD 对电容 C 充电。因此，无论 VT 和 VD 的状态如何，负载电流方向始终不变。u_B、u_L 和 u_o 的波形如图 8-35 所示。

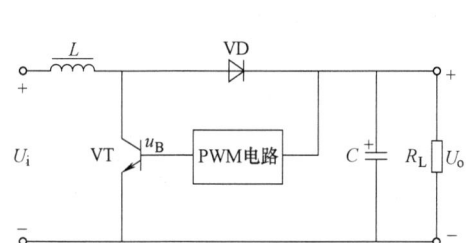

图 8-34 并联开关型稳压电路的原理图

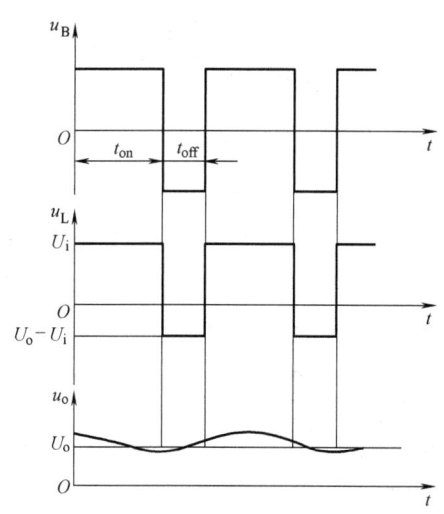

图 8-35 并联开关型稳压电路的电压波形

从波形分析可知，只有当 L 足够大时，才能升压；并且只有当 C 足够大时，输出电压的脉动才可能足够小；当 u_B 的周期不变时，其占空比越大，输出电压将越高。

目前，随着集成工艺水平的提高，已将整流、滤波、稳压等功能电路全部集成在一起，加环氧树脂实体封装，利用其外壳散热做成了多种一体化稳压电源，有线性的、开关式、大功率直流变换器、小功率调压型和专用型等十多种类型，从电压和功率等级分有几百种之多，根据性能指标即可选用，使用十分方便。

由以上分析可以得出开关型稳压电路具有如下特点：
1）调整管工作在开关状态，功耗大大降低，电源效率大为提高。
2）调整管在开关状态下工作，为得到直流输出，必须在输出端加滤波电路。
3）可通过脉冲宽度的控制方便地改变输出电压值。
4）在许多场合可以省去电源变压器。
5）由于开关频率较高，滤波电容和滤波电感的体积可大大减小。

8.7 Multisim 应用举例

8.7.1 单相半波整流电路的仿真

1. 仿真电路

单相半波整流电路的仿真电路如图 8-36 所示。

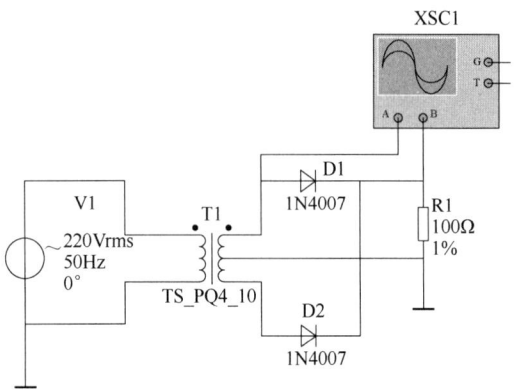

图 8-36　单相半波整流电路的仿真电路

2. 仿真分析

调整示波器的参数，观测单相半波整流电路的输入、输出电压波形，如图 8-37 所示。

调整示波器位置，电路如图 8-38 所示，测量整流二极管两端的电压波形如图 8-39 所示。

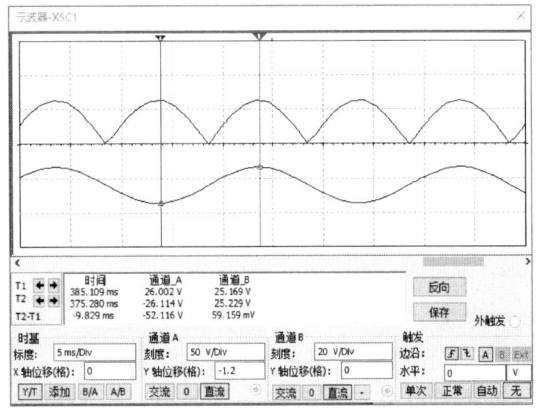

图 8-37　单相半波整流电路的输入、输出电压波形

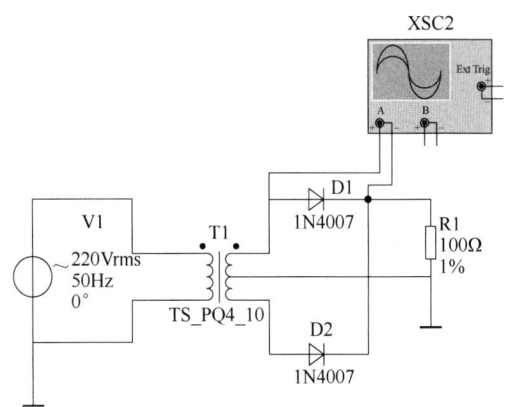

图 8-38　二极管两端电压测量电路

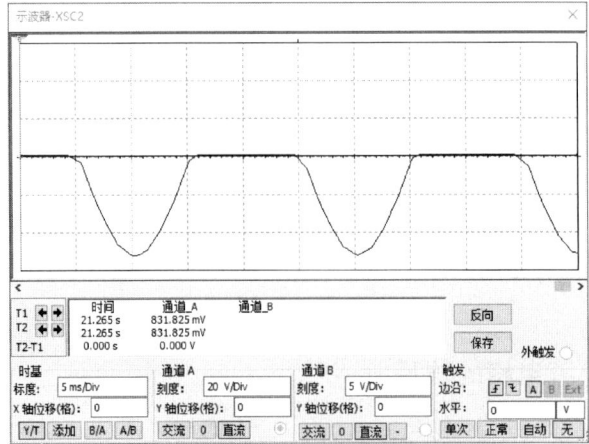

图 8-39　二极管两端电压波形

单相半波整流电路是利用整流二极管的单向导电性,使 VD_1、VD_2 在输入信号的正、负半周内轮流导通,并使流过负载电阻 R_1 的电流保持同一方向,从而得到全波整流输出电压波形,其参数与桥式整流电路基本相同。

8.7.2 桥式整流电容滤波电路的仿真

创建仿真电路如图 8-40 所示。用示波器观测输入、输出波形,可清楚地看出电容的滤波作用,波形如图 8-41 所示。

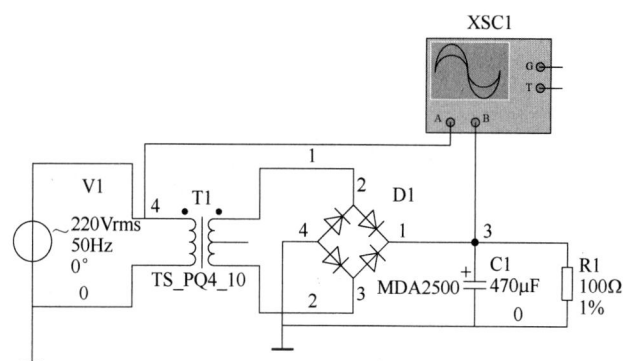

图 8-40 桥式整流电容滤波电路的仿真电路

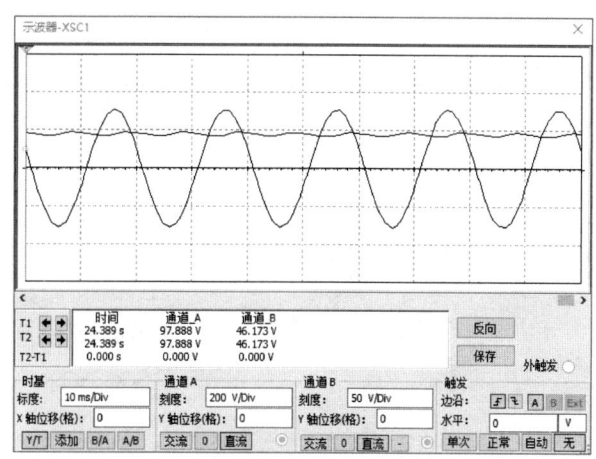

图 8-41 桥式整流电容滤波电路的仿真波形

8.7.3 串联型直流稳压电源电路的仿真

1. 仿真电路

串联型直流稳压电源电路包括四个部分:变压、整流、滤波、稳压,如图 8-42 所示。

2. 仿真分析

用万用表测量电路波形,串联型直流稳压电源的输入电压和直流输出电压的波形如图 8-43 所示。

调整电位器的滑动端,测量稳压电源的直流输出电压的最大值和最小值,如图 8-44 所示。

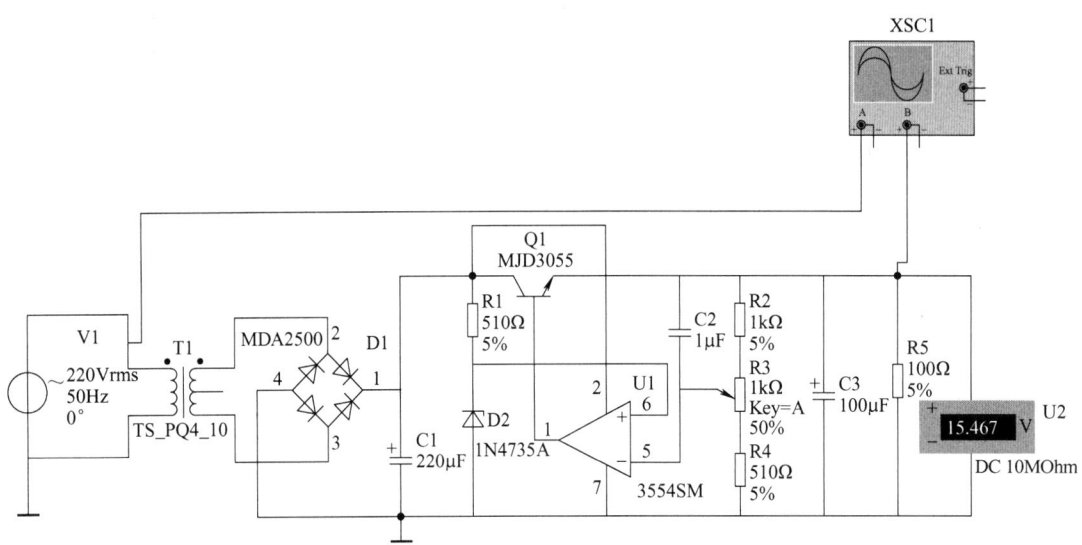

图 8-42 串联型直流稳压电源仿真电路

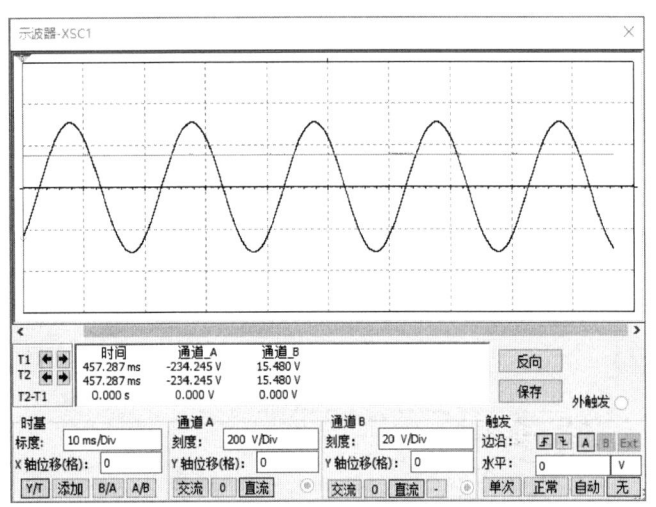

图 8-43 串联型直流稳压电源电路输入、输出波形

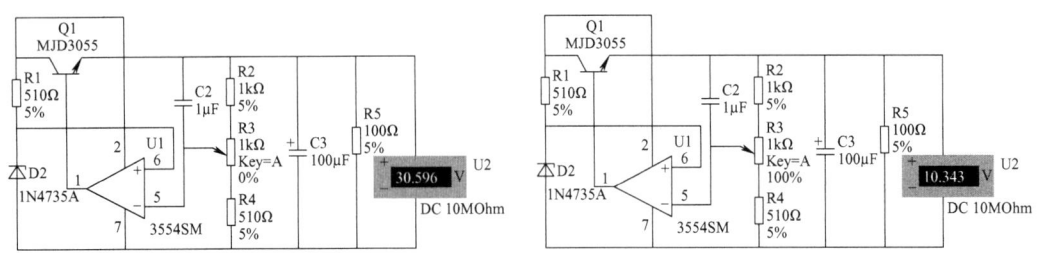

图 8-44 直流输出电压的最大值和最小值

由仿真测量结果可知,输出波形及调节范围与理论分析结果相同。

本章小结

1. 在电子系统中，经常需要将交流电网电压转换为稳定的直流电压，为此要用整流、滤波和稳压等环节来实现。

2. 在整流电路中，利用二极管的单向导电性将交流电转变为脉动的直流电。为抑制输出直流电压中的纹波，通常在整流电路后接有滤波环节。

3. 为了保证输出电压不会因为电网电压、负载和温度的变化而产生波动，可再接入稳压电路。

4. 串联反馈型稳压电路的调整管工作在线性放大区，通过控制调整管的管压降来调整输出电压，它是一个带负反馈的闭环有差调节系统；开关型稳压电源的调整管工作在开关状态，通过控制调整管导通与截止时间的比例来稳定输出电压，它也是一个带负反馈的闭环有差调节系统。

自我检测题

1. 在直流电源中滤波的目的是（　　）。
A. 将交流变成直流
B. 将高频变成低频
C. 将交、直流混合量中的脉动成分滤掉
D. 将正弦波变换成锯齿波

2. 桥式整流滤波电路在断开滤波电容后，二极管的导通角（　　），滤波电容值减小，则二极管的导通角（　　）。
A. 增大，不变
B. 增大，减少
C. 不变，减少
D. 增大，增大

3. 图 8-45 所示电路，其输出电压平均值 $U_{o(AV)} \approx$（　　）。
A. 10V
B. 14V
C. 12V
D. 16V

4. 图 8-45 所示电路中，若 VD_1 短路，则（　　）。
A. $U_{o(AV)}$ 不变
B. VD_3、VD_4 发热甚至损坏
C. VD_2 和变压器发热甚至损坏
D. $U_{o(AV)}$ 减小一半

5. 在图 8-46 所示桥式整流滤波电路中，已知 $R_L = 50\Omega$，$C = 1000\mu F$，用交流电压表测得 $U_2 = 20V$。若用直流电压表测得的 $U_{o(AV)} = 18V$，电路（　　）；若 $U_{o(AV)} = 24V$ 电路（　　），若 $U_{o(AV)} = 9V$，电路（　　）。
A. R_L 开路；C 开路；正常
B. C 开路；正常；C 开路且有一个二极管开路
C. C 开路；正常；R_L 开路
D. 正常；R_L 开路；C 开路且有一个二极管开路

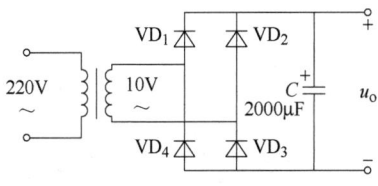

图 8-45　题 3 图

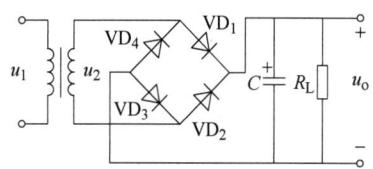

图 8-46　题 5 图

6. 电路如图 8-47 所示，已知稳压管 VS 的稳压值 $U_z = 10V$，$I_{zmax} = 32mA$，$I_{zmin} = 12mA$，变压器二次电压有效值 $U_2 = 30V$，电阻 $R = 500\Omega$，电容 C 足够大。$U_{i(AV)}$ 约为（　　）；每个整流二极管的平均电流约为（　　）。

A. 27V; 52mA B. 36V; 26mA C. 42V; 52mA D. 27V; 26mA

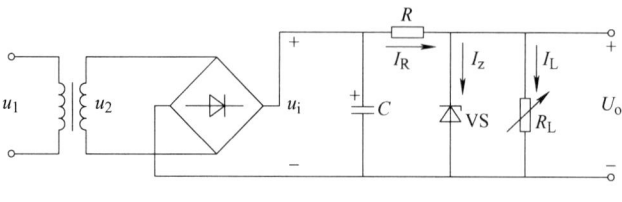

图 8-47 题 6 图

7. 在直流稳压电源电路中，采用桥式整流、电容滤波，负载为电阻。若滤波电容减小，则二极管的导通角（　　）。

A. 减小 B. 不变 C. 不变且等于 180° D. 增大

8. 电路如图 8-48 所示，U_o 值约为（　　）

A. 10V B. 15V C. 24V D. 20V

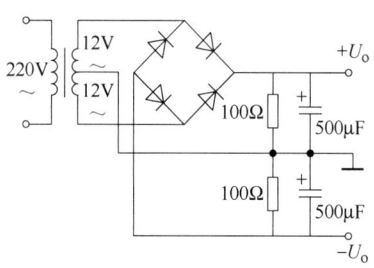

图 8-48 题 8 图

9. 若图 8-49 中的 A 为理想运算放大器，三端集成稳压器 W7824 的 2、3 端之间电压用 U_{REF} 表示，则电路的输出电压可表示为（　　）。

A. $U_o = U_{REF}\left(1 + \dfrac{R_2}{R_1}\right)$

B. $U_o = U_{REF}\left(1 + \dfrac{R_1}{R_2}\right)$

C. $U_o = U_1 \dfrac{R_1}{R_2}$

D. $U_o = (U_1 + U_{REF})\dfrac{R_1}{R_2}$

10. 电路如图 8-50 所示，已知稳压电路中 A 为理想运算放大器，稳压管的 $U_z = 5V$，$I_z = 5mA$，若 $I_R = 1mA$，$U_o = 15V$ 则 $R_2 = $（　　）。

A. 5.4kΩ B. 9kΩ C. 6kΩ D. 10kΩ

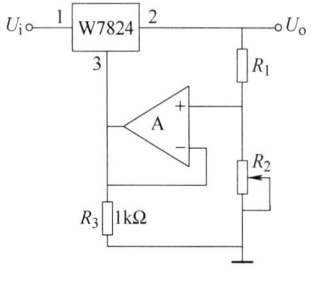

图 8-49 题 9 图

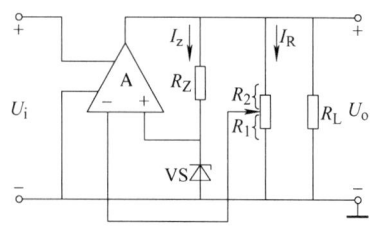

图 8-50 题 10 图

习　题

8-1　试分析图 8-51 所示电路是否可以实现稳压功能？此电路最可能会出现什么故障？

8-2 电路如图 8-52 所示。
(1) 标出 u_{o1}、u_{o2} 的极性，求出 $U_{o1(AV)}$、$U_{o2(AV)}$ 的数值；
(2) 求出每个二极管承受的最大反向电压。

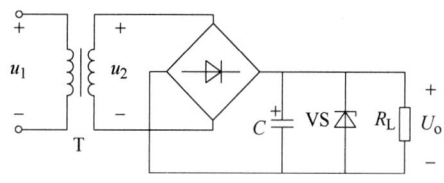

图 8-51 题 8-1 图

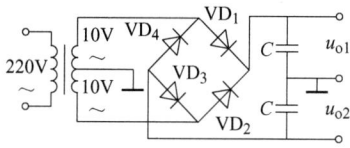

图 8-52 题 8-2 图

8-3 如图 8-53 所示的三个电路中，设来自变压器二次侧的交流电压有效值 U_2 都为 10V，二极管都具有理想的特性，电容 C 足够大。求：
(1) 各电路的直流输出电压 $U_{o(AV)}$ 为多少？
(2) 若各电路的二极管 VD_1 都因虚焊而开路，则各自的 $U_{o(AV)}$ 又约为多少？

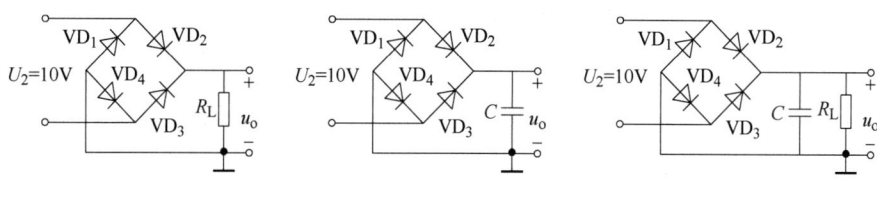

图 8-53 题 8-3 图

8-4 图 8-54 所示为一串联型稳压电路。已知变压器二次电压有效值 $U_2 = 15V$，稳压管 VS 的稳定电压 $U_Z = 5.3V$，晶体管的 $U_{BE} = 0.7V$，电阻 $R_1 = 300\Omega$，$R_2 = 500\Omega$，$R_W = 400\Omega$。
(1) 在图中整流电路部分，具体画出四个二极管；
(2) 若电路从 A、B 两点断开，U_i 为多少？
(3) 若电容 C_1 和一个整流二极管同时开路，U_i 为多少？
(4) 输出电压 U_o 的可调范围是多少？

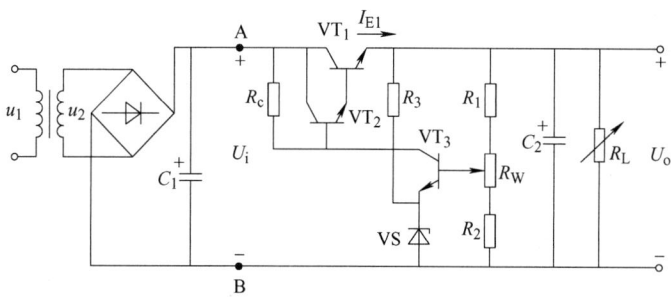

图 8-54 题 8-4 图

8-5 电路如图 8-55 所示，已知稳压管 VS 的稳压值 $U_z = 6V$，$I_{zmin} = 5mA$，$I_{zmax} = 40mA$，变压器二次电压有效值 $U_2 = 15V$，电阻 $R = 240\Omega$，电容 $C = 200\mu F$。求：
(1) 整流滤波后的直流电压 $U_{i(AV)}$ 约为多少伏？
(2) 当电网电压在 ±10% 的范围内波动时，负载电阻 R_L 允许的变化范围有多大？

8-6 在图 8-56 所示的稳压电源电路中，A 为理想运算放大器，试给下列小题填空：
(1) 若电容器 C_1 两端的直流电压 $U_{i(AV)} = 18V$，则表明 U_2（有效值）≈ _____ V；若 U_2 的数值不变，

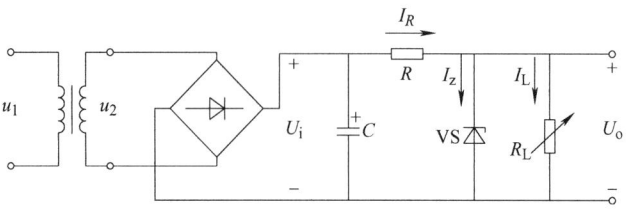

图 8-55　题 8-5 图

而电容 C_1 脱焊，则 $U_{i(AV)} \approx$ ＿＿＿＿＿ V，若有一只整流二极管断开，且电容 C_1 脱焊，则 $U_{i(AV)} \approx$ ＿＿＿＿＿ V。

（2）要使 R_W 的滑动端在最下端时 $U_o = 18V$，则 R_W 的值应为 ＿＿＿＿＿ kΩ；在此值下，当 R_W 的滑动端在最上端时，$U_o =$ ＿＿＿＿＿ V。

（3）设 $U_{i(AV)} = 24V$，调整管 VT 的饱和压降 $U_{CE(sat)} \leq 3V$，在上题的条件下，VT 能否对整个输出电压范围都起到调整作用？答：＿＿＿＿＿，理由是 ＿＿＿＿＿。

（4）在 $U_{i(AV)} = 24V$ 的情况下，当 $I_E = 500mA$ 时，R_W 的滑动端处于什么位置（上或下）时 VT 的耗散功率最大？答：＿＿＿＿＿，它的数值是 ＿＿＿＿＿。

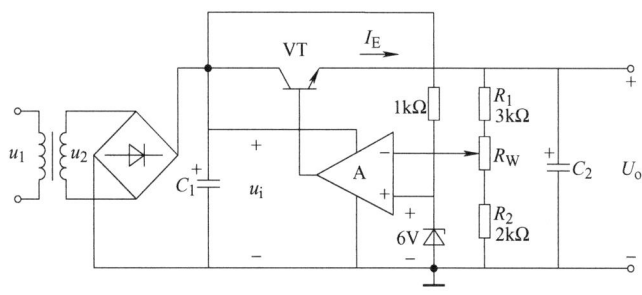

图 8-56　题 8-6 图

8-7　在图 8-57 所示电路中，$R_1 = 240Ω$，$R_2 = 3kΩ$；W117 输入端和输出端电压允许范围为 3～40V，输出端和调整端之间的电压 U_R 为 1.25V。试求解：

（1）输出电压的调节范围；

（2）输入电压允许的范围。

8-8　在图 8-58 所示电路中，已知调整管 VT 的极限参数为 $I_{CM} = 300mA$，$P_{CM} = 700mW$，$U_{(BR)CEO} = 30V$，并设 $U_{BE} = 0.8V$，试求：

（1）输出电压 U_o；

（2）通过整流二极管的平均电流 $I_{D(AV)}$；

（3）在 $U_i = 18V$ 近似不变而 R_L 可变的情况下，稳压电源所允许输出的最大电流 I_{omax}；

（4）在电容 C 虚焊时的 U_i。

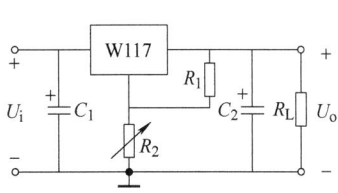

图 8-57　题 8-7 图

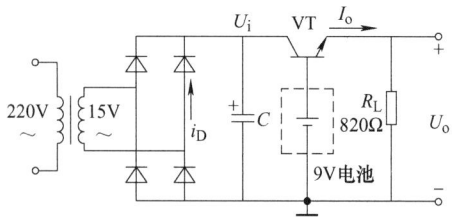

图 8-58　题 8-8 图

8-9 串联型稳压电路如图 8-59 所示，稳压管 VS 的稳定电压 $U_z = 5.3V$，电阻 $R_1 = R_2 = 200\Omega$，晶体管的 $U_{BE} = 0.7V$。

（1）说明电路由几部分组成，各部分组成的元器件是什么？
（2）当 R_W 的滑动端在最下端时 $U_o = 15V$，求 R_W 的值；
（3）若 R_W 的滑动端移至最上端，问 U_o 为多少？

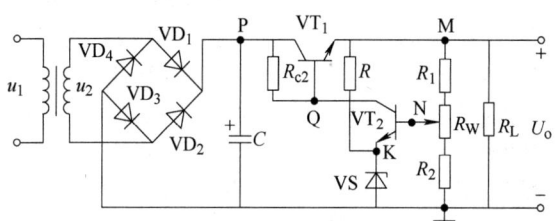

图 8-59　题 8-9 图

8-10 已知电路如图 8-60 所示，试求电路输出电压的表达式。

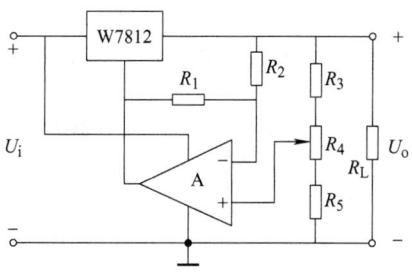

图 8-60　题 8-10 图

参 考 文 献

[1] 华成英. 模拟电子技术基本教程 [M]. 北京：清华大学出版社，2006.
[2] 蔡惟铮. 基础电子技术 [M]. 北京：高等教育出版社，2004.
[3] 蔡惟铮. 集成电子技术 [M]，北京：高等教育出版社，2004.
[4] 童诗白，华成英. 模拟电子技术基础 [M]. 3 版. 北京：高等教育出版社，2000.
[5] 罗桂娥. 模拟电子技术基础：电类 [M]. 长沙：中南大学出版社，2005.
[6] 刘波粒，刘彩霞. 模拟电子技术基础 [M]. 2 版. 北京：高等教育出版社，2016.
[7] 孙肖子，谢松云. 模拟电子技术基础 [M]. 北京：高等教育出版社，2012.
[8] 成立，杨建宇. 模拟电子技术 [M]. 南京：东南大学出版社，2010.
[9] 袁光德，李文林. 电子技术及应用基础 [M]. 北京：国防工业出版社，2007.
[10] 徐晓夏，陈泉林，邹文潇，等. 模拟电子技术基础 [M]. 北京：清华大学出版社，2008.
[11] 姚娅川，罗毅. 模拟电子技术 [M]. 北京：化学工业出版社，2010.
[12] 林红，周鑫霞. 模拟电路基础 [M]. 北京：清华大学出版社，2007.
[13] 陆秀令，韩清涛. 模拟电子技术 [M]. 北京：北京大学出版社，2008.
[14] 王英. 模拟电子技术基础 [M]. 2 版. 成都：西南交通大学出版社，2008.
[15] 张虹. 电路与模拟电子技术 [M]. 北京：电子工业出版社，2008.
[16] 范立南，恩莉，代红艳，等. 模拟电子技术 [M]. 北京：中国水利水电出版社，2006.
[17] 赵桂钦. 模拟电子技术教程与实验 [M]. 北京：清华大学出版社，2008.
[18] 康华光，陈大钦. 模拟电子技术基础 [M]. 北京：高等教育出版社，2006.